BIBLIOTHÈQUE CHINOISE

Collection dirigée

par

ANNE CHENG

Professeur titulaire de la Chaire d'histoire intellectuelle de la Chine au Collège de France

MARC KALINOWSKI

Directeur d'études émérite à l'École pratique des Hautes Études

STÉPHANE FEUILLAS

Professeur de littérature et philosophie chinoises classiques à l'Université Paris-Diderot

NAKAE CHÔMIN

ÉCRITS SUR ROUSSEAU ET LES DROITS DU PEUPLE

中江兆民
民約訳解・其他

BIBLIOTHÈQUE CHINOISE

Collection dirigée par Anne Cheng, Marc Kalinowski et Stéphane Feuillas
Édition bilingue (texte et traduction)

Parus

YANG Xiong, *Maîtres mots*, traduction par Béatrice L'Haridon.

La Dispute sur le sel et le fer (Yantielun), traduction par Jean Levi.

Dix-neuf poèmes anciens, traduction par Jean-Pierre Diény.

SU Shi, *Les Commémorations*, traduction par Stéphane Feuillas.

WANG Chong, *Balance des discours. Destin, Providence et Divination*, traduction par Marc Kalinowski.

YI I, *Principes essentiels pour éduquer les jeunes gens (Kyŏngmong yogyŏl)*, traduction par Isabelle Sancho.

Écrits de Maître Wen (Wenzi), traduction par Jean Levi.

Écrits de Maître Guan (Guanzi), traduction par Romain Graziani.

ZHU Xi, LU Jiuyuan, *Une controverse lettrée*, traduction par Roger Darrobers et Guillaume Dutournier.

Livres de morale révélés par les dieux, traduction par Vincent Goossaert.

LU Jia, *Nouveaux discours*, traduction par Stéphane Feuillas et Béatrice L'Haridon.

FAXIAN, *Mémoire sur les pays bouddhiques* (*Foguo ji*), traduction par Jean-Pierre Drège.

MATTEO RICCI, *Le Sens réel de « Seigneur du Ciel »*, traduction par Thierry Meynard.

ZHU Xi, *Mémoire scellé sur la situation de l'empire*, traduction par Roger Darrobers.

YANG Xuanzhi, *Mémoire sur les monastères bouddhiques de Luoyang*, traduction par Jean-Marie Lourme.

LIU Zhiji, *Traité de l'historien parfait (Shitong)* (dynastie Tang), traduction par Damien Chaussende.

FUJIWARA NO AKIHIRA, *Notes sur de nouveaux divertissements comiques,* traduction par Francine Hérail.

WANG Shifu, *Le Pavillon de l'Ouest (Xixiang ji)* (dynastie des Yuan), traduction par Rainier Lanselle.

Trois pièces du théâtre des Yuan, traduction par Isabella Falaschi.

DU Fu, *Poèmes de jeunesse, Œuvre poétique I*, traduction par Nicolas Chapuis.

Écrits de Maître Xun (Xunzi), traduction par Ivan Kamenarović.

Notes diverses sur la capitale de l'Ouest, traduction par Jacques Pimpaneau.

KANG YOUWEI, *Manifeste à l'empereur, adressé par les candidats au doctorat*, traduction par Roger Darrobers.

Le papier dans la Chine impériale : origines, fabrication, usages, traduction par Jean-Pierre Drège, préface d'Erik Orsenna.

MEOU-TSEU, *Dialogues pour dissiper la confusion,* traduction par Béatrice L'Haridon.

DU Fu, *La Guerre civile (755-759), Œuvre poétique II*, traduction par Nicolas Chapuis.

LAO-TSEU, CONFUCIUS, *Les Deux arbres de la Voie (Le Livre de Lao-Tseu / Les Entretiens de Confucius)*, traduction par Jean Levi.

BIBLIOTHÈQUE CHINOISE

NAKAE CHÔMIN

ÉCRITS SUR ROUSSEAU ET LES DROITS DU PEUPLE

中江兆民
民約訳解・其他

TEXTES TRADUITS
PAR EDDY DUFOURMONT
ET JACQUES JOLY

PRÉSENTÉS ET ANNOTÉS
PAR EDDY DUFOURMONT

PARIS
LES BELLES LETTRES
2018

La traduction de ce volume a été revue par Anne Cheng.
Cet ouvrage a été mis en page par Rudy Nimsguerns.
Les éditeurs tiennent à remercier Marie-José D'Hoop pour son concours en vue de cette édition.

95 bd Raspail 75006 Paris
www.lesbelleslettres.com

ISBN : 978-2-251-44880-0

À Katia

AVERTISSEMENT

La transcription en japonais adoptée dans les textes est, sauf mention contraire ou certains mots lexicalisés en français, celle du système Hepburn modifié :

• e se prononce comme le é en français ;

• ch se prononce tch ;

• g est toujours occlusif : gi = gui (cf. guitare), ge = gue (prononcer comme le gué) ;

• h est toujours aspiré ;

• j est toujours prononcé dj, comme John en anglais, le budget ;

• s est toujours sourd ;

• r se prononce plus proche du l en français, il n'est pas roulé ;

• w et y sont toujours des semi-voyelles : le w se prononce comme en anglais (comme dans ouate en français), le y comme dans yack, New York ;

• Chaque voyelle se prononce distinctement et il n'existe pas de diphtongue en japonais, ex : ai = aï, oi = oï, ae = a-é, etc. ;

• L'allongement de la voyelle est indiqué par un accent circonflexe, ex : ô = oo, î = ii, etc. ;

• Un point entre une consonne et une voyelle indique que la voyelle se prononce indépendamment, ex : Jun.ichirô (prénom), tan.itsu (unique).

La transcription des noms de personnes respecte l'usage japonais qui est de citer d'abord le nom patronymique, puis le prénom.

Nous avons suivi les éditions originales des textes pour la mise en page, c'est pourquoi certains caractères suivent une graphie ancienne. Par respect des conventions typographiques de la bibliothèque chinoise, tous les *kaeriten*, qui caractérisent le kanbun, ont été supprimés.

Sauf indication contraire, la ville d'édition est Paris pour les publications françaises et Tôkyô pour les publications japonaises.

Les références à *Du Contrat social* et au *Discours sur les sciences et les arts*, publiés dans le volume III des *Œuvres complètes* (Gallimard, 1975), se feront sous l'abréviation *OC*.

Les références au *Mencius* sont toutes issues de la traduction d'André Lévy, You-Feng, 2003 ; celles des *Entretiens* de la traduction d'Anne Cheng, Seuil, 1981.

REMERCIEMENTS

Nos plus vifs remerciements s'adressent à Anne Cheng, Marc Kalinowski et Stéphane Feuillas, directeurs de la *Bibliothèque chinoise*, qui ont généreusement accepté d'accueillir dans leur collection cet amoureux du *Mencius* que fut Chômin. Notre travail n'aurait pu aboutir sans l'aide précieuse de Zheng et Jacques Joly pour la relecture de la traduction. Nous sommes également reconnaissants à Ida Shin.ya, Miyamura Haruo, Yonehara Ken, Satô Makoto et Tanguy L'Aminot pour leur constant soutien dans nos recherches.

La mise en page des textes originaux a une histoire particulière : sans aide des éditions Iwanami, il nous a fallu saisir l'ensemble des textes traduits ici, caractère par caractère. Dans ce travail long, ingrat et fastidieux, Kamimura Naoko et Jacques Joly nous ont été d'un grand secours en s'occupant des textes courts tandis que nous prenions en charge le *Min.yaku yakkai* (*Traduction commentée du* Contrat social). Le travail aurait été beaucoup plus long si Wang Xiaoling n'avait pas eu la générosité de nous donner la version tapuscrite du *Minyue tongyi*, édition pirate et partielle du *Min.yaku yakkai*, que nous avons pu reprendre après correction. Qu'ils soient assurés de notre profonde gratitude. Il va sans dire que nous prenons l'entière responsabilité des éventuelles erreurs de frappe et de traduction.

INTRODUCTION

Nakae Chômin et l'introduction du *Contrat social* dans un Japon en transformation. Une lecture au croisement du républicanisme français et de la pensée chinoise (1874-1884).

> *Monsieur le Gentleman, vous monologuez sur la démocratie mais il semble que vous passez complètement au-dessus de l'essence de la politique. Quelle est-elle ? Simplement de laisser les gens, aussi loin que leur volonté et leur intelligence le permettent, bénéficier de la paix et du bonheur. Si nous choisissons un système inadapté à la volonté et au niveau intellectuel des personnes, comment pourraient-elles obtenir la paix et la prospérité*[1] *?*
>
> Maître Nankai, *Dialogues politiques entre trois ivrognes.*

Jean-Jacques Rousseau est l'un des penseurs majeurs de l'époque moderne mais aussi l'un de ceux qui prêtent le plus à interprétation. Le « problème Jean-Jacques Rousseau » se pose notamment au sujet du *Contrat social*, dont il existe, selon Simone Goyard-Fabre, aussi bien une lecture individualiste libérale qu'une lecture étatiste centralisatrice. Pourtant, Rousseau ne militait pour aucune idéologie mais entendait surtout proposer une théorie pure du droit politique, reposant

1. Nakae Chômin, *Dialogues politiques entre trois ivrognes*, traduit, présenté et annoté par Christine Lévy et Eddy Dufourmont, CNRS Éditions, 2008, p. 132.

sur une méthode nouvelle : l'autonomie complète de la raison humaine[2]. L'introduction de Rousseau et du *Contrat social* en Asie via le Japon ajoute de la complexité au problème. Notre tâche se bornera ici à mettre en lumière cette complexité et à expliquer selon quelle interprétation s'est faite la lecture de Rousseau par Nakae Chômin 中江兆民 (1847-1901), qui eut un rôle central dans la réception du Citoyen de Genève au Japon et qui fut l'un des principaux intellectuels du Japon moderne[3].

Le *Min.yaku yakkai* 民約訳解 (*Traduction commentée du* Contrat social, 1882-1883), le principal texte parmi ceux ici traduits, a été considéré dès sa parution et jusqu'à aujourd'hui comme une œuvre majeure de la pensée politique du Japon moderne. Plus qu'une traduction, il est en effet une réécriture et il a joué un rôle majeur dans l'émergence de la démocratie. Il nous transporte dans un Japon largement méconnu du public européen, celui des années 1870-1880. Si la modernisation précoce, impulsée par le gouvernement, est régulièrement citée au sujet du Japon de cette époque, le public européen connaît beaucoup moins son contexte politique troublé. Le régime politique peine alors à se stabiliser du fait des révoltes de guerriers puis du Mouvement pour les libertés et les droits du peuple (*Jiyû minken undô* 自由民権運動), qui réunit guerriers et paysans contre le gouvernement.

Les premiers veulent une baisse des impôts et une constitution démocratique, le second entend établir un régime autoritaire à la prussienne et envisage le sacrifice de tous au nom d'« un pays riche et d'une armée forte » (*fukoku kyôhei* 富国強兵). Le *Min.yaku yakkai* paraît en 1882-1883, au milieu

2. Simone Goyard-Fabre, *Politique et philosophie dans l'œuvre de Jean-Jacques Rousseau*, PUF, 2001, p. 91-109.

3. Avant les traductions françaises des *Dialogues* et d'*Un An et demi*, le public français a pu connaître Chômin par Jean-Jacques Origas, « Les Intellectuels dans l'histoire du Japon moderne. Réflexion et communication » (1986), Jean-Jacques Origas, *La Lampe d'Akutagawa. Essais sur la littérature japonaise moderne*, Les Belles Lettres, 2008, p. 285-300.

de cette période de luttes politiques, qui se clôt vers 1889 avec la promulgation d'une constitution faisant du Japon un régime autoritaire mais pourvu d'un parlement.

Son auteur, Nakae Chômin, est considéré comme l'un des plus importants penseurs japonais de cette époque et il a participé au Mouvement pour les libertés et les droits du peuple. Son surnom de « Rousseau de l'Orient » s'explique en effet par ses efforts de diffusion des idées démocratiques, qui se sont portés dans deux directions : d'une part, la traduction des œuvres de Rousseau et de penseurs français républicains, d'autre part, son activité journalistique et militante.

En ce qui concerne les traductions, outre *Du Contrat social*, Chômin a été le premier à traduire le *Discours sur les sciences et les arts* (« Sur la non-ouverture [à la civilisation] », *Hikaikaron* 非開化論, 1883). Il a également fait traduire par l'un de ses élèves le *Discours sur l'origine et les fondements de l'inégalité parmi les hommes*[4]. Jusqu'en 1897, date de la première traduction d'*Émile* (à partir de l'anglais), seules ces trois œuvres de Rousseau seront connues du public. Mais Chômin ne s'est pas intéressé seulement au Citoyen de Genève : il a traduit également *L'Esthétique* d'Eugène Véron (*Bishi bigaku* 維氏美学, 1883-1884), l'*Histoire de la philosophie* d'Alfred Fouillée (*Rigaku enkakushi* 理学沿革史, 1886), *La Morale dans la démocratie* de Jules Barni (*Minshukoku no dôtoku*民主国之道徳, 1887) ainsi que *Le Fondement de la morale* d'Arthur Schopenhauer (*Dôtoku daigenron* 道徳大原論, 1894), à partir de la traduction française de 1879 par Gustave Burdeau. Les auteurs français traduits, longtemps oubliés, ont tous été dans le camp républicain et partisans de la laïcité sous la Troisième République. Il n'y a là, bien entendu, rien de fortuit.

4. NOMURA Yasuyuki 野村泰亨 traducteur, « Fubyôdo ron » 不平等論 (« Sur l'inégalité »), *Ôbei seiri sôdan* 欧米政理叢談, numéros 18, 19, 22, 24, 25, 26, 40. La traduction est inachevée et se limite à la première partie du texte.

Chômin a aussi pris la plume pour écrire des articles de journaux et des livres, afin de diffuser non seulement les idées démocratiques mais aussi le pacifisme. La parution en 1886 de l'un des tout premiers ouvrages de synthèse consacré à la philosophie européenne, *La Quête philosophique* (*Rigaku kôgen*理学鉤玄), ainsi que des *Deux Cents Ans* [d'histoire] *de la France avant sa Révolution* (*Kakumei mae Furansu ni seiki kiji* 革命前法朗西二世記事), puis, en 1887, de la fiction *Dialogues politiques entre trois ivrognes* (*Sansuijin keirin mondô*三酔人経綸問答), son plus grand succès éditorial, marque l'apogée de son activité[5]. Élu en tant que représentant du Parti de la liberté (Jiyûtô自由党), à la Chambre basse en 1890, Chômin démissionne néanmoins très vite, rendu amer par les compromis qu'opèrent certains de ses alliés avec le gouvernement. S'ouvre alors une troisième période de sa vie, consacrée principalement au lancement d'entreprises, qui toutes font faillite. À la suite du diagnostic d'un cancer en 1901, il reprend la plume pour publier *Un An et demi* (*Ichinen yûhan* 一年有半), ainsi qu'*Un An et demi, suite* (*Zoku ichinen yûhan* 続一年有半), ouvrages qui ont tous deux marqué les esprits, notamment le second, dans lequel Chômin développe un matérialisme athée.

Telle est la brève présentation que l'on peut faire de l'auteur, qui occupe une place unique dans le champ intellectuel de l'époque, à la fois du fait de son intérêt pour la philosophie d'expression française et de son attrait pour la philosophie européenne et la philosophie chinoise.

À cet égard, deux raisons expliquent la haute estime dont jouissait le *Min.yaku yakkai* : la première tient au fait qu'aux yeux des contemporains, c'est à travers lui que Jean-Jacques Rousseau a été introduit au Japon. La seconde raison est que

5. Un fragment traduit de *La Quête philosophique* est disponible dans Michel Dalissier, Sugimura Yasuhiko et Nagai Shin (dir.), *Philosophie japonaise. Le néant, le monde et le corps*, Vrin « Textes clés », 2013.

l'ouvrage en soi représente une étape fondamentale dans l'histoire intellectuelle du Japon moderne. Le *Min.yaku yakkai* est en effet d'une facture unique, car il a été écrit en *kanbun* 漢文, c'est-à-dire en chinois classique annoté à la japonaise, à une époque où le monde intellectuel et les médias avaient abandonné depuis longtemps ce style d'écriture et où le rejet de la Chine était général. Loin d'être une simple traduction, *Min.yaku yakkai* a été également pour Nakae Chômin le moyen de penser la théorie du contrat et la démocratie. À ce titre, *Min.yaku yakkai* est à la fois la dernière œuvre philosophique du Japon en *kanbun* et l'une des premières à introduire le monde nouveau de la démocratie[6]. Même si d'autres traductions du *Contrat social* ont existé à l'époque de Chômin, c'est elle qui, aujourd'hui encore, reste dans les mémoires. À lui seul, le titre de l'ouvrage de Chômin illustre sa démarche : la traduction actuelle en japonais de l'ouvrage de Rousseau est *Shakai keiyakuron* 社会契約論, qui est l'exacte traduction du français, alors que *min.yaku* 民約 pourrait être compris, au premier regard, par « contrat du peuple ». Même si Chômin entendait bien rendre « contrat social » par *min.yaku*, en choisissant une forme ramassée, il suivait les usages de son temps et, pour quelqu'un impliqué dans le Mouvement pour les libertés et les droits du peuple, il n'y a sans doute nul hasard dans le choix du caractère *min*, « peuple ». Nous aurons l'occasion de revenir sur ce point. Il convient tout d'abord de poser une remarque préliminaire, indispensable afin d'aborder la lecture de l'ouvrage dans de bonnes conditions.

6. Cela ne signifie pas bien entendu que le *kanbun* lui-même ait été complétement abandonné. Comme l'a montré Miura Kanô, le *kanbun* a longtemps gardé sous Meiji un prestige dans la littérature et a continué à être enseigné dans les écoles, comme le latin en France. Voir MIURA Kanô 三浦叶, *Meiji kanbungaku shi* 明治漢文學史 (*Histoire de la littérature en* kanbun *sous Meiji*), Kyûko shoin 汲古書院, 1998 ; *Meiji no kangaku* 明治の漢學 (*Les Études chinoises sous Meiji*), Kyûko shoin, 1998.

La *Traduction commentée du* Contrat social par Chômin est en effet connue pour être celle de 1882, publiée sous forme de livres. Mais, en réalité, celle-ci n'est qu'une partie du travail de traduction effectué, car il n'existe pas une seule publication, unifiée, de son vivant. Les *Œuvres complètes* donnent les textes de trois traductions faites séparément et sous des titres parfois différents.

Texte A : Le premier texte s'intitule *Min.yakuron no ni* 民約論之二 qui, tel quel, peut se traduire par « *Du Contrat social*, livre II ». Il s'agit d'un premier essai de traduction par Chômin, en langue japonaise et non en *kanbun*, achevé début octobre 1874, c'est-à-dire quelques mois après son retour de France. Il n'a jamais été publié et, comme son titre le suggère, seule la seconde partie a été retrouvée par Inada Masatsugu en 1947.

Texte B : Le second texte est un deuxième essai en *kanbun*, publié d'abord par tranches dans la revue de Chômin, *Seiri sôdan* 政理叢談 (*Collection de propos sur l'art de gouverner*[7]), du numéro 2 de mars 1882 au numéro 46 de septembre 1883, sur vingt-six numéros. Il porte alors comme titre *Min.yakuron yakkai* 民約論訳解 (Du Contrat social*, traduction commentée*).

Texte C : Les parties publiées du numéro 1 au numéro 11, qui correspondent à l'ensemble du livre I de l'original, sont modifiées et publiées en octobre 1882 par l'École d'études françaises de Chômin, sous le titre *Traduction commentée du* Contrat social, *livre I* (*Min.yaku yakkai no ichi* 民約訳解之一). C'est à cet ouvrage, bien qu'il se limite au livre I, qu'il est fait le plus souvent référence lorsque se trouve mentionnée la traduction du *Contrat social* par Chômin. Les *Œuvres complètes* le reprennent en l'état et, pour le reste de la traduction, elles reprennent les parties publiées entre les numéros 12 et 46 de

7. Elle prend le nom de *Ôbei seiri sôdan* 欧米政理叢談 (*Recueil de propos sur les principes politiques d'Europe et d'Amérique*) à partir du numéro 7. Par commodité, nous désignerons la revue par son premier nom, sauf dans les renvois en note.

la revue de Chômin, sous le titre *Traduction commentée du* Contrat social, *livre II* (*Min.yaku yakkai no ni*). Le texte A y est également publié.

Ajoutons à cela les citations partielles du *Contrat social* par Alfred Fouillée, dans son *Histoire de la philosophie* (1875). Par ailleurs, Chômin a fait connaître Rousseau non seulement à travers les différentes traductions mais aussi par ses essais politiques, dans lesquels il le mentionne de manière implicite. Le lecteur pourra le constater dans les textes de 1878 ici traduits « Principes du gouvernement » et « Sur les droits du peuple ».

Après la mort de Chômin, la revue *Taiyô* 太陽 reprend, dans son supplément de 1907[8], l'édition de l'école de Chômin et son disciple Kôtoku Shûsui 幸徳秋水fait de même dans le *Recueil d'œuvres de Chômin* (*Chômin bunshû* 兆民文集) qu'il fait publier en 1909. Il faut attendre 1929 pour qu'une édition complète de sa traduction, texte B et texte C, soit réalisée[9], reprise dans un nouveau recueil en 1965 puis dans la première édition des *Œuvres complètes*, parues dans les années 1980.

Signalons enfin que trois éditions chinoises du *Min.yaku yakkai* ont été publiées du vivant de Chômin, portant toutes le titre de « Principes généraux du contrat du peuple » *Minyue tongyi* 民約通儀[10]. La première est mentionnée dans le *Riben*

8. Intitulé « Recueil des grandes œuvres de Meiji », « Meiji meichoshû » 明治名著集.

9. Dans la série « politique » des *Meiji bunka zenshû* 明治文化全集 (*Œuvres complètes de la culture de Meiji*).

10. Shimada Kenji 島田虔次, « Chûgoku de no Chômin juyô » 中国での兆民受容 (« La Réception de Chômin en Chine »), *Nakae Chômin zenshû* 中江兆民全集 (*Œuvres complètes de Nakae Chômin*, ci-après *NCZ*), *Geppô 2* 月報2, Iwanami shoten 岩波書店, 1983, vol. 1, p. 1-6. Wang Xiaoling, *Jean-Jacques Rousseau en Chine (de 1871 à nos jours)*, Montmorency, SIAM J. J. R., 2010 ; *Id.*, « Critiques de Rousseau sous la République de Chine (1912-1949) », *Rousseau Studies*, 1, 2013, p. 149-167. Cui Jun, « La transformation créative du confucianisme sous l'impact du *Minyue lun* : une étude sur *Zhongguo minyue jingyi* de Liu Shipei », *Rousseau studies*, 3, 2015, p. 117-129. Dans son ouvrage, Wang a traduit une partie du *Minyue tongyi* de 1898, à partir du troisième niveau de lecture. Pour la réception de Rousseau

shumu zhi 日本書目志 (*Mémoire des ouvrages savants japonais*, 1898) du penseur Kang Youwei 康有為 (1858-1927) mais n'a pas été retrouvée. Kang Youwei a présenté Rousseau et le *Min.yaku yakkai* à ses disciples, les démocrates Liu Shipei 劉師培 (1884-1919) et Liang Qichao梁啓超 (1873-1929)[11]. La deuxième édition est elle aussi connue parce que mentionnée, par Xu Weize 徐維則 (Xu Yisun 徐以孫, 1866-1922), dans *Dongxi xueshulu* 東西學書録 (*Mémoire sur les ouvrages savants d'Orient et d'Occident*) de 1899. La dernière de ces éditions a été découverte par Shimada Kenji et elle est datée de 1898. Il s'agit d'une version pirate qui correspond au texte C de 1882, sans les préfaces et l'introduction, dans laquelle le nom de Chômin n'est pas mentionné et les fautes de frappe nombreuses. Les principaux textes de Chômin seront dans l'ensemble traduits en chinois à cette époque et les révolutionnaires de 1911 utiliseront la réédition du *Min.yaku yakkai* par Kôtoku Shûsui pour publier à nouveau, plusieurs fois, la traduction de Chômin[12]. Liu Shipei proposera en 1904 sa propre lecture du *Contrat social* avec *Zhongguo minyue jingyi* 中国民約精義 (*La Quintessence du contrat du peuple chinois*), l'amenant, comme Chômin, à développer

en Corée voir Minsook Wang-Lee, « La Réception de Rousseau en Corée de 1895 à 1945 », *Rousseau studies*, 3, 2015, p. 47-68.

11. Miyazaki Tôten 宮崎滔天, *Tôkyô dayori* 東京便り (*Nouvelles de Tôkyô*), *Miyazaki Tôten zenshû* 宮崎滔天全集 (*Œuvres complètes de Miyazaki Tôten*), Heibonsha 平凡社, 1976, vol. 5, p. 240.

12. Une édition paraîtra en février 1910 dans la revue *Minbao* 民報, numéro 26, sans les préambules ni l'introduction, et largement réécrite (Shimada Kenji, *op. cit.*, p. 3). Par ailleurs, Tian Tong 田桐 (1879-1930) fait paraître à Tôkyô, chez Minguoshe 民国社, en 1914, son édition du *Min.yaku yakkai* sous le titre *Gongheguo yuanli minyuelun* 共和国原理民約論 (Du Contrat social*, principes de la république*). Bien qu'il existât déjà des traductions chinoises, Tian affirma avoir compris pour la première fois l'ouvrage de Rousseau en lisant la traduction commentée de Chômin. Sekima Naoki 狭間直樹, « Chûgokujin ni yoru no *Min.yaku yakkai* no jûkan wo megutte » 中国人による『民約訳解』の重刊をめぐって (« À propos des rééditions du *Min.yaku yakkai* par les Chinois »), *NCZ, geppô 18* 月報１８, *bekkan* 別巻, p. 1-9.

une réinterprétation du confucianisme. Liang Qichao jouera un rôle important en Corée pour faire connaître Rousseau et Chômin, de sorte qu'une traduction du *Min.yaku yakkai* en coréen paraîtra dès 1909 sous le titre *Nosa minyok* 盧梭民約 (Du Contrat social *de Rousseau*)[13].

Toutes versions confondues, Chômin a traduit du *Contrat social* l'ensemble du livre I et les six premiers chapitres du livre II alors que celui-ci en compte douze et que l'ensemble de l'ouvrage présente quatre livres. Il a donc traduit moins de la moitié du *Contrat social*, ce qui représente en soi un problème.

Même si le texte C de 1882 reprend le texte B et représente chronologiquement l'étape la plus achevée, il est incomplet. Il n'existe pas un texte unique de la traduction commentée de Chômin, si ce n'est l'édition des *Œuvres complètes*, qui inclue dans le même volume les trois textes. Cela implique plusieurs niveaux de lecture, qui posent notamment la question la plus compliquée concernant le *Min.yaku yakkai* : à quels lecteurs se destine la traduction de Chômin ? Cette question implique celle de l'interprétation que l'on peut faire de l'œuvre.

Un premier niveau de lecture peut prendre les trois textes comme un tout, c'est-à-dire comme l'approche par Chômin du *Contrat social* en soi. Il s'agit d'une lecture interne à l'auteur, dans laquelle chaque texte représente une étape pour comprendre et interpréter le texte original, en japonais et en *kanbun*. Les textes secondaires (traductions partielles et écrits de Chômin) se situent également dans cette étape. Ce niveau nous commande, bien sûr, de nous interroger sur la fidélité au texte et sur la réception par Chômin des idées de Rousseau.

Une telle lecture constitue ainsi un moment dans l'histoire de la pensée japonaise et prend tout son intérêt en ce qu'elle nous fait comprendre le processus de réception et d'acquisition

13. Cui Jun, « La Transformation créative du confucianisme sous l'impact du *Minyue lun* : une étude sur *Zhongguo minyue jingyi* de Liu Shipei », *Rousseau studies*, 3, 2015, p. 117-129.

des idées démocratiques hors d'Europe. C'est sans doute pour cette raison que les *Œuvres complètes* publient les trois textes ainsi que les textes secondaires. Toutefois, nous nous limiterons à l'année de parution du *Min.yaku yakkai* dans cette analyse. Tout au long des années 1880, Chômin a en effet écrit des centaines d'articles ainsi que des livres. Si sa réflexion sur Rousseau fut constante, l'évolution du Mouvement pour les libertés et les droits du peuple a influencé sa production intellectuelle : les textes présentés ici se situent dans une première période allant jusqu'en 1884, date à partir de laquelle le Mouvement pour les libertés et les droits du peuple connaît une pause. C'est à la période de relance du mouvement, après 1886, qu'appartiennent le reste des traductions de Chômin et ses écrits les plus célèbres. Se concentrer sur cette seule période 1874-1884 nous a paru important, car toutes les recherches sur Chômin traitent sa pensée comme une unité statique. Peut-on réellement comprendre sa trajectoire intellectuelle en traitant une telle pensée d'un seul bloc ? Si ses premiers textes peuvent éclairer ses idées à la fin de sa vie, il faut faire preuve de prudence lorsqu'il s'agit du cas inverse. Nous adopterons donc une démarche nouvelle, en croisant les sources pour la seule période donnée, ce qui explique aussi notre choix de traduire les textes de Chômin rédigés en *kanbun*, car ils ont tous été écrits durant cette période. Si les commentateurs ont souvent cité « Sur les droits du peuple », « Principes du gouvernement. De la théorie politique de Rousseau » et « Sur l'intérêt public et l'intérêt privé », les autres textes en *kanbun* ont toujours été ignorés. Pourtant, ils forment un tout cohérent et exprimant la philosophie de Chômin, philosophie qui apparaît aussi dans *Min.yaku yakkai.*

Cela représente, après le premier niveau, interne, un second niveau de lecture possible et destiné, cette fois, comme on peut le déduire plus aisément, aux partisans du Mouvement pour les libertés et les droits du peuple, lorsque, dans sa préface, Chômin écrit que « depuis la Restauration », « les guerriers et les roturiers ont commencé à rivaliser entre eux et ont fait de l'autonomie leur but ». Les publicités de l'ouvrage le confirment (voir *infra*). Chômin désigne là les paysans, les guerriers de moyenne et basse classe qui constituaient effectivement l'essentiel des partisans du Mouvement pour les libertés et les droits du peuple. Le journaliste prolifique qu'était Chômin devait d'abord penser à ceux qui constituaient son lectorat. Dans tous les cas, à ce niveau de lecture, il faut comprendre que toutes les références de Chômin dans sa traduction, y compris celles des classiques chinois, sont en réalité des allusions à la vie politique japonaise de l'époque. Nous en discuterons en détail plus loin.

Un troisième niveau de lecture, celui qui s'en tiendrait à la lettre du texte en *kanbun* (c'est-à-dire seulement les textes B et C), s'adresserait à tout lecteur capable de lire le chinois classique, sans considération d'époque ni de lieu. Il s'agit sans doute de la lecture la moins riche et la plus sujette à confusion car la traduction de Chômin est hautement contextualisée et la connaissance du japonais employé par Chômin est indispensable pour comprendre ses écrits, même ceux en *kanbun*. C'est à ce niveau que l'on peut rattacher les publications en Chine du *Min.yaku yakkai*, déjà discutées par Wang Xiaoling et Cui Jun.

Signalons enfin que, selon Ida Shin.ya, le texte original utilisé par Chômin est l'édition de 1772. Néanmoins, la connaissance par Chômin de certaines références de Rousseau (voir note 29) suggère qu'il s'est servi aussi d'éditions plus récentes et commentées. Notre traduction, quant à elle, est la première en français pour le *Min.yaku yakkai* dans son ensemble[14] et la toute première toutes langues confondues pour les autres textes en *kanbun*.

14. Fukui Nanako est l'auteur de la seule traduction du *Min.yaku yakkai*, en anglais (*Min.yaku yakkai*, Ôsaka, Kansai University press, 1987). Nous n'avons malheureusement pas pu la consulter, nous ne pouvons donc pas dire si cette traduction est complète ou non.

Le contexte politique : Chômin et son temps

La découverte de la France : jeunesse de Chômin (1847-1874)

L'histoire du texte posée, il convient d'examiner le contexte entourant les textes en *kanbun* de Chômin, en revenant sur la trajectoire intellectuelle de celui-ci.

Il n'est pas exagéré de dire que, dès sa naissance en 1847, Chômin se trouva pris au cœur des changements qui affectaient le Japon. En effet, il naquit d'une famille de guerriers de rang inférieur (les *ashigaru*足軽, « fantassins »), à Kôchi 高知, principale ville du fief de Tosa 土佐, au Sud de Shikoku. La localisation est importante car Tosa fut l'un des principaux centres de contestation du pouvoir des *shôgun* Tokugawa et les guerriers de basse classe en furent justement les fers de lance. Les raisons de cette contestation se trouvent dans les changements introduits par l'arrivée des Européens et des Américains quelques années après la naissance de Chômin : à partir de 1853, le Japon se trouva obligé d'établir des relations diplomatiques et commerciales avec les États-Unis, la Russie, l'Angleterre et aussi la France[15]. L'installation d'Européens et d'Américains se fit dans le cadre de traités inégaux, car ces ressortissants jouissaient de l'extraterritorialité et de bien d'autres avantages. Les Japonais, après avoir suivi attentivement les guerres de l'Opium, qui, à partir de 1840, mirent à bas la toute puissance chinoise dans la région, étaient bien conscients de l'atteinte à leur souveraineté. Ils constataient également que l'Afrique et l'Asie tout entières étaient tombées rapidement entre les mains des puissances coloniales. Chômin lui-même

15. Pour tout ce qui concerne cet arrière-plan historique, ainsi que la présence de Rousseau dans le Japon de cette époque, voir Eddy Dufourmont, *Rousseau au Japon. Nakae Chômin et le républicanisme française (1874-1890)*, Pessac, Presses universitaires de Bordeaux, 2018.

écrira en 1875 que les Européens « balaient l'Asie comme un raz de marée[16] » et il dénoncera le colonialisme.

Une telle situation ne tarda pas à radicaliser l'attitude de guerriers qui n'avaient jamais accepté la mainmise de la dynastie des Tokugawa sur le Japon en 1603. Ils ne tardèrent pas à allier l'idée de « révérence pour l'empereur » (*sonnô* 尊王), c'est-à-dire le retour de l'empereur au centre de la vie politique, à celle d'« expulser les barbares » (*jôi* 攘夷), à savoir les Européens et les Américains. Face, d'une part, à un gouvernement affaibli par l'incompétence des shoguns et, d'autre part, à cause des pressions des puissances européenne et américaine, les guerriers du mouvement *sonnô jôi* décidèrent d'agir par eux-mêmes et commirent nombre d'assassinats d'étrangers. La répression menée par le gouvernement shogunal les dressa contre lui et ils trouvèrent comme terres d'élection les fiefs de l'Ouest du Japon restés autonomes après 1603, Chôshû, Satsuma, ainsi que Tosa et Hizen. C'est dans ce contexte troublé que Chômin grandit.

Bien que de nombreux jeunes issus de la classe des guerriers se fussent investis dans le mouvement *sonnô jôi*, Chômin suivit une trajectoire différente. Il s'appelait alors Nakae Tokusuke 中江篤介, Chômin 兆民 (« le peuple »[17]) étant son nom de plume. Son père mourut lorsqu'il était âgé de 15 ans et Chômin se retrouva ainsi chef de sa famille en 1862. Il n'en continua pas moins à recevoir dans l'école de son fief l'éducation basée sur les classiques chinois habituellement donnée aux enfants de guerriers. Il s'initia également au savoir européen qu'on appelait alors « sciences hollandaises » (*rangaku* 蘭学). En 1865, Chômin fut envoyé approfondir son étude des sciences européennes à Nagasaki, la principale fenêtre sur l'étranger.

16. Nakae Chômin, « Sakuron » 策論 (« Plan de mesures »), *NCZ*, 1, p. 23.

17. Ce terme est issu du *Liji* 禮記 (*Traité des rites*), chapitre Yueling 月令, 4, 14 et 15. Sauf indication contraire, toutes les données biographiques sont reprises de la chronologie, *NCZ*, *bekkan*, p. 533-569.

Là, pour une raison encore inconnue, Chômin se tourna vers les études françaises, au sein de l'école Saibikan 済美館de Hirai Yoshijûrô 平井義十郎 (1839-1896) et du prêtre Bernard Petitjean (1828-1884). Ce religieux joua un rôle important dans le développement du prosélytisme chrétien au Japon bien avant la levée de l'interdiction du christianisme en 1873 : il arriva à Yokohama en 1862 mandaté par la Société des missions étrangères et s'installa en 1863 à Nagasaki pour superviser la construction d'une église puis, à partir de décembre 1864, pour enseigner le français dans une nouvelle école spécialement établie à cet effet et ce, à la demande des autorités japonaises[18]. Nagasaki était alors l'un des principaux ports du pays et avait vu naître la première communauté chrétienne, au XVIe siècle, avec l'arrivée des Espagnols et des Portugais[19]. C'est dans cette école que Chômin apprit le français.

Du fait de la rareté des penseurs de l'époque ayant un lien étroit avec la France, le choix de Chômin d'apprendre le français peut surprendre. Toutefois, le contexte politique du moment relativise cette démarche : profitant de l'absence des États-Unis touchés par la guerre de Sécession (1861-1865), la Grande-Bretagne et la France jouaient un rôle actif au Japon. C'est précisément en 1864-1865 qu'une guerre opposa ces deux pays aux clans de Satsuma et Chôshû, fers de lance des partisans de l'« expulsion des barbares ». Chômin baignait donc dans un contexte tendu, où la France représentait à la fois une menace et une source d'attraction. Il n'en reste pas moins que la démarche d'apprendre une langue européenne était rare.

---

18. Francisque MARNAS, *La « Religion de Jésus » : (Iaso ja-kyo) ressuscitée au Japon dans la seconde moitié du XIXe siècle*, Lyon, Delhomme et Briguet, 1897, vol. 1, p. 577.

19. Les chrétiens japonais qui avaient survécu à l'interdiction imposée par les Tokugawa se manifestèrent auprès du prêtre Petitjean en mars 1865, alors même que Chômin étudiait le français auprès de lui. La révélation de l'existence des « chrétiens cachés » (*kakure kirishitan*) fit grand bruit à l'époque. Voir à ce sujet J.-B. PIOLET (dir.), *Les Missions catholiques françaises au XIXe siècle*, A. Colin, 1901, tome III, p. 440-446.

En 1866, Chômin partit pour Yokohama, le nouveau port de l'époque. Sa maîtrise de la langue lui permit de servir d'interprète au ministre plénipotentiaire Léon Roches, le principal diplomate français au Japon. En 1869, brièvement, Chômin enseigna même les études françaises dans l'école privée de Fukuchi Gen.ichirô 福地源一郎 (1841-1906), la Nisshinsha 日新舎. Il poursuivit ses études françaises en parallèle, dans les écoles privées de Murakami Eishun 村上英俊 (1811-1889), père des Études françaises au Japon, et de Mitsukuri Rinshô 箕作麟祥 (1846-1897), juriste et interprète officiel de français à Tôkyô pour le gouvernement à partir de 1868, ainsi que dans le Daigaku nankô 大学南校, embryon de la future Université impériale de Tôkyô. Il y fut également enseignant[20].

La fin des années 1860 vit les événements se précipiter : les guerriers de Chôshû et de Satsuma, avec leurs alliés de Tosa et de Bizen, décidèrent de porter un coup décisif contre le shogun Tokugawa, alors que celui-ci avait commencé à moderniser le pays sous la houlette des Français. La défaite de Chôshû et de Satsuma en 1865 avait montré aux guerriers du *sonnô jôi* qu'il était illusoire de vouloir expulser à tout prix les étrangers mais qu'il fallait, au contraire, se servir de leurs techniques pour sauver l'indépendance nationale.

La guerre qui finit par éclater en 1868 n'opposa donc pas des partisans de l'ouverture et de la modernité à ceux d'une hypothétique tradition mais deux forces voulant conquérir ou garder le pouvoir pour piloter la nécessaire modernisation. La guerre de Boshin de 1868-1869 vit les fiefs de Chôshû

20. Chômin rapporte lui-même ces éléments à propos de son apprentissage de la langue française. Nakae Chômin, « Kajuku kaigyô gan » 家塾開業願 (« Demande d'ouverture d'une école privée », 1875), *NCZ*, vol. 17, p. 119 ; *Id.*, « Chô Baba Tatsui kun » 弔馬場辰猪君 (« En mémoire de Baba Tatsui », 10 novembre 1888), *NCZ*, 11, p. 286 ; *Id.*, « Fukuda Tomiharu, *Furansu bunten*, jo » 福田富治『仏蘭西文典』序 (« Préface » de *La Grammaire française* de Fukuda Tomiharu, 2 janvier 1899), *NCZ*, 17, p. 116.

et Satsuma ainsi que leurs alliés l'emporter sur le shogun Tokugawa. Les hommes forts de ces fiefs devinrent les nouveaux maîtres du Japon, derrière la fiction de la remise de l'empereur au centre du pouvoir. Chômin, lui, suivit ces événements de manière lointaine puisqu'il ne s'engagea pas dans les combats. Grâce à ses aînés de Tosa, Itakagi Taisuke 板垣退助 (1837-1919) et Gotô Shôjirô 後藤象二郎 (1838-1897), Chômin parvint à être envoyé par le gouvernement en France pour étudier. Il séjourna du 11 janvier 1872 au 26 avril 1874, à Paris et à Lyon. Sur place, il s'intéressa moins au droit qu'il était censé étudier, qu'à la philosophie, la littérature et l'histoire. Malheureusement, cette période décisive dans sa formation intellectuelle est la moins connue de sa vie.

À son retour de France, fort des compétences acquises là-bas, Chômin était tout à fait en mesure de faire partie du cercle étroit d'une nouvelle génération d'intellectuels formés à l'européenne et proches du pouvoir. Son intérêt pour la France mis à part, Chômin représentait en effet un cas typique du moment : les intellectuels majeurs de l'époque étaient eux aussi pour la plupart des provinciaux issus des classes inférieures de la société, et ils maîtrisaient une langue étrangère (pour la plupart l'anglais). Ils formèrent en 1873 la Société de l'an 6 de Meiji (Meirokusha 明六社[21]), traduisirent des ouvrages européens[22] et encouragèrent la réforme de la société sur le modèle européen. Mais ils furent également pour la plupart de hauts fonctionnaires au service du gouvernement. La différence majeure de Chômin avec ces personnages tenait dans l'orientation politique : Chômin, pour sa part, ne tarda pas à basculer dans l'opposition au gouvernement.

21. Nishi Amane 西周 (1829-1897), Mori Arinori 森有礼 (1847-1889) ou encore Nakamura Masanao 中村正直 (1832-1891).

22. Nakamura traduit en 1872 *On Liberty* de John Stuart Mill et *Self-help* de Samuel Smiles en 1870.

Quel régime politique pour le Japon ? Chômin et le Mouvement pour les libertés et les droits du peuple

Origine et début du mouvement (1874-1878)

Cette opposition au gouvernement naquit à Tosa, à cause d'une tension grandissante quant à la nature du régime politique qui devait se mettre en place. Les années qui suivirent la guerre de Boshin virent des transformations fragiles mais radicales. Le nouveau pouvoir était tenu par un groupe restreint d'hommes issus des fiefs de Satsuma et Chôshû, dont le plus important fut Ôkubo Toshimichi 大久保利通 (1839-1878). Ils déplacèrent la capitale à Edo, qui devint Tôkyô, et y firent venir le jeune empereur, car, quelle que fût la nécessité de moderniser le pays, le but officiel de la révolte contre le shogun était la restauration du pouvoir impérial (*ishin* 維新). Dès le départ, ces oligarques se trouvèrent face à un paradoxe dû à une double pression. D'une part, la nécessité idéologique de restaurer le pouvoir impérial tel qu'il avait existé au VIIIe siècle, époque de sa mise en place. Cette orientation, soutenue par une partie des guerriers, aboutit ainsi à la recréation des institutions étatiques du VIIIe siècle : le pouvoir central s'établit sous le nom de « ministère des Affaires suprêmes » (Dajôkan 太政官) et dans la hiérarchie des offices, celui des divinités shintô fut placé en tête. Mais, d'autre part, cette orientation fut très vite rattrapée par la réalité, à savoir la nécessité d'imiter le modèle politique européen pour créer un régime politique viable, capable de garantir l'indépendance nationale et de mettre fin aux traités inégaux.

Cette orientation fut défendue par l'autre partie des guerriers et elle ne s'expliquait pas seulement par le réalisme : les tensions sociales accumulées durant les décennies précédentes laissaient entrevoir à beaucoup qu'un nouveau monde était possible et que la mise en place d'un nouveau régime était une chance de le réaliser.

En effet, depuis les années 1830, le gouvernement shogunal avait de plus en plus de mal à gérer les finances du pays et les révoltes paysannes éclataient régulièrement. Or, avec l'arrivée des Européens et l'affaiblissement de l'autorité politique centrale, c'est le fonctionnement même de la société qui commença à être remis en question. Chez les intellectuels, par exemple, Yokoi Shônan 横井小楠 (1809-1869), prenant modèle sur l'Angleterre, plaidait déjà dans les années 1860 pour l'abolition des quatre classes sociales féodales existantes et l'établissement d'un parlement qui représentât les fiefs[23]. Par la suite, Fukuzawa Yukichi 福沢諭吉 (1837-1901) fut l'un des tout premiers à présenter les régimes européens dans son livre *Situation de l'Occident* (*Seiyô jijô* 西洋事情[24]). Dans son style aisé à comprendre, Fukuzawa montrait aux Japonais éduqués, guerriers ou paysans, que les statuts sociaux de l'époque d'Edo n'étaient pas une fatalité. Le commun des Japonais n'avait cependant pas attendu Fukuzawa ou Yokoi pour contester la société féodale. Les révoltes dans les campagnes et dans les villes se multiplièrent au fur et à mesure que le mouvement *sonnô jôi* grandissait, avec pour conséquences les destructions et le vide du pouvoir. L'année 1867 vit l'explosion de ce qu'on a appelé les « révoltes pour refaire le monde » (*yonaoshi ikki* 世直し一揆), qui pouvaient prendre des allures d'hystérie collective. La plus connue est celle qui éclata à Nagoya,

23. Okazaki Masamichi 岡崎正道, « Yokoi Shônan no seiji shisô : bakusei kaikaku to kyôwaseiji ron » 横井小楠の政治思想・幕政改革と共和政治論 (« La Pensée politique de Yokoi Shônan : réforme du gouvernement shogunal et politique républicaine »), *Artes liberales*, 64, 1999, p. 101.

24. Il existe de lui en français *Plaidoyer pour la modernité : introduction aux œuvres complètes*, traduit et présenté par Marion Saucier, CNRS Éditions, 2008. On trouvera une comparaison de Fukuzawa et Chômin dans Matsunaga Shôzô 松永昌三, *Fukuzawa Yukichi to Nakae Chômin* 福沢諭吉と中江兆民 (*Fukuzawa Yukichi et Nakae Chômin*), Chûkô shinsho 中公新書, 2001. Watanabe Hiroshi traite également des deux penseurs dans *A History of Japanese Political Thought, 1600-1901*, International House of Japan, 2012.

durant laquelle les gens dansaient et pillaient les magasins en chantant *ee janaika* (« et pourquoi pas ? »)[25].

Cette double pression apparut dans les tout premiers jours du nouveau pouvoir. Le 6 avril 1868, l'empereur lut un Serment en cinq articles (*gokajô no goseimon* 五箇条の御誓文), rédigé notamment par Fukuoka Takachika 福岡孝弟 (1835-1919) de Tosa. Ce texte très court montre clairement les ambitions limitées de ces réformateurs et ces limites arrangeaient les oligarques :

– De nombreuses assemblées délibératives seront établies et toutes les questions traitées par la discussion publique ;

– Les supérieurs et les inférieurs ne doivent faire qu'un dans la gestion de la chose publique ;

– Les sujets ordinaires comme les fonctionnaires et les guerriers doivent pouvoir suivre leurs désirs sans frustration ;

– Les mauvaises coutumes du pays seront réformées sur la base de la juste voie de la Terre et du Ciel (*tenchi no kôdô ni motozuku beshi* 天地ノ公道ニ基クヘシ).

– Le savoir doit être approfondi partout à travers le monde pour renforcer le règne impérial[26].

Sur le plan politique, l'aspect novateur était la mention d'assemblées délibératives (*kaigi* 会議) et du principe de discussion publique (*kôron* 公論). En apparence, ces termes traduisaient une avancée démocratique mais la réalité était tout autre : comme l'article 2 le montre bien, l'inégalité politique n'était pas remise en question et comme Fukuoka Takachika le rappelle lui-même, la représentation envisagée ici était avant tout celle des seigneurs et les assemblées délibératives étaient les conseils seigneuriaux[27]. La discussion publique, elle, devait

25. Pour une introduction en français sur la question, voir Katsumata Shizuo, *Ikki. Coalitions, ligues et révoltes dans le Japon d'autrefois*, traduit par Pierre-François Souyri, CNRS Éditions, 2011.

26. Traduit dans Eddy Dufourmont, *Histoire politique du Japon, de 1853 à nos jours*, Pessac, Presses universitaires de Bordeaux, 2016.p. 57.

27. Fukuoka Takachika 福岡孝弟, « Gokajô goseimo to *Seitaisho* no yûrai ni tsuite » 五箇条御誓文ト性体書ノ由来ニ就イテ (« Au sujet de

se comprendre au sens confucéen : non pas la discussion entre individus mais le consensus autour des décisions prises par les supérieurs, suivant la distinction usuelle entre le « public » (*kô* 公), par essence positif, et le « particulier » (*shi* 私), par essence négatif. Ce texte étant surtout une déclaration de principes, restaient à définir les institutions du nouveau pouvoir. Un deuxième texte fut promulgué le 11 juin 1868, le *Document sur le mode de gouvernement* (*Seitaisho* 政体書), rédigé également en partie par Fukuoka Takachika. Ce texte concéda à la restauration impériale la mise en place du Dajôkan mais introduisait en partie un principe nouveau, repris de la Constitution américaine, celui de la séparation des pouvoirs.

Ainsi, la double pression que subissaient les oligarques aboutissait à des tentatives de compromis, où une institution du VIIIe siècle recréée devait prendre en charge les réformes sur le modèle européen ! Ce processus ne se fit pas sans heurts : l'aile droite des vainqueurs rêvait de faire du shintô la seule religion du Japon et n'admettait pas l'inspiration démocratique introduite par le *Seitaisho*. Dès 1869, elle fit pression sur les oligarques, avec succès, pour supprimer le principe de séparation des pouvoirs, au nom de l'« union du politique et du religieux » (*saisei icchi* 祭政一致). Les oligarques eux-mêmes, ainsi que leur successeur Itô Hirobumi 伊藤博文 (1841-1909), étaient partisans de la réforme et de la construction d'un État-nation à l'européenne mais, à leurs yeux, la centralisation gouvernementale s'accompagnait volontiers d'un autoritarisme qui leur permettait de rester les dirigeants réels du Japon. Le régime impérial n'existait pas encore car il n'y avait ni constitution ni institutions telles que les ministères ou le parlement. Seul existait le Dajôkan. La première moitié des années 1870, pendant lesquelles Chômin

l'origine du Serment en cinq articles et du *Seitaisho* »), KOKKA gakkai 国家学会 (éd.), *Meiji kensei keizaishiron. Kokka gakkai sôritsu man sanjûnen kinen* 明治憲政經濟史論 : 國家学會創立満三十年記念 (*Histoire économique du gouvernement constitutionnel de Meiji : pour les trente ans de la fondation de la Société d'étude de l'État*), Kokka gakkai, 1919, p. 14-15.

séjourna en France, vit une centralisation administrative se mettre en place : les oligarques remplacèrent progressivement les fiefs par des départements.

Cette réforme avait un coût économique et social élevé. Sur le plan économique, le nouveau pouvoir n'avait pas d'autres ressources que l'impôt foncier et devant l'ampleur des tâches, dut procéder à une augmentation sans précédent. Sur le plan social, les guerriers de classe inférieure furent les grands perdants des réformes, alors qu'ils avaient été le fer de lance du renversement des Tokugawa : si les seigneurs et les guerriers de classe moyenne trouvaient un refuge, les uns dans la cour impériale et les autres dans les postes de fonctionnaires, après la perte de leurs fiefs, ceux des classes inférieures tombèrent dans le chômage et la précarité.

En outre, la réforme de la société leur fit perdre même le statut et les symboles appropriés qui faisaient leur fierté : en 1873, la classe des *sotsu* 卒 (« ceux en fin [du classement des guerriers] ») qui les regroupait, fut abolie et amalgamée à celle du « peuple roturier » (*heimin* 平民) ; la même année, une armée de conscription fut établie, rendant ces guerriers inutiles. Le coup de grâce fut porté en 1876 avec la suppression du port du chignon et du sabre. La même rancœur envers les oligarques unissait paysans et guerriers de basse classe.

Ils n'étaient pas les seuls à partager un tel sentiment. Dans le Dajôkan comme dans l'appareil d'État qui se construisait, les oligarques de Satsuma et Chôshû s'octroyaient la part du lion au détriment de leurs alliés. À Tosa notamment, Itagaki Taisuke et Gotô Shôjirô se sentaient floués. Itagaki menait alors déjà, avec Fukuoka Takachika, des réformes internes fidèles à l'esprit du *Seitaisho*[28]. Ces réformes étaient justifiées par

28. Matsuoka Kiichi 松岡僖一, « Jiyû minken undô no taidô » 自由民権運動の胎動 (« Les Débuts du Mouvement pour les libertés et les droits du peuple »), *Atomi gakuen joshi daigaku kiyô* 跡見女子大学紀要, 28, 1995, p. 129-130.

une déclaration de principes, écrite par Okunomiya Zôsai 奥宮慥斎 (1811-1877) et portant le titre de *Principe de l'égalité dans le peuple* (*Jinmin heikin no ri* 人民平均の理). L'extrait traduit ci-dessous montre à quel point les idées sous-jacentes du futur Mouvement pour les libertés et les droits du peuple, notamment « le droit à la liberté » (*jiyû no ken* 自由の権) étaient déjà sur toutes les lèvres[29] :

> *L'être humain est l'animal le plus précieux existant entre le Ciel et la Terre, il est pourvu d'une nature céleste subtile, d'intelligence et de technique. L'âme des dix mille êtres ne connaît ni de distinction entre guerriers, paysans, artisans et marchands, ni de classe noble et vulgaire, supérieure et inférieure. Dans le vieux système féodal, la guerre et les lettres constituaient la tâche ordinaire des guerriers. Ils résidaient dans les offices et tenaient le gouvernement. Si l'urgence se présentait, eux seuls avaient la responsabilité de prendre les armes et de réprimer les troubles. Le destin et la sûreté du pays n'étaient pas confiés au peuple, qui se contentait de regarder passivement. Tels étaient les dommages engendrés par le système féodal* […].
>
> *Aujourd'hui, alors que le gouvernement impérial est renouvelé et que, sur la base de réformes intérieures, le mode de gouvernement remplace la féodalité par les départements et les métropoles, la déclaration de grande réforme de notre fief vise à respecter l'ordre de la cour et à servir le gouvernement impérial. Il va donc élargir au peuple les responsabilités ordinaires autrefois dévolues aux guerriers, pour encourager chez chaque personne, précieuse en sa qualité d'être humain, le savoir et les talents, pour que chacun reçoive son droit à la liberté et agisse selon les désirs précieux de sa personne, sans distinction de classe.* […]

29. TSUYOSHI Sugiyama 杉山剛, « Okunomiya Zôsai to "Jinmin heikin no ri" » 奥宮慥齋と「人民平均の理」 (Okunomiya Zôsai et le « principe d'égalité du peuple »), Shagaku kenronshû 社学研論集, 10, 2007, pp.273-4.

> *Le développement d'un cœur sincèrement dévoué au pays, des techniques et de l'intelligence, sur la base de cette nature subtile, est un idéal que ne poursuivent pas en général les personnes sur terre. Dans notre empire, les qualités et énergies sont particulièrement frustes. C'est pourquoi il est urgent aujourd'hui d'inculquer la voie de la civilisation, de construire partout des écoles et de développer l'éducation, d'encourager à la richesse et à la puissance l'ensemble des guerriers et du peuple et, enfin, de s'employer au changement des vieilles coutumes. Récemment, la France a subi une grande défaite face à la Prusse mais on dit que, malgré l'encerclement, la capitale n'a pas plié, car son peuple est rempli de volonté de sacrifice pour la patrie. Cela suffit à montrer les bienfaits d'une institution accordant de l'importance aux hommes. Ainsi, afin que notre pays impérial résiste aux autres nations et mette en œuvre la marche vers la richesse et la puissance, il n'a d'autre choix que de rappeler le dévouement à la patrie à chacun des millions* [de sujets] *et d'établir l'égalité dans le peuple.*

La région de Tosa avait ainsi la particularité de poursuivre très activement les idéaux de réforme sociale et politique. Un nationalisme certain s'exprimait également dans les années qui suivirent : en 1873-1874, profitant de l'absence d'Ôkubo Toshimichi, parti pour l'Europe afin de négocier la fin des traités inégaux et de s'informer *de visu* des régimes politiques en place, une partie des oligarques, dont Itagaki, lança l'idée d'une invasion de la Corée (*seikanron* 征韓論), en partie afin de trouver de l'occupation aux guerriers pauvres. Cette proposition irréaliste rencontra très vite une opposition et précipita le retour d'Ôkubo. Prenant acte de l'échec du projet, Itagaki quitta les oligarques à la fin de 1873.

C'est là que les historiens situent traditionnellement le point de départ du Mouvement pour les libertés et les droits du peuple : Itagaki Taisuke et ses proches déposèrent conjointement, le 17 janvier 1874, une pétition, intitulée « Mémorandum pour la convocation d'une assemblée délibérative élue par le peuple » (*minsen giin setsuritsu kenpakusho* 民選議院設立建白書)[30]. Comme le titre du document l'indique, les auteurs demandaient la création immédiate d'un parlement élu par le peuple, à savoir l'ensemble de la nation. Sur la base d'une analogie avec les découvertes scientifiques, leur premier argument était qu'il n'était pas nécessaire d'attendre que le peuple atteigne un certain niveau de civilisation pour créer un parlement si l'idée existait déjà ailleurs. Leur deuxième argument était que le peuple payant les impôts au gouvernement, cela lui donnait un droit de regard.

Ces deux arguments s'adressaient aussi à leurs partisans et montraient ce qu'ils entendaient par « peuple » : puisque les impôts étaient à l'époque surtout fonciers, la catégorie visée était les paysans, surtout les paysans riches éduqués, ainsi que les guerriers pauvres et les marchands. Si les droits politiques étaient revendiqués pour tous, l'égalité représentait une autre question. Par ailleurs, les auteurs de la déclaration affichaient un nationalisme fort, car « avec le droit de délibérer », ils espéraient que « l'énergie nationale fût fortifiée, que les inférieurs et les supérieurs fussent en bons termes »[31]. Comme cette pétition fut publiée dans les journaux, elle eut un retentissement à l'échelle nationale et posa explicitement la question d'établir un parlement.

Le 12 janvier 1874, Itagaki et ses compagnons formèrent le premier et éphémère parti politique de l'histoire du Japon, l'Aikoku kôtô 愛国公党 (Parti public des patriotes). Selon

30. En partie traduite dans Eddy Dufourmont, *Histoire politique du Japon, de 1853 à nos jours*, *op. cit.*, p. 75-78. Comme le montre Inada Masahiro, cette vision, élaborée à l'origine par les auteurs de l'*Histoire du Parti de la liberté* de 1901, doit être nuancée, puisque des initiatives locales ont préexisté à celle d'Itagaki. Voir Inada Masahiro 稲田雅洋, *Jiyû minken undô no keifu* 自由民権運動の系譜 (*Une Généalogie du Mouvement pour les libertés et les droits du peuple*), Yoshikawa bunkan 吉川弘文館, 2009.

31. Eddy Dufourmont, *Histoire politique du Japon, de 1853 à nos jours*, *op. cit.*, p. 78.

la déclaration de fondation, « le Ciel fait naître le peuple et lui donne des droits justes et permanents. Ces droits justes ont été accordés par le Ciel à tous de manière égale et ils ne peuvent être confisqués par la force humaine[32] ». Sentant la nécessité de rassembler dans leur région d'origine – Tosa – les forces nécessaires pour monter une organisation réellement puissante, Itagaki et Gotô y repartirent. Ils y créèrent, en avril 1874, la Risshisha 立志社 (Société de la volonté d'agir). Dans tout l'ouest du pays ainsi que dans le nord-est, des dizaines d'organisations virent elles aussi le jour. Itagaki Taisuke s'efforça de les fédérer et parvint, en février 1875, à rassembler l'ensemble des organisations de l'ouest du Japon dans l'Aikokusha 愛国社 (Société des patriotes). Cela ne l'empêcha pas de rester ouvert aux propositions des oligarques : lors de la conférence d'Ôsaka (*Ôsaka kaigi* 大阪会議), entre janvier et février 1875, les oligarques négocièrent avec lui son retour au gouvernement. Itagaki obtint notamment la mise en place du Genrô.in 元老院 (Conseil des Anciens), sur le modèle français, dont la tâche était de proposer une constitution et d'amorcer un processus de représentation du peuple. Néanmoins, les membres du Conseil étaient nommés et non élus, et il s'agissait avant tout des grands seigneurs. Itagaki obtint également la création d'une Assemblée des gouverneurs des départements et d'une Cour suprême. Toutes ces concessions représentaient un retour aux orientations du *Seitaisho*. Elles furent officialisées par une déclaration impériale le 14 avril 1875. Ayant obtenu le pouvoir qu'il désirait, Itagaki mit un terme à l'activité de l'Aikokusha, ce qui montre à quel point il entendait utiliser le Mouvement en partie à des fins personnelles.

32. *Aikoku kôtô honzei* (sôan) 愛国公党本誓 (*Vœux du Parti public des patriotes*, première version). http://www.ndl.go.jp/modern/img_t/010/010-001tx.html.

Le Genrô.in fut l'institution dans laquelle travailla Chômin après son retour de France, et que dirigera Gotô Shôjirô[33]. Pour elle, ainsi que pour le ministère de la Justice, Chômin contribua à la traduction de deux textes : *Éléments de procédure civile* d'Édouard Bonnier (1808-1877)[34], professeur de droit orléaniste à la faculté de Paris, spécialiste de droit civil et de droit romain[35] ; un texte du magistrat Fortuné-Antoine de Saint-Joseph (1794-1853)[36] correspondant à un extrait de l'une de ses trois œuvres, *Concordance entre les codes civils étrangers et le Code Napoléon* (1840)[37]. Chômin supervisa également la traduction d'autres ouvrages[38]. À partir de septembre 1876, il travailla sous les ordres d'Inoue Kowashi 井上毅 (1843-1895), le futur rédacteur de la Constitution de 1889, pour élaborer les tout premiers plans de constitution.

Mais Chômin finit par démissionner, en décembre 1877, du fait de la dégradation des relations entre Itagaki et les oligarques. En effet, dès 1876, les propositions du Genrô.in furent rejetées pour leur libéralisme. Les oligarques n'avaient en outre pas hésité à adopter un décret liberticide dès 1875, le « décret sur les calomnies » (*zanbôritsu* 讒謗律), qui prévoyait

33. Ida Shin.ya, « Nakae Chômin » 中江兆民, Miura Nobutaka 三浦信孝 (éd.), *Kindai Nihon to Furansu* 近代日本と仏蘭西 (*Le Japon moderne et la France*), Taishûkan 大修館, 2004, p. 84.

34. *Futsukoku soshôhô genron* 仏国訴訟法原論 (avec Yamaguchi Yoshisuke 山口芳輔 et Tachiki Raizô 立木頼三), 1879-1879. Chômin a traduit seul les trois derniers volumes de la série, qui en compte quatre.

35. Pour une vision d'ensemble de son œuvre, voir http://www.academie-sciences.fr/activite/archive/dossiers/eloges/bonnier_vol3273.pdf ; http://www.idref.fr/074175793.

36. *Eikoku zaisan sozokuhô* 英国財産相続法, 1877.

37. Cet ouvrage servit aux pays d'Amérique du Sud à élaborer leurs codes civils. Consulter à ce sujet : http://www.juristoria.com/resources/Anthoine+de+Saint-Joseph.pdf.

38. *Droit constitutionnel comparé. La Constitution française de 1875, étudiée dans ses rapports avec les constitutions étrangères* (*Futsukoku kenpôron : kakukoku taishô* 仏国憲法論：各国対照, publié en France en 1878, traduit par Nagakura Yûze 長倉祐是 et publié à Shizuoka en 1885). L'auteur est Paul Robiquet (1848-1928), juriste et historien.

des peines de prison pour les auteurs d'attaque contre le gouvernement. Ce décret permettait une censure politique envers la presse et s'accompagnait d'une loi réglementant les journaux instaurant une autorisation de publication et restreignant la liberté d'expression[39]. C'est pourquoi Itagaki finit par démissioner du Genrô.in en janvier 1878, et ce départ marqua une nouvelle amorce pour le Mouvement pour les libertés et les droits du peuple.

Le poste au Genrô.in fut loin d'être la seule activité de Chômin à son retour de France. Un mois à peine après son retour d'avril 1874, il accomplit les démarches administratives pour fonder une École des études françaises (Futsugaku juku 仏学塾), qu'il ouvrit en août, à Tôkyô. Il occupa aussi, de février à mai 1875, le poste de directeur de l'École des langues étrangères de Tôkyô. Rousseau occupait alors déjà l'attention de Chômin, puisque c'est l'École qui publia sa première traduction du *Contrat social*[40]. Par ailleurs, le seul texte de Chômin dont nous disposons pour cette époque fait apparaître une référence à Montesquieu, la seule à un Européen, reprise du *Contrat social*[41]. Chômin fit publier aussi par l'École la revue *Seiri sôdan*[42] ainsi qu'un dictionnaire japonais-français.

---

39. Cette loi était inspirée de la loi française sur la presse de 1852, instaurée par Napoléon III.

40. IDA Shin.ya, « Un exemple de mise en pratique des théories éducatives de l'*Émile* : le cas de Nakae Chômin et de son École d'études françaises », *Annales de la société franco-japonaise des sciences de l'éducation*, 2000, p. 102-110.

41. Référence au premier chapitre de *Considérations sur les causes de la grandeur des Romains et de leur décadence*, de Montesquieu. Montesquieu parle en réalité des chefs de la république romaine, ce que Chômin ne rend pas dans sa citation, qui est indirecte. Chômin reprend une référence du *Contrat social*, livre II, chapitre 7 (*OC*, III, p. 381).

42. Chômin dut stopper la parution en décembre 1883 du fait de la révision de la loi sur les journaux (*shinbunshi jôrei* 新聞紙条例) de 1875, qui l'obligea à refaire la procédure de demande d'autorisation, en vain. Par cette loi, le gouvernement entendait en réalité museler la presse : près de quarante-sept titres cessèrent de paraîre en l'espace d'un mois, dont *Seiri sôdan*. Il y eut des tentatives de relance par le journaliste et traducteur anglicisant Doi Kôka

Mis à part son activité de journaliste, plus tardive, on peut dire que cette école représentait le centre de sa stratégie intellectuelle et politique. Le fait qu'il ait choisi de fonder une école privée était usuel à l'époque : les écoles privées (*juku* 塾) étaient parmi les principales institutions savantes du Japon de l'époque d'Edo, dominé par le confucianisme. Les lieux où Chômin étudia le chinois classique étaient eux aussi des *juku*. Or les années 1870-1880 représentaient une période de transition, durant laquelle l'installation lente d'un système d'éducation supérieure permit aux *juku* de survivre quelque temps comme institutions, soit pour continuer à diffuser le confucianisme à travers l'enseignement du chinois classique, soit sous une forme nouvelle destinée à diffuser la pensée européenne. La première catégorie périclitait lentement, alors que la seconde connaissait un certain succès autour de penseurs charismatiques[43]. Le plus connu est Fukuzawa Yukichi, qui fonda en 1858 le Keiô gijuku 慶応義塾 (future université) où la pensée chinoise était prohibée au profit de la pensée européenne. Chômin ne faisait que suivre ce modèle en créant l'École des études françaises, qui, comme son nom l'indique, revendiquait son originalité en se référant à la France. L'école de Chômin était plus petite que celle de Fukuzawa[44] et connut son apogée en 1882-1883 comme le suggère le nombre connu d'enseignants et d'élèves :

土居光華 (1847-1918) dès 1884 avec *Ôbei seigaku kyôkai zasshi* 欧米政学協会雑誌, qui disparut au bout de treize numéros, puis en 1886, pour deux ans, avec *Ôbei seiten shûshi* 欧米政典集誌, dirigée par Aikawa Shôzô 相川勝蔵 et Matano Tokinaka 俣野時中, à laquelle Chômin et certains de ses élèves contribuèrent.

43. Margaret MEHL, *Private academies of Chinese learning in Meiji Japan: The Decline and Transformation of the Kangaku Juku*, Copenhagen, NIAS Press, 2003.

44. Selon Inada Masatsugu, le Keiô gijuku accueillait près de quatre cents étudiants. INADA Masatsugu 稲田正次, *Meiji kenpô seiritsushi no kenkyû* 明治憲法成立史の研究 (*Recherches sur l'élaboration de la constitution de Meiji*), Iwanami shoten, 1979, p. 49.

1877 : 4 enseignants et 38 élèves (l'ensemble des quatre années du cycle d'études) ;

1878 : 4 enseignants et 53 élèves ;

1879 : 4 enseignants et 40 élèves ;

1882 : 12 enseignants et 112 élèves ;

1883 : 12 enseignants et 83 élèves ;

1884 : 1 enseignant et 30 élèves[45].

La chute brusque après 1883 peut s'expliquer aussi bien par le déclin du Mouvement pour les libertés et les droits du peuple que par le contrôle grandissant du ministère de l'Éducation sur les *juku*, qui, l'un comme l'autre, vont en conduire plusieurs à la disparition[46].

Malheureusement, on ne dispose que de trop peu de détails sur les enseignants et les élèves de l'École d'études françaises, si ce n'est la bibliographie[47]. Dans son école, Chômin a en effet utilisé une quantité d'œuvres françaises, avec une nette orientation dix-huitièmiste. Les sources[48] n'indiquent que les titres :

– Victor Duruy :

1) *Petite Histoire grecque et romaine*, 1868.

2) *Histoire des temps modernes*, 1868.

3) *Petite Histoire ancienne*, 1869.

4) *Petite Histoire de France*, 1872.

– Fénelon, *Les Aventures de Télémaque*.

– Montesquieu, *Considération sur les causes de la grandeur des Romains et de leur décadence*.

45. *Monbushô nenpô*, repris de MIYAMURA Haruo, *op. cit.*, p. 182.

46. Margaret MEHL, *op. cit.*

47. Matsunaga Shôzô donne de brèves indications biographiques sur quelques élèves de Chômin, par lesquelles on apprend que certains ont eu une activité militante dans le Mouvement pour les libertés et les droits du peuple puis dans le Parti libéral après 1889 (« Kaidai » (« Commentaire »), *NCZ*, vol. 16).

48. « Furansu gakusha kaijuku kôkoku » 仏蘭西学舎開塾広告 (« Déclaration d'ouverture de l'École d'études françaises »), « Futsugaku juku jinsho » 仏学塾陳書 (« Présentation de l'École d'études françaises »), *NCZ*, 17, p. 122-148.

– François Noël et Charles Chapsal, *Nouvelle Grammaire française, sur un plan très méthodique (grammaire et exercices)*, 1872.

– Rousseau :

1) *Du Contrat social* (*Min.yakuron*, c'est-à-dire la traduction de 1875).

2) *Discours sur les sciences et les arts* (*Kaikaron* « Sur l'ouverture »).

3) *Émile ou de l'éducation* (*Kyôikuron* « Sur l'éducation »).

– Voltaire :

1) *Histoire de Charles XII.*

2) *Le Siècle de Louis XIV.*

Ce à quoi s'ajoutent en 1882 et en 1884:

– Jules Barni, *La Morale dans la démocratie.*

– William Belime, *Philosophie du droit ou cours d'introduction à la science du droit.*

– Louis-Charles Bonne, *Cours de législation usuelle.*

– Eugène Cortambert :

1) *Cours de géographie : comprenant la description physique et politique et la géographie historique des diverses contrées du globe.*

2) *Petit Cours de géographie moderne.*

– François Guizot, *Histoire de la civilisation en Europe.*

– Charles Jourdain, *Notions de philosophie.*

– André Lefèvre, *La Philosophie.*

– Montesquieu, *De L'Esprit des lois.*

– Alfred Naquet, *La République radicale.*

– Jean-Baptiste Say, *Catéchisme d'économie politique.*

– Herbert Spencer :

1) *Principes de psychologie.*

2) *Introduction à la sociologie.*

3) *Les Premiers Principes.*

– Jules Simon, *La Liberté politique.*

Du Contrat social faisait partie des lectures réservées aux étudiants de quatrième année. L'activité au sein de l'École des études françaises était directement liée au Mouvement pour les libertés et les droits du peuple et c'est bien par la plume que Chômin entendait y contribuer au premier chef. La revue *Seiri sôdan* se donnait en effet explicitement pour but, dans son texte fondateur, la présentation d'idées en vue d'établir un parlement et une constitution[49]. Comme la préface du *Min.yaku yakkai* le montre bien, il ne fait pas de doute que le lectorat auquel Chômin pensait en écrivant sa *Traduction commentée du* Contrat social était les partisans du Mouvement pour les libertés et les droits du peuple. Une publicité de l'ouvrage le suggère également :

> *L'ouvrage est une partie du livre* Du Contrat social *en kanbun, parue en épisodes dans* Seiri sôdan, *révisée et augmentée de commentaires. Il s'agit d'un excellent livre par la magnificence de ses idées, la subtilité de son style, que tous les partisans des droits du peuple doivent lire.*
>
> *Chôya shinbun*, 7 novembre 1882[50].

Nous pouvons même supposer que sa traduction du *Contrat social* représentait pour Chômin son principal souci de contribution au Mouvement : *Du Contrat social* figure en effet dans la bibliographie donnée aux étudiants, avec les œuvres de Montesquieu, Voltaire et Fénelon. Par ailleurs, d'autres sources montrent que cette première traduction fut utilisée dans des écoles privées ou encore qu'elle fut citée dans les premiers textes présentant Rousseau[51]. Le journal de l'un des

49. « Sôdan kankô no shui » 叢談刊行の趣意 (« Pourquoi publier *Seiri sôdan* »), *NCZ*, 14, p. 76.

50. « Min.yaku yakkai kôkokubun » 民約訳解広告文 (« Annonce du *Min.yaku yakkai* »), *NCZ*, *bekkan*, p. 5.

51. IDA Shin.ya 井田進也 et MATSUNAGA Shôzô, « Kaidai » 解題 (« Commentaire »), *NCZ*, 1, p. 290. INADA Masatsugu, *op. cit.*, p. 33-37.

meneurs du Mouvement, au nord du Japon, rapporte d'autre part que la traduction fut lue en 1879 par Itagaki Taisuke et Ueki Emori 植木枝盛 (1857-1892), un élève de Fukuzawa Yukichi devenu le principal intellectuel du Mouvement[52]. Chômin réussit donc bien à se faire connaître très rapidement à la fois grâce à sa traduction du *Contrat social* et grâce à son École d'études françaises. Son activité coïncida pleinement avec la montée en puissance du Mouvement pour les droits et les libertés du peuple suite au retour dans l'opposition d'Itagaki Taisuke.

Développement du Mouvement (1878-1882)

Après avoir démissioné du Genrô.in, en janvier 1878, Itagaki réactiva en effet l'Aikokusha, secondé par Ueki Emori. En réalité, le monde rural n'avait pas attendu Itagaki pour se soulever : le mouvement prenait de l'ampleur dans tout le pays sous la forme d'associations similaires à la Risshisha et les premiers troubles éclatèrent en 1876 à l'annonce d'une hausse des taxes foncières, qui exaspérait l'ensemble du monde rural, à commencer par les paysans riches éduqués.

Ceux-ci se montraient très réceptifs à la pensée européenne, ce qui stimula une vague intense de traductions. Les livres d'une famille de paysans riches de la ville d'Igarashi offrent un exemple parlant : les traductions de Bentham y côtoient celles de Tocqueville, Spencer ou encore Mill. Cette famille possédait également la traduction du *Contrat social* par Hattori Toku (voir *infra*[53]).

---

52. Kôno Hironaka 河野広中, *Nanyû nisshi* 南遊日誌 (*Journal de voyage dans le Sud*), *NCZ*, *bekkan*, p. 3.

53. Liste complète dans Miyamura Haruo 宮村治雄, *Nihon seiji shisôshi. « Jiyû » no gainen wo kiju ni shite* 日本政治思想史。自由の概念を軸にして (*Histoire de la pensée politique japonaise. En prenant pour axe la notion de liberté*), Hôsô daigyaku kyôiku shinkôkai 放送大学教育振興会, 2005, p. 200. Une enquête plus étendue serait la bienvenue pour comprendre la réception de la pensée politique européenne dans la société de l'époque.

Une conjonction de forces se dessina ainsi entre les paysans et les guerriers pauvres dont toutes les révoltes armées étaient réprimées. La dernière fut vaincue en 1877. Cette année vit la disparition des principaux oligarques par assassinat ou maladie. Leur principal successeur, Itô Hirobumi, se montra tout aussi intraitable au sujet des droits politiques. Si, sur le moment, la mention d'assemblées délibératives dans le Serment en cinq articles n'avait pas été pensée dans un but démocratique, les meneurs s'en servaient toutefois pour réclamer un parlement, car nul ne pouvait contester un texte lu par l'empereur et donc réputé écrit de sa main[54]. Itagaki prit donc l'initiative d'amalgamer toutes les associations politiques existantes en une Ligue pour l'établissement d'un parlement (Kokkai kisei dômeikai 国会期成同盟会) qui, lentement, se constitua en mars 1880. Bien que les ex-guerriers pauvres représentassent la majorité des participants aux réunions, les roturiers prirent rapidement l'ascendant. Cette seconde initiative pour réclamer un parlement reçut un soutien plus grand que la première, notamment parce qu'Itagaki et les dirigeants de la Ligue ajoutèrent à leurs revendications la réduction des impôts fonciers et la révision des traités inégaux. La pétition lancée par la Ligue obtint près de 87 000 signatures mais le gouvernement interdit la remise de la pétition et, en avril suivant, restreignit la liberté de réunion.

Cela n'empêcha pas la Ligue d'organiser une deuxième réunion en novembre 1880 et la signature d'une nouvelle pétition (130 000 signatures recueillies), elle aussi refusée. C'est à ce moment que l'engagement politique prit un ton plus concret : l'encouragement à l'élaboration de projets

54. Suite à la parution en 1879 du livre d'Ueki Emori, *Minken jiyûron* 民権自由論 (*Sur les libertés et les droits du peuple*), les journaux firent référence au Mouvement sous le nom de « Mouvement pour établir une assemblée nationale » (« Kokkai kaisetsu undô » 国会開設運動) et de « thèses sur les libertés et les droits du peuple » (« Jiyû minkenron/ Jiyû minkensetsu 自由民権説).

de constitution. Il devenait évident que le gouvernement réfléchissait à élaborer une constitution mais en la rendant à son avantage. C'est pourquoi des initiatives virent le jour dans les rangs du Mouvement, initiatives regroupées sous le nom de « constitutions privées » (*shigi kenpô* 私擬憲法). Près de quatre-vingt-quinze d'entre elles ont été conservées. Si la plus ancienne remonte à 1872, la plupart furent écrites entre 1879 et 1881 et partageaient des orientations communes : bicamérisme, vote censitaire masculin, absence de responsabilité de l'empereur due à sa nature divine. La plus radicale fut celle d'Ueki Emori, qui proposa le suffrage universel masculin et féminin, l'abolition de la peine de mort et de la torture, un « droit de résistance (teikô 抵抗) » et un parlement unicaméral.

L'année 1881 vit la tension monter : une affaire de corruption à Hokkaidô révéla les pratiques de favoritisme de l'ex-fief de Satsuma, ce qui permit aux journaux d'attaquer le gouvernement. L'opposition se renforça également avec une initiative d'Ôkuma Shigenobu 大隈重信 (1838-1922), alors ministre des Finances, qui, en mars, réclama l'adoption d'une constitution libérale sur le modèle anglais et ce, le plus rapidement possible. Itô Hirobumi le fit chasser du gouvernement avec tous ses proches, comme lui issus du fief de Hizen. Face à la double opposition des partisans d'Itagaki et d'Ôkuma, les oligarques tentèrent de prendre de court le Mouvement en faisant promulguer par l'empereur un rescrit impérial, le 12 octobre, promettant l'établissement d'un parlement pour 1890, et ce, sous la forme d'une concession de l'empereur au peuple. La perspective d'un peuple souverain était donc complètement rejetée. Une troisième réunion de la Ligue était déjà prévue pour octobre 1881, pour examiner les différents projets privés de constitution. Lors de celle-ci, le 18, il fut décidé de reporter l'examen des projets de constitution et de constituer le premier parti politique de l'histoire japonaise, pour renforcer le Mouvement. Le 29 octobre, le Parti de la liberté (Jiyûtô 自由党) fut constitué, avec Itagaki Taisuke à sa tête.

C'est au cours de cette année 1881 que Chômin inaugura réellement sa carrière de journaliste. Il avait participé à la formation du Parti de la liberté et, pendant qu'il rédigeait en chinois classique une nouvelle traduction du *Contrat social*, il se fit le porte-parole du Mouvement au moyen de la plume. Il lança, le 18 mars, avec le prince Saionji Kinmochi 西園寺公望 (1849-1940), rencontré lors du séjour en France, le journal *Tôyô jiyû shinbun* 東洋自由新聞 (*Journal de la liberté de l'Orient*). Ce bulletin ne dura que trente-quatre numéros car le gouvernement fit arrêter deux des journalistes et demanda à l'empereur la démission de Saionji (protégé, par son statut, de tous sauf de l'empereur).

Chômin écrivit pour ce journal parmi les plus importants articles de sa carrière et ceux-ci ne sont pas sans lien avec sa traduction du *Contrat social*. Dans l'éditorial du premier numéro, il expliqua la distinction de Rousseau entre liberté morale et liberté politique. Dans l'article intitulé « Sur l'association du peuple et du monarque dans le gouvernement », il exprimait déjà, en substance, son commentaire du chapitre VI du livre II dans le *Min.yaku yakkai*, expliquant qu'une monarchie pouvait être une démocratie[55]. Dans le contexte de 1881, cet article sonnait comme un soutien à Ôkuma, sans doute en vue d'unifier l'opposition au gouvernement. Enfin, dans la série de quatre articles intitulés *Kokkai mondô* 国会問答 (*Dialogues sur le parlement*), Chômin fit converser un partisan d'une constitution fondée sur la théorie du contrat et un partisan d'une constitution octroyée par le monarque, le premier l'emportant sur le second. Bien qu'il n'eût pas encore publié sa nouvelle traduction du *Contrat social*, Chômin déployait donc beaucoup d'efforts pour faire connaître Rousseau, ce qui lui valut, dès cette époque,

55. Nakae Chômin, « Sur l'association du peuple et du monarque dans le gouvernement » (« Kunmin kyôji no setsu » 君民共治の説), *NCZ*, 14, p. 10-12. Chômin soutenait la Révolution française sauf à propos du régicide et de l'excès de violence. Voir *Dialogues politiques entre trois ivrognes*, *op. cit.*, p. 59.

d'être surnommé le « Rousseau d'aujourd'hui » (*Kon Rusô* 今蘆騒[56]).

La situation était d'autant plus urgente que durant l'année 1882, Itô Hirobumi, qui affichait sa préférence pour le modèle prussien, autoritaire, partit en Allemagne. Il invita par la suite des juristes allemands pour entamer l'élaboration de la constitution. En avril de cette année 1882, Ôkuma Shigenobu forma son propre parti, le Rikken kaishintô 立憲改進党 (Parti constitutionnel réformiste). Les espoirs de Chômin se voyaient contrariés car les deux jeunes partis n'arrivaient pas à se démarquer du localisme qui imprégnait le Mouvement depuis ses débuts : le Parti de la liberté était tenu par les gens originaires de Tosa, le Parti réformiste par ceux de Hizen. C'est pourquoi Chômin ne rejoignit, finalement, ni l'un ni l'autre. Selon son disciple Kôtoku Shûsui, Chômin aurait voulu unir les deux partis pour balayer le gouvernement de Satsuma et Chôshû[57].

Les révoltes paysannes, elles, ne cessaient pas et, sur fond de difficultés économiques, prenaient même un ton de plus en plus violent : par exemple, dans le département de Fukushima, suite à l'installation de deux antennes du Parti de la liberté en décembre 1881, l'assemblée régionale était dominée par les membres de ce parti. Le nouveau gouverneur œuvra à briser le Parti de la liberté à coups d'arrestation et d'intimidations (« incident de Fukushima », *Fukushima jiken* 福島事件). Deux mille personnes furent ainsi arrêtées pour avoir protesté contre l'usage de pratiques féodales pour construire des routes. Le gouvernement renforça la répression par de nouvelles lois ainsi que par un usage accru de la police. La violence devait culminer durant l'année 1884.

56. IDA Shin.ya et MATSUNAGA Shôzô, « Kaidai », *NCZ*, vol. 1, *op. cit.*, p. 294.

57. KÔTOKU Shûsui, *Chômin sensei*, *op. cit.*, p. 448.

Gai Kuanrao au Japon : l'intention cachée du Min.yaku yakkai

Chômin prit rapidement ses distances avec les partisans de l'action directe. Dès 1881, il dénonça « l'excès dans les discours » et les « errements dans l'action »[58]. Plus tard, dans les *Dialogues politiques entre trois ivrognes*, il devait railler les membres du Parti de la liberté plus préoccupés de violence que de démocratie[59]. Chômin continua son travail de journaliste, au sein du *Jiyû shinbun* 自由新聞 (*Journal de la liberté*), formé en juin 1882, et il y développa des thèses pacifistes contre le gouvernement, affairé cette année-là dans une lutte d'influence avec la Chine en Corée[60]. Prendre ses distances ne signifiait pas fuir la réalité ni abandonner la résistance mais, au contraire, mieux appréhender la situation et trouver les idées adéquates pour défendre sur le fond et le long terme la démocratie, plutôt que recourir à une violence à court terme. La violence pouvait fournir un argument facile aux oligarques pour dire que les révoltes en cours n'étaient que des répétitions des *ikki*[61] de l'époque d'Edo et ne devaient donc pas être prises au sérieux. C'est ici que se situe une première clé de compréhension du *Min.yaku yakkai*, plus précisément de la préface de Chômin ainsi que du commentaire qui clôt l'ouvrage. Chômin commence en effet sa préface par une référence à la Chine ancienne, sans s'expliquer.

58. Nakae Chômin, « Wagahai kongetsu jûhachi nichi dai ichi gô no shijô ni oite » 我輩今月十八日第一号において (« Dans notre numéro premier du 18 de ce mois »), *NCZ*, 14, p. 4.

59. Nakae Chômin, *Dialogues politiques entre trois ivrognes*, *op. cit.*, p. 116.

60. Nakae Chômin, « Rongaikô » 論外交 (« Sur la politique étrangère », 1882), *NCZ*, 14, p. 125-136.

61. Au sujet des *ikki*, voir Katsumata Shizuo, *op. cit.*

Il s'agit, en réalité, d'une allusion au Japon de 1882, qui justifie la volonté de Chômin de traduire et de commenter *Du Contrat social*, dans un contexte où l'auteur pouvait à tout moment être accusé et arrêté pour calomnie contre le gouvernement. Tout d'abord, Chômin écrit : « La politique évolue ainsi avec le temps et tire sa beauté de ne pas aller contre les émotions humaines », ce qu'éclaire un autre texte où Chômin explique que les sentiments humains, tels une mer déchaînée sont imprévisibles pour le législateur (qui a tout intérêt à laisser le peuple libre)[62]. Or, telle est l'erreur commise par la figure historique qu'évoque Chômin dans sa préface, Gai Kuanrao 蓋寛饒 (?-60)[63]. En effet, celui-ci, au contraire des Anciens Rois, n'avait pas compris son temps (« N'est-ce pas folie que mesurer le temps et non les sentiments humains ? » dit Chômin). Sa biographie dit bien qu'il courut à la mort et ce, par une attitude bornée. À cela correspondrait l'attitude d'Itô Hirobumi qui, ne comprenant pas l'orientation générale vers l'affirmation des droits du peuple, partit en 1882 pour l'Allemagne en quête d'un modèle autoritaire[64]. L'allusion à Gai Kuanrao était ainsi en réalité une pique contre Itô Hirobumi. Cette allusion se précise avec le commentaire où Chômin dit clairement :

> *En consultant des références des citations, je me rapprochai d'une qui disait, à ce qu'il semblait, que la possession d'un pays par un peuple n'était pas le fait de deux ou trois personnes haut placées et que l'établissement des lois était donc une tâche qui revenait au peuple et à nul autre.* […] *Souhaiterait-on choisir une personne, lui confier*

62. Nakae Chômin, « Jiji reisoku » 時事蠡測 (« Petit Examen des affaires », 1882), *NCZ*, 14, p. 114.

63. Gai Kuanrao était le chef de la police de la capitale et il était réputé pour son intégrité. Il paya de sa vie la dénonciation de l'influence des eunuques.

64. Ida Shin.ya, *Nakae Chômin no Furansu*, 中江兆民のフランス (*La France de Nakae Chômin*), Iwanami shoten, 1983, p. 191.

une telle tâche et, ensuite, faire des lois après délibération, qu'il faudrait quelqu'un d'une clairvoyance peu commune. Il n'est pas raisonnable de penser trouver un tel personnage parmi le peuple tout entier rassemblé. À partir de là, si on veut étudier d'où proviennent les intérêts et les préjudices, dans le détail et sans rien négliger, instaurer les lois d'un pays, on aura affaire à un projet impossible à moins de s'en remettre à la clairvoyance et à la sagacité d'un homme se distinguant de la masse du peuple. Les Grecs Lycurgue et Solon, le Romain Numa furent les législateurs dont il est question.

Il faut voir ici l'ironie avec laquelle Chômin se moque des deux ou trois personnes haut placées c'est-à-dire Itô Hirobumi et les autres oligarques qui se croient être les Lycurgue et les Numa du Japon sans posséder leur clairvoyance. Le texte « Vie de Maître Babillard » préfigure cette allusion à Gai Kuanrao, puisqu'en 1875 Chômin met déjà en garde contre ceux qui gouvernent sans tenir compte de leur époque et de la situation. Chômin affichera cette haine envers Itô Hirobumi jusqu'à la fin de sa vie, où il écrira entre autres, dans la même veine : « Le chef du gouvernement [Itô] est vraiment un être talentueux doté d'un esprit supérieur. […] il me fait l'effet d'un pêcheur maladroit[65]. » Il faut ajouter que l'annonce impériale d'octobre 1881 avait été précédée ou accompagnée d'un ensemble de dispositifs destiné à attaquer Rousseau et le Mouvement : le *Tôkyô nichinichi shinbun*, proche du gouvernement, réagit à un débat suscité avec le *Mainichi shinbun* au sujet de la souveraineté, entre octobre 1881 et mai 1882.

Le premier défendait l'idée que la souveraineté réside chez l'empereur parce que celui-ci représentait une particularité unique au Japon. Un « contrat d'État » (*kokuyaku* 国約) et non

65. Nakae Chômin, *Un An et demi*, traduit, présenté et annoté par Eddy Dufourmont, Romain Jourdan et Christine Lévy, Les Belles Lettres, 2011, p. 48.

un contrat du peuple devait être à la base de la constitution, ce qui était une manière d'affirmer la supériorité de l'État et de ses dirigeants, les oligarques, sur le peuple. Le second défendait l'idée que la souveraineté résidait dans le parlement et s'attachait à distinguer le monarque du Souverain. Le gouvernement appuya également la formation d'une organisation, la Shimeikai紫溟会 (Société de l'Océan pourpre), en septembre, afin d'attaquer Rousseau et *Du Contrat social*. En outre, en mars 1882, Itô Hirobumi appuya la création d'un parti pour contrer le Parti de la liberté, le Parti du gouvernement impérial constitutionnel (Rikken Teiseitô 立憲帝政党), avec le directeur du *Tôkyô nichinichi shinbun*, Fukuchi Gen.ichirô, qui lui aussi avait fréquenté Chômin autrefois.

Le contexte immédiat du *Min.yaku yakkai* montre que Chômin entendait avant tout réagir à la politique de son temps. *Du Contrat social* commenté par ses soins n'était ni plus ni moins que l'esprit de la constitution que Chômin prévoyait pour son pays, une réponse à Itô Hirobumi et au gouvernement, ainsi qu'un encouragement adressé aux roturiers à gagner leur souveraineté. En 1881, Chômin affirmait d'ailleurs bien dans un article que, sans constitution, le gouvernement n'était que le gouvernement des dirigeants[66]. Dans ce but, Chômin n'avait d'ailleurs pas pour seul souci de faire connaître Rousseau. C'est, en effet, en 1882 qu'il lance la revue *Seiri sôdan* dont le contenu est exclusivement fait de traductions. Si la présence de Rousseau chez Chômin a été suffisamment forte pour justifier son surnom de « Rousseau de l'Orient », le penseur genevois n'occupe qu'une place relative dans les traductions de son admirateur japonais. En réalité, Chômin eut surtout à cœur de faire connaître les penseurs français contemporains.

66. Nakae Chômin, « Wagahai jiji wo ron zuru koto yoku sezu » 我輩時事を論ずる欲せず (« Nous ne voulons pas discuter des affaires », 1881), *NCZ*, 14, p. 22.

Mais l'objectif restait le même que celui du *Min.yaku yakkai* : dans son éditorial du premier numéro, Chômin dit clairement que la raison de la puissance des Européens réside dans leur respect des libertés et puisqu'il est désormais prévu d'établir un parlement « bien que cela ne soit pas une tâche réalisable rapidement », il est urgent de former des personnes capables d'assurer la responsabilité de parlementaire. Pour lui, « un parlementaire doit nécessairement être pourvu d'un savoir large et doit être exercé aux questions du moment[67] ». Ne dit-il pas, d'ailleurs, dans la préface même du *Min.yaku yakkai*, que les régimes européens « ne sont point les mêmes mais [que] tous ont établi ce qu'on appelle un parlement, pour lequel le peuple choisit par le vote des personnes honorables » ? Avec *Seiri sôdan* et le *Min.yaku yakkai*, Chômin avait le souci de réagir à la décision d'Itô Hirobumi et des autres oligarques de mettre en place une constitution et un parlement en 1890.

La liste des traductions par Chômin lui-même, ainsi que celles publiées dans la revue *Seiri sôdan*, de même que les livres utilisés dans son École des études françaises, le montrent bien. Dans la revue *Seiri sôdan*, *Min.yaku yakkai* (texte B) fait partie d'une série de traductions d'extraits d'ouvrages, en grande partie recommandés par Émile Acollas[68]. On peut les regrouper en cinq ensembles : les ouvrages de philosophie politique, les ouvrages traitant de la Révolution française, les ouvrages de droit, les ouvrages d'économie et enfin les ouvrages de philosophie.

Droit

AHRENS Heinrich, *Cours de droit naturel, ou de philosophie du droit, complété, dans les principales matières, par des aperçus historiques et politiques*, Leipzig, F. A. Brockhaus, 1868.

67. Nakae CHÔMIN, « Sôdan kankô no shui », *op. cit.*, p. 76.

68. IDA Shin.ya en a dressé la liste dans *Nakae Chômin no Furansu*, *op. cit.*, p. 25-73.

Beccaria Cesare, *Des Délits et des peines*, Guillaumin, 1870.

Belime William, *Philosophie du droit*, A. Durand et Dupont-Auriel, 1881.

Bentham Jeremy, *Œuvres*, Bruxelles, Louis Hauman, 1829-1830.

Glasson Ernest-Désiré, *Éléments du droit français considéré dans ses rapports avec le droit naturel et l'économie politique*, Guillaumin, 1875.

Ortolan Joseph-Louis Elzéar, *Éléments de droit pénal*, Plon/Marescq aîné, 1875.

Picot Jean, *Petits Éléments des codes français exposés par demandes et par réponses à l'usage des écoliers primaires*, J. Louis, 1870.

Valette Jean-Baptiste, *Code manuel du conseiller général de département*, P. Dupont, 1871.

Révolution française

Buchez Philippe, *Histoire parlementaire de la Révolution française, ou journal des Assemblées nationales, depuis 1789 jusqu'en 1815*, Paulin, 1834-1838.

Condorcet, *Lettres d'un gentilhomme à Messieurs du Tiers-État, Lettre troisième : Conseils aux électeurs,* 1789. *Esquisse d'un tableau historique des progrès de l'esprit humain, dixième époque : des progrès futurs de l'esprit humain.*

De Guerville Harny, *La Liberté consquise, ou le despotisme renversé*, pièce jouée au théâtre de la Nation le 4 janvier 1791. Cette pièce est la première du genre et fut rapidement oubliée. Elle n'a jamais été publiée. Chômin a donc lu l'unique exemplaire existant dans la bibliothèque de la Comédie française.

Duruy Victor, *Histoire de France*, Hachette, 1871 (chapitres consacrés à la période allant du règne de Louis XVI au Directoire, p. 422-521).

Duvergier de Hauranne Madame Ernest, *Histoire populaire de la Révolution*, Germer Baillière, 1879.

Vermorel Auguste, *Mirabeau. Sa vie, ses opinions et ses discours*, Librairie de la Bibliothèque nationale, 1880.

Philosophie politique

Barni Jules, *La Morale dans la démocratie*, Germer Baillière, 1868 et *Manuel républicain*, Germer Baillière, 1872.

Barrot Odilon, *Études contemporaines. De la centralisation et de ses effets*, Didier, 1870.

Block Maurice, *Dictionnaire général de la politique*, articles traduits : Clément Ambroise, « Impôts » ; Read Charles, « Homme d'État » ; Mazade Louis « Institutions politiques » ; Foucher de Careil Louis « Révolution d'Angleterre de 1688 » ; Block Maurice, « Partis », « Club », Simon Jules « Ambition » ; Chédieu Émile « Despotisme » et « Opposition », Hélie Faustin « Guerre civile » ; Lavollée Charles-Hubert « Homme politique », « Publiciste » ; Hervé Édouard « Leaders ».

Brac de la Perrière Jacques, *Le Socialisme*, Édouard Baltenweck, 1880.

Comte François, *Le Censeur, ou examen des actes et ouvrages qui tendent à détruire ou à consolider la constitution de l'État*, Chaumerot, 1814-1815.

De Laboulaye Édouard, *Le Parti libéral, son programme et son avenir*, Charpentier, 1871.

Étienne Louis, « Le Positivisme dans l'histoire : M. Henri Thomas Buckle », article de la *Revue des Deux Mondes*, 15 mars 1868.

Frank Adolphe, *Dictionnaire des sciences politiques*, Hachette, 1875, article « Suicide ».

Guizot François, *Histoire des origines du gouvernement représentatif en Europe*, Didier, 1851.

Laferrière Édouard, *Les Constitutions d'Europe et d'Amérique*, Cotillon, 1869.

Le Faure Amédée, *Le Socialisme pendant la Révolution française*, E. Dentu, 1863.

LOCKE John, *Du Gouvernement civil*, Amsterdam, J. Schreuder et Pierre Mortier le Jeune, 1755 (avertissement et chapitre 1 « De l'état de nature »).

NAQUET Alfred, *La République radicale*, Germer-Baillière, 1873.

Science politique d'Émile Acollas : article de LACROIX Sigismond « De la souveraineté du peuple » (1878).

SIMON Jules, *La Liberté politique*, Hachette, 1871.

THONISSEN Jean-Joseph, *La Constitution belge annotée*, Bruxelles, Bruyant-Christophe, 1879.

VACHEROT Étienne, *La Démocratie*, Chamerot, 1860.

Philosophie

GUYAU Jean-Marie, *La Morale anglaise contemporaine*, Germer Baillière, 1879.

JOURDAIN Charles, *Notions de philosophie*, Hachette, 1873.

Économie

BASTIAT Claude, *Œuvres complètes*, Guillaumin, 1873.

BLANQUI Jérôme, *Histoire de l'économie politique en Europe depuis les anciens jusqu'à nos jours suivie d'une bibliographie raisonnée des principaux ouvrages d'économie politique*, Guillaumin, 1860.

COURCELLE-SENEUIL Jean-Gustave, *Traité théorique et pratique d'économie politique*, Amyot, 1867.

DUNOYER Barthélémy, *Œuvres de Charles Dunoyer*, Guillaumin, 1870.

SAY Jean-Baptiste, *Œuvres diverses*, Guillaumin, 1848.

Cette liste est un peu longue mais nous paraît essentielle pour montrer que Chômin n'avait pas seulement lu Rousseau. Il connaissait profondément les idées qui avaient cours dans l'Europe de son temps, y compris les plus contemporaines. Cela signifie donc qu'il n'a pas simplement introduit la théorie contractualiste d'un philosophe du XVIIIe siècle mais l'a fait en pleine connaissance de l'évolution de la pensée politique depuis la parution du *Contrat social* jusqu'à son époque, incluant, bien sûr, les critiques adressées à Rousseau. Le commentaire de Chômin sur Bentham le suggère d'ailleurs bien. Mais, avant de discuter ce point, il convient de réfléchir sur la traduction elle-même.

Traduire Rousseau

Tout d'abord, le moins que l'on puisse dire au sujet de Chômin traducteur du *Contrat social* est qu'il avait pleinement conscience de son acte de traduction comme l'illustrent, d'une part, la préface où il explique combien a été difficile la tâche, et d'autre part, les multiples adresses directes au lecteur.

Or un premier problème apparaît : Chômin n'a pas tout traduit du *Contrat social*. Avant donc de s'interroger sur sa méthode de traduction, examinons le contenu même du *Min. yaku yakkai*.

Le choix de traduire Du Contrat social *et de s'arrêter au chapitre 6 du livre II*

Puisque Chômin a consacré une bonne partie de ses efforts à traduire Rousseau, on pourrait penser que les recherches précédentes ont largement discuté de la réception des idées de Rousseau chez Chômin. Or, comme Yamada Hiroo l'a fait remarquer à juste titre, toutes les recherches ont encensé la traduction du *Contrat social* par Chômin pour sa fidélité à l'original sans poser sérieusement la question de la compréhension de Chômin de ce même texte original[69].

69. Yamada Hiroo 山田博雄, *Nakae Chômin. Hon.yaku no shisô* 中江兆民・翻訳の思想 (*Nakae Chômin. La Pensée de la traduction*), Keiô gijuku daigaku shuppankai 慶應義塾大学出版会, 2009, p. 4.

Il est impossible de savoir ce que Chômin a lu exactement de Rousseau. Toutefois, il est certain que dans son École d'études françaises, il a utilisé comme manuels ses propres traductions, à savoir *Du Contrat social* (dans sa traduction en japonais), le *Discours sur les sciences et les arts* et une partie d'*Émile* qui est aussi reconnue comme telle. Dans sa traduction du *Discours*, Chômin fait allusion aux *Confessions*, ce qui prouve qu'il les avait lues toutes ou partie[70]. La revue *Seiri sôdan* comporte une traduction du *Discours sur l'origine et les fondements de l'inégalité parmi les hommes* par un de ses disciples, Nomura Yasuyuki. Il serait difficile de croire que Chômin, qui supervisait le travail, n'avait pas lu l'original.

Enfin, l'essai de Chômin sur la Révolution française inclut une biographie de Rousseau où il fait référence aux *Confessions*, ce qui suppose une connaissance directe ou indirecte de cet ouvrage[71]. L'intérêt de Chômin pour Rousseau ne fait aucun doute. Il n'est donc guère surprenant que notre auteur affiche sa proximité en faisant référence au philosophe des Lumières par la simple mention de son prénom dans la préface du *Min.yaku yakkai* ni qu'on l'ait surnommé le « Rousseau de l'Orient ». Au sujet des écrits de Rousseau, Chômin écrit : « Ils ont tous eu pour but de renverser les tyrannies, d'affirmer la liberté et l'égalité, de briser les superstitions humaines et de mettre en avant les principes célestes de la nature[72]. »

Voici comment Chômin complète sa présentation de Rousseau :

70. Nakae Chômin, *Hikaikaron* 非開化論 (*Sur la non-ouverture*), *NCZ*, 1, p. 204.

71. Nakae Chômin, « Kakumei mae Furansu ni seiki ji », 革命前仏蘭西二世紀事 (« Deux Cents Ans [d'histoire] de la France avant sa Révolution »), *NCZ*, 9, p. 134.

72. *Ibid.*, p. 139.

> *Rousseau fut, dès sa tendre enfance, extrêmement sensible et il ne pouvait s'imposer à lui-même la moindre entrave. Comme son père l'avait éduqué avec des paroles raisonnables et justes* [rigi no gen理義の言], *il réussit à restreindre son tempérament excessif et il put avec le temps progressivement se contrôler et devenir clairvoyant. Sans que son père s'y attende, Rousseau était déjà assez fin pour comprendre que son père lui faisait lire chaque jour des ouvrages populaires et il ne trouvait aucun plaisir à les lire. Il en vint à s'éloigner de la société de son temps et parvint au seuil d'une sorte d'éveil. Rousseau ne parvint pas à s'en détacher et, tout au long de sa vie, il chercha à juger les institutions de la société et les personnes de son temps à l'aune de cet éveil. C'est pourquoi il ne put jamais se conformer à une vie ordinaire et mourut dans la mélancolie*[73].

Ne peut-on pas dire qu'en s'éloignant du Mouvement pour penser, Chômin voulut adopter une démarche similaire ?

Le *Min.yaku yakkai* de Chômin n'est pas une traduction au sens où nous l'entendons aujourd'hui, c'est-à-dire un effort de rendre le texte original dans la langue du traducteur en étant strictement fidèle aux phrases du texte. Kobayashi Yoshihiko, au sujet de cette traduction écrit : « Bien qu'il suive très fidèlement l'ordre du texte original, il n'a pas cherché à le rendre mot par mot comme on le fait aujourd'hui mais a plutôt tenté de rendre le sens général des paragraphes en y ajoutant souvent des *commentaires* pour les expliquer[74]. » Cette appréciation peut prêter à malentendu : même si, en apparence, la traduction de Chômin est très ramassée, elle rend de manière très précise le texte original, sans superflu.

---

73. *Ibid.*, p. 133.

74. KOBAYASHI Yoshihiko 小林善彦, « Tekisuto wo yomu mae ni » テクストを読む前に (« Avant de lire le texte »), Jean-Jacques ROUSSEAU, *Ningen fubyôdô kigenron. Shakai keiyakuron* 人間不平等起原論・社会契約論 (*Discours sur l'origine et les fondements de l'inégalité parmi les hommes ;* Du Contrat social, Chûô kôron shinsha 中央公論新社, 2005, p. 19.

La démarche de Chômin consisterait plutôt en une traduction-amplification (explication). Cette forme ne lui est pas propre, si ce n'est le choix du *kanbun* : comme le fait remarquer Maruyama Masao, on la trouve aussi chez Fukuzawa Yukichi[75]. En effet, les traductions de l'époque sont le plus souvent des réécritures qui se contentent parfois de donner une partie du texte. De plus, dans le cas des écrits politiques, une intention anime fréquemment le choix du livre et de l'auteur. Pour s'opposer précisément au Rousseau introduit à travers le *Min.yaku yakkai* de Chômin, le gouvernement fit ainsi publier la première traduction du *Léviathan* de Hobbes (*Shuken ron* 主権論, 1883), ainsi qu'une compilation des écrits d'Edmund Burke (« Abrégé des théories politiques », *Seiji ronryaku* 政治論略, 1881). L'heure était ainsi à la traduction libre. Lorsque Chômin introduit dans le texte le proverbe chinois « aider Jie dans sa tyrannie », il ne s'agit pas d'une trahison délibérée mais d'une volonté d'en éclaircir le sens.

Chômin n'a pas été non plus le seul à traduire *Du Contrat social*. Un certain Hattori Toku 服部徳 publia une traduction intégrale en décembre 1877 sous le titre *Min.yakuron*. C'est avec celle-ci et la première version en japonais de Chômin qu'Ueki Emori et les autres partisans du Mouvement eurent connaissance des idées de Rousseau. Plus tard, Harada Sen 原田潜publia, en février 1883, une traduction elle aussi intégrale sous le titre *Min.yakuron fukugi*民約論覆義 (*Du Contrat social* commenté dans le détail). On est tenté de croire que chacun des traducteurs se sont lus les uns les autres. Ida Shin.ya et Iijima Sachio ont déjà bien montré que Harada s'était fondé sur le travail de Hattori et qu'il ne tint pas compte de la traduction de Chômin. Ils ont également montré que les traductions

75. MARUYAMA Masao 丸山眞男, *Bunmeiron no gairyaku wo yomu* 「文明論之概略」を読む (Lecture d'*Ébauche d'une théorie de la civilisation*), dans *Maruyama Masao shû* 丸山眞男集 (*Recueil de Maruyama Masao*), Iwanami shoten, 1996, 13, p. 32.

de Hattori et de Harada déformèrent considérablement le texte original, notamment parce que Hattori avait utilisé une traduction anglaise et qu'il ne l'avait pas comprise[76].

L'interruption de la traduction au chapitre 6 du livre II n'a pas manqué de troubler les commentateurs. Il y aurait plusieurs raisons à cette interruption : les unes propres à Chômin, qui supposent une intention délibérée, et d'autres, extérieures à lui. Pour ce qui concerne ces dernières, Ida Shin.ya a invoqué des passages de la traduction qui se seraient montrés à l'époque contre-productifs pour le Mouvement pour les libertés et les droits du peuple[77]. Cette explication semble plausible mais ne saurait rendre compte à elle seule de l'arrêt de toute poursuite de la traduction. Miyamura Haruo, pour sa part, a suggéré les changements au sein de la rédaction de la revue *Seiri sôdan* ainsi que son changement d'éditeur[78]. Nakamura Yujirô a invoqué les limites du *kanbun* qui n'aurait pas été suffisant pour rendre la totalité du texte[79] mais des explications manquent et on ne voit pas comment le *kanbun* deviendrait soudainement inefficace.

Pour les explications propres à Chômin, on peut tout d'abord relever qu'il s'attelait à plusieurs traductions à la fois et qu'elles étaient toutes partielles : en même temps que *Du Contrat social*, Chômin traduisait en effet aussi le *Discours sur les sciences et les arts* et, dans les quatre années qui suivirent, il enchaîna

76. Ida Shin.ya, « L'Examen comparatif des trois traductions du *Contrat social* à l'aube du Japon moderne », Tanguy L'Aminot et Robert Thiery (éd.), *Jean-Jacques Rousseau, politique et nation*, Honoré Champion, 2001, p. 1003-1008. Iijima Sachio 飯島幸夫, « Meiji ki ni okeru Shakai keiyakuron no hon'yaku ni tsuite » 明治期における『社会契約論』の翻訳について (« À propos des traductions du *Contrat social* sous l'ère Meiji »), Kokushikan daigaku kyôyô ronshû, 58, novembre 2005, p. 59-71.

77. Ida Shin.ya, *Nakae Chômin no Furansu*, *op. cit.*, chapitre 3.

78. Miyamura Haruo, *Rigakusha Chômin* 理学者兆民 (*Chômin philosophe*), Misuzu shobô みすず書房, 1989, p. 106-108.

79. Nakamura Yujirô 中村雄二郎, *Kindai Nihon in okeru seido to shisô* 近代日本における制度と思想 (*Les Institutions et la pensée dans le Japon moderne*), Miraisha 未来社, 1967, p. 167.

rapidement avec *L'Esthétique* d'Eugène Véron, l'*Histoire de la philosophie* d'Alfred Fouillée et *La Morale dans la démocratie* de Jules Barni, sans compter ses propres œuvres. Même si, pour *Du Contrat social*, Chômin rendait surtout en *kanbun* ce qu'il avait déjà traduit en 1874, on peut donc penser que les efforts fournis l'ont empêché de traduire chaque œuvre en totalité et qu'il a préféré rendre ce qu'il jugeait essentiel pour chacune d'elles.

Cela nous amène à l'endroit même de l'interruption, le chapitre 6 du livre II. Il semble que Chômin y a vu une division centrale du livre original : dans une première partie, qui couvre le livre I et les six premiers chapitres du livre II, Rousseau critique les théories de la société existantes, défend la notion de contrat pour comprendre les corps politiques et explique la notion de souverain. Dans une seconde partie, constituée par le reste de l'ouvrage, Rousseau s'attarde sur la notion de législateur. La première partie a pu apparaître comme théorique aux yeux de Chômin, la seconde plus pratique, une suite d'explications sur la méthode d'application de la théorie.

Cette explication fait sens au vu de l'intérêt de Chômin pour la philosophie. Très souvent, les traductions concernent en effet les premières pages des ouvrages, où l'auteur pose sa démarche, les aspects les plus théoriques de la doctrine qu'il entend appliquer, et parfois Chômin prend en charge cette partie, laissant d'éventuels développements à ses élèves :

– Pour la traduction de *L'Esthétique* d'Eugène Véron, les deux parties sur la danse et la musique sont de son élève Nomura Yasuyuki, la première partie de Chômin. La séparation en deux volumes correspond à une division implicite dans l'ouvrage original, entre une théorie décrite dans le premier, et son application dans les arts dans le second.

– Pour la traduction du *Discours sur les sciences et les arts*, là encore Chômin s'occupe de la première partie, Doi Shintarô土居信太郎 de la seconde.

– Les commentateurs ont bien vu que la traduction de *La Morale dans la démocratie* de Chômin est parcellaire mais nul n'a remarqué que l'ensemble de l'ouvrage fut bel et bien traduit dans *Seiri sôdan*. Ainsi, la partie traduite par Chômin, qui concerne le chapitre « Introduction » et le chapitre « La morale dans l'individu » apparaît elle aussi comme la partie théorique, les autres étant des applications pratiques à la famille, l'atelier et les relations entre États.

– Les passages traduits dans *Seiri sôdan* des ouvrages d'Ahrens, Ortolan ou encore Say concernent moins le droit ou l'économie, dont ils sont la matière principale, que la philosophie. Celui de la *Philosophie du droit* de William Belime, notamment, est tout à fait intéressant ici puisque l'auteur oppose Rousseau à Hobbes, Bentham et Helvétius parce que ceux-ci sont, pour lui, les représentants « du système de morale avec les conséquences les plus dangereuses, qui fait dériver les notions du juste et de l'injuste de l'intérêt personnel[80] ». Ce passage n'est pas directement traduit mais il est remplacé par une introduction biographique de Hobbes, qui abonde dans le sens du passage non traduit. Le traducteur explique en effet que le gouvernement démocratique suit le principe céleste et la voie humaine (*tenri jindô* 天理人道), le gouvernement despotique s'y oppose. Le premier est appelé à prospérer, le second à décliner[81]. Et, selon lui, Hobbes s'efforça de défendre le gouvernement despotique[82].

D'autres raisons peuvent expliquer la fin de la traduction au chapitre 6 du livre II. Chômin a peut-être voulu éviter des chapitres postérieurs embarrassants : par exemple le livre IV du chapitre 8, où Rousseau aborde la notion de religion civile. On ne voit apparaître ce passage que dans la traduction de l'*Histoire de la philosophie* d'Alfred Fouillée. Chômin était en effet un matérialiste athée et il ne pouvait concevoir qu'une

80. William Belime, *Philosophie du droit ou cours d'introduction à la science du droit*, A. Dupont et Pedone-Lauriel, [1844] 1869, tome 1, p. 66.

81. *Ôbei seiri sôdan*, 41, p. 1501.

82. *Ibid.*, p. 1503.

religion servît au corps politique, même civil. Cet athéisme apparaît dès 1878 dans le texte sur le sanctuaire Shôkonsha, traduit ici. Dans *Un An et demi suite*, Chômin rejette la religion précisément pour son incapacité à fonder la morale alors que chez Rousseau, la croyance en un jugement dans l'au-delà sert à fortifier le corps politique. C'est également dans le chapitre 3 du livre III que Rousseau présente l'oligarchie comme le meilleur des régimes, du fait de la médiocrité des hommes, la perfection de la démocratie correspondant à la perfection divine. Chômin, pour sa part, avait à cœur de réaliser la démocratie en ce monde.

Toutefois, plusieurs textes peuvent apporter une réponse sur cette question d'arrêt de la traduction, à commencer par l'article « Rousseau » du *Dictionnaire des sciences philosophiques* d'Adolphe Franck, par Henri Baudrillard, et le chapitre de l'*Histoire de la philosophie* d'Alfred Fouillée consacré au Citoyen de Genève. Tous deux ont servi Chômin pour écrire *La Quête philosophique*[83] et lui ont également été utiles pour connaître Rousseau : Baudrillard expose dans son article sa vie et ses œuvres et Fouillée propose un résumé de sa pensée, traitant uniquement du *Contrat social*. Or chez les deux auteurs, la même critique revient : la volonté générale représente un grand danger pour l'individu, qui plus est lorsqu'elle prend la forme de la religion civile[84]. Si la critique est commune, les causes sont différentes. Henri Baudrillard critique Rousseau au nom du christianisme et craint que la volonté générale écrase l'individu alors que Rousseau prétend libérer celui-ci[85].

Alfred Fouillée a une opinion beaucoup plus positive de Rousseau et du *Contrat social*. Il affirme que « la plupart des

83. Miyumura Haruo, *Rigakusha Chômin, op. cit.*, p. 66 *sq*.

84. Henri Baudrillart, « Rousseau », Adolphe Franck (dir.), *Dictionnaire des sciences philosophiques,* Hachette, 1875, p. 1499-1500. Alfred Fouillée, *Histoire de la philosophie*, Delagrave, 1875, p. 387. Nakae Chômin, *Rigaku enkakushi* 理学沿革史 (*Histoire de la philosophie*), *NCZ*, vol. 6, p. 144.

85. Baudrillart, *op. cit.*, p. 1495-1500.

critiques français se sont mépris sur sa vraie doctrine en lui objectant que la société n'a point commencé historiquement par un contrat. Rousseau devait être mieux compris en Allemagne par Kant et par Fichte, qui virent avec raison, dans la théorie rousseauiste du contrat, non le fondement historique mais le fondement rationnel de la société[86] ». Ce passage n'est pas sans rappeler le commentaire du *Min.yaku yakkai* ciblant Bentham. Fouillée célèbre également en Rousseau celui qui a pointé « le problème essentiel de la science sociale », trouvé « une forme d'association qui défende et protège de la forme commune la personne et les biens de chaque associé et par laquelle chacun, s'unissant à tous, n'obéisse pourtant qu'à lui-même et reste aussi libre qu'auparavant[87] ».

Ce seul passage a pu être aux yeux de Chômin assez convaincant pour trouver dans *Du Contrat social* l'organisation politique la plus légitime et l'encourager à le traduire en priorité, celui-là et pas un autre. L'insistance avec laquelle Fouillée défend Rousseau au sujet de la préservation de la liberté individuelle dans la société contractuelle[88] devait apparaître également un moyen de désamorcer des critiques, puisque l'autre grand point d'achoppement des critiques du *Contrat social* portait précisément sur cette question. Si Fouillée reconnaît comme Baudrillard le danger possible de la volonté générale par rapport à l'individu, il se repose néanmoins sur Kant pour dire que Rousseau est ambigu dans ses écrits et que ce danger n'est qu'une interprétation parmi d'autres[89]. Et il ajoute que dans sa propre logique, Rousseau « aurait dû aboutir à la liberté individuelle » alors qu'« il aboutit trop souvent à

86. Alfred Fouillée, *Histoire de la philosophie*, *op. cit.*, p. 376. Nakae Chômin, *Rigaku enkakushi*, *op. cit.*, p. 122.

87. *Ibid.*, p. 377. Nakae Chômin, *Rigaku enkakushi*, *op. cit.*, p. 125.

88. Alfred Fouillée, *Histoire de la philosophie*, *op. cit.*, p. 378-380. Nakae Chômin, *Rigaku enkakushi*, *op. cit.*, p. 128-131.

89. *Ibid.*, p. 382. Nakae Chômin, *Rigaku enkakushi*, *op. cit.*, p. 136.

l'exagération des droits de l'État[90] ». Cette appréciation positive de Fouillée se retrouve également chez les autres républicains français que Chômin traduisit ou fit traduire. Par exemple, Jules Barni, dans *La Morale dans la démocratie*, voit un danger chez Rousseau quand il pose en principe « l'aliénation totale de l'individu à l'État et l'omnipotence absolue de la volonté générale », volonté générale qui n'est autre à ses yeux que la volonté de la majorité. La volonté générale n'est légitime qu'autant qu'elle respecte les droits individuels et qu'elle a pour but de l'assurer ; autrement elle retombe à son tour dans le despotisme. De même, Barni rejette la religion civile pour son atteinte à la liberté de conscience[91]. On peut également mentionner l'article de Sigismond Lacroix, au même ton critique, et celui, fameux, de Benjamin Constant[92], qui reproche à la volonté générale d'être une tyrannie de la majorité (et qui a sans doute inspiré Barni et Lacroix).

Ainsi, Chômin était bien conscient des critiques vis-à-vis de Rousseau et c'est sans doute aussi cela qui commanda le choix d'arrêter la traduction au chapitre 6 du livre II. D'autres raisons existent, que nous aborderons plus loin.

Le choix de la langue : Chômin et le kanbun

La question de la traduction du *Contrat social* étant le problème central qui occupe cette préface, le choix de la langue

90. *Ibid.*, p. 388. Nakae Chômin, *Rigaku enkakushi*, *op. cit.*, p. 146.

91. Jules Barni, *La Morale dans la démocratie*, *op. cit.*, p. 142-143, *Ôbei seiri sôdan*, 22, p. 696.

92. Benjamin Constant, « De la souveraineté du peuple », dans *Œuvres politiques de Benjamin Constant*, éditées par Charles Louandre, Charpentier et Cie, 1874, *Id.*, « Shuken zaiminron » 主権在民論 (« De la souveraineté du peuple »), *Ôbei seiten shûshi*, 15, 1886, p. 26-27. Sigismond Lacroix, « De la souveraineté du peuple », *La Science politique*, 5, 1878, p. 37-41. « Shuken zaiminron » 主権在民論 (« De la souveraineté du peuple »), *Ôbei seiri sôdan*, 31, 1883, et « Hi Shuken zaimin ron » 非主権在民論 (« De la non-souveraineté du peuple »), *Ôbei seiten shûshi*, 9, 1886, p. 1-4 ; 12, p. 10-21.

représente, bien entendu, un aspect crucial. Pour le lecteur français, il pourrait d'ailleurs être déroutant que Chômin ait choisi le chinois classique pour introduire à des Japonais la pensée politique d'un Helvète francophone, après avoir déjà traduit le texte dans sa langue maternelle. Le fait que Chômin a utilisé le *kanbun* peut paraître mystérieux, notamment parce que de tous les textes qui ont introduit l'idée de contrat du point de vue de Rousseau, le *Min.yaku yakkai* est le seul écrit en *kanbun*.

Si les raisons sont multiples, la principale d'entre elles découle de l'intention cachée de publier le *Min.yaku yakkai* : comme nous l'avons montré, Chômin voulait en premier lieu, en formant par un savoir adéquat des parlementaires dignes de ce nom, réagir à l'intention des oligarques d'établir un parlement à l'horizon de 1890. De ce point de vue, le choix du chinois classique pour un texte qu'il remplit de références aux pensées chinoise et européenne répond à la même intention que le choix de textes aux thèmes variés et compliqués pour la revue *Seiri sôdan* : seul un groupe relativement restreint de gens éduqués en était le destinataire. Chômin apparaît d'un point de vue stylistique en complet décalage avec Ueki Emori, l'autre grand penseur du Mouvement, qui écrivait dans un style très facile à comprendre et s'adressait explicitement « à ces Messieurs les paysans, les marchands, les artisans, les guerriers, les médecins…[93] ». Si Chômin était persuadé de l'égalité intrinsèque entre les humains, il semble avoir pensé que dans un premier temps seul un petit groupe devait mener l'ensemble vers la démocratie.

D'autres raisons existent pour expliquer le choix du chinois classique alors que le monde intellectuel japonais avait cessé de

93. UEKI Emori 植木枝盛, « Minken jiyûron » 民権自由論 (« Sur les droits et les libertés du peuple », 1879), MATSUMOTO Sannosuke 松本三之介 (éd.), *Meiji shisô shû* 1 明治思想集 1 (*Recueil des idées sous Meiji*, 1), Kindai Nihon shisô taikei 近代日本思想体系 vol. 30., Chikuma shobô 筑摩書房, 1976, p. 136.

produire des textes en *kanbun* depuis une quinzaine d'années. Une première raison du choix du *kanbun* est la haute estime de Chômin envers ce style d'écriture. L'un de ses maîtres en chinois classique, Okumura Ôkoku, rapporte les propos suivants de Chômin :

Les langues de l'Ouest et de l'Est sont différentes mais le kanbun *peut toutes les traduire*[94].

Comme son disciple Kôtoku Shûsui le rapporte, Chômin pensait également :

> *Les caractères japonais ne sont-ils pas* [à l'origine] *des idéogrammes chinois ? La littérature japonaise n'est-elle pas un sous-produit du* kanbun *? Comment pourrait-on composer une seule phrase si on ne comprenait pas l'usage du* kanbun *? Celui qui veut sincèrement progresser dans son style doit lire beaucoup d'œuvres en* kanbun. *Ceux qui fabriquent à foison des mots pour traduire les ouvrages occidentaux donnent pour prétexte qu'il n'en existerait pas d'adéquats, mais leur choix est bien souvent maladroit et on ne devine pas leur sens à la lecture. Il leur manque en vérité une connaissance suffisante du* kanbun. *Un simple regard suffit pour le comprendre.*
>
> *Rien dans ce monde ne surpasse le* kanbun *en ce qui concerne la simplicité et la force d'expression. Les textes en Europe se complaisent dans la répétition et le détail. Pour qui est habitué au* kanbun, *ils peuvent apparaître creux à la lecture et susciter la répulsion. Les phrases d'*Émile *de Rousseau sont concises et pour autant, si je devais le traduire, je le réduirais d'un tiers. Il est vrai cependant que les avantages des textes européens se situent ailleurs. Par exemple les phrases du* Charles XII *de Voltaire sont aussi fortes que du* kanbun. *Les œuvres de Hugo tiennent toutes du divin mais, si cela se comprend dès la première lecture de l'original, il est bien difficile de le reproduire à la traduction. Lorsque j'ai lu*

94. IDA Shin.ya et MATSUNAGA Shôzô, « Commentaire », *NCZ*, 1, p. 284.

> *autrefois la traduction française du* Paradis perdu *de Milton, j'ai tout de suite été conquis par sa beauté. Néanmoins, au fond de mon cœur, je sentais que quelque chose manquait. Et lorsque j'ai lu l'original en anglais, quel bonheur n'ai-je pas ressenti ! C'est pourquoi j'ai traduit bien des ouvrages savants mais jamais de littérature. Pour traduire ce genre d'ouvrages, il faut déployer un style supérieur à l'auteur. Sans cela, on ne peut que nuire à la beauté de l'original*[95].

L'importance donnée au *kanbun* pourrait expliquer pourquoi Chômin n'a pas publié sa première traduction du *Contrat social*, rédigée en japonais[96]. Ceci peut être mis en relation avec le fait que Chômin ait continué à étudier les classiques chinois auprès de maîtres confucéens, après son retour de France. Peut-être ne se sentait-il pas encore apte à écrire en chinois classique, ce qui est compréhensible, puisque souvent l'usage de cette langue se bornait à la lecture. Une raison qui pourrait expliquer le choix du chinois classique se trouve dans le style même de Rousseau, qui tend à raisonner de manière binaire, par exemple dans l'opposition entre état de nature et état civil. Or les sinogrammes eux aussi s'utilisent en paires d'opposés, ce qui facilite la traduction.

Chômin s'est initié au *kanbun* auprès de plusieurs confucéens. Si Chômin fréquenta l'école de Takaya Ryûshû 高谷龍洲 (1818-1895) en 1878, puis celles d'Okamatsu Ôkoku 岡松甕谷 (1829-1895) et Mishima Chûshû 三島中洲 (1831-1919), il est attesté qu'à l'âge de 17 ans, il étudia les *Notes sur une pratique morale* (*Chuanxilu* 傳習録) de Wang Yangming auprès d'Okunomiya Zôsai, à Tosa[97]. Okunomiya nous livre plusieurs aspects intéressants pour

95. Kôtoku Shûsui 幸徳秋水, *Chômin sensei* 兆民先生 (*Maître Chômin*), Hakubunkan, 1902, p. 53-55.

96. Ida Shin.ya, *Nakae Chômin no Furansu*, *op. cit.*, p. 381.

97. « Chômin koji ôgaku dan » 兆民居士王学談 (« Discussion avec maître Chômin sur Wang Yangming »), *NCZ*, 17, p. 204-205.

comprendre la pensée de Chômin. Tout d'abord, Okunomiya fut un proche d'Itagaki Taisuke, le principal dirigeant du Mouvement pour les libertés et les droits du peuple et, c'est lui qui semble avoir écrit la déclaration sur l'égalité dans le peuple publiée au nom du fief de Tosa, le 24 décembre 1870, traduite ci-dessus[98].

Okamatsu Ôkoku est une des rares personnes dont Chômin fit un éloge appuyé, le décrivant comme le seul auteur contemporain d'envergure en ce qui concerne le *kanbun*[99]. Il a été également l'unique maître qui accueillit les écrits de Chômin en chinois classique. Okamatsu était un élève de Hoashi Banri 帆足万里 (1778-1852), un confucéen admirateur des sciences européennes, dont il publia les œuvres en 1868. Okamatsu s'installa dans la capitale en 1876 pour y ouvrir son école privée, le Shôsei shoin 紹成書院. C'est là que Chômin s'imprégna des textes dont il reprit bien des expressions pour ses propres écrits, *Les Mémoires historiques* ou encore le *Zhuangzi*[100]. Comme l'a montré Kaneko Hajime, Okamatsu inculqua à Chômin le souci de « décrire les choses comme elles sont » (*joji*叙事)[101].

Quant à Takaya Ryûshû, il ouvrit son école privée, le Seibikô 済美黌, à Tôkyô, en 1873. Parmi ses élèves figurent plusieurs partisans du Mouvement pour les libertés et les droits du peuple, dont les textes furent publiés en même temps que

98. Sugiyama Tsuyoshi 杉山剛, « Okunomiya Zôsai no reikon jiyûuron. Jimin heikin no ri ronkoku wo tôshite » 奥宮慥齋の霊魂自由論。「人民平均の理」論告を通して (« La Liberté spirituelle selon Okunomiya Zôsai. À travers la déclaration d'égalité du peuple »), *Soshiaru saiensu* ソシアルサイエンス, vol. 17, mars 2011, p. 81-93.

99. Nakae Chômin, *Un An et demi*, *op. cit.*, p. 86.

100. Kôtoku Shûsui, *Chômin sensei*, *op. cit.*, p. 41.

101. Kaneko Hajime 金子元, « Joji kara jogi kyôzatsu he. Okamatsu Ôkoku, Nakae Chômin ni okeru gengo to shakai » 「叙事」から「叙議夾雑」へ--岡松甕谷・中江兆民における言語と社会 (« De la *description exacte* au *mélange de la description et de la discussion*. La langue et la société chez Okamatsu Ôkoku et Nakae Chômin »), *Sôkan shakai kagaku* 相関社会科学, 15, 2005, p. 4-5.

ceux de Chômin. Takaya était lui aussi un disciple de Hoashi Banri. Il fut l'auteur d'un ouvrage sur le droit judiciaire mais il reste mal connu[102] alors que c'est dans sa revue que Chômin publia la plupart des textes secondaires, traduits ici.

Mishima Chûshû présente pour sa part un parcours différent[103]. Il fut haut fonctionnaire du ministère de la Justice, s'initiant au droit français auprès de G. Boissonnade, et maître confucéen en même temps qu'enseignant à l'université impériale de Tôkyô. Mishima Chûshû se rendit célèbre en proposant d'unir « l'intérêt et le juste » (*giri gôitsu* 義利合一), ce qui n'est pas sans rappeler Chômin. Celui-ci fit publier précisément ses textes « Sur l'intérêt public et l'intérêt privé » et « Sur les querelles fraternelles » à l'époque où il étudiait dans l'école de Mishima, la Nishô gakusha 二松学舎 (ancêtre de l'université éponyme). Toutefois, Mishima ne se mit à écrire qu'en 1886, bien après Chômin.

En fait, dans le contexte des années 1870-1880, la préférence de Chômin pour le *kanbun* le distingue dans le champ intellectuel de l'époque. Il existait parmi les intellectuels un débat sur la langue japonaise, ainsi que sur la langue chinoise classique et la Chine. Dans les deux cas, la préoccupation des intellectuels était de réfléchir au meilleur moyen de faire rentrer le Japon dans le monde civilisé tel qu'il était défini par l'Europe. Ceux qui s'en prenaient à la Chine invoquaient volontiers sa langue pour arguer de son inaptitude à la civilisation moderne. Par exemple, Inoue Tetsujirô井上哲次郎 (1855-1944) affirma que la brièveté de style du chinois classique l'empêchait de développer une réflexion philosophique profonde et précise et le destinait

102. Matsunaga Shôzô, « Kaidai », *NCZ*, 11, p. 432.

103. Fukushima Masao 福島正夫, « Mishima Shûchû to Nakae Chômin. Chômin no shin hakken shiryô wo megutte » 三島中洲と中江兆民--兆民の新発見資料をめぐって (« Mishima Shûchû et Nakae Chômin. Autour de la découverte de nouvelles sources sur Chômin »), *Shisô* 思想, 641, novembre 1977, p. 84-100.

plutôt à la littérature ou à l'histoire qu'à la science[104]. Mais plusieurs intellectuels prirent la défense de la Chine et du chinois classique : Nakamura Masanao rappela le prestige de la culture chinoise et son importation au Japon, et voyant dans le chinois classique une langue concise et utile pour traduire des ouvrages étrangers, d'un apprentissage relativement aisé[105]. Il souligna aussi les similitudes du chinois avec l'anglais (par exemple l'ordre des mots) et l'existence de domaines de connaissance similaires à ceux de l'Europe. Le chinois pouvait servir ainsi à étudier les différents domaines de la science européenne[106].

Ces arguments de Nakamura mis à part, la meilleure preuve de l'utilité du chinois était tout simplement la place incontournable des idéogrammes dans la langue japonaise, place qui n'était pas remise en question dans l'éducation instaurée par le nouveau gouvernement. Il n'en restait pas moins que les défenseurs de la Chine tels que Nakamura étaient une minorité et que la culture chinoise subissait une désaffection. Le texte « Vie de Maître Babillard », traduit ici, montre d'ailleurs bien que Chômin situait l'époque où le confucianisme était la principale référence dans un passé récent, mais révolu. Il est d'ailleurs possible de le relier à un autre, « Plan de mesures », qui lui est contemporain et contient lui aussi un appel à ne pas négliger le confucianisme[107].

---

104. Douglas HOWLAND, *Translating the West: Language and Political Reason in Nineteenth-Century Japan*, Honolulu, University of Hawaii Press, 2001, p. 51.

105. NAKAMURA Masanao 中村正直, « Shina fukaburon » 支那不可侮論 (« Il ne faut pas mépriser la Chine »), « Kangaku no kôfu wo ron zu » 漢学ノ工夫ヲ論ズ (« Discussion sur les ressources des études chinoises »), KIHIRA Yuzuru 木平讓 (éd.), *Keiu Nakamura sensei ensetsushû* 敬宇中村先生演説集 (*Recueil des conférences de maître Nakamura Keiu*), Matsui Chûbei 松井忠兵衛, 1888, p. 23-26, 50-54.

106. NAKAMURA Masanao, « Kangaku fukahai ron » 漢学不可廃論 (« Sur la pérennité des études chinoises »), KIHIRA Yuzuru, *op. cit.*, p. 104-130.

107. Nakae CHÔMIN, « Sakuron », *op. cit.*, p. 30.

Lorsque Chômin affirma sa volonté d'utiliser le *kanbun*, il rejoignait ainsi le camp minoritaire des défenseurs de la Chine. Selon Kôtoku Shûsui, c'est même le désir d'intégrer le confucianisme dans son enseignement qui est à l'origine de sa démission rapide de l'École des langues étrangères de Tôkyô[108]. Cette proximité avec le *kanbun* permit à Chômin d'être parmi les quelques penseurs à l'origine des mots aujourd'hui couramment utilisés : si on doit, par exemple, à Nishi Amane le terme *tetsugaku* 哲学pour rendre « philosophie », c'est Chômin qui légua « symbole » (*shôchô* 象徴), « esthétique » (*bigaku* 美学), « art » (*bijutsu* 美術), « classique » (*keiten* 経典)[109].

Il est important de souligner que les textes en *kanbun* de Chômin comportaient des éléments de langue japonaise, ordinairement en syllabaire *katakana*. Il suivait en cela l'usage de l'époque : les noms de personnes et les toponymes étaient, le plus souvent, transcrits avec des caractères choisis pour leur son mais on accolait la prononciation correcte en *katakana* pour lever toute ambiguïté. Ainsi, dans son explication sur la liberté morale, Chômin forge l'expression *shinshin no jiyû* 心神の自由, qui pourrait être comprise telle quelle comme « liberté de l'esprit ». Mais, dans son texte, Chômin note à côté *liberute morâru*, ce qui montre bien qu'il avait l'intention de rendre le concept de « liberté morale » et ne créait pas un mot au hasard. Le lecteur de l'époque, ne connaissant pas le français, devait s'en tenir aux caractères choisis et aux explications données par Chômin dans le texte.

Ces éléments en *katakana* sont appelés en japonais *rubi* ルビ d'après l'anglais *ruby*, désignant autrefois un élément typographique de petite taille. Dans le *Min.yaku yakkai*, ils apparaissent dans le sous-titre du livre I « Contrat social. Principes du droit politique ». Ce sous-titre n'était pas traduit dans la première traduction, parue en février 1882 dans *Seiri sôdan*. Il apparaît

108. Kôtoku Shûsui, *Chômin sensei*, *op. cit.*, p. 15.
109. Ida Shin.ya, « Kaidai » (« Commentaire »), *NCZ*, 3, p. 452.

ensuite dans la version publiée en livres d'octobre 1882, sans *rubi* et ceux-ci sont ajoutés dans la version de décembre 1882, parue dans *Seiri sôdan*, ce que curieusement les éditeurs des *Œuvres complètes* ont ignoré. C'est avec cette dernière correction que les idéogrammes *min.yaku* 民約, qui pourraient être compris au premier abord comme le « contrat du peuple », sont rattachés au mot français original « contrat social ». Les « principes du droit politique » sont, eux, rendus de manière très courte avec le mot *gensei* 原政, déjà utilisé dans un texte de 1878, traduit ici.

Quelle que fut l'importance donnée au *kanbun*, il peut paraître évident au lecteur francophone que le choix du chinois classique pour traduire *Du contrat social* représentait un défi immense de traduction et rendait difficile l'absence de décalage avec l'œuvre originale. Ce décalage existe, du fait de la méthode de traduction employée par Chômin, que nous allons présenter ci-après. Néanmoins, il est important de souligner au préalable que Chômin sut traduire avec fidélité les idées exprimées par Rousseau, raison même du succès du *Min.yaku yakkai* à travers le temps.

La méthode (1) : le Min.yaku yakkai*, un texte fidèle à* Du contrat social

Du Contrat social met en scène deux acteurs, les individus et le Souverain qui représente leur agrégation. Le Souverain apparaît lorsque les individus passent de l'état de nature à l'état civil, comprenant que l'association est leur seul moyen de survivre. Cette association prend la forme d'un contrat par lequel les individus donnent et reçoivent. Une volonté générale anime le corps politique appelé Souverain, né de l'association des individus. Tel est le contenu du livre. Le *Contrat social* de Rousseau a constitué pour Chômin la source principale pour connaître et penser la liberté et la démocratie. Puisque Chômin s'est concentré sur le livre I et la moitié du livre II, et si on tient compte de sa lecture des deux discours, quel propos Chômin a-t-il pu retirer du *Contrat social* et d'une manière plus générale de Rousseau ? La question qui se pose ici est bien entendu de savoir si Chômin a compris et a pu traduire ce contenu dans le *Min.yaku yakkai*. Les recherches précédentes ont toutes souligné la fidélité de la traduction de Chômin sans nécessairement la questionner au préalable (à l'exception d'Ida Shin.ya et Yamada Hiroo)[110].

L'apport de Rousseau peut être résumé dans le point suivant : Rousseau a eu l'originalité de penser une ontologie holiste pour un programme qui, sans être individualiste, ne défend pas moins les droits des individus, sur la base d'une alliance de la liberté, de l'égalité et de la justice. Cette ontologie holiste ne repose pas sur une conception naturaliste des rapports humains ou des droits mais sur un artifice : le postulat de départ de Rousseau (*Discours sur l'origine de l'inégalité parmi les hommes*) est que les passions de domination qui imprègnent les hommes ne sont pas naturelles mais induites par des rapports de dépendance et de concurrence dans lesquels les hommes sont pris une fois ensemble. C'est pourquoi Rousseau dit que l'homme est originellement bon, aime la justice et l'ordre. Ce postulat de départ permet à Rousseau d'être critique envers la société moderne (*Discours sur les sciences et les arts*) : contrairement à ce que disent ses contemporains la société moderne n'est pas vertueuse et calme mais au contraire la guerre perpétuelle de

110. Entre autres Asukai Masamichi 飛鳥井雅道, *Chômin*中江兆民, Yoshikawa kôbunkan吉川弘文館, 1999, p.256 ; Maruyama Masao 丸山真男, Katô Shûichi加藤周 , *Hon.yaku to Nihon no kindai* 翻訳と日本の近代の思想 (La traduction et la modernité japonaise), Iwanami shinsho, 1998, p.412 ; Hayashi Shigeru 林茂, "Kaidai" 解題(Commentaire) dans Matsunaga Shôzô ed., *Chôminshû*中江兆民集 (Recueil de Chômin), Chikuma shobô, 1974, p.447 ; Yonehara Ken, *Nihon Kindai shishô to Chômin*日本近代思想と中江兆民 (La pensée du Japon moderne et Chômin), Shinhyôron新評論, 1986; Ida Shin.ya, « L'examen comparatif des trois traductions du Contrat social à l'aube du Japon moderne », *op.cit.*; Miyamura Haruo, *Rigakusha Chômin*, *op.cit.*, p.199 ; Satô Makoto, "Rusô to Chômin" (3) ルソーと中江兆民 (Rousseau et Chômin (3), *Dômyô daigaku ronsô*同朋大学論叢, 74-75, 1996, p.54 ; Yamada Hiroo, *op.cit.*, p.193.

tous contre tous au nom de la jalousie et de la défiance. Les individus sont indépendants et aucunement unis. Nous nous appuyons ici sur les travaux de Jean-Fabien Spitz[111].

Si la liberté est l'objet d'une dimension naturelle dans le second discours, le *Contrat social* en aborde la dimension politique. L'état civil que propose le *Contrat social* vise à unir l'ensemble des individus sur la base d'un assujettissement de tous à la loi et il s'agit pour Rousseau du seul moyen d'unir réellement. Cet assujettissement est possible parce que Rousseau imbrique complètement l'intérêt individuel et l'intérêt de tous, le devoir et le droit, la liberté et l'égalité : il y aura justice parce que chacun sera assuré de pouvoir agir dans des limites qu'il aura lui-même acceptées et surtout parce que nul ne s'opposera à lui. Chacun sera autonome parce que chacun aura ses propres représentations de ce qui lui est bon et préférable, l'ordre naissant de la délibération commune, filtrant les passions. L'égalité entre tous sera la garantie de la justice de cet ordre. Ainsi, l'individu ne sera pas indépendant mais libre, il abandonnera une situation de fait pour une situation de droit, où il ne se heurtera à aucune résistance légitime que ses concitoyens seraient fondés en droit à opposer à ses actions. Chacun ayant voulu et négocié ce cadre de droits et de devoirs, nul ne pourra s'en plaindre.

Cet espace de liberté qui se crée peut apparaître au sens libéral comme de la liberté négative, l'absence d'entraves, mais il n'est en rien naturel, il est construit. L'homme devient un citoyen grâce à la loi. Le devoir devient aussi important que le droit et forme un couple indissociable. Ainsi, Rousseau peut soutenir la thèse paradoxale qu'on forcera à être libre : le châtiment qui est infligé à celui qui commet un crime a pour effet de préserver le devoir que ses concitoyens ont de respecter ses actions lorsqu'il se tient dans les limites de la

111. Jean-Fabien Spitz, *La Liberté politique*, PUF, 1995. Voir également Céline Spector, *Rousseau : les paradoxes de l'autonomie démocratique*, Michalon éditeur, 2015, pp.61-112.

loi. De même, l'autonomie n'est pas donnée mais acquise : Rousseau refuse ainsi dans le livre 1 du *Contrat social* le *pactum subjectionis* non pas pour défendre une liberté de nature, quelque chose que l'on possède déjà, mais pour montrer qu'on s'abstient d'obtenir ce auquel on a droit. L'autonomie est donc un devoir et non une donnée, un idéal auquel tendre et non une réalité immédiate. La liberté comme l'autonomie ne sont aucunement des faits de nature, mais construits. La société qui naît de la délibération commune, le souverain, fonctionne ainsi suivant l'autogouvernement, c'est-à-dire le règne de la volonté générale, cadre d'une règle commune et équitable. L'autogouvernement signifie le moyen de s'affranchir d'une quelconque autorité, humaine ou divine, réalisant une liberté négative. Mais pour cela il faut un cadre démocratique, dans lequel il y aura séparation des pouvoirs : le souverain est législateur mais pas l'exécuteur de la loi.

Tel est le contenu que Chômin a pu retirer de ses lectures de Rousseau d'une manière générale. Pour comprendre la portée du *Min.yaku yakkai*, il faut revenir sur le *Contrat social* dans le détail. S les livre I et II représentent la partie la plus théorique, le vrai point de départ se situe au chapitre 5 du livre I. Avant celui-ci, Rousseau pose deux mouvements introductifs, l'un dans l'avertissement, l'autre dans le premier chapitre du livre I. Dans le premier, Rousseau pose le balancement entre lois et hommes, droit et intérêt, juste et utile, être et devoir être. Il pose la légitimité de sa réflexion individuelle en tant que membre du souverain et en fait un devoir, le devoir de s'instruire de la chose publique. Dans le deuxième se trouve un plan général du livre 1 : Rousseau pose l'hypothèse de l'homme à l'état de nature (rappel du Discours sur l'inégalité), puis la question de savoir ce qui peut rendre légitime l'aliénation de l'homme né libre.

Chômin divise bien la liberté naturelle (« liberté décrétée par le Ciel ») et la liberté civique (« liberté de la justice humaine »), la deuxième naissant de la rencontre et de la délibération des « membres du peuple » :

> *Lorsque les membres du peuple concluent entre eux un contrat, fondent un pays et établissent des lois, développent un système de gouvernement autonome qui donne à chacun les moyens de son existence et d'en jouir à bon profit, tout cela les fait se rencontrer. C'est pourquoi on appelle cela la liberté de la justice humaine. (...) La liberté de la justice humaine fait son apparition lorsque chacun abandonne sa liberté décrétée par le Ciel, que tous concluent les uns avec les autres un contrat, construisent un pays et établissent ses institutions pour se gouverner eux-mêmes. Telle est la voie correcte pour gagner son droit à la liberté. Il n'y a pas d'autre moyen que d'abandonner la première pour la deuxième*[112].

En utilisant l'expression « gagner son droit à la liberté » dans son commentaire, Chômin montre bien qu'il a compris que la liberté chez Rousseau n'est pas une donnée, un état de fait et qu'elle est également différente de l'indépendance. Comme Jean-Fabien Spitz le rappelle, il y a chez Rousseau une différence profonde entre indépendance et liberté[113]. L'indépendance est simplement situation de fait, un état où l'homme n'a d'autre ressort ni règle de ses actions que ses propres appétits. La liberté elle n'est pas en rapport avec les causes de l'action mais avec sa légitimité, situation de droit : un homme est libre lorsqu'il ne se heurte à aucune résistance légitime que ses concitoyens seraient fondés en droit à opposer à ses actions. En traduisant par « liberté de justice humaine » Chômin montre donc bien qu'il a compris la définition rousseauiste de la liberté. Du reste il ne parle que rarement de l'indépendance, contrairement à Fukuzawa Yukichi par exemple[114].

112. Chômin, *Min.yaku yakkai*, *NCZ*, 1, p.75.
113. Spitz, *La Liberté politique*, *op.cit.*, p.369.
114. Fukuzawa Yukichi 福澤諭吉, *Gakumon no susume* 学問のすすめ (L'appel à l'étude), Iwanami shinsho, [1872] 1986, pp.29-34.

Après le chapitre 1, Rousseau envisage une première hypothèse : fonder la légitimité sur la nature au sens physique du terme, c'est-à-dire les rapports de force. Cette hypothèse de la force est écartée au moyen de l'argument de la durée et de réversibilité. Les chapitres deux à quatre s'attaquent en ce sens aux théories du droit naturel. Ce n'est pas un combat du champion de la liberté que serait Rousseau contre des adeptes de la tyrannie car Grotius et Pufendorf affirment aussi que l'homme est libre. Rousseau se place ici dans un débat historiquement situé. Le débat des penseurs modernes qui incite à poser la question : qu'est-ce que la nature dans le droit naturel ? Rousseau prend position : l'opposition au droit naturel n'implique pas le rejet de toute référence à la nature. Rousseau se situe dans la continuité du second discours qui oppose au droit naturel un droit conventionnel faisant malgré tout référence à la nature. Rousseau ne critique pas les théoriciens l'usage de loi naturelle qui n'est pas une loi ontologique, cosmologique mais une loi qui concerne l'homme comme être raisonnable. Ce qu'il leur reproche est leur manque de méthode. C'est pourquoi le chapitre deux est un débat épistémologique avant d'être un débat politique.

Le chapitre deux commence ainsi par trois paragraphes de présentation du modèle paternaliste ou patriarcal, qui suppose une inégalité naturelle entre les hommes, combattue par Rousseau dès le second discours. Le premier exemple du modèle est la famille qui a pour elle l'argument de la durabilité et loi de la nature, ce à quoi Rousseau rétorque que la société est encore plus durable, par conséquent c'est la société qui explique la famille et non l'inverse. Rousseau aborde ensuite le problème de la possibilité de perdre la liberté, ce qui rentre en contradiction avec le tout début « l'homme est né libre ». Dans la réalité des faits des hommes peuvent naître contre nature. La liberté est donc à la fois origine et destination.

Dans sa traduction, Chômin donne un ton plus politique à un débat avant tout épistémologique. En cela, Chômin reprend l'attitude de Rousseau à l'égard de Grotius et de Hobbes et l'exacerbe. Il écrit en effet que « ceux qui veulent fonder le gouvernement sur la tyrannie d'un individu invoquent souvent l'exemple de la famille » et qu'« à la lecture du livre de Grotius, on voit que cet auteur fait dépendre le peuple des empereurs et des rois. Après lui, cette thèse fut poursuivie par Hobbes en Angleterre, qui se contenta de marcher sur ses traces »[115]. Si Grotius et Hobbes font les frais de cette stratégie il faut préciser que la lecture est ici à double sens : pour un lecteur japonais, une telle phrase faisait penser aussi aux oligarques, qui cherchaient à faire du Japon un « Etat-famille » (*kazoku kokka* 家族国家), ce qu'ils concrétiseront avec la Constitution de 1889.

Le chapitre sert d'ailleurs à Chômin à montrer au lecteur japonais qu'il n'y a rien à attendre d'un souverain : si le confucianisme fait du souverain un berger du peuple, Chômin répond dans sa traduction que « selon eux [Grotius et Hobbes], le peuple est pareil à un troupeau domestique et le souverain à un pasteur. Or, ce dernier élève son troupeau uniquement pour le dresser à coups de bâton et le manger. Peut-on appeler cela de l'amour ? ». Là encore une lecture à double sens s'installe de cette manière. On peut dire que se trouve dans cette critique de la royauté l'intention principale de la traduction du *Contrat social* : dans un pays dominé par un empereur ou en passe de l'être, apprendre au peuple japonais à être libre passait en premier lieu par le rejet des arguments défendant la souveraineté royale.

Cette dimension n'implique pas que Chômin ait négligé le débat épistomologique dans lequel Rousseau veut s'inscrire. Chômin écrit en effet que « les propos de Grotius déduisent constamment les principes moraux de la réalité. Cela revient à aider Jie dans sa tyrannie ». Il ajoute dans son commentaire : « La réalité et le principe moral ne doivent pas être confondus. La réalité est ce qui est. Le principe moral est ce qui doit être »[116].

115. Chômin, *Min.yaku yakkai*, *op.cit.*, p.78.
116. Chômin, *Min.yaku yakkai*, *op.cit.*, p.79.

Dans le chapitre 3 du livre I, Rousseau oppose force et droit. Il explique que dans le système de relations fondé sur la force l'équilibre est instable. Quand on cède à la force c'est du fait de l'entendement et non de la volonté. L'exemple du brigand est une reprise de Hobbes (chapitre XIV du *Léviathan*) mais avec des conclusions distinctes car Hobbes accepte la possibilité d'un contrat passé sous la crainte. Chômin montre bien ces critiques de Rousseau. Dès le chapitre 2, après avoir traduit « on ne peut douter qu'une personne ayant grandi comme esclave n'aura que des sentiments d'esclave. Si elle n'a reçu dans son enfance que vexations et humiliations, elle ne peut avoir la volonté de se relever, tout comme les compagnons d'Ulysse. Il est dit dans l'histoire que ceux-ci s'étaient abrutis à force de débauche et prenant goût de plus en plus à leur état de stupidité, ils y trouvaient un grand contentement ». Chômin précise dans son commentaire : « L'esclavage ne doit son existence à rien d'autre qu'à la violence et duperies des forts contre les faibles. Une fois devenus esclaves, ceux-ci perdent leur énergie et leur volonté »[117].

Dans le chapitre 3 lui-même, Chômin montre bien à quel point la domination par la force est instable du fait de la volonté individuelle :

> *Je constate qu'il n'est pas facile pour le fort de transformer sa puissance en droit, ni même pour le faible de convertir sa soumission en devoir* [...] *La soumission n'est-elle pas une entrave à la volonté ? Le devoir n'est-il pas ce qu'il convient aux choses d'être ? Je ne connais pas encore ce à partir de quoi la soumission peut se transformer en devoir. Tous ceux qui se soumettent le font parce qu'ils sont bien obligés de le faire ; ils n'ont pas d'autres choix*[118].

117. *Ibid.*, p.80.
118. *Ibid.*, p.81.

Le refus de Rousseau de l'argument du contrat par contrainte est là encore bien exposé. Chômin traduit :

> *Si je rencontre un brigand et que je n'aie pas la force nécessaire pour m'opposer à lui, je ne peux faire autrement que de me délester de ma bourse et la lui remettre. Il n'y a rien à redire. Mais si, alors que je peux m'opposer à lui, le voyant tenir un pistolet, je m'empresse de dire : « ceci relève de la force » et qu'aussitôt, je lui donne ma bourse, qui ne rira pas de moi ?*[119]

Dans le chapitre 4 du livre I, Rousseau poursuit la discussion sur le rapport fondé sur la force, en abordant la soumission volontaire et l'aliénation, notamment dans le cadre de la guerre. Rousseau utilise différents modèles, père/enfant, fort/faible et maître/esclave. Rousseau élimine la possibilité de se donner, et discute la possibilité de se vendre en deux temps : échanger liberté contre subsistance et échanger liberté contre sécurité (dans les deux cas c'est de la vie dont il s'agit). Rousseau avance alors que la liberté est l'essence de l'homme et le principe du droit. Donc se vendre est impossible : ce serait folie, donc en opposition à la raison, et ce serait immoral, donc en opposition à la morale et à la justice (« convention vaine et contradictoire »). Rousseau pose ainsi l'homme comme valeur et le droit comme autre chose que l'expression légale d'un pouvoir (le modèle simplement économique des échanges n'est donc pas suffisant). Dans la deuxième partie du chapitre Rousseau discute de la servitude à la guerre et refuse l'idée de guerre de chacun contre chacun, en discutant l'idée même de guerre. Rousseau distingue pour cela civil et militaire : il faut l'institution du citoyen pour qu'il y ait soldat et une guerre non déclarée n'est pas une guerre.

---

119. *Ibid.*, p.82.

Chômin poursuit dans sa traduction sa critique de la monarchie :

> *Quelqu'un pourrait dire que le règne absolu d'un Prince fait vivre en harmonie ses sujets et cesser leurs conflits. Il en est peut-être ainsi mais je constate que les empereurs et les rois de ce monde aiment se divertir souvent par la guerre, et, qu'à cette fin, ils font peu de cas de la mort de leurs sujets. Si ce n'est pas la guerre, ils cultivent une folle prodigalité et leur soif d'accaparement ne peut jamais être satisfaite ou, encore, c'est leurs ministres qui ne cessent d'extorquer les gens en abusant de leur autorité*[120].

Et l'affirmation de l'homme comme valeur est rendue comme suit :

> *Celui qui abandonne son droit à la liberté renonce à la vertu et aux devoirs qui le définissent en tant qu'homme. Il rompt de lui-même avec le reste de l'humanité. Mais, s'il en est ainsi, cela revient à commettre un rejet total de soi-même*[121].

Quant à la situation de guerre, Chômin montre bien que « la guerre signifie le combat entre deux pays et non pas entre deux individus », « Lorsque des personnes de deux pays deviennent ennemis, cela est temporaire : elles ne sont pas ennemies parce qu'elles viennent de tel pays mais uniquement parce qu'elles en sont les soldats »[122].

Chômin a ainsi bien compris que le refus de Rousseau du *pactum subjectionis* n'est pas une défense de la liberté de nature, une liberté qu'on possèderait, mais bien la liberté civile, celle dont on s'abstient d'obtenir alors qu'on y a droit[123]. Il peut conclure :

---

120. *Ibid.*, p.83.
121. Chômin, *Min.yaku yakkai*, *op.cit.*, p.84.
122. *Ibid.*, p.87.
123. Spitz, *La liberté politique*, *op.cit.*, p.456.

> *Parler d'esclavage n'est pas parler de droit. Parler de droit n'est pas parler d'esclavage. Ces deux mots sont contradictoires de par leur sens. Comme si une personne dirait à une autre, concluant un contrat : « en vertu de ce contrat, je ne retirerai que des bénéfices et toi, tu ne subiras que des dommages » ; et il ajouterait : « tant que ce contrat me sert, je le respecterai et, toi, même si cela n'est pas à ton avantage, tu devras faire de même ». De tels contrats, peu importe qu'ils soient conclus entre deux personnes ou entre un Prince et son peuple, s'opposent à la Voie, s'opposent au Principe et n'ont aucun sens*[124].

Après avoir pris position dans ce débat et exposé sa méthode de raisonnement, Rousseau démarre avec le chapitre 5 véritablement son propos et cherche à définir une société : est-ce une association ou bien est-ce une agrégation ? [125]. Dans le second discours, Rousseau avait déjà expliqué que les sociétés naissantes sont des associations par agrégation. Le deuxième alinéa du chapitre pose la question : qu'est-ce qu'une association qui soit vraiment une société et pas simplement un agrégat ?

Chômin saisit bien le caractère transitoire du chapitre 5, puisqu'il écrit dans son commentaire « Du premier chapitre jusqu'à ce dernier, Rousseau avait rejeté le régime tyrannique. À compter du prochain, il entre dans le cœur du sujet »[126]. Il anticipe même Rousseau en évoquant d'emblée le contrat social comme moyen d'unir les gens, alors que la notion n'est évoquée expressément que dans le chapitre suivant : « C'est

124. Chômin, *Min.yaku yakkai*, *op.cit.*, p.88.

125. Robert Derathé insiste sur les différents modèles de Constitution : l'agrégation renvoie à une union de forces, forcées dans la mesure où c'est une puissance supérieure qui réunit ; tandis que l'association renvoie à une union des volontés. Voir Robert Derathé, *Jean-Jacques Rousseau et la science politique de son temps*, Vrin, 1995.

126. Chômin, *Min.yaku yakkai*, *op.cit.*, p.89.

précisément ce dont je voudrais discuter, à savoir, le fait que tous fondent un pays en signant ensemble un contrat » [127].

C'est au chapitre 6, avec la notion de pacte social, que Rousseau apporte sa solution. Mais d'abord Rousseau pose le problème de l'union des forces par agrégation. Le contrat social apporte moyen de lier liberté et nécessité. Il suppose une aliénation effective (aliénation n'est pas synonyme de soumission). Le contrat social implique qu'on remette à plat l'ensemble des biens possédés, et ce contre la ruse des riches. Cela aboutit également à une transformation quasi ontologique de l'homme : on est sujet et citoyen, l'intérêt individuel rejoignant l'intérêt commun. On gagne tout ce qu'on perd. C'est par la société civile que l'individualité existe réellement. Rousseau articule ainsi la souveraineté (hobbienne) avec la propriété (lockienne)[128]. Le civil fait la synthèse du social et du politique.

Chômin traduit de manière très claire comment s'établit le contrat social :

> *S'ils désirent se protéger des malheurs et des fléaux naturels, les êtres humains n'ont pas d'autre solution que de s'assembler et de constituer un groupe, d'unir leurs forces et de diriger celles-ci dans une seule direction. Mais il y a là un inconvénient. Ma force est indispensable à ma survie. Si je l'unis à celle des autres, sans l'utiliser pour moi-même, comment puis-je éviter que cela ne nuise pas à ma personne ? Voilà en quoi réside toute la difficulté qu'il y a à changer de vie et c'est là tout le secret du contrat social* [129].

> *Comment arriver, en nous appuyant chacun l'un sur l'autre, à former une association dont nous compterions sur l'entière force afin de nous protéger », ou bien « comment*

127. *Ibid.*, p.89
128. Spitz, *La liberté politique*, *op.cit.*, p.456.
129. Chômin, *Min.yaku yakkai*, *op.cit.*, p.90.

> *arriver ensemble à former un groupe aux membres unis par des liens solides mais où chacun n'exercerait jamais aucune contrainte en quoi que ce soit envers l'autre et où le droit à la liberté de chacun se retrouverait intact, tel qu'il fut naguère ? ». Voilà comment se crée un pays, voilà comment se crée un peuple. C'est ainsi que le contrat social détermine l'ordre de ses clauses*[130].

Chômin aboutit bien dans sa traduction, comme Rousseau, à définir une association et non plus une agrégation :

> *Les membres de l'association ayant remis tous leurs droits à épuisement de ceux-ci et rien ne restant à quiconque, leur union ne peut être que totale, sans qu'on puisse y trouver aucun défaut et sans que personne ne puisse crier à l'injustice*[131].

Chômin peut ainsi arriver à conclure à ce que la formation d'un pays prend nécessairement un ton démocratique :

> *Avec l'établissement du contrat social, les terres deviennent un pays, les personnes deviennent un peuple. Le peuple est un corps formé de l'union des volontés de tous. L'assemblée délibérative est son cœur, les lois son souffle et son sang, c'est par elles qu'il exprime ses intentions. Ce corps n'a pas de forme propre, sa volonté est celle des personnes rassemblées. Il n'a pas de volonté propre, si ce n'est celle des volontés de tous rassemblées. Les anciens appelaient ce corps une cité, aujourd'hui on le nomme un État*[132].

Les chapitres suivants décrivent le fonctionnement de la société contractualiste. Le chapitre 7 aborde le Souverain. Celui-ci est Souverain lorsqu'il est en acte c'est-à-dire en

130. *Ibid.*, p.91.
131. *Ibid.*, p.92.
132. *Ibid.*, p.92.

délibération publique. Le contrat n'est pas une loi, c'est un acte souverain. On est donc dans l'ontologie : l'être du Souverain est le contrat social, la souveraineté dans l'acte.

S'il pourrait paraître difficile de traduire la définition rousseauiste du Souverain, Chômin écrit de manière très claire :

> *Ce qu'on appelle un Souverain n'est rien de plus que le rassemblement de tous ; même si on parle d'engagement mutuel entre le Souverain et les sujets, en réalité, tous ne s'engagent qu'envers eux-mêmes. En quoi puis-je dire cela ? Tous ensemble, s'appuyant les uns sur les autres, ils ne constituent qu'une seule entité. Puisque tous ces gens vont délibérer et promulguer des décrets, nous avons bien affaire en eux au Souverain. Ce Souverain n'est pas l'objet d'un respect et d'une vénération particulière. Tous ceux qui participent au contrat font partie du Souverain*[133] ;
>
> *Le Souverain résultant de l'union de tous, l'intérêt du Souverain est forcément aussi l'intérêt de tous*[134].

On le voit, il serait difficile au lecteur japonais de considérer le Souverain comme autre chose que le rassemblement de tous les individus. En utilisant le terme confucéen *kun* Chômin renoue là encore avec sa critique de la monarchie : il montre au lecteur japonais qu'il ne faut pas entendre par ce terme un potentat, comme cela a été le cas dans la Chine antique ou dans le Japon de Meiji, mais que le lecteur peut faire partie lui-même du Souverain. À un moment de transformation profonde du Japon, écrire « une fois qu'il existe un contrat social, est aussi établi un pays » prend ainsi encore une fois un double sens.

C'est dans ce chapitre que Rousseau introduit la thèse en apparence paradoxale les citoyens peuvent être forcés à être libres. Rousseau veut dire ici que celui qui commet un crime

133. *Ibid.*, p.93.
134. *Ibid.*, p.94.

est forcé d'être libre lorsqu'il subit la peine correspondant à sa faute, selon la loi qu'il a lui-même choisi : le châtiment qui lui est infligé a pour effet de préserver le devoir que ses concitoyens ont de respecter ses actions lorsqu'il se tient dans les limites de la loi[135]. Chômin nous semble bien avoir compris l'enjeu et l'avoir bien fait comprendre puisqu'il traduit :

> *Si quelqu'un ose ne pas se conformer aux lois et décrets, la collectivité usera de la force pour mettre fin à une telle pratique ». On pourrait dire ici : « n'y-a-t-il pas une atteinte au droit à la liberté de cette personne ? ». Je répondrais seulement ceci : « Non. Au contraire c'est pour le forcer à protéger son droit à la liberté ». Qu'est-ce que cela veut dire ? Le but premier du contrat social est de faire en sorte que chaque personne obéisse aux ordres de tous, sans subir de contraintes de qui que ce soit. Se conformer aux décrets permet de tenir éloignés les contraintes. Pour une personne s'opposant au contrat, la forcer à le respecter vise seulement à la tenir éloignée des inconvénients de la contrainte. Ah, cette clause est le pivot de l'art du gouvernement et, sans elle, les ordres de l'administration seraient en eux-mêmes absurdes et tyranniques et on ne finirait pas d'en décrire les dommages. Mais cette clause exprime le désir même des personnes et c'est d'elle dont procède le contrat social. Il n'est donc pas nécessaire de la mettre plus clairement par écrit*[136].

Le chapitre 8 permet de comprendre passage de l'état de nature à l'état civil, montre la transformation de la liberté naturelle en liberté civile. Chômin s'attache à montrer combien l'individu ne perd rien dans le contrat social. Dans la traduction il écrit : « Comparons ce qu'on gagne et ce qu'on perd avec le contrat. Ce qu'on perd, c'est la liberté décrétée par le Ciel. Ce qu'on gagne, c'est la liberté de la justice humaine. La liberté

135. Spitz, *La Liberté politique*, *op.cit.*, p.407.
136. Chômin, *Min.yaku yakkai*, *op.cit.*, pp.94-95.

décrétée par le Ciel est sans limite, chaque être humain n'y voit que sa force. Il usera de la force pour obtenir tout ce qu'il désire sans jamais s'arrêter. La liberté de la justice humaine se fonde et se limite par ce sur quoi tous s'accordent »[137]. La liberté morale et le contrôle de soi que l'on gagne dans le contrat social deviennent « liberté morale. Celui qui s'en tient aux apparences sans se contrôler et sans se cultiver fait lui aussi partie des esclaves. En me donnant des lois et en les observant, j'acquiers une grande âme et un cœur généreux »[138].

Dans le chapitre 9, on retrouve le paradoxe de la clause fondamentale du contrat social à propos des biens : l'Etat saisira tout et redistribuera. Il faut ici distinguer le propos de Rousseau des conceptions de Locke. À la différence de ce dernier il n'y a pas de tentative de justification de la propriété ou de la possession. Rousseau pense que la propriété n'est pas un droit absolu de l'humain. Chômin ne traduit pas autrement : « de même que le souverain provient du rassemblement de tous, le pays provient du rassemblement des terres de tous. La puissance s'en trouve extrêmement grandie car la protection qu'on obtient en s'en remettant à son souverain est de loin plus solide que celle fournie par des individus eux-mêmes »[139]. Une double lecture est possible là aussi, puisque dans un Mouvement constitué en grande partie par des paysans soucieux de secouer l'ordre encore imprégné de féodalité, ce chapitre ne pouvait que plaire à cette catégorie de lecteur.

L'égalité morale et civile qui se substitue à l'égalité naturelle est traduite habilement par Chômin : il reprend le vocabulaire confucéen pour dire qu'il y a des sages et des sots, mais compte sur le contrat social pour établir une égalité qui neutralise cette distinction : « le contrat social une fois établi, le droit se fait l'égal de la force et les agressions deviennent impossibles.

137. Chômin, *Min.yaku yakkai*, *op.cit.*, p.96.
138. *Ibid.*, p.97.
139. *Ibid.*, p.99.

(...) Si les sages trompent les sots et que les forts oppriment les faibles, sans éprouver aucun scrupule à le faire, comment peut-on former un pays ? »[140]. Dans le confucianisme les sages ont vocation à dominer les sots (et le peuple). On le voit, Chômin opère un nouveau détournement.

Dans le livre II, Rousseau développe ses explications sur le souverain, en montrant qu'il est inaliénable (chapitre 1) et indivisible (chapitre 2). Dans ce dernier cas, l'indivisibilité ne signifie pas que Rousseau se soit opposé à la séparation, bien au contraire : Rousseau réclame une stricte séparation des pouvoirs législatif et exécutif, car le souverain doit être le législateur mais pas l'exécuteur des lois. Cet aspect sera développé dans le livre III[141].

Chômin montre bien que la souveraineté est un produit tout aussi collectif que le souverain, avec tout le problème posé par la représentation :

> *Qu'est-ce que le Souverain ? Ce n'est que le rassemblement des membres du peuple. Qu'est-ce que la souveraineté ? Ce n'est que la concordance de leurs volontés. Comme le Souverain est formé de la réunion de tous les individus, il est vain de vouloir le faire représenter par des hommes, même s'ils le désiraient. Et comme la souveraineté résulte de l'union de toutes les volontés, il est vain de vouloir la concéder à un individu, quand bien même il le voudrait*[142].

La question de la rectitude de la volonté générale est abordée dans le chapitre 3. Chômin exprime bien dans sa traduction la différence entre la volonté générale et la volonté de tous :

> *La volonté générale est la volonté commune à l'ensemble des membres du peuple. La volonté de tous est la volonté*

140. Chômin, *Min.yaku yakkai*, *op.cit.*, p.102.
141. Spitz, *La Liberté politique*, *op.cit.*, pp.410-1.
142. Chômin, *Min.yaku yakkai*, *op.cit.*, p.108.

> *propre à tout à chacun. Par conséquent, la volonté générale est tournée constamment vers le public et la volonté de tous vers le particulier. Mais, ce qu'on appelle la volonté générale doit absolument se trouver à l'intérieur de la volonté de tous. Je veux dire par là que tous se mettent à délibérer en mettant entre parenthèses leurs [intérêts] particuliers, c'est ce qu'on appelle la volonté générale*[143].

La distinction entre la volonté générale et la volonté de tous est essentielle pour éviter que la première soit tyrannie. Cette remarque préliminaire est importante puisque dans le chapitre 4 Rousseau affirme la domination absolue du souverain sur l'individu, qui lui confie en vertu du pacte social sa puissance, ses biens et sa liberté. Mais ce renoncement n'est qu'apparent puisque le sujet y gagne tout ce qu'il a donné et bénéficie au contraire de la garantie la plus solide de sa liberté, en vertu de l'égalité qui rend les devoirs mutuels. La liberté rousseauiste est ainsi négative au sens où elle se définit comme le fait de ne pas dépendre d'autrui. Mais c'est dans le cadre de règles définies avec d'autres qu'on peut être libre. Si Rousseau n'a jamais adhéré à une définition positive de la liberté, il n'affirme pas moins que l'autogouvernement est à la fois le moyen de s'affranchir de toute tutelle que ce soit, et le règne de la volonté générale qui pose un cadre de règle commune et équitable[144].

Chômin a bien compris cela puisqu'il traduit :

> *Les services que le peuple rend aux fonctionnaires ne sont jamais obligatoires à moins d'être mutuels, non seulement au profit de tous mais aussi pour son propre profit. Sinon, à quoi servirait donc un tel labeur ? À ce propos, qu'est-ce qui fait que la volonté générale est toujours dans la rectitude ? Rien d'autre que l'intérêt trouvé par chacun lorsqu'il travaille dans l'intérêt de tous. Sachons que, que ce soit [l'exigence]*

143. *Ibid.*, p.109.
144. Spitz, *La Liberté politique*, *op.cit.*, p.455.

> *de droit ou de justice, d'égalité ou d'équité toutes naissent du fait que chacun y trouve son propre intérêt et qu'elles ne viennent pas d'horizons lointains*[145].

Ce à quoi s'ajoute :

> *On en arrive toujours à trouver que le contrat social repose sur le même principe de justice et de devoir. Le contrat social établit une uniformité extrême parmi les membres du peuple, sans retenir parmi eux aucune différence. Ce qui m'incombe comme une charge est aussi une charge pour tous les autres. Ce qui me procure de l'intérêt en procure également aux autres. Ainsi, la charge comme l'intérêt, que celle-là soit légère ou lourde et que celui-ci soit grand ou petit, sont identiques* [pour tous] [146].

Il apparaît ainsi clairement au lecteur japonais que la liberté individuelle est garantie non pas par une indépendance mais par une liberté civique garantie par la justice et l'égalité qui fait des devoirs de chacun envers tous une condition essentielle à cet égard. Ainsi, lorsque dans le chapitre 5 Rousseau avance une nouvelle thèse en apparence paradoxale, à savoir qu'on forcera l'individu à être libre, il veut dire que celui qui commet un crime est forcé d'être libre lorsqu'il subit la peine correspondant à sa faute, selon la loi qu'il a lui-même choisi : le châtiment qui lui est infligé a pour effet de préserver le devoir que ses concitoyens ont de respecter ses actions lorsqu'il se tient dans les limites de la loi[147]. Cela apparaît bien dans le *Min. yaku yakkai* :

> *C'est parce que tous les membres du peuple observent le contrat social, travaillent avec diligence et, qu'en cas de malheur, ils n'hésitent pas à faire face, que ma vie s'est*

145. Chômin, *Min.yaku yakkai*, *op.cit.*, p.114.
146. *Ibid.*, p.117.
147. Spitz, *La Liberté politique*, *op.cit.*, p.410.

> *conservée en toute sécurité jusqu'à ce jour. N'est-ce pas fidélité au Principe que j'offre un jour ma vie à tous ceux par la force desquels je l'ai conservée ? Il est vrai que je contribue à forger les lois mais lorsqu'il s'agit de les suivre, je ne pourrai m'empêcher d'aller immédiatement donner ma vie*[148].
>
> [Si un criminel] *commet une mauvaise action et contrevient au contrat social par une conduite de révolte qui le fait devenir ennemi du peuple, alors, je n'ai d'autre choix que de l'arrêter, le punir et l'expulser définitivement du pays. Tout à fait comme dans l'argument précédent, si un ennemi m'attaque sans jamais consentir à se rendre, j'ai aussi le droit de le tuer sans merci. Le droit qu'a un pays de mettre à mort un criminel ne relève-t-il pas du même principe ?*[149]

Ainsi Rousseau parvient à montrer, dans le chapitre 6, que l'assujettissement à la loi n'est pas une situation naturelle mais un artifice qui transforme l'homme en citoyen. Loin d'avoir le rôle négatif d'élément qui sacrifie en quantité de la liberté dans la perspective libérale[150], Rousseau donne à la loi un rôle positif : comme Céline Spector l'indique, avec Rousseau la dépendance totale à l'égard de la loi protège de de la dépendance capricieuse à l'égard des hommes. La loi devient la médiation salutaire en vertu de laquelle l'homme peut être obligé sans perdre sa liberté[151]. Chômin trouve dans ce chapitre un élément important pour combattre le confucianisme : l'emphase de la morale sur la loi. Il écrit en commentaire :

> *C'est ce qu'on appelle la morale. Comme elle ne donne lieu ni à une récompense ni à une punition, l'homme de bien ne fait qu'écouter sa conscience et s'abstient de faire le mal,*

148. Chômin, *Min.yaku yakkai*, *op.cit.*, p.120.
149. *Ibid.*, p.121.
150. Spitz, *La Liberté politique*, *op.cit.*, p.193.
151. Spector, *Rousseau : les paradoxes de l'autonomie démocratique*, *op.cit.*, p.79.

> *alors que l'homme de peu, lui, agit à son gré en dehors de ce qui lui est interdit. L'homme de bien subit constamment les malheurs, l'homme de peu voit toujours son intérêt satisfait. C'est pourquoi la morale ne suffit pas pour gouverner et, en définitive, les lois ne peuvent pas ne pas être établies. Dans ce paragraphe se trouve distinguée cette grande idée d'une distinction entre loi et morale et l'accent est mis sur les lois, comme dans le reste du chapitre*[152].

Cette phrase est lourde de sens car le confucianisme met en avant la morale plutôt que la loi pour assurer le gouvernement, ce qui lui a valu une opposition au légisme dans la Chine antique[153]. Avant Chômin, Nishi Amane avait déjà rompu avec le confucianisme en lui reprochant justement de confondre morale et loi. Chômin situe ainsi sa traduction dans la continuité de Nishi[154]. Ce chapitre a posé des difficultés de compréhension à Chômin, comme il l'indique en commentaire, faisant allusion aux oligarques :

> *Ce chapitre est dans le sens de ses phrases extrêmement difficile à comprendre et il a sans doute posé des difficultés au lecteur. [...] En consultant des références des citations, je me rapprochai d'une qui disait, à ce qu'il semblait, que la possession par un peuple d'un pays n'était pas le fait de deux ou trois personnes hauts placées et que l'établissement des lois était donc une tâche qui revenait au peuple et à nul autre*[155].

La soumission de tous à la loi est aussi pour Chômin l'occasion de remettre en cause l'exception que les souverains et seigneurs voulaient s'attribuer. C'est pourquoi il ajoute dans

---

152. Chômin, *Min.yaku yakkai*, *op.cit.*, p.122.
153. Cheng, *op.cit.*, pp.221 *sqq*.
154. Sugawara Hikaru 菅原光, *Nishi Amane no seiji shisô* 西周の思想 (La pensée politique de Nishi Amane), Perikan sha ぺりかん社, 2009, pp.103-153.
155. *Ibid.*, p.128.

CARTE POSTALE

Librairie où vous avez acheté ce livre :

. . . .

Ville : . . . .

Titre du volume acheté : . . . .

. . . .

Suggestions : . . . .

. . . .

À : . . . . le : . . . .

Société d'Édition

LES BELLES LETTRES

95, boulevard Raspail

75006 PARIS

FRANCE

sa traduction : « Les rois, princes, généraux et ministres ne sont qu'une partie intégrante du peuple : comment obtiendraient-ils la faculté de ne pas obéir aux lois ? »[156].

Ce caractère positif de la loi se retrouve dans les propres articles de Chômin : loin d'être une entrave jouant un rôle négatif, il voit dans la loi une nécessité absolue, le produit d'une réflexion des hommes pour fixer le bien et le mal, pousser les mêmes hommes à faire le bien et ne pas faire le mal[157].

Au total, il ne semble pas exagéré de dire que Chômin a réussi à rendre claires les idées contenues dans la première moitié du *Contrat social*. Après avoir montré en quoi Chômin a été fidèle au texte original, il faut à présent montrer en quoi les éléments de décalage servent moins à un éloignement qu'à un enrichissement de ce dernier.

La méthode (2) : le décalage entre le Min.yaku yakkai *et* Du contrat social *ou la réinvention du confucianisme*

Si elle rend bien le contenu général, la traduction de Chômin, dans ses différentes versions, est bien différente de l'original. Tout d'abord, comparons le vocabulaire utilisé par Rousseau et celui utilisé par Chômin (le cas échéant, *Du Contrat social* sera cité sous la forme L + numéro du livre + numéro du chapitre) [158]:

La personne publique :
Cité : *koku* 国 (une fois, L1-6)
République : *kan*官 (une fois), *kyôwa no sei* 共和之制

156. Chômin, *Min.yaku yakkai*, *op.cit*., p.124.

157. Chômin, « Shichôson ryôsei ni kakawaru suikô » 市町村両制に係る推考 (Une réflexion sur les deux systèmes municipaux ; 19 mai 1888), NCZ, 14, p.210.

158. Nous reprenons ici en partie notre article, « Un cas d'étude de transfert culturel : la traduction du *Contrat social* et des deux discours par Nakae Chômin (1847-1901) », *Lumières*, 30, 2017, pp.41-80.

Corps politique : *kan*官 (une fois), *hôkoku* 邦国
État : *hô* 邦, *kuni* 国 (une fois, L1-4), *kan*官 (plusieurs fois, L2-4), *seifu* 政府 (texte de 1874)
État libre : *minshukoku* 民主国 (« démocratie »)
Souverain : *kun* 君, souveraineté : *kunken* 君権
Puissance : *hô* 邦
Pays : *hô* 邦, *hôkoku*邦国

La personne privée :
Peuple : *min* 民, *minsho*民庶 (une fois), *shûmin* 衆民 (une fois), *shûsho* 衆庶 (une fois)
Citoyen : *kokujin* 国人, *min* 民 (deux fois), *shi* 士 (une fois)
Sujet : *shin*臣
Tous : *shû* 衆, collectivité : *shûjin* 衆人

Homme : hito 人, genre humain, espèce humaine, humanité : *seimin* 生民 (L1-2), *jinrui* 人類, *zokurui* 族類
Chef, prince, roi, empereur : *tei ô* 帝王, *jinshu* 人主, *ikkun* 一君, *kun* 君 (dans L1-4)
Despote : *jinshu*人主, despotisme : *sendan no sei* 専断之制
Maître : *shujin*主人

Notions
Association : *hôkoku* 邦国 (L1-5 non traduit en L1-7)
Agrégation : *shuraku* 種落
Délibération : *gi*議, ajout de Chômin : « assemblée délibérative » (*giin* 議院)
Contrat, pacte social, traité social, convention, conventions générales, conventions humaines : *yaku* 約, *Min.yaku* 民約
Volonté générale : *kôi* 公意 ou *kôshi* 公志, *shûshi* 衆志 (une fois), volonté de tous : *shûjin no shi*衆人の志volonté particulière : une seule fois traduit par *shishi* 私志
Société, communauté : *tô* 党, sociétés politiques *sei* 政 (gouvernement). Corps social : rendu par *kunken* en L2-2, non traduit dans L2-4 et L2-6

Famille : *kazoku* 家族
Liberté : *jiyû no ken*自由之權, liberté naturelle : *tenmei no jiyû*天命之自由, liberté conventionnelle : *jingi no jiyû*人義之自由, liberté morale : *kokoro no jiyû* 心之自由
Esclavage : *dorei* 奴隷, *do* 奴

Justice : *gi* 義
Intérêt, utilité : *ri* 利

État de nature : *tensei* 天世
État civil : *jinsei* 人世ordre civil, acte civil : non traduit

Public : *kô* 公
Particulier : *shi* 私, un particulier : *shûjin* 衆人

Droit : *ken* 權, droit de propriété : *hoyû no ken*保有之權, droit de premier occupant : *senyû no ken* 先有之權
Devoir : *gi* 義
Lois : *ritsurei* 律例

Gouvernement : *sei* 政, gouvernement féodal : *hôkensei* 封建政

Dieu : *ten* 天 (L1-3) *myôshin* 明神
Dieux : *kami* 神, *ten* (Ciel), *tenri* 天理 (« principe/ordre céleste »)
Nature : *shizen*自然, lien naturel : *tennen no kichû* 天然之羈紐 (lien céleste), autorité naturelle (non traduit), droit naturel (non traduit), liberté naturelle : *tenmei no jiyû* 天命之自由 (« liberté décrétée par le Ciel »), état de nature : *tensei*天世 (« monde du Ciel »)[159]

Chômin utilise un vocabulaire plus ramassé que Rousseau. Il l'explique d'ailleurs bien à la fin du chapitre 6 du livre I, Rousseau ayant averti lui-même que les termes sont souvent

159. Nous reprenons ici notre article « Un Cas d'étude de transfert culturel : la traduction du *Contrat social* et des deux discours par Nakae Chômin (1847-1901) », *Lumières*, 30, 2017, p. 41-80.

interchangeables. La principale différence entre la version de 1874 et celle de 1882 réside précisément dans le vocabulaire plus systématisé dans la dernière.

Les termes choisis par Chômin sont issus largement de la pensée politique chinoise, notamment confucéenne, qui repose sur des paires d'oppositions : souverain君/sujet臣, public公/particulier私, Ciel天/homme人, justice義/intérêt利. La liberté morale est rendue par « liberté décrétée par le Ciel » (*tenmei no jiyû* 天命之自由) à partir d'une reprise du classique confucéen *L'Invariable milieu*[160]. Ceci mis à part, il n'en reste pas moins que certaines notions, telles que le Souverain, ou encore l'État, représentaient pour Chômin un défi de traduction.

D'emblée, on peut dire que Chômin a opéré un double travail qui passe par des omissions, des ajouts et des divergences délibérés et qu'on retrouve aussi dans les traductions des Déclarations de 1776 et de 1793. D'une part, un travail de simplification aboutissant à une clarification du contenu ; d'autre part, un travail de réécriture afin d'affirmer, plus explicitement encore que Rousseau, la souveraineté du peuple mais aussi le rôle de l'assemblée délibérative, c'est-à-dire du parlement. Une telle démarche est on ne peut plus cohérente avec le contexte du Mouvement des libertés et des droits du peuple que nous avons examiné précédemment.

Un travail de simplification

Il s'exprime de plusieurs manières :

A) *Suppression de références* peu familières au lecteur japonais. Il s'agit le plus souvent de suppressions de passages et quatre types peuvent être identifiés : les citations ou références latines et grecques (*Énéide*, Plutarque), chrétiennes (*Épître aux Romains*) ou philosophiques (Machiavel), les passages trop longs à traduire (note sur le citoyen), les passages concernant

160. *Invariable milieu*, 1.

des personnages secondaires et trop peu connus des Japonais de l'époque (le passage du chapitre 9 sur le roi d'Espagne). Dans tous les cas, l'objectif était, à l'évidence, de faciliter la lecture aux contemporains japonais.

D'autres références n'apparaissent pas dans la traduction, mais par erreur : Chômin attribue à Grotius toutes les références de Rousseau à Pufendorf. Il ne semblait pas savoir qui il était. Nous l'indiquons en note pour chaque passage concerné. Par ailleurs, dans le chapitre 2 du livre II, lorsque Rousseau évoque le *Droit de la guerre et de la paix* de Grotius, Chômin opère une correction révélatrice : dans la version de 1874, il écrit Hugo en utilisant le prénom et dans la version de 1882, il reprend le nom Grotius comme le texte original. Chômin ne devait probablement pas savoir que Hugo était le prénom de Grotius et, sans savoir qui était le personnage, il devait penser que Hugo était un nom de famille à l'instar de Victor Hugo, qu'il connaissait[161]. En 1882, la correction suggère que Chômin apprit entre-temps qui était Grotius. Ceci étant dit, dans son ouvrage présentant la loi naturelle (*Seihôryaku* 性法略, 1871), Nishi Amane mentionne le Hollandais Hugo au lieu d'utiliser son nom de famille[162]. Il se peut donc que Chômin avait lu Nishi.

B) *Simplification du lexique*. Chômin utilise un lexique plus ramassé pour désigner les différents acteurs avec parfois des variations qu'il convient d'expliquer.

Tout d'abord, Chômin privilégie le mot « peuple » *min*民, là où Rousseau utilise « citoyen » et « peuple ». Cette affirmation est même plus forte entre 1874 et 1882 puisque dans la première

161. Victor Hugo est souvent cité par Chômin, par exemple dans les *Dialogues politiques entre trois ivrognes*, *op. cit.*, p. 55. Un autre exemple assez proche de ce genre d'erreur se retrouve dans sa traduction du *Fondement de la morale* de Schopenhauer. La prononciation du nom de celui-ci est donnée en français et non en allemand, du fait que Chômin utilisa la traduction française sans connaître la langue de Goethe.

162. Yanabu Akira 柳父章, *Hon.yaku no shisô. Shizen to nature* 翻訳の思想。自然とNature (*La Pensée de la traduction. « Shizen » et « nature »*), Heibonsha 平凡社, 1976, p. 207.

version, Chômin entendait rendre « bien commun » par *kôkyô no ri* 公共の利 (le terme actuel), avant de choisir *min no ri* 民之利, ce qui présente également l'avantage d'être plus clair, plus concret[163]. Pour le terme « citoyen », il n'est parfois pas traduit et, lorsqu'il l'est, Chômin le rend une fois par « peuple d'un pays démocratique » (*minshukoku no min* 民主国之民), une fois par « homme éminent » (*shi* 士) et surtout par les deux termes *kokujin*国人 (« membre d'un pays ») et *shûjin* 衆人 (« membre de la collectivité »), le premier ayant une valeur qualitative, le second une valeur quantitative.

Le terme *shi* peut sembler particulier, mais il est employé pour une phrase où Rousseau désigne le citoyen comme délibérant des lois. Or comme nous l'avons montré plus haut, Chômin envisage que ce soit une petite partie du peuple, assez éduquée pour être prête à gérer les affaires du pays, qui constitue le parlement où seront débattues les lois. C'est en sens que le terme honorifique de *shi* est utilisé ici, de même qu'il l'utilise pour les fonctionnaires (*rishi* 吏士).

Le peuple est le Souverain. Ce mot est rendu de manière quasiment constante par *kun* 君, qui désigne habituellement le monarque dans la pensée politique chinoise. Alors que Rousseau choisit de ne pas désigner par leur nom les monarques, notamment dans le chapitre 4 du livre I qui traite de Grotius, et qu'il réserve au chapitre 7 le terme « Souverain » à celui dont il veut parler, à savoir les citoyens rassemblés, Chômin utilise le terme « *kun* » dans ces deux chapitres. Cela laisse à penser au lecteur que Rousseau propose une nouvelle définition du terme *kun*. Cette nouvelle définition se fait dans le cadre de la pensée européenne avec Rousseau mais, en utilisant *kun*, Chômin fait de même avec la pensée chinoise qui, depuis toujours, a utilisé ce terme dans notre sens de « monarque ». Il le dit d'ailleurs explicitement dans un des commentaires du chapitre. Et Chômin rend très clairement de plusieurs manières

163. Yamada Hiroo, *op. cit.*, p. 139.

l'impossibilité de confondre un roi avec le Souverain : dans le chapitre 6 du livre II, lorsque Rousseau écrit que le Prince est « membre de l'État », Chômin traduit par : « Les rois et ministres font tous partie du peuple et ne peuvent outrepasser les lois. » Le Souverain lui-même est ainsi habilement individualisé sous la forme de « suzerain », même si Chômin ne traduit pas « moi commun », idée difficile à rendre. De même, la distinction entre loi et contrat social est bien rendue.

On relèvera que, dans le chapitre 7 du livre I, celui consacré au Souverain, pour rendre le mot « inviolable », là où Rousseau explique que, tout inviolable qu'il soit, le Souverain ne peut outrepasser les conventions générales, Chômin utilise le terme *okasu bekarazu* 不可侵. Sa traduction est correcte, l'intérêt est ailleurs : c'est la même expression qui sera utilisée dans la constitution de 1889 au sujet de l'empereur. On mesure ainsi la dimension démocratique de la traduction de Chômin et le recul que représentera la constitution de 1889. Dans le même sens, la possibilité que n'importe quel individu descende d'un monarque peut être très bien perçue comme une critique implicite de l'empereur, réputé descendre d'une lignée divine et continue, séparée du peuple. C'est là que se révèle la portée du choix de supprimer un des commentaires dans la version de 1882, où Chômin explique que tous les saints rois, de Shun à Marc Aurèle, ont prodigué de l'amour et que seuls les tyrans se trouvent désignés ici. Le garder aurait affaibli l'affirmation constante du peuple et aurait abondé dans le sens de la censure.

Cette redéfinition du mot *kun* vaut aussi pour son pendant, le « sujet » (*shin*). Dans les deux cas, Chômin a bien compris que Rousseau eut le génie de transformer en *rôles* des statuts : les membres du peuple peuvent être à la fois sujets et souverains. Ensuite, la personne publique est rendue le plus souvent par *koku* et *hô* alors que Rousseau utilise un vocabulaire beaucoup plus varié. Le terme « État » semble avoir posé le plus de difficulté à Chômin, au regard du grand nombre de mots utilisés. S'il est vrai que Chômin préfère le mot « personne » (au sens d'être humain), plutôt que celui d'individu, il rend bien l'idée présente dans le chapitre 6 que l'individu ne s'aliène pas avec la volonté générale. C'est là un point crucial puisque les reproches de totalitarisme à l'encontre de Rousseau ont achoppé sur ce passage.

C) *Des omissions*. Les omissions peuvent s'expliquer par une intention évidente : Chômin n'a pas voulu traduire « autorité naturelle » (L1-4) pour ne pas laisser supposer qu'une autorité puisse l'être et, donc, affirmer que la nature engendre nécessairement la liberté puisqu'elle est toujours présentée ainsi dans sa traduction. De même, l'adjectif dans l'« autorité légitime » n'est pas rendu, visiblement parce que Chômin ne voulait pas que l'autorité *per se* puisse, ici, être légitime. Toujours dans ce sens, on remarquera que le terme *jinshu* (« maître des hommes ») est utilisé aussi bien pour le mot « despote » que pour celui de « chef », ce qui, bien plus que le texte de Rousseau, rend négatif un quelconque statut de commandement sur la collectivité. De même, la notion de devoir que Rousseau utilise pourtant plusieurs fois n'est jamais rendue, ce qui suppose, soit que Chômin fût contre l'idée même, soit, plus vraisemblablement, qu'il voulût surtout mettre en avant les droits à un moment où on demandait surtout au peuple des devoirs.

Des omissions se retrouvent aussi à propos de la notion de « droit » : aux prétendus droits issus de la force, Rousseau oppose sa propre définition des droits, alors que Chômin choisit d'omettre ce mot dans l'ensemble du passage sur le droit de tuer ou le droit d'esclavage, et, au contraire, il l'ajoute constamment à propos de la liberté (*jiyû no ken* 自由之権). Ainsi, le terme « droit » apparaît au lecteur comme quelque chose d'éminemment positif, en lien exclusif avec la démocratie.

On relèvera également que si la volonté générale est bien rendue par *kôshi* ou *shûshi*, Chômin ne traduit pas « volonté particulière » mais utilise simplement « particulier » (*shi*), à une exception (L2-4). Peut-être est-ce là pour renforcer l'autorité de la collectivité. À ce propos, Nakagawa Hisayasu dit que Chômin n'a pas traduit le passage où Rousseau explique ce qu'on reçoit dans le contrat : « Et nous recevons en corps chaque membre comme partie indivisible du tout. » (*OC*, III, p. 361). Il y voit un risque d'« amener les lecteurs à interpréter le texte de Rousseau comme une exhortation à la soumission, sans contrepartie, des individus à l'intérêt du groupe[164] ». Pourtant, Chômin affirme, au sujet de la remise par les citoyens de leurs droits, que « s'ils le font tous sans exception, alors ils peuvent se partager les profits de manière égale » et que « de la sorte, chacun pourrait user de ses droits pour n'importe quelle occasion ». En outre, il n'a pas hésité à doubler en longueur le passage où Rousseau explique que le fait de donner est mutuel, en ajoutant des exemples concrets pour rendre clairs les propos de Rousseau. Il écrit par exemple « cela ne veut pas dire donner au roi sa personne », ce qui renvoie à l'assertion de Grotius affirmant le contraire. Nous ne pouvons donc suivre Nakagawa selon qui Chômin a ignoré ce passage. De plus, il semble qu'au contraire, Chômin rend clair avec le terme *rigai* l'objet de la volonté générale, ce que ne fait pas Rousseau. Dans le passage où Rousseau dit que « s'il se forme alors un rapport c'est de l'objet entier sous un point de vue à l'objet entier sous un autre point de vue », Chômin clarifie l'idée en utilisant *kun* et *shin*, afin d'identifier les parties en jeu.

Quant au terme « république », Chômin s'abstient de le traduire dans le chapitre 6 du livre I et, dans le chapitre 5 du livre II, il le rend par « pays autonome » (*jichi no kuni* 自治之国) ; dans le chapitre 6 du livre II, il laisse la traduction plus fidèle du terme au commentaire qui suit. Cette traduction est d'autant plus importante que le commentaire est une reprise exacte de l'article « Sur le gouvernement conjoint du roi et du

164. NAKAGAWA Hisayasu, *Des Lumières et du comparatisme. Un regard japonais sur le XVIIIe siècle*, PUF, 1992, p. 308.

peuple », où Chômin explique qu'une monarchie peut être une démocratie. Dans le *Min.yaku yakkai*, seul le terme « peuple » subsiste. Relevons que, dans la version de 1874 aussi, le terme est expliqué dans le corps de la traduction au lieu de l'être dans un commentaire, ce qui montre que, déjà, il s'agissait d'une question qui préoccupait Chômin. Celui-ci, comme l'a montré Ida Shin.ya, avait repris à cette fin le *Dictionnaire universel des sciences* de Marie-Nicolas Bouillet[165].

On remarquera enfin que la question du législateur se pose chez Rousseau notamment parce qu'il doute lui-même de la capacité du peuple à faire la loi. Or ce passage, à la fin du chapitre 6 du livre II, est presque éludé et remplacé par un commentaire plus positif[166].

Un travail de réécriture

A) *Les ajouts*. Ils visent à affirmer plus que ne le fait Rousseau la souveraineté du peuple et le rôle du parlement. Cette démarche apparaît dans les toutes premières lignes de la préface, là où Rousseau affirme que tout un chacun peut participer à la politique. Chômin respecte l'intention de Rousseau mais choisit de commencer le texte par : « La politique ne devrait-elle pas gagner en rectitude ? Le juste ne devrait-il pas s'allier à l'intérêt ? » Il s'agit là d'un tour de force remarquable de Chômin, qui annonce par cette seule phrase son intention de faire un usage détourné des notions de la pensée chinoise : en effet, la première phrase est une réutilisation de deux stances des *Entretiens* de Confucius (IV, 16 et XII, 17), qui ont de tout temps permis au confucianisme d'affirmer la légitimité du gouvernement de l'empereur et des fonctionnaires et de donner à la justice une valeur supérieure à l'intérêt. Or, ce que les *Entretiens* posent comme une affirmation, Chômin en fait une

165. IDA Shin.ya, *Chômin no Furansu*, *op. cit.*, p. 160.
166. MIYAMURA Haruo, *Nihon seiji shisôshi*, *op. cit.*, p. 292.

interrogation. Ainsi, le lecteur comprend d'emblée que Chômin utilise les termes du confucianisme pour mieux le contester.

Cette affirmation plus prononcée de la souveraineté populaire se fait au bénéfice de Rousseau contre Grotius. Telle est l'impression donnée par la traduction de Chômin qui écrit en commentaire : « Grotius défend les régimes arbitraires. » Chômin commet là, par cette seule phrase, une erreur et une certaine injustice : Grotius (comme Pufendorf) affirme bien que l'homme jouit d'une certaine liberté et il a été un défenseur de *La Liberté des mers* et de la limitation de la guerre au nom de la paix[167]. On relèvera également l'absence totale de Hobbes chez Chômin dans son approche de Rousseau alors qu'il cite Bentham. Il est vrai que Rousseau ne cite pas Hobbes nommément mais il est bien connu que Rousseau se situait par rapport au *Léviathan* quand il écrivit *Du Contrat social*.

Dans le chapitre 1 du livre II, où Rousseau évoque le consentement, Chômin ajoute « délibération collective » (*shûgi* 衆議) et « parlement » (*giin* 議院). Il fait de même au passage dans lequel Rousseau évoque les services à l'État (L2-4). Là où Rousseau évoque simplement la puissance législative et la puissance exécutive (L2-2), Chômin ajoute que le parlement prend en charge l'élaboration des lois et les fonctionnaires, leur application.

Dans le texte A, la version de 1874 du *Contrat social*, Chômin choisit à plusieurs reprises d'ajouter après le mot « souverain » celui de « parlement » pour dire « le Souverain, c'est-à-dire le parlement » : *kunshu sunawachi gikai* 君主即ち議会, *kunshu sunawachi kôkai* 君主即ち公会, *kunken sunawachi gikai* 君権即ち議会. Dans le même sens, on peut remarquer dans le chapitre 2 du livre II, version de 1874, qu'il ajoute une phrase pour montrer que le livre de Grotius vise à « restreindre les droits du peuple ». On retrouve ces ajouts

167. Hans Blom, « Grotius, un libéral républicain », Philippe Nemo et Jean Petitot (dir.), *Histoire du libéralisme en Europe*, PUF, 2006, p. 153-173.

de manière moins nette dans le texte B où Chômin utilise le mot *giin*. Si l'on songe que la revendication d'un parlement est la demande la plus explicite et la plus constante chez Chômin, il ne fait guère de doute que Chômin considérait son travail de traduction comme une part intégrante de son engagement politique. Or Rousseau ne se montre-t-il pas critique du système représentatif dans le chapitre 15 du livre III du *Contrat social* ? S'arrêter au second livre était commode, aussi pour cette raison.

Dans sa traduction de l'*Histoire de la philosophie*, où Alfred Fouillée présente la critique de Rousseau vis-à-vis du système représentatif, Chômin décide ici encore de ne pas traduire et, plutôt que de rendre : « C'est un reste de servitude volontaire », il préfère écrire : « Ce n'est pas encore une réelle institution démocratique » (*imada shin no minshu no sei to nasu koto wo ezaru nari* 未ダ真ノ民主ノ政ト為スコトヲ得ザルナリ)[168]. Mais il est vrai que le parlement n'est qu'une partie du peuple et ne peut donc être le Souverain. Ceci montre qu'en 1874, Chômin, ayant déjà à cœur le rôle central du parlementaire, n'avait pas encore compris totalement le texte de Rousseau, mais qu'après s'être rendu compte de son erreur, il la corrigea.

Dans la version de 1882, Chômin insiste d'ailleurs plus sur l'acte de fondation civique que représente le contrat. Dans le chapitre 5 du livre I, par exemple, Chômin ajoute « d'un pays » là où Rousseau écrit simplement « un peuple » ; de même, la discussion de la politique vise à « construire un pays ». Dans le cadre de revendications pour l'établissement d'un parlement et d'une constitution, *Du Contrat social* apparaît ainsi comme un véritable plaidoyer en ce sens. On relèvera à ce sujet que le mot « contrat » est rendu de manière quasiment constante par *min.yaku*, qui signifie littéralement « contrat du peuple » et qu'il traduit par « contrat social », même dans les passages où Rousseau évoque simplement le « contrat ».

168. Nakae Chômin, *Rigaku enkakushi*, *NCZ*, 6, p. 142.

Dans le même sens, on relèvera que dans le chapitre 2 du livre I, là où Rousseau écrit : « Il est donc douteux, selon Grotius, si le genre humain appartient à une centaine d'hommes, ou si cette centaine d'hommes appartient au genre humain », Chômin profite de la traduction pour élargir la phrase et introduire une idée supplémentaire : « Les habitants de la Terre sont au nombre de plusieurs centaines de millions, et, parmi eux, les empereurs et les rois sont au plus quelques centaines. Est-ce le peuple qui dépend d'eux ou bien l'inverse ? »

Cette idée présuppose une égalité entre les individus du fait que le corps d'un individu équivaut strictement à n'importe quel autre. Dans cette logique mathématique, les centaines de rois ne peuvent rien contre les millions de sujets. Plus tard, Chômin reprendra cette idée de manière encore plus claire au sujet des aristocrates et des roturiers : « Et les corps, après la mort, quelle différence peuvent-ils présenter dans la décomposition et la réduction des chairs et des os ? Si, sur une nation d'un million d'habitants, on dénombrait trois aristocrates, les 999 997 personnes restantes verraient leur part d'intégrité et de noblesse diminuée ! Voilà encore un résultat arithmétique, une logique évidente…[169] » Chômin va ainsi beaucoup plus loin que Rousseau, qui écrit dans le chapitre 4 du livre III, d'une part « qu'il n'a jamais existé de véritable démocratie et il n'en existera jamais. Il est contre l'ordre naturel que le grand nombre gouverne et que le petit soit gouverné » et d'autre part que « s'il y avait un peuple de dieux, il se gouvernerait démocratiquement. Un gouvernement si parfait ne convient pas à des hommes » (*OC*, III, p. 404-406). On comprend qu'il aurait été embarrassant pour Chômin d'aller jusqu'à ce passage dans la traduction. Par ailleurs, lorsque Rousseau met dos à dos pauvres et riches dans le chapitre 11 du livre II, Chômin adopte un ton exclusivement tourné contre les riches dans la

169. Nakae Chômin, *Dialogues politiques entre trois ivrognes*, *op. cit.*, p. 61.

traduction du fragment cité dans l'*Histoire de la philosophie* d'Alfred Fouillée (voir *infra*). Même si ce fragment traduit est postérieur au *Min.yaku yakkai*, on peut voir que Chômin garda le souci d'affirmer l'égalité, toujours dans la perspective de s'adresser aux partisans du Mouvement pour les libertés et les droits du peuple.

Cette insistance de Chômin sur le peuple se retrouve, avec le même vocabulaire, dans la traduction de la Déclaration des droits de l'homme et du citoyen de 1793 qui semble avoir été, à ses yeux, l'application pratique du *Contrat social*, la constitution qu'il fallait pour le Japon des années 1880. Curieusement, elle n'a jamais été abordée par les recherches précédentes. Une question se pose d'emblée : pourquoi Chômin a-t-il choisi la Déclaration de 1793 et non celle de 1789 ? Outre le fait qu'elle a fait l'objet d'un long commentaire de son maître, Émile Acollas, à la suite du livre que Chômin fit traduire[170], une réponse peut être trouvée dans les caractéristiques de celle de 1793 : une égalité plus affirmée (l'égalité précède la liberté dans l'article 2[171]) ; une souveraineté explicitement aux mains du peuple alors que

170. Émile ACOLLAS, *Philosophie de la science politique et commentaire de la déclaration des droits de l'homme de 1793*, A. Marescq aîné, 1877. Traduit par SAKAI Yûsaburô 酒井雄三郎 et SHIRAI Tokiyasu 白石時康, supervisé par Nakae CHÔMIN, *Seiri shinron* 政理新論 (*Nouvelle Théorie des principes politiques*), Ogasawara shobô 小笠原書房, 1884. Acollas choisit la constitution de 1793 parce que, selon lui, jusqu'alors, la science politique était « chrétienne et monarchique » (Émile ACOLLAS, *op. cit.*, p. 121), lui-même défendant la république et l'athéisme. Relevons que la Déclaration de 1793 a été traduite deux fois dans *Seiri sôdan* : une première fois par Chômin en *kanbun*, dans le numéro 1, une seconde fois par son élève SAKAI Isamu 坂井勇 en japonais, dans le numéro 16, reprise entièrement de la citation par Jean-Amédée LE FAURE dans son ouvrage *Le Socialisme pendant la Révolution française*. Plus exactement, il s'agit de la traduction du projet de Déclaration par Robespierre pour la traduction de Sakai Isamu.

171. Il en est de même pour la traduction de la Déclaration de 1776, où Chômin renverse les deux premiers paragraphes pour placer l'affirmation de l'égalité entre les hommes avant celle de la possibilité pour un peuple de rompre ses liens avec un autre.

celle de 1789 parle simplement de souveraineté nationale ; un suffrage universel (masculin) remplaçant le suffrage censitaire ; le pouvoir législatif l'emportant sur le pouvoir exécutif ; un droit à l'insurrection là aussi spécifique à celle de 1793, lequel n'est pas sans rappeler le droit à l'insurrection qu'Ueki Emori prévoyait dans son propre projet de constitution. Chômin a même ajouté des phrases en ce sens. La Déclaration de 1793 définit aussi mieux les libertés fondamentales que celle de 1789 et elle envisage la république plutôt que la monarchie constitutionnelle[172].

On remarquera que Chômin a introduit aussi une phrase pour insister sur la souveraineté du peuple en matière d'impôts, ce qui se comprend aisément dans le contexte du Japon des années 1880. De même, beaucoup d'articles prennent la forme d'interdictions au gouvernement et aux fonctionnaires. Ainsi, la Déclaration comme le *Min.yaku yakkai* s'adressent-ils aux partisans du Mouvement pour les libertés et les droits du peuple. Le préambule est en fait empreint d'ironie pour échapper à une censure déjà existante.

Il est vrai que *Du Contrat social* rencontre deux difficultés : le fait de poser d'emblée le gouvernement comme étant en soi une menace au Souverain, d'une part, et la représentation comme ennemie de la souveraineté populaire, d'autre part[173]. Chômin n'aurait-il pas parfaitement compris la première aporie et ne s'en serait-il pas servi pour insister justement sur la primauté du peuple, contre le gouvernement de son époque ? Tel est notre avis. Dans le cas de la seconde aporie, il est indéniable qu'en revendiquant un parlement, Chômin s'éloigne de Rousseau. Peut-être a-t-il voulu adoucir cette différence en effaçant « le Souverain, c'est-à-dire le parlement » de la première version mais il ne l'a pas

172. Lucien JAUME, *Les Déclarations des droits de l'homme (Du débat de 1789-1793 au préambule de 1946)*, Garnier-Flammarion, 1989, p. 217.

173. Lucien JAUME, *Les Origines philosophiques du libéralisme*, Flammarion, 2010, p. 376-385.

totalement supprimée. Ce n'est que bien plus tard que Chômin traitera directement de la question de la représentation[174].

B) *Convergences et divergences*. Essayons de distinguer ici les points où Chômin rejoint Rousseau et ceux où il s'éloigne de lui. Les divergences semblent être dans l'objectif d'introduire une dimension plus philosophique sur l'idéal de toute société humaine, au-delà de la perspective du contrat social.

En effet, le tout début du *Contrat social* offre un visage complètement différent dans le *Min.yaku yakkai*, qui le fait précéder d'une considération sur les notions de justice et d'intérêt. En fait, Chômin a déplacé ici certaines phrases du chapitre 4 du livre II, créant un décalage remarquable : les deux notions de justice et d'intérêt prennent dans la traduction une importance primordiale comme si elles constituaient le cœur du contrat social[175]. Elles remplacent même le terme « raison », car où celui-ci aurait dû apparaître, au chapitre 8 du livre I, Chômin précise qu'être humain, c'est « viser l'intérêt et la justice ».

Si la tension entre justice[176] et intérêt est une constante dans la pensée politique chinoise, elle l'est aussi spécifiquement chez Chômin, nous y reviendrons. Ce souci plus moral explique que Chômin étende également l'universalisme du discours de Rousseau : dans le chapitre 2 du livre I, Chômin prend soin d'intégrer l'Asie, en ajoutant au texte

174. Avec notamment *Heimin no mezamashi* 平民の目さまし (*Le Réveil du peuple*, 1887), *Kokkairon* 国会論 (*Sur le parlement*, 1888) et *Senkyojin mezamashi* 選挙人めざまし (*Le Réveil de l'électeur*, 1890).

175. Yamada Hiroo, *op. cit.*, p. 157.

176. La notion de *yi* 義 est difficile à traduire car elle recouvre un sens très large allant de la justice à l'intégrité, le sens du devoir. Comme l'écrit Anne Cheng dans son *Histoire de la pensée chinoise* (p. 71) : « Tout le contenu notionnel de *yi* comme sens du juste (justice mais aussi justesse) – sens de ce qui est approprié dans une situation particulière, de ce qu'il convient de faire en situation – concourt à l'associer à *li* [le rite 禮], « l'acte signifiant » par excellence. À eux deux, l'esprit rituel et le sens du juste dessinent les contours de l'univers éthique confucéen. » C'est en ce sens que Chômin utilise le terme. Par défaut, nous le rendons ici par « justice ».

de Rousseau une référence au monarque Jie. Chômin avait à cœur de dénoncer le colonialisme[177]. Du fait que Chômin situe la théorie du contrat dans un cadre conceptuel chinois, il n'est pas étonnant que dans les passages traitant de la morale, il utilise les notions d'« homme de bien » (*kunshi* 君子) et d'« homme de peu » (*shôjin* 小人), présentant en fait l'homme de peu comme l'homme de la réalité et l'homme de bien comme l'homme de l'idéal que Rousseau poursuit. Il y a là aussi une redéfinition des termes confucéens, la morale étant désormais celle que définit Rousseau, ou plutôt Chômin lui-même, puisque, dans le chapitre 6 du livre II, il ajoute la notion de morale (*dôtoku* 道德) afin de traduire « lois de la justice » voire « le but des lois ».

Chômin insiste beaucoup plus sur la morale que ne le fait Rousseau dans *Du Contrat social.* Comme l'a indiqué Miyamura Haruo, il accorde une place bien plus importante à la liberté morale dans la traduction du *Contrat social* qu'elle n'en a dans le texte original, précisément à cause du *Mencius* (voir *infra*[178]). En effet, il définit la liberté immédiatement au début du *Min.yaku yakkai*, alors que Rousseau attend le huitième chapitre pour le faire. Là où Rousseau parle simplement de changement entre le fait d'être né libre et de ne plus l'être, Chômin clarifie en ajoutant que c'est le droit de la liberté naturelle qui est perdu et que cette perte doit être expliquée. En outre, comme nous l'avons dit, il accole systématiquement à cette notion le terme « droit ». Sur ce point, il est important de relever que là où Rousseau dit que le pouvoir peut bien se transmettre mais non pas la volonté (chapitre 2 livre II), Chômin centre sa traduction sur la volonté, renforçant l'idée qu'on ne peut dominer la volonté d'autrui.

177. Dans « Ryôshin no ron » 良心ノ論 (« Sur la conscience morale », 1882, *NCZ*, 14, p. 94), Chômin critique d'ailleurs l'usage des expressions « race jaune » et « race blanche ».

178. Miyamura Haruo, *Rigakusha Chômin*, *op. cit.*, p. 24.

C'est ici qu'il convient de souligner toute la signification que revêtent la parution de l'autre grande traduction de Rousseau par Chômin, le *Discours sur les sciences et les arts*, ainsi que celle du *Discours sur l'origine et les fondements de l'inégalité parmi les hommes* par son disciple Nomura Yasuyuki. Commençons par ce dernier, car c'est dans le second discours que Rousseau expose sa conception de l'état de nature. Si le *Min.yaku yakkai* discute aussi de l'état de nature, le choix de faire traduire ce texte montre que Chômin jugeait de la première importance d'expliquer cette notion complexe à ses contemporains.

Du reste, dans un des commentaires du *Min.yaku yakkai*, critique envers Bentham, Chômin est clairement convaincu de la légitimité de la conception rousseauiste de l'état de nature pour penser la société. Parmi les textes traduits ici, « Sur les droits du peuple » constitue une autre preuve que Chômin utilisait cette conception, puisqu'il y écrit : « Dans les temps anciens, le peuple resplendissait [de joie] ; il se contentait de manger les produits de ses champs et de boire l'eau du puits. Son ignorance des affaires de l'État était semblable à l'innocence des enfants. Le monde d'aujourd'hui ne peut revenir à cet état, les droits du peuple sont donc une nécessité. » De même, dans « Sur les querelles fraternelles », Chômin écrit : « Je pense encore que, dans l'idéal, tous ceux qui habitent entre les Quatre Mers se considèrent comme frères ; à défaut tous ceux d'un même pays ; et à défaut tous ceux d'une même famille. Le pire est l'ignorance qu'en dehors de soi existe ce qu'on appelle des frères, ce qu'on appelle un État. On est isolé, corps solitaire au milieu de la foule, sans compter sur personne, les fêtes ne réjouissent pas plus que les funérailles n'attristent. L'esprit borné et tout égaré, on vit et on meurt avec les plantes et les arbres sans connaître le repentir. »

La traduction du *Discours sur l'origine et les fondements de l'inégalité parmi les hommes* n'est certes pas de Chômin mais le même problème de divergence se pose. Tout d'abord, il est remarquable de constater qu'un lexique quasi identique au

Min.yaku yakkai est utilisé. La « nature » est ainsi traduite soit par « Ciel » soit par *shizen*. Dans le paragraphe introduisant le texte, *Du Contrat social* l'est par *min.yakuron*[179]. La traduction par Nomura est d'une manière générale très fidèle au texte original et ne comporte pas d'éléments de réécriture ou d'amplification. Cependant, elle est non seulement inachevée[180] mais également très incomplète : seule la première partie et la note sept qui l'accompagne sont traduites. Il manque donc l'exorde à la République de Genève, la préface, la question proposée par l'Académie de Dijon, l'avertissement sur les notes et l'introduction, la plupart des notes et le reste du discours. Ce qui est traduit est la partie où Rousseau explique l'état de nature : l'homme, avant de constituer des États, vivait libre et ne comptait que sur lui-même. Néanmoins, dans cette situation, il disposait d'avantages par rapport à l'homme civil tant sur le plan physiologique que moral car sa simplicité rendait son corps solide et son esprit dépourvu des passions qui agitent l'homme civil. La traduction rend cela de manière claire en japonais mais s'arrête au passage sur l'origine des langues, auquel succède une critique de Hobbes.

La traduction de Chômin paraît en 1883, en même temps que celle des derniers chapitres du livre II du *Contrat social*. Le contenu du *Discours sur les sciences et les arts* se ressent aussi dans le texte « Principes du gouvernement », rédigé cette fois avant le *Min.yaku yakkai*. Le *Discours sur les sciences et les arts* faisait partie des ouvrages étudiés dès 1874 à l'École d'études françaises. Dans « Principes du gouvernement », Chômin pose la question de savoir comment amener les gens au Bien. L'insistance sur la morale s'exprime en termes confucéens mais c'est à Rousseau que Chômin

179. *Fubyôdo ron*, *Ôbei seiri sôdan*, 18, 1883, p. 507.

180. La dernière partie traduite s'achève au numéro 40 avec la mention « inachevée » (*mikan*), ce qui suggère que Nomura aurait accompli sa tâche si la revue *Seiri sôdan* avait continué de paraître.

fait référence. Or, c'est dans le *Discours sur les sciences et les arts* que Rousseau traite de la morale, reprochant aux sciences et aux arts de lui nuire.

On peut se demander si Chômin n'avait pas cette interrogation en tête dès 1875 car, dans le « Plan de mesures », il posait déjà le problème de mener le peuple vers le Bien et il appelait avec force ses contemporains à lire les Classiques, pour compléter l'éducation par les sciences et les arts. La Déclaration de 1793, elle-même, présente un élément en ce sens : ses auteurs voulaient à la suite de Rousseau une nature régénérée et un homme nouveau, revenant à un état de bonté et de transparence, détruit par la civilisation du XVIIIe siècle[181]. L'intérêt pour le *Discours sur les sciences et les arts* est en tout cas évident : le fondement des libertés étant la liberté morale, le plus grand ennemi du citoyen est l'affaiblissement de la volonté et du désir d'être libre, un affaiblissement moral, donc. La naïveté contre laquelle met en garde Rousseau a des conséquences politiques claires.

Il est remarquable que Chômin ait commencé à traduire ce texte, qui met l'accent sur la morale, alors qu'il s'arrêtait au chapitre du *Contrat social* portant sur les lois. Nous en avons discuté ailleurs[182]. Nous pouvons remarquer qu'à la suite du *Min.yaku yakkai*, on retrouve l'affirmation que le gouvernement est là pour servir le peuple. Là où Rousseau écrit : « Tandis que le gouvernement et les lois pourvoient à la sûreté et au bien-être des hommes assemblés...[183] », Chômin s'étend bien plus longuement : « Que ce soit le gouvernement ou les lois, le peuple a certainement un profit à gagner à ce

181. Lucien JAUME, *Les Déclarations des droits de l'homme*, *op. cit.*, p. 232.

182. Eddy DUFOURMONT, « Nakae Chômin a-t-il pu être à la fois un adepte de Rousseau et un matérialiste athée ? Une tentative de resituer sa philosophie à la lumière de ses sources françaises et du Citoyen de Genève », *Ebisu*, 45, printemps-été 2011, p. 5-25.

183. Jean-Jacques ROUSSEAU, *Discours sur les sciences et les arts*, *OC*, III, p. 6-7.

que ces institutions assurent la sécurité de sa personne mais ces institutions sont souvent violentes. Comment le peuple peut-il accepter passivement cette violence sans résister ? N'est-ce pas lorsque la volonté du peuple s'affaiblit, après que les plaisirs des arts ont passé du temps à satisfaire les cœurs ?[184] »

Un autre décalage avec *Du Contrat social* peut être observé, là où Rousseau dit que « tous ont à combattre au besoin pour la patrie ». Chômin ajoute « lorsque le contrat est conclu » et remplace « combattre » par « faire face aux difficultés ». Dans le commentaire, Chômin dit même que ceux qui combattent sont « les soldats » (*gunjin taru hito*) et non tout le monde comme le dit Rousseau. Cette réduction de la violence s'inscrit dans le pacifisme qui était alors l'idéal de Chômin. La guerre dont il est question est essentiellement une guerre de défense mais il est vrai que Rousseau se montra réticent au projet de paix perpétuelle, alors que Chômin le défendra dans les *Dialogues politiques entre trois ivrognes*. Dans la traduction du *Discours sur les sciences et les arts*, là où Rousseau écrit que « les haines nationales s'éteindront mais ce sera avec l'amour de la Patrie », Chômin remplace ce passage par un paragraphe expliquant que l'origine des guerres vient de l'ignorance des peuples voisins et que les communications aidant, les guerres disparaîtront[185].

Cette divergence s'ajoute à celle concernant le gouvernement représentatif. Mais la plus grande divergence se situe ailleurs : là où Rousseau évoque la nature ou plus rarement Dieu, Chômin utilise le mot « Ciel » (*ten* 天), qui est l'une des notions fondamentales de la pensée chinoise. Chômin lui associe le mot « principe » (*ri*理) de manière très fréquente, sous plusieurs

184. Nakae Chômin, *Hikaikaron*, *op. cit.*, p. 211. Dans la phrase qui suit, Chômin rend « liberté originelle » par « liberté accordée par le Ciel » (*tenpu jiyû*), là encore comme dans le *Min.yaku yakkai*.

185. Nakae Chômin, *Hikaikaron*, *op. cit.*, p. 215.

formes : seul, combiné avec un autre idéogramme, comme dans « principe/ordre céleste » (*tenri*天理), ou encore « principe/ordre de la Voie » (*dôri*道理). Cette utilisation intensive de ces deux termes donne une coloration particulière au texte de Chômin. Rousseau utilise le mot « principe », que Chômin rend par *ri* mais en l'utilisant plus souvent, ce qui donne au lecteur l'impression que la liberté morale et la souveraineté du peuple relèvent d'un fait objectif car issues du « Ciel ». Comme nous essayons de le rendre dans la traduction du *Min. yaku yakkai*, le « principe » n'est pas que l'ordre de la nature (« principe de la nature ») mais aussi un « principe raisonnable » contre lequel on ne peut aller, à moins de vouloir s'opposer à la logique et à l'ordre du monde. Reliée au « principe », la souveraineté devient inattaquable.

Chômin était athée et ce qu'il entend par Ciel ne fait absolument pas référence à une quelconque divinité. Jamais Chômin n'aurait accepté de traduire en japonais l'affirmation de Rousseau selon laquelle « jamais peuple n'a subsisté ni ne subsistera sans religion » (version du manuscrit de Genève). Or, Rousseau était farouchement opposé à l'athéisme : pour lui, l'athéisme renfermait toute la bassesse de l'intérêt particulier et rendait indifférent à la chose publique. Même un athée vertueux comme Wolmar était dans une situation fragile. Rousseau estimait même que la paix engendrée par l'irréligion relevait de la tranquillité de la mort[186].

Autant de points où Chômin et Rousseau étaient irréconciliables. Il est vrai que Rousseau voulait garder ce qu'il considérait comme positif dans les religions (croyance en Dieu et dans l'immortalité de l'âme) mais il espérait répandre chez un public mûr à travers la *Profession de foi du Vicaire*

186. Ghislain Waterlot, « Rousseau démontre-t-il l'affirmation : « Jamais peuple n'a subsisté ni ne subsistera sans religion » ?, Ghislain Waterlot (dir.), *La Théologie politique de Rousseau*, Rennes, Presses universitaires de Rennes, 2010, p. 63-89.

savoyard le « vrai théisme », une « religion naturelle » qui serait la religion civile du peuple contractant. En s'arrêtant au chapitre sur les lois, Chômin s'épargnait de faire connaître ce « vrai théisme » qu'il ne pouvait approuver. En revanche, l'insistance sur le Ciel recèle le désir de fonder une philosophie du Ciel, de la nature, qui remplacerait le « vrai théisme ». Chômin puisera pour cela aussi bien dans la pensée chinoise que dans la libre pensée française[187].

Penser Rousseau et **Du contrat social** *: fonder la morale sur une philosophie du « Ciel »*

Contre l'utilitarisme ? L'affirmation de la morale

Le Ciel, la liberté et les droits dans le Japon de Meiji

La place centrale du mot « Ciel » que montre l'examen de la traduction de Chômin appelle à une première remarque. Le vocabulaire utilisé par Chômin est, certes, issu de la pensée chinoise mais ce n'est pas une première dans le Japon de Meiji. Le *Min. yaku yakkai* s'inscrit dans un contexte intellectuel complexe, où les penseurs avaient la tâche redoutable de comprendre et d'introduire des notions tout en réfléchissant sur celles qui convenaient au Japon. Ils n'avaient pas d'autre ressource que la pensée chinoise pour les aborder. Dans sa traduction de la Déclaration d'indépendance américaine incluse dans sa *Situation de l'Occident*, Fukuzawa Yukichi utilise déjà par exemple le mot « Ciel » pour rendre « créateur » et « dieu de la nature »[188]. Fukuzawa fut le premier à parler des droits naturels en utilisant l'expression « liberté octroyée par le Ciel » (*tenpu jinken* 天賦人

187. Voir Eddy Dufourmont, « Nakae Chômin a-t-il pu être à la fois un adepte de Rousseau et un matérialiste athée ? Une tentative de resituer sa philosophie à la lumière de ses sources françaises et du Citoyen de Genève », *Ebisu*, 45, printemps-été 2011, p. 5-25.

188. Yanabu Akira, *op. cit.*, p. 187-188.

権). Fukuzawa avait l'intention de rendre par ces mots *the natural liberty of mankind* de William Blackstone, auteur de *Commentaries on the laws of England* (1765-1769)[189]. Même si Fukuzawa ne chercha pas à définir en détail le terme, c'est sa traduction qui fut rapidement adoptée pour signifier « droits naturels »[190].

C'est aussi à Fukuzawa Yukichi, ainsi qu'à Nakamura Masanao, que l'on doit la fixation de la traduction du mot « liberté » en 1875 par *jiyû*[191]. Or ce mot existait dans les classiques chinois, avec un sens péjoratif, proche de celui d'égoïsme. Il fut dès le XVIe siècle utilisé pour rendre le mot liberté, tout en gardant cette connotation négative. L'apport de Fukuzawa et de Nakamura, traducteur de *Sur La Liberté* de John Stuart Mill, fut de donner un contenu positif à cette notion[192]. Nakamura accomplit cette démarche en expliquant son utilité dans différentes situations et il transforma la liberté en concept, en utilisant le mot « principe » comme équivalent de « concept » (*jiyû no ri* 自由之理, le titre même de la traduction). Fukuzawa et Nakamura furent aussi les premiers à faire de l'individu l'agent de la liberté. Ce faisant, ils posaient d'emblée la question du rapport entre le gouvernement et les individus qui ne pouvait qu'être conflictuel.

C'est pourquoi ces deux penseurs imposèrent des limites externes à la liberté : Fukuzawa reprit la notion de devoir (*shoku* 職) propre aux guerriers en expliquant que l'état de nature n'amenant qu'à la destruction réciproque, c'est au sein des associations telles que les familles et les nations que la liberté trouvait ses limites. Nakamura, pour sa part, compta sur le christianisme pour poser ces limites. Au début des années 1870, les débats de la société Meirokusha, à laquelle ils

---

189. MIYAMURA Haruo, *Nihon seiji shisôshi*, *op. cit.*, p. 184.

190. On relèvera que c'est également Fukuzawa qui utilise « shû » 衆 au sens de « tous », avant Chômin.

191. Les termes *jishu* 自主 (maître de soi), *jizai* 自在, *fuki* 不羈 coexistaient avec *jiyû*.

192. Douglas HOWLAND, *op. cit.*, p. 102-106.

appartenaient, s'attardaient surtout sur la liberté de croyance. L'instauration des règlements censurant la presse en 1875 fut presque ignorée. La liberté n'était pas un absolu à défendre mais un outil pour une fin plus grande, à savoir l'entrée dans la civilisation.

Nishimura Shigeki 西村茂樹 (1828-1902), par exemple, estimait que la constitution, le parlement et les libertés civiles ne pouvaient être accordées que si le peuple était obéissant et patient[193]. L'insistance de Chômin sur la liberté morale, sur laquelle repose la liberté de pensée, doit aussi se comprendre à l'aune de cette attitude de ses prédécesseurs utilitaristes de la Meirokusha. Ainsi, lorsque Chômin expliquait les différentes libertés, il n'était pas le premier à le faire. Son originalité reposait surtout sur la tradition française et rousseauiste pour fonder l'affirmation de la liberté. Il lui assignait des limites non pas externes mais internes, grâce à la liberté morale.

Le constat peut être fait également pour le terme *ken* 権 (droit). Signifiant, à l'origine, « poids d'une balance », il a pris, en Chine ainsi que dans le Japon d'Edo, le sens de « juger » puis de « pouvoir » ou « autorité »[194]. Il est remarquable que Chômin l'utilise pour la liberté (*jiyû no ken*) alors que dans les années 1870, cette expression tombait en désuétude. Elle était jugée redondante mais Chômin devait sans doute considérer qu'il fallait au contraire plus que jamais l'affirmer. C'est dans la traduction en chinois classique, par W. A. P. Martin, d'*Elements of International Law* d'Henry Wheaton (*Bankoku kohô* 万国公法), importée au Japon en 1865, que l'on trouve la première utilisation de *ken* dans le sens de « droit » et « souveraineté »[195]. Dans le cas de « droit », il forgea le mot *kenri* 権利 dans celui de « souveraineté », le mot *shuken*

193. *Ibid.*, p. 117-118.
194. Miyamura Haruo, *Nihon seiji shisôshi*, *op. cit.*, p. 153 *sq.*
195. Douglas Howland, *op. cit.*, p. 124.

主権. Par la suite, Katô Hiroyuki 加藤弘之 (1836-1916) utilisa *ken* pour décrire les différents types de régime et les autres intellectuels, y compris Chômin, reprirent les termes forgés par Martin.

Martin forgea le mot *kenri* pour désigner les privilèges des ambassadeurs. Katô Hiroyuki l'utilisa pour désigner les droits politiques mais surtout les droits conservés par les seigneurs de l'époque d'Edo. Par la suite, sous la forme *kokken* 国権, « droits du pays », le mot fut utilisé pour signifier la souveraineté nationale. Si les droits individuels étaient rendus sous la forme *shiken* 私権, leur contenu restait vague. Fukuzawa Yukichi et Nishi Amane préférèrent le mot *tsûgi* 通義 (« justice générale ») ou *kengi* 権義 (« pouvoir juste »). Il faut attendre les années 1870 pour que le mot *kenri* de Martin s'impose sous deux formes : celle de Martin et celle forgée par Nishi Amane *kenri* 権理, qui présente le droit sous la forme d'un principe plutôt que d'un pouvoir. Les deux formes pouvaient être utilisées sans distinction[196].

Quand le Mouvement éclata, les termes *minken* 民権 (droits du peuple) et *kunken* 君権 (droits du monarque) firent florès. Si les partisans du Mouvement mettaient l'accent sur *minken*, leurs adversaires insistaient sur le nécessaire équilibre entre les droits du peuple et ceux de l'empereur, et ils reprenaient le terme *kokken* comme équivalent de *kunken*. La grande majorité des discours et des projets de constitution du Mouvement se revendiquaient de l'utilitarisme benthamien et mettaient donc l'accent sur la loi, ce qui les différenciait peu de ceux de leurs adversaires[197]. Fukuzawa Yukichi faisait figure entre les deux de modéré, qui approuvait le *minken* au niveau local ainsi que l'éventualité d'un parlement mais appelait au respect de l'empereur et de ses « droits spéciaux »[198].

196. *Ibid.*, p. 127-128.
197. Miyamura Haruo, *Nihon seiji shisôshi*, *op. cit.*, p. 208.
198. *Ibid.*, p. 151.

En faisant l'amalgame entre *minken* et *kunken*, le *Min.yaku yakkai* de Chômin détruisait les arguments des adversaires du Mouvement. Il faut dire que le gouvernement n'hésitait pas à reprendre la terminologie confucéenne pour inviter le peuple à ne faire qu'un avec les fonctionnaires (*kanmin ittai* 官民一体) mais, en réalité, cela signifiait que le peuple devait obéir aux fonctionnaires, et au gouvernement en premier lieu. C'est pourquoi le slogan « supériorité des fonctionnaires et humilité du peuple » (*kanson minpi* 官尊民卑) était aussi fréquemment utilisé[199].

C'est notamment sur ce point que réside la portée du *Min.yaku yakkai* ou de la traduction de la Déclaration de 1793 : Chômin entendait bien, à la suite de Rousseau, faire du gouvernement le serviteur du peuple et non l'inverse. L'insistance sur la subordination des fonctionnaires au peuple n'était pas un hasard. Dans un autre article, Chômin reprit même le slogan d'union avec les fonctionnaires, mais pour faire de ceux-ci des obligés du peuple[200]. Il faut dire que le point faible des partisans du Mouvement était leur patriotisme, qui empêchait une critique de fond : il était difficile d'opposer *minken* à *kokken* quand on affectait de se montrer fidèle serviteur de l'empereur et de la nation. Le plus souvent, à l'instar d'Ueki Emori, ils expliquaient que les droits du peuple serviraient à défendre la souveraineté nationale. La souveraineté du peuple était donc passée sous silence. Il faut attendre le débat journalistique de 1881 (voir *supra*) pour que la question de la souveraineté soit évoquée de manière explicite mais pas nécessairement au bénéfice du peuple : Fukuchi Gen.ichirô, avec son livre *Kokken iken* 国権意見, affirmait la primauté impériale, les journalistes du

199. Carol GLUCK, *Japan's Modern Myths. Ideology in the Late Meiji Period*, Princeton, Princeton University Press, 1985, p. 60-62.

200. Nakae CHÔMIN, « Wagahai jiji wo ron zuru koto yoku sezu », *op. cit.*, p. 21.

Mainichi shinbun, celle du parlement. Ces derniers voyaient quatre possibilités de situation de la souveraineté : le peuple, le parlement, les lois, le principe de justice. Ils rejetaient le principe de justice et le peuple car il aurait fallu selon eux un ensemble ingérable d'intermédiaires. Seul le parlement était en mesure de formuler les lois, ce qui constituait à leurs yeux l'essence même de la souveraineté. Contrairement à ce que Douglas Howland affirme, la position de Chômin ne rejoignait pas celle du *Mainichi* : même si son attrait pour les lois est indéniable, il rejoignait les autres penseurs du Mouvement, qui désapprouvaient la thèse du *Mainichi* et définissaient la souveraineté comme le pouvoir suprême du peuple.

Par ailleurs, quand Chômin fit paraître le *Min.yaku yakkai*, dans *Nouvelle Théorie des droits de l'homme* d'octobre 1882, Katô Hiroyuki attaqua de front la théorie des droits naturels au nom de la science. Pour lui, l'évolutionnisme de Darwin, Spencer ou encore Haeckel démontrait le vrai principe naturel (*tenri* 天理), celui de la sélection naturelle et du combat pour la vie (*tennen no yûshô reppai* 天然の優勝劣敗)[201]. Katô s'abstint délibérément de mentionner Chômin (et ses autres adversaires), alors qu'il consacrait de longues lignes à dénigrer Rousseau[202]. C'est d'ailleurs lui qui traduisit *Allgemeines Staatsrecht* de Johann Bluntschli (1808-1881), ouvrage critiquant *Du Contrat social* pour sa violence potentielle.

Baba Tatsui 馬場辰猪 (1850-1888) et Ueki Emori ripostèrent immédiatement. S'appuyant tous deux sur Spencer et non sur Rousseau, ils expliquaient tous deux que le droit à la liberté et à l'égalité était issu de la loi naturelle (*shizen hô* 自然法) et non des hommes. Le terme *shizen* 自然remplaçait

201. Katô Hiroyuki 加藤博之, *Jinken shinsetsu* 人権新説 (*Nouvelle Théorie des droits de l'homme*, 1882), dans *Meiji shisô shû* 1, *op. cit.*, p. 105.

202. *Ibid.*, p. 97 *sq*. Chômin fit de même : dans *Un An et demi*, il critiqua Katô en désignant « un certain Katô, un certain Inoue [Tetsujirô] » (*op. cit.*, p. 45).

le terme « Ciel » pour signifier « nature »[203]. Baba Tatsui pouvait ainsi minimiser l'influence de Rousseau et *Du Contrat social*, « non sans défauts », sur la Révolution française[204]. D'ailleurs, les critiques de Rousseau et *Du Contrat social* se trouvaient également parmi les meneurs du Mouvement pour les libertés et les droits du peuple. Ono Azusa 小野梓 (1852-1886) du Parti progressiste le rejeta pour son caractère anhistorique. Il dénonça en Rousseau le potentiel de violence qui avait inspiré selon lui la Révolution de 1789 et aujourd'hui les « partis nihilistes qui font de la destruction leur fond de commerce ». Pour lui, le Rousseau du *Contrat social* menaçait les riches et les rois, position opposée à celle dans laquelle il entendait se situer[205].

Ueki Emori fut sans doute le plus proche de Chômin sur le plan des idées. Il faut dire qu'il devait à Chômin et à Hattori Toku sa lecture de Rousseau, sur laquelle il fondait son affirmation des droits et des libertés du peuple[206]. Il ne donnait pas de définition exacte du mot « Ciel » qu'il utilisait à satiété. Pour lui, le gouvernement et le peuple faisaient partie de l'État, l'État et le « Ciel » faisaient partie de l'univers et le « Ciel » donnait naissance au gouvernement et au peuple. Il est intéressant de noter que dans cette théorie, très succincte, Ueki faisait du gouvernement et du peuple deux entités séparées alors que chez Chômin, le gouvernement provenait du peuple[207].

---

203. Ueki Emori, *Tenpu jinken ben* 天賦人権弁 (*Pour les droits naturels*), Kurita Shintarô 栗田信太郎, 1883.

204. Baba Tatsui, « Katô Hiroyuki kun jinken shinsetsu wo yomu » 読加藤博弘君人権新説 (« Ma Lecture de la *Nouvelle théorie des droits de l'homme* de Monsieur Katô Hiroyuki », 1882), *Meiji shisô shû* 1, *op. cit.*, p. 212.

205. Ono Azusa 小野梓, « Yo ga seijijô no shugi » 余が政治上の主義 (« Mes Principes en politique », 1882), *Meiji shisô shû* 1, *op. cit.*, p. 205.

206. Ueki Emori, « Minken jiyûron », *Meiji shisô shû* 1, *op. cit.*, p. 139 *sq*.

207. Ueki Emori, « Minken jiyû ron nihen kôgô » 民権自由論二編後号 (« Deuxième Essai sur les droits et les libertés du peuple », 1882), *Meiji shisô shû* 1, *op. cit.*, p. 159.

Certes, comme Chômin, Ueki ne donnait pas de droits au gouvernement mais uniquement des devoirs[208] et, comme nous l'avons dit, il envisageait même un droit de résistance au gouvernement dans la constitution. On pourrait dire de ce point de vue que la position de Chômin penchait du côté d'Ueki : comme la traduction de la Constitution de 1793 le montre, Chômin était tout aussi intéressé par le droit de résistance contre le gouvernement. Ce droit à la résistance pouvait tout aussi bien provenir du *Contrat social*, qui met en garde contre l'abandon des droits et la puissance des riches, que de John Locke. Celui-ci, qui l'a mieux explicité que Rousseau dans les *Traités du gouvernement civil*, a néanmoins une présence discrète chez Chômin[209]. Par ailleurs, Chômin était contre l'idée qu'un quelconque caractère national rendrait les Japonais différents des Français, plus passifs et plus conciliants. Les exemples dans l'histoire japonaise ne manquaient pas, à ses yeux, de prouver le contraire[210].

Si Chômin invitait au respect de la loi, celle-ci devait être selon lui intérieure à l'individu, du fait de la liberté morale. La préférence d'Ueki pour les droits du peuple plutôt que pour la constitution avait une base philosophique, vague mais réelle : Ueki refusait toute supériorité du Ciel sur l'individu et il était même prêt à envisager une existence et une liberté humaine « sans le Ciel », où la liberté proviendrait de la personne elle-même (*muten* 無天), sans arriver néanmoins à formuler une

208. UEKI Emori, « Jinmin no kokka ni taisuru seishin wo ronzu » 人民の国家に対する精神を論ず (« Sur l'attitude du peuple vis-à-vis de l'État », 1880), *Meiji shisô shû* 1, *op. cit.*, p. 170.

209. Il existe dans *Seiri sôdan* (numéros 4, 37 et 39), une traduction de l'avertissement et du chapitre sur l'état de nature, *Du gouvernement civil* de John LOCKE (chapitre 2). La traduction utilise un lexique identique au *Min. yaku yakkai*, mais comme Rousseau conteste l'idée lockienne que la propriété existe à l'état de nature, ce choix ne peut que prêter à interrogation et mérite une étude spécifique.

210. Nakae CHÔMIN, « Bôka umimyô » 防禍于未萌 (« La Protection contre le danger n'est pas encore née », 1881), *NCZ*, 14, p. 60.

quelconque restriction permettant le passage de l'état de nature à l'état civil[211]. Pour Baba Tatsui ou Ono Azusa, la riposte ne pouvait venir que de la science, de la possibilité de trouver en elle de nouveaux arguments en vue de justifier les droits du peuple et de réfuter les idées de Katô. Ainsi, le *Min.yaku yakkai* parut, ironiquement, à un moment de critique générale contre Rousseau et d'attirance grandissante pour Spencer. Dans *Sur les droits naturels* (*Tenpu jinkenron* 天賦人権論), de 1883, qui reprend *Ma Lecture de la* Nouvelle Théorie des droits de l'homme *de Monsieur Katô Hiroyuki* de 1882, Baba ne jugea même pas utile de conserver le paragraphe consacré à Rousseau[212].

Dans tous les cas, si Ueki Emori et d'autres plumes du Mouvement ripostèrent assez rapidement, on peut penser que la traduction de *L'Esthétique* d'Eugène Véron et de l'*Histoire de la philosophie* d'Alfred Fouillée, ainsi que la publication de *La Quête philosophique*, inaugurèrent chez Chômin la définition d'une philosophie en ce sens, philosophie qui ne devait s'exprimer de manière synthétique qu'à la fin de sa vie, avec *Un An et demi suite*.

Bentham et l'utilitarisme

Le seul auteur que Chômin cite de manière explicite, et critique, dans sa *Traduction commentée du* Contrat social, en dehors de ceux cités par Rousseau lui-même, est le principal représentant de l'utilitarisme, Jeremy Bentham (1748-1832). Les attaques bien connues de ce philosophe anglais contre la notion de contrat et Rousseau expliquent aisément la présence de son nom. La défense du *Contrat social* impliquerait donc naturellement chez Chômin la critique de Bentham. En fait, la critique de Bentham par Chômin n'était pas seulement une

211. Miyamura Haruo, *Nihon seiji shisôshi*, *op. cit.*, p. 213-214.

212. Baba Tatsui, *Tenpu jinkenron* 天賦人権論 (*Sur les droits naturels*), Baba Tatsui, 1883.

critique théorique mais aussi et surtout une critique indirecte contre la majeure partie de ses contemporains.

En effet, Bentham et John Stuart Mill, les principaux représentants de l'utilitarisme, étaient les penseurs les plus lus des années 1870-1880, y compris chez les partisans du Mouvement : l'essentiel des œuvres de Mill fut traduit entre 1871 et 1878, celles de Bentham entre 1876 et 1887[213]. L'utilitarisme et le positivisme étaient dominants depuis leur introduction par Nishi Amane[214], qui avait étudié auprès de Simon Vissering, un critique acerbe du *Contrat social*. Vissering voyait dans la demande d'un parlement l'influence des théories de Rousseau et, selon lui, au regard de la différence des histoires nationales, l'institution parlementaire n'était pas une nécessité. Il considérait en outre qu'il était trop précoce de fonder cette institution au Japon[215].

Nishi défendait bien entendu une vision utilitariste et, pour cela, il reprenait comme Chômin un vocabulaire d'origine chinoise, mais dans un sens opposé : Nishi mettait l'accent sur l'intérêt, la santé, la connaissance et la richesse, c'est-à-dire l'intérêt individuel comme source de l'intérêt général. Comme l'a montré Miyamura Haruo, des fonctionnaires tels que Mutsu Munemitsu 陸奥宗光 (1844-1897) essayèrent d'introduire avec force le droit benthamien[216]. Avec Mutsu, la pensée de Bentham prenait un ton anti-démocratique car il considérait que Bentham enseignait la soumission de la liberté à la loi, de l'intérêt privé (*shiri* 私利) à l'intérêt public (*kôri* 公利), ainsi

213. On trouvera une liste complète dans Miyamura Haruo, *Nihon seiji shisôshi*, *op. cit.*, p. 220-222.

214. Nishi Amane 西周, « Jinsei sanhôsetsu » 人世三宝説 (« Sur les trois trésors du monde humain »), dans *Meiji shisô shû* 1, *op. cit.*, p. 45-66.

215. Ôkubo Toshiaki 大久保健晴, « Meiji shoki Nihon ni okeru shakai keiyaku hihan no sho gensetsu » 明治初期日本における社会契約批判の諸言説 (« Les Discours critiques du contrat social dans le Japon de la première période de Meiji »), *Seiji shisô gakkai kaihô* 政治思想学会会報, 32, juillet 2011, p. 2.

216. Miyamura Haruo, *Nihon seiji shisôshi*, *op. cit.*, p. 273 *sq.*

que le rôle de guide du peuple revenant aux « supérieurs » (rôle que, bien entendu, il s'attribuait[217]). Avant lui, Nishi Amane avait forgé les termes « intérêt privé » et « intérêt public » et lui aussi considérait que la différence de talents mettait en cause l'égalité entre les personnes[218].

Chômin reproche précisément à Bentham dans son commentaire, au sujet des choses, de parler de leurs fins alors que Rousseau parle de ce qui leur est originel. « Bentham discute seulement de l'intérêt alors que Rousseau discute de l'intérêt et de la morale. » Le mot « intérêt », que Chômin utilise au lieu d'« utilité », est d'autant plus suggestif que John Stuart Mill critiqua lui aussi *Du Contrat social*, reprochant à Rousseau de détruire la liberté individuelle avec la notion de souveraineté générale. En outre, c'est dans l'ouvrage traduit en 1872 au Japon, par Nakamura Masanao, que se trouve cette critique[219].

Quel problème posait l'utilitarisme à Chômin ? Comme l'indique Jean-Pierre Cléro, les utilitaristes ne considèrent par la liberté comme une valeur, ni une condition de valeur, à l'opposé des partisans du contrat. Ils s'en méfient et évitent de développer une philosophie à partir d'elle[220]. Il était donc tout à fait naturel qu'un penseur du Mouvement pour les libertés et les droits du peuple gardât de la distance vis-à-vis de Bentham.

Comment Chômin et les partisans du Mouvement pour les libertés et les droits du peuple, en lutte déclarée contre les fonctionnaires et la tyrannie du gouvernement, auraient-ils pu accepter les idées d'un philosophe qui ne voit dans l'amour de la liberté qu'une « intolérance au contrôle[221] » ? Bentham

217. *Ibid.*, p. 226-230.

218. Nishi Amane, « Jinsei sanhôsetsu », *op. cit.*, p. 62.

219. John Stuart Mill, *De La Liberté*, traduit par Laurence Lenglet, Folio, 1990, p. 132.

220. Jean-Pierre Cléro, préface de Jeremy Bentham, *Fragment sur le gouvernement*, Bruxelles, Bruylant L. G. D. J., 1996, p. 44.

221. Jeremy Bentham, *Manuel des sophismes politiques* (15-65-66) repris de Jean-Pierre Cléro, « La Critique du *trust* chez Bentham », dans Robert

visait d'ailleurs bien Rousseau : « Il ne dit rien du bonheur ; il parle non pas de préserver le peuple contre ses gouvernants mais de liberté et il affirme, sans le dire aussi directement, que l'objet propre de tout gouvernement est d'établir la liberté la plus parfaite alors que le gouvernement ne peut guère agir qu'aux dépens de la liberté[222]. »

Les recherches précédentes ont pris pour acquis l'opposition de Chômin à l'utilitarisme, du fait de son commentaire dans le *Min.yaku yakkai* et de l'article « Sur l'intérêt public et l'intérêt privé[223] ». Mais cette opposition à Bentham et l'utilitarisme est-elle totale ?

Examinons la critique de Chômin dans le détail. Dans le *Min.yaku yakkai*, il reproche surtout à Bentham de rejeter l'aspect fictif du contrat social. Pourquoi Chômin défend-il cet aspect ? Comme il l'écrit, Rousseau « détestait que ceux qui discutent de l'art de gouverner fondent trop souvent leur propos sur des évidences palpables ». Chômin a fait sienne cette position attribuée à Rousseau et ce, tout au long de sa vie : il considère que les principes régissant le monde ne sont pas immédiats et doivent être appréhendés par une prise de distance avec le monde. Tel est le but qu'il assignera plus tard à la philosophie et à la fin de sa vie, reprochant aux positivistes d'être empêtrés dans le réel, il écrira encore que la recherche du principe ne doit pas se limiter au corps humain, à l'atmosphère terrestre ou au système solaire[224]. C'est ce principe de mise à distance que, selon Chômin, Rousseau découvrit, comme le dit la phrase suivante du commentaire : « C'est pourquoi dans le présent ouvrage, il s'en tient seulement au principe de la Voie et sur ce qui devrait être en accord avec la justice »,

---

Damien et Christian Lazzeri (éd.), *Conflit, confiance, annales littéraires de Franche-Comté*, Presses universitaires de France-Comté, 2006, p. 134-135.

222. Jeremy Bentham, *Code constitutionnel*, livre I, chapitre XVI dans J.-P. Cléro, préface, *op. cit.*, p. 45.

223. Fukushima Masao, *op. cit.*, p. 96-97.

224. Nakae Chômin, *Un An et demi*, *op. cit.*, p. 109.

« Bentham traite de l'usage pratique [des choses], Rousseau de leur nature. Bentham parle de leurs fins, Rousseau de ce qui leur est originel. »

Dans « Sur l'intérêt public et l'intérêt privé », la critique est légèrement différente. Elle porte sur la distinction entre intérêt général et intérêt privé que pratiquent les utilitaristes. En fait, Chômin ne remet pas en cause la distinction elle-même mais l'ignorance de ce qui les unit, la justice. Cette dimension supplémentaire est la dimension de l'idéal, du principe dont il a été question plus haut. Il est donc clair que Chômin défendit Rousseau face aux utilitaristes. C'est ici que le choix particulier de Chômin pour le titre du *Discours sur les sciences et les arts* peut s'expliquer : le titre originel est en effet rendu par « Sur la non-ouverture [à la civilisation] » (*hikaika* 非開化). Ce titre fait directement allusion au Japon de son époque, puisque avec Fukuzawa Yukichi, notamment, le mot d'ordre était « ouverture à la civilisation » (*bunmei kaika* 文明開化), au nom du progrès. Remarquons que Chômin n'écrit pas « contre la civilisation » (ce qui pourrait être traduit en japonais par *hankaika* 反開化) mais bien « non-ouverture[225] ». Sans doute était-ce une manière d'affirmer le rôle de la morale et de Rousseau contre l'utilitarisme dans le Japon de l'ouverture.

Mais dans le *Min.yaku yakkai*, Chômin ne dit-il pas que « Bentham traite de l'usage pratique [des choses], Rousseau de leur nature. Bentham parle de leurs fins, Rousseau de ce qui leur est originel » ? Autrement dit, Bentham et Rousseau ne s'opposaient pas mais se complétaient !

D'autres passages et d'autres sources montrent que Chômin se servit de l'utilitarisme, de Mill plus que de Bentham. Dans le dernier commentaire du *Min.yaku yakkai* lui-même, Chômin écrit : « Le rassemblement du peuple, dont les volontés et les opinions concordent rarement… » Par cette phrase, Chômin essaya d'aller plus loin dans la définition de la volonté générale,

225. Yamada Hiroo, *op. cit.*, p. 204.

en des termes qui rappellent des articles contemporains, où Chômin cite Mill : « Il arrive plus souvent encore que les doctrines en conflit, au lieu d'être l'une vraie et l'autre fausse, se départagent la vérité. C'est ainsi que l'opinion non conforme est nécessaire pour fournir le reste de la vérité dont la doctrine reçue n'incarne qu'une partie. Les opinions populaires sur les sujets qui ne sont pas à la portée des sens sont souvent vraies mais elles ne sont que rarement, voire jamais toute la vérité[226]. » Il est vrai qu'un peu plus loin, Mill saluait Rousseau pour avoir donné un choc salutaire et ouvert les yeux sur le « mérite supérieur d'une vie simple, l'effet débilitant et démoralisant des entraves et des hypocrisies d'une société artificielle[227] ». On relèvera d'ailleurs que lorsque Chômin introduisit, en mettant en avant la justice, une dimension qualitative à l'intérêt ou au calcul purement quantitatif de Bentham, Mill, pour sa part, essaya de prendre de la distance avec Bentham en introduisant une distinction qualitative dans les plaisirs[228].

Par ailleurs, il faut remarquer que, chez Chômin, Bentham fut plus la cible des critiques que Mill. Or, le premier fut longtemps monarchiste et se rapprocha de la démocratie dans les dernières années de sa vie, sans devenir pour autant un *Whig* (opposant à l'absolutisme royal[229]). Mill fut au contraire un partisan du gouvernement populaire (sous la forme ou non du système représentatif), parce qu'il protégeait selon lui le droit des individus et favorisait le développement moral et intellectuel le plus élevé[230]. À cet égard, on peut même se demander si Chômin n'a pas tiré de Mill l'idée « qu'un parti d'ordre

226. Nakae Chômin, « Seitô no ron » 政党の論 (« Sur les partis »), *NCZ*, 14, p. 97. John Stuart Mill, *De La Liberté*, Gallimard, 1990, p. 130.

227. John Stuart Mill, *De La Liberté*, *op. cit.*, p. 132.

228. John Stuart Mill, *L'Utilitarisme : essai sur Bentham*, traduit par Catherine Audard et Patrick Thierry, PUF, 2012, p. 34.

229. Jean-Pierre Cléro, *op. cit.*, p. 7.

230. John Stuart Mill, *Considérations sur le gouvernement représentatif*, traduit par Patrick Savidan, NRF, 2009, p. 57 *sq.*

ou de stabilité et un parti de progrès ou de réforme sont les deux éléments nécessaires d'une vie politique florissante[231] », lorsqu'il fait dialoguer un réformiste et un conservateur au sujet de ce que doit être un parlement[232]. Peut-être Chômin a-t-il considéré qu'il y avait un avantage égal chez Rousseau et chez les utilitaristes, pour la théorie et l'idéal politique chez le premier, pour l'aspect pratique chez les seconds. Ceci expliquerait que Chômin cite un critique de Rousseau tel que Mill lorsqu'il s'agit d'aborder une question concrète comme la discussion politique et ce, plusieurs fois[233]. Peut-être le pessimisme de Rousseau rebuta-t-il Chômin, beaucoup plus optimiste et prêt à célébrer la vie et les plaisirs matériels. Il devrait moins à Rousseau qu'aux utilitaristes ses considérations sur le plaisir, le bonheur et l'intérêt, que nous allons examiner plus loin. C'est sur ce point que la pensée chinoise a joué un rôle.

La philosophie du Ciel (1) : Mencius et Zhuangzi

La présence de Mencius et de Zhuangzi chez Chômin

Le décalage de la traduction de Chômin avec le texte original montre une utilisation délibérée des notions de la pensée politique chinoise, avant tout le confucianisme, pour mieux expliquer le texte de Rousseau. Il est donc naïf de croire que la forte présence de notions issues du chinois prouve que Chômin a confucianisé Rousseau et a détourné le sens originel du *Contrat social*. Si la forte présence du confucianisme dans l'éducation des ex-guerriers semble une explication première de son utilisation, elle n'est nullement la seule ni même la plus importante. Le choix du *kanbun* par Chômin pour traduire *Du Contrat social* a été nourri par un intérêt personnel pour

231. John Stuart MILL, *De La Liberté*, *op. cit.*, p. 132.

232. Nakae CHÔMIN, « Kokkai mondô » 国会問答 (« Questions et réponses sur le parlement »), *NCZ*, 14, p. 24-35.

233. On la retrouve aussi dans « Sairon genron jiyû » 再論言論自由 (« Nouvelle Discussion sur la liberté d'expression », 1881), *NCZ*, 14, p. 69.

la pensée chinoise mais cet intérêt fut lui-même motivé par l'attrait de Chômin pour un confucianisme bien particulier, celui de Mencius (nom latinisé de Mengzi 孟子 -380 -289).

Mencius est l'héritier spirituel de Confucius[234]. Comme beaucoup de lettrés de son époque, Mencius était autonome vis-à-vis du pouvoir politique et parcourait la Chine pour enseigner sa conception de la Voie, qui mettait l'accent sur la vertu d'humanité en pleine époque de guerres sans merci. Cette indépendance n'est pas sans rappeler Chômin et sa conception de la philosophie. Mencius est resté dans les mémoires pour avoir donné un rôle nouveau au peuple : il y fixe la source de légitimité morale du souverain de manière radicale, appelant à le renverser ou le tuer si celui-ci ne se montre pas digne du mandat céleste. Mais Mencius pense également que si le souverain fait preuve de la vertu d'humanité et de générosité envers le peuple, alors celui-ci reconnaît « naturellement » la supériorité du souverain. Cette position politique est sous-tendue par une conception propre de la morale. Mencius affirme en effet avec force le caractère bon de la nature humaine. L'énergie vitale qui traverse l'homme, ce que Mencius appelle l'« énergie débordante » (ch : *haoran zhi qi* ; jp : *kôzen no ki* 浩然之氣, *Mencius* II B 2) est ainsi moralement positive. Tirant les conclusions de cette affirmation, Mencius considère que la sainteté en puissance chez chacun peut tout aussi bien devenir effective : « N'importe qui peut devenir Yao ou Shun », les Anciens Rois érigés en modèles de sainteté par Confucius.

Cette brève présentation de Mencius suggère par elle-même certaines des raisons pour lesquelles Chômin éprouva de l'intérêt pour le philosophe chinois : souci du peuple, optimisme et universalité de la morale. Mais pour comprendre la place de Mencius, il faut d'abord rappeler que l'intérêt pour celui-ci ne se retrouve pas seulement chez Chômin. Il semble

234. Pour ce qui suit voir Anne Cheng, *Histoire de la pensée chinoise*, Seuil, 1995, chapitre 6.

avoir aussi suscité l'intérêt des partisans du Mouvement pour les libertés et les droits du peuple. Par exemple, l'Aishinsha 愛身社 (Société de l'amour de soi) d'Aizu faisait référence à lui. Néanmoins, cette présence de Mencius dans le Mouvement pour les libertés et les droits du peuple reste à explorer et les grandes figures du Mouvement ne le mentionnent pas[235].

Mencius apparaît également dans le mouvement de guerriers qui mit à bas le gouvernement des Tokugawa en 1868. C'est en effet chez l'un des principaux maîtres à penser de ce mouvement, Yoshida Shôin 吉田松陰 (1830-1859), que l'on retrouve Mencius. Fortement impressionné par la révolte des Taiping 太平 en Chine, qui eux aussi se référaient au maître confucéen[236] et avaient une grande capacité à mobiliser les foules, Yoshida consacra tout un commentaire au *Mencius*[237]. Chômin hérita de cet intérêt pour Mencius mais lui donna un tout autre sens.

Comme l'a indiqué Miyamura Haruo, Chômin accorde une place bien plus importante à la liberté morale dans la traduction du *Contrat social* qu'elle n'en a dans le texte original, précisément à cause de son intérêt pour Mencius[238]. Dans le *Min.yaku yakkai*, Chômin fait intervenir le *Mencius* pour définir la volonté générale avec la phrase : « La liberté de la justice humaine se fonde et se limite par ce sur quoi tous s'accordent » (L1-8) ; « ce sur quoi [tous] s'accordent » est repris d'un passage (VI A 7) où Mencius affirme que si tout le monde possède les mêmes sens, il n'y a pas de raison que tout le monde ne possède pas également la raison et le sens moral de manière identique[239]. Ce passage est d'autant plus

235. Ueki Emori évoque la priorité du peuple chez Mencius dans une phrase mais ne va pas plus loin. Ueki Emori, *Minken jiyûron*, *op. cit.*, p. 143.

236. Shih Yu-chung, *The Taiping ideology: its sources, interpretations, and influences*, Seattle, University of Washington Press, 1967, p. 182 *sq*.

237. Eddy Dufourmont, « La Réinvention du barbare dans l'asiatisme japonais, à travers Yasuoka Masahiro et Yoshida Shôin », Isabelle Rabut (éd.), *Visions du « barbare » en Chine, en Corée et au Japon*, Inalco, 2010, p. 113.

238. Miyamura Haruo, *Rigakusha Chômin*, *op. cit.*, p. 24.

239. Yamada Hiroo, *op. cit.*, p. 116.

important qu'il contient les termes favoris de Chômin, la raison (*ri* 理) et la justice (*gi* 義). Ainsi, Chômin envisage l'égalité politique de tous pour rendre la volonté générale. On pourrait objecter ici, avec raison, que Mencius n'a jamais envisagé l'égalité politique[240], même s'il reconnaît à tous la possibilité de devenir saint. Chômin en était bien conscient mais il passe outre. Il profite ainsi de la traduction du *Contrat social* pour transformer l'égalité morale de Mencius en égalité politique.

Dans l'éditorial du tout premier numéro du *Journal de la liberté* (avril 1881), Chômin développe son rapprochement de Mencius avec Rousseau mais sans nommer ce dernier. Appelant les « trente-cinq millions de compatriotes » à rechercher la vérité, Chômin explique la distinction entre liberté morale (*shinshin no jiyû* 心神の自由) et liberté politique (*kôi no jiyû* 行為の自由), la seconde impliquant la première, et il utilise la notion d'« énergie débordante » pour expliquer la liberté morale en rendant compte de sa complète autonomie : « La liberté morale [en français] consiste à développer parfaitement et sans réserve aucune notre esprit et nos pensées sans subir quelque contrainte que ce soit venant de l'extérieur. C'est exactement l'énergie débordante dont parlaient les Anciens, qui participe de la Justice et de la Voie[241]. » Dans un autre article, Chômin affirmait que la liberté morale se trouvait chez les savants aussi bien que chez les paysans ou les marchands et que la mise en application de la liberté morale ainsi que de la liberté politique était une tâche urgente en Asie, alors qu'elle était déjà accomplie en Angleterre et en France[242].

---

240. Dans le paragraphe III A 4, Mencius écrit par exemple : « À chacun ses occupations, celles des grands et celles des petits. [...] L'intellectuel gouverne, le manuel est gouverné ; les gouvernés nourrissent les uns, les gouvernants sont nourris par les autres. C'est un principe juste et universel. »

241. Nakae Chômin, « Idées sur la société », dans *Cent Ans de pensée au Japon*, Picquier, 1996, vol. 2, p. 28 (traduction revue par nos soins).

242. Nakae Chômin, « Shinshi no jiyû » 心思ノ自由 (« La Liberté morale », 1881), *NCZ*, 14, p. 13-15.

Mencius était d'autant plus utile pour Chômin qu'il fonde sa moralité sur la nature et sur l'idée que l'affect et l'intellect ne font qu'un chez l'être humain, dans ce qu'on appelle « esprit » (*xin* 心). Cela ne pouvait que convenir à l'athée qu'était Chômin, car l'inné chez Mencius ne se limite pas aux instincts primaires, il contient aussi l'instinct moral, sans l'intervention d'une quelconque divinité. En outre, la notion d'« énergie débordante » a pu être utile pour Chômin du fait de son caractère dynamique, car la formation de la société contractuelle repose sur la volonté. Et Mencius explique également qu'il faut « préserver son cœur et nourrir sa nature » (*cunqixin yangqixing* 存其心 養其性 *Mencius* 7 A 1). Chômin utilisa cette dimension dynamique pour expliquer que le peuple ne devait pas se contenter de droits politiques concédés mais les conquérir et que, pour cela, la vigueur morale et l'éducation étaient essentielles[243]. Et il affirma très souvent l'égalité entre les humains, du fait de la possession des mêmes facultés corporelles. Cette égalité était aussi et surtout morale, puisque Chômin considérait que la conscience morale existait aussi bien chez Platon que chez Mencius, ce qui prouvait l'universalité de la nature humaine et l'absurdité de distinguer des races « jaune » et « blanche »[244]. Plus tard, par la bouche de Monsieur le Gentleman des *Discours politiques entre trois ivrognes*, Chômin salue en Mencius le seul représentant de l'Asie aux côtés des modèles que sont Platon, Spencer, Malebranche, Aristote et Hugo[245]. Quant à la nature bonne de l'homme chez Mencius, Chômin y a peut-être vu un rapprochement possible avec Rousseau, pour lequel, dans l'état de nature, l'homme est dépourvu de la corruption morale qui caractérise l'homme civil.

243. Matsumoto Sannosuke, « Nakae Chômin and Confucianism », Peter Nosco (dir.), *Confucianism and Tokugawa Culture*, Princeton, Princeton University Press, 1984, p. 260.

244. Nakae Chômin, « Ryôshin no ron », *op. cit.*, p. 93-95.

245. Nakae Chômin, *Dialogues politiques entre trois ivrognes*, *op. cit.*, p. 55.

Le rapprochement de Mencius et de Rousseau est même plus ancien, puisque durant son séjour en France, c'est-à-dire à l'époque de la première version du *Contrat social*, Chômin travaillait sur un projet de traduction en français du *Mencius*[246]. Chômin semblait vouloir faire connaître Rousseau aux Japonais en même temps que Mencius aux Français. Les textes ici traduits présentent eux aussi de fréquentes références au *Mencius*.

Il en est de même pour le plus ancien texte connu de lui, « Plan de mesures » (Sakuron), écrit quelques mois après son retour de France, en 1875. Chômin utilise le *Mencius* pour y forger des mots rares, tels que *haizen* 霈然[247]. Lorsqu'il invite les fonctionnaires à se cultiver, c'est au nom des écoles de Xiang et de Xu[248]. Lorsqu'il critique la polygamie, c'est à lui qu'il fait appel : « Mencius n'a-t-il pas dit : *Le fondement du pays se trouve dans la maison ; celui de la maison dans la personne*[249] ? Il n'y a pas aujourd'hui de pays civilisé qui ne l'interdise. Il nous faut apprendre de ces pays et abolir cet usage. Pour peu qu'on le fasse, les gens prendront garde et se contrôleront. L'énergie des gens est pure et déborde dans tout le pays[250]. » Chômin utilisait ainsi déjà la notion d'« énergie débordante ». Ce passage nous semble d'autant plus important qu'il suggère que Chômin avait déjà à l'esprit un questionnement sur la liberté morale, lorsqu'il parle de contrôle des gens par eux-mêmes. C'est en partant du passage du *Mencius* où il est question de l'« énergie débordante » que, dans « Principes du gouvernement (Des grandes lignes de la théorie politique de Rousseau) »,

246. KÔTOKU Shûsui, *Chômin sensei*, *op. cit.*, p. 13.

247. Nakae CHÔMIN, *« Plan de mesures »*, *op. cit.*, p. 23. *Mencius*, *op. cit.*, I A 1, p. 24. Le caractère 霈 utilisé par Nakae CHÔMIN n'est qu'une variante de 沛 du *Mencius*.

248. Allusion à *Mencius*, III A 3, p. 143. Les deux écoles étaient des établissements destinés à fournir des hommes éminents au service du souverain, dépourvus d'arrivisme, à l'époque des Shang et des Zhou. Elles faisaient figure de modèles dans le confucianisme.

249. *Mencius*, *op. cit.*, IV A 6, p. 195.

250. Allusion à *Mencius*, *op. cit.*, II B 2, p. 90.

Chômin précise cette réflexion qui a démarré en 1875 : « Si le peuple a à l'esprit de maintenir en lui cette permanence, alors il se dirigera à travers elle vers le Bien. S'il se dirige vers le Bien, alors il reposera dans la vertu. Il est possible de faire reposer le peuple dans la vertu sans lois ni prisons, sans armes ni promesses. » La permanence dont il est question n'est autre que l'élan moral donné par le Ciel. Chômin semble concevoir que, dans l'idéal, des lois intérieures respectées rendent inutiles les lois, les prisons et les armes.

Dans tous les cas, la liberté morale provenant du Ciel, qui engendre l'état de nature, il n'est pas étonnant que Chômin en fasse le lieu de l'idéal. Il écrit ainsi : « La liberté de penser s'étend jusqu'à l'univers entier, franchit le passé et le présent et ne connaît ni la moindre augmentation ni la moindre diminution. Elle ne peut néanmoins éviter de présenter de légères différences d'étendue suivant le degré de civilisation et d'intelligence des hommes. Quant à la liberté d'agir, elle souffre de variations énormes selon la rigueur du climat, la richesse ou la pauvreté des sols, le degré de raffinement des mœurs. Ah ! liberté de pensée et liberté d'agir, pourquoi faut-il que vous soyez toujours en décalage ?[251] » Nous voyons ici que Chômin a fait sienne la tension entre idéal et réalité de Rousseau.

Pour donner de l'ampleur et de la distance au Ciel, Chômin ne s'est pas contenté de Mencius, il s'est tourné vers la figure bien connue du taoïsme, Zhuangzi. Avant Chômin, Nishi Amane avait suggéré une ressemblance entre Zhuangzi et Grotius, à propos de l'idée de nature, *shizen* 自然. Si cette tentative resta sans lendemain, le terme taoïste devait par la suite être conservé pour signifier « nature »[252]. Comme Shimada Kenji l'a déjà indiqué, cette présence de Zhuangzi apparaît notamment dans

251. Nakae Chômin, *« Shasetsu »*, *op. cit.*, p. 30.

252. Yanabu Akira, *op. cit.*, p. 72. La plus ancienne traduction de « nature » par *shizen* remonte à un dictionnaire nippo-hollandais de 1833 mais ne se fixa qu'après Nishi Amane, le mot *tennen* 天然 étant aussi privilégié.

le chapitre 8 du livre I, où la sortie de l'état de nature vers la société civile est traduite comme la sortie du « monde du Ciel » vers le « monde humain », reprenant la paire d'opposés fondamentale du *Zhuangzi*[253]. Les œuvres de Chômin sont tout aussi truffées de références à Zhuangzi qu'à Mencius, à commencer par « Sur les querelles fraternelles », « Sur les droits du peuple » ici traduits[254]. Il est piquant que Chômin ait rapproché Mencius et Zhuangzi alors que leurs discours s'opposaient. Le taoïsme est volontiers mis en opposition au confucianisme, l'attention au *dao* (la Voie) s'opposant au pari sur les rites et l'homme. Or Mencius a voulu contrer le discours de Zhuangzi en reprenant la spontanéité tout en la fondant sur la vertu d'humanité et les rites.

Comme l'écrit Jean Levi, « le *Zhuangzi* entend restaurer par l'ouvrage même le magma indifférencié des stades primordiaux. Le monde des objets, de la jouissance et du travail s'y oppose au monde du mouvant, du vivant, organique, chaotique, trouble et confus du phénomène. Ce dernier est un espace de libre jeu et de libre choix, où l'on peut s'ébattre en toute spontanéité sans que la conscience intervienne. C'est le ciel immense, la terre insondable, la ronde des saisons, la pluie et le vent. Zhuangzi appelle ce lieu de liberté et de spontanéité *tien*, le ciel ou nature. C'est un contenu sans forme, une qualité sans substance qui existe sur le mode de l'indéterminé : ni il ne finit ni il ne commence[255] ». On peut dire que Chômin a fait sienne cette définition, avec la nuance importante que cette liberté de la nature mène à la liberté

253. KAMIYAMA Shunpei 上山春平, « Chômin no tetsugaku shisô » 兆民の哲学思想 (« La Pensée philosophique de Chômin »), dans KUWABARA Takeo (éd.), 桑原武夫, *Nakae Chômin no kenkyû* 中江兆民の研究 (*Recherches sur Nakae Chômin*), Iwanami shoten, 1966, p. 39.

254. Sur la présence du taoïsme dans le reste de l'œuvre de Chômin, voir nos postfaces des *Dialogues politiques entre trois ivrognes* et d'*Un An et demi suite*.

255. Jean LÉVI, *Le Petit monde du Tchouang-Tseu*, Arles, Picquier, 2010, p. 331-332.

politique. Ainsi, dans l'article intitulé justement « Sur le Ciel[256] », il écrit : « Le Ciel est le Public (*daikô* 大公), il est le sans-privé (*mushi* 無私). Lorsqu'il aime les humains, il fait preuve sans le savoir de la vertu d'humanité. Lorsqu'il les menace, il ignore sa propre autorité. Passent les jours et les mois, passent la pluie et la brume, passent le vent et les nuages, passent les quatre saisons, jamais le Ciel n'a de volonté. Le Ciel fait de l'absence du privé son corps et de l'absence de volonté l'usage de ce corps, mais il n'y a personne de plus clairvoyant et sage que le Ciel. Certains disent que, très haut placé, il entend le vulgaire, d'autres qu'il voit mieux que nous le peuple. »

C'est précisément parce que le Ciel est sans volonté que Chômin explique qu'il est inutile de lui reprocher quoi que ce soit. Il écrit : « Ah, auguste divinité qui nous contemple d'en haut, si le peuple ne s'extrait pas de sa modeste situation, la faute en est à lui seul. Saint seigneur qui nous domine, si une constitution et un parlement n'ont pas encore établi, la faute en revient seulement au peuple[257]. »

Tirant les conséquences de l'importance de la liberté morale, Chômin encouragea au développement de l'éducation. L'histoire de France pouvait servir de modèle : le manque d'éducation avait permis selon lui à un Bonaparte « d'utiliser les droits du peuple, d'abattre le parlement et de se nommer lui-même haut magistrat[258] ».

Si le Ciel est aussi important malgré sa passivité, c'est que la réalité à la fois mouvante et immuable qu'il représente permet à Chômin d'inscrire la liberté dans l'éternité, en des

256. Nakae Chômin, « Ten no setsu » 天ノ説 (« Sur le Ciel », 1881), *NCZ*, 14, p. 41-43.

257. Nakae Chômin, « Wagahai jiji wo ron zuru koto yoku sezu », *op. cit.*, p. 21. Dans « Waga Jiyûtô shokun ni tsugu » 我自由党諸君ニ告グ (« À tous les camarades de notre Parti de la liberté », 1882), Chômin étend la remarque à toute l'Asie (*NCZ*, 14, p. 145).

258. Nakae Chômin, « Sairon kansho kyôiku » 再論干渉教育 (« À nouveau sur l'éducation », 1881), *NCZ*, 14, p. 19.

termes inspirés du taoïsme : « La grande Justice de la liberté et de l'autonomie est en accord avec la Voie et ne fait qu'un avec le principe. Chaque jour qui passe, entre la Terre et le Ciel, hier comme aujourd'hui, elle ne connaît pas d'altération[259] », elle est « la Voie constante, le fond des sentiments humains, que ce soit pour l'Occident ou pour l'Orient, les Blancs ou les Jaunes[260] ». Et, suivant Rousseau, Chômin considère qu'il existe une nature humaine et, pour lui, cette nature réside dans la même imprévisibilité que le Ciel : « Ce qu'il est difficile de prévoir, c'est le cœur humain. Ce qu'il est difficile de voler, c'est la volonté du peuple[261]. » Telle est la source de la liberté morale, tel est le sens de la préface du *Min.yaku yakkai*, « la politique évolue ainsi avec le temps et tire sa beauté de ne pas aller contre les émotions humaines ». Les Japonais n'étant pas différents des Français, le droit à la démocratie est ainsi universel.

Si on considère que le taoïsme, au nom du *dao*, affiche une méfiance vis-à-vis de toutes les constructions humaines, qu'elles soient politiques, culturelles ou intellectuelles, alors une proximité avec Rousseau a pu être perçue par Chômin (nous mettons de côté la pertinence de ce rapprochement), ce qui expliquerait qu'en même temps que *Du Contrat social* Chômin ait voulu traduire le *Discours sur les sciences et les arts*, où Rousseau accuse la culture moderne d'avoir tué la morale[262].

Cette méfiance n'est-elle pas présente chez Chômin, notamment dans le texte « Sur le scepticisme » (traduit dans

259. Nakae CHÔMIN, « Saionji kun kôbô Tôyô jiyû shinbunsha wo saru » 西園寺君公望東洋自由新聞社ヲ去ル (« Sur désir officiel Saionji quitte le *Journal de la liberté* », 1881), *NCZ*, 14, p. 39.

260. Nakae CHÔMIN, « Iseisha sore kaerimiru tokoro are » 為政者其レ鑑ミル所アレ (« Que les dirigeants réfléchissent à ceci, 1882 »), *NCZ*, 14, p. 110.

261. Nakae CHÔMIN, « Bôka umimyô », *op. cit.*, p. 59.

262. Nous rejoignons ici YONEHARA Ken 米原謙, « Tôyô no Rusô kô » 東洋のルソー考 (« Une réflexion sur le *Rousseau de l'Orient* »), *Handai hôgaku* 阪大法学, 116-117, mars 1981, p. 380.

le présent ouvrage), où il traite de Pyrrhon ? On y retrouve une mention de Laozi, et la référence à Pyrrhon reprise de Diogène Laërce contient d'ailleurs des anecdotes qui ne sont pas sans rappeler le *Zhuangzi* : Zhuangzi montre son indifférence à la mort de son épouse, Pyrrhon passe à côté d'Anaxarque tombé dans une mare, sans lui porter secours. Au contraire, des gens reprochant à Pyrrhon son attitude, Anaxarque le loue d'être réellement indifférent et sans passions. Pyrrhon est réputé avoir été en Inde, « d'où il a tiré sa philosophie si remarquable, introduisant l'idée qu'on ne peut connaître aucune vérité[263] », ce qui a peut-être attiré l'attention de Chômin.

Certes Rousseau semble au premier abord à l'opposé du scepticisme, comme l'illustre par exemple le « pyrrhonisme » de Wolmar. Mais des recherches récentes tendent à remettre en cause cette opposition, voyant chez lui un scepticisme de méthode plutôt que de position, ce qu'on pourrait dire aussi de Chômin[264]. On remarquera à ce propos que Chômin a délibérément effacé le nom de Pyrrhon dans le *Discours sur les sciences et les arts*, où Rousseau le critique[265].

Yonehara Ken a déjà montré à quel point la pensée de Chômin doit à Okamatsu Ôkoku, l'un de ses maîtres en chinois classique, dans sa connaissance du *Zhuangzi*[266]. Il a également bien mis en lumière la présence du taoïsme de Zhuangzi dans le matérialisme de Chômin tel qu'il s'exprime à la fin de sa vie avec *Un An et demi* : brouillage des frontières entre la vie et la mort, monde sans fin qui se meut de lui-même. Mais Zhuangzi apparaît ailleurs dans l'œuvre de Chômin. Le personnage de

263. Diogène LAËRCE, *Vies et doctrines des philosophes illustres*, Le Livre de Poche, 1999, p. 1039.

264. Marc-André NADEAU, « Le Scepticisme de Rousseau dans la *Profession de foi du vicaire savoyard* », *Lumen : travaux choisis de la Société canadienne d'étude du XVIIIe siècle*, vol. 25, 2006, p. 39.

265. Nakae CHÔMIN, *Hikaikaron*, *op. cit.*, p. 216.

266. YONEHARA Ken, « Tôyô no Rusô kô », *op. cit.*, p. 361-387.

Maître Nankai des *Dialogues politiques entre trois ivrognes* en est un exemple, nourri de qualificatifs repris du *Zhuangzi* : « Il s'élance vers le Vide suprême [...] son corps demeure dans la chambre exiguë mais son regard embrasse le monde entier, et, en un éclair de temps, il remonte mille ans en arrière, puis se propulse mille ans en avant. Il se met alors à prophétiser sur la marche du monde et à donner des directives en matière de politique générale[267]. »

La prise de distance avec le monde immédiat signifie un rapprochement avec un idéal, un idéal qui ne provient pas d'un autre monde et d'une religion mais qui est immanent à ce monde. L'utopie se retrouve entre autres dans « Sur les droits du peuple », comme le suggère le passage déjà cité. L'inspiration taoïste a sans doute contribué à rapprocher chez Chômin le Ciel de la notion d'idéal de Rousseau. Dans le chapitre 3 du livre II du *Min.yaku yakkai*, Chômin écrit que la volonté du peuple réside dans un juste « milieu » (*chû naru* 中なる). Le choix de ce mot nous semble très significatif si on le comprend à partir de l'idéogramme, c'est-à-dire au sens chinois : comme l'explique Anne Cheng[268], la centralité dont il est question ici n'est pas un point équidistant entre deux termes mais un pôle dont l'attraction tire vers le haut, créant et maintenant dans toute situation de vie une tension qui fait aspirer à la meilleure part contenue en chacun. Lorsque Chômin écrit que « Bentham parle de leurs fins, Rousseau de ce qui leur est originel », la même idée est sous-entendue, car la centralité est ce qui est originel, notamment dans le taoïsme.

Ainsi, il semble que Chômin a voulu habiller la volonté générale comme l'état de nature des qualités de ce pôle, qui tout en faisant partie de ce monde, paradoxalement le transcende. Rien n'illustre mieux cette conception du Ciel que le « Dieu

267. Nakae Chômin, *Dialogues politiques entre trois ivrognes*, *op. cit.*, p. 47.

268. Anne Cheng, *Histoire de la pensée chinoise*, Seuil, 1997, p. 38-39.

de l'évolution » (*shinkashin* 進化神) dans les *Dialogues politiques entre trois ivrognes* : s'il est décrit comme le plus grand amateur de nouveauté, c'est précisément parce que le monde est originellement et ontologiquement pluriel, là réside son aspect mystérieux.

Les limites de la présence de Mencius et de Zhuangzi

Chômin a trouvé en Mencius et Zhuangzi une source d'inspiration puissante, mais cela fut dans une limite certaine. Il va de soi que ni Mencius ni Zhuangzi ne sont des penseurs de la démocratie. Malgré leurs aspects qui peuvent paraître iconoclastes, leur idéal se situe comme la plupart de leurs contemporains dans une antériorité érigée en modèle et non dans l'avenir : les Anciens Rois pour Mencius, le *dao* 道 pour Zhuangzi. Chômin se tourne, lui, vers l'avenir. Zhuangzi comme Chômin utilisent la notion de vide dans leurs philosophies mais pour le premier, le vide se concentre dans le *dao* et constitue le jeûne du cœur alors que pour le second, le vide est le plein, puisqu'il n'y a que matière et que la substance est une[269]. Il est vrai que Zhuangzi s'intéresse à la vie et sa préservation et voit dans le monde quelque chose d'infini. Si cela a pu être un point de départ pour Chômin, il est allé beaucoup plus loin avec son matérialisme. L'infini auquel Chômin pense est celui de la matière, ce qui n'est pas le cas du taoïsme, tourné vers des techniques mystiques pour atteindre l'extase. La méditation à laquelle s'adonne Maître Nankai n'est pas un jeûne du cœur comme le recommande Zhuangzi mais une réflexion érudite pour embrasser le monde entier[270].

Surtout, pour atteindre l'idéal moral, Mencius comme Zhuangzi semblent demander à l'individu de combattre ses désirs. Ce que Mencius met en avant est l'élan moral inné, pas les plaisirs de la vie ; Zhuangzi affiche une méfiance

269. Nakae Chômin, *Un An et demi suite*, *op. cit.*, p. 129-130.

270. Nakae Chômin, *Dialogues politiques entre trois ivrognes*, *op. cit.*, p. 47.

fondamentale à l'égard de la sensorialité[271]. C'est précisément sur ce plan que Chômin diverge de Mencius et de Zhuangzi, ce qui lui permet de démocratiser leur orientation première. Chez Chômin, la prise de distance avec le monde n'est pas un reniement de celui-ci et une fuite vers un idéal antérieur et inaccessible mais devient une prise de conscience de sa grandeur et une valorisation des désirs. Nous avons montré ailleurs que la philosophie de Chômin pouvait être qualifiée de « philosophie de la joie[272] ». Cette valorisation apparaît dès son premier texte, « Plan de mesures », où Chômin reproche à une minorité de s'accaparer la bonne nourriture, les beaux vêtements et les femmes[273]. Chômin n'hésite pas non plus, contre Mencius, à valoriser l'intérêt et à l'unir avec la justice, comme on peut le voir dans le texte traduit dans ce volume, « Sur l'intérêt public et l'intérêt privé ». Il est clair que le point sur lequel Chômin se sépare de Mencius et de Zhuangzi est la valorisation de ce monde et du corps, et c'est ici que la philosophie européenne intervient.

L'un des textes que nous avons traduit ici le montre d'ailleurs bien : « Sur la différence des droits entre l'homme et la femme » remet en cause le fixisme de la société envisagée par la pensée chinoise. Le fait qu'il ait voulu traiter des femmes est d'autant plus intéressant qu'on connaît la place problématique de celles-ci chez Rousseau. À travers Ueki Emori par exemple, le Mouvement pour les libertés et les droits du peuple exprimait déjà des revendications en faveur de la condition féminine. Chômin s'y inscrit, à sa manière : le texte est de teneur comique. Si le personnage principal reçoit le surnom de Chômin à l'époque, il ne s'agit pas de Chômin

271. Pierre-Henry de Bruyn, *Le Taoïsme. Chemins de découvertes*, CNRS Éditions, 2009, p. 32.

272. Eddy Dufourmont, « The Spirit of parody. Nakae Chômin and the *philosophy of joy* », Nakajima Takahiro (éd.), *Whither Japanese Philosophy?, Reflections through other eyes*, UTCP booklet 11, 2009, p. 81-89.

273. Nakae Chômin, « Plan de mesures », *op. cit.*, p. 23.

lui-même. Chômin en fait un savant accroché aux études chinoises, qui ne se rend pas compte que les idées venues d'Europe telles que l'utilitarisme, le socialisme et le pacifisme, dont il rend compte ironiquement lui-même, annoncent une transformation complète, qui balaiera les foyers de paysans et la place inférieure dévolue aux femmes. Plus tard, dans les *Dialogues politiques entre trois ivrognes*, Chômin dressera avec humour le portrait d'un chef de famille toujours imbu de sa supériorité conférée par le confucianisme et moqué par son épouse et son fils, au fait des transformations sociales en cours[274]. L'intérêt pour la pensée chinoise chez Chômin ne signifiait pas une adhésion aveugle à l'orthodoxie du passé, bien au contraire.

La notion de Ciel chez Chômin n'a donc plus rien à voir avec celle du confucianisme et du taoïsme. Et cela apparaît clairement au lecteur dans le texte même de *Min.yaku yakkai*, avec notamment la notion de « décret du Ciel/mandat céleste » (jp : *tenmei* ; ch : *tianming* 天命), qui est à la base de toute la théorie politique chinoise. Les Zhou sont réputés être les premiers à s'en réclamer pour justifier leur renversement de la dynastie Shang : celle-ci n'étant plus digne de gouverner, le Ciel aurait mandaté les Zhou pour la châtier et la remplacer. Dans les *Entretiens*, Confucius ajoute à cette notion une valeur sacrée en désignant par elle l'adhésion de l'homme de bien à la Voie[275]. Mencius la reprit également, autant sur le plan politique pour justifier le meurtre du tyran que moral, en expliquant que la nature humaine provient du Ciel[276]. Chez Chômin, le décret céleste a une définition radicalement différente puisqu'il sert à faire du Ciel en tant que nature la source de la liberté et des

274. Voir Eddy Dufourmont, « Un Discours sur les femmes, au croisement des pensées chinoise et européenne. Nakae Chômin et Nakamura Masanao », Emmanuel Lozerand et Christian Galan (dir.), *La Famille japonaise moderne (1868-1926). Discours et débats*, Arles, Picquier, 2011, p. 411-420.

275. Anne Cheng, *op. cit.*, p. 50-51 et 72-73.

276. *Ibid.*, p. 167.

droits naturels sous la forme de *tenmei no jiyû* 天命の自由, la liberté morale.

Si Chômin a osé lier Rousseau, Mencius et Zhuangzi dans une lecture libre, c'est qu'il considérait que la morale est la même partout dans le monde. Il écrit dès 1875 : « La morale occidentale se fonde sur les Grecs Socrate et Platon. Quand ces deux penseurs discutent de la morale, ils ne rejettent pas les vertus d'humanité, de confiance, de loyauté et la justice[277]. J'ai lu leurs livres en Europe et j'ai compris que la morale est la même hier et aujourd'hui, ici et là-bas[278]. » Cette attitude libre par rapport au confucianisme et au taoïsme n'est pas une spécificité de Chômin[279], ni même du Japon, puisque la Chine offre des parallèles qu'il serait peut-être intéressant d'explorer[280]. Chômin avait une raison spécifique pour rechercher l'éclectisme, la science moderne venue d'Europe. Il écrit : « Rien ne vaut les enseignements de Confucius et de Mencius pour la culture morale mais ils ne sont guère d'une grande d'aide pour les découvertes scientifiques[281]. »

277. Nakae CHÔMIN désigne ici quatre des cinq vertus cardinales dans le confucianisme.

278. Nakae CHÔMIN, « Plan de mesures », *op. cit.*, p. 28.

279. L'époque d'Edo offre des exemples. Voir Jacques JOLY, *Le Naturel selon Andô Shôeki*, Maisonneuve & Larose, 1996. Olivier ANSART, *L'Empire du rite. La Pensée politique d'Ogyû Sorai*, Genève, Droz, 1998.

280. Le taoïsme a fait l'objet de grands débats dans la Chine des XIXe-XXe siècles. Voir John RAPP, *Daoism and anarchism: critiques of states autonomy in ancient and modern China*, Londres, Continuum, 2012.

281. Nakae CHÔMIN, « Plan de mesures », *op. cit.*, p. 27. Même en dehors du Japon, cette attitude se retrouve : dans l'Inde colonisée par les Britanniques, un exact contemporain de Chômin, Bankim Chandra Chatterjii (1838-1894), considérait que le *Mahabharata* et la *Bhagavad Gitâ* contenaient une vérité similaire à celle de la philosophie européenne, ce qui l'amena d'ailleurs à écrire un essai sur l'égalité, où il mentionne Rousseau.

La philosophie du Ciel (2) : l'apport de la philosophie anglaise et de la libre pensée française

Une présence méconnue de la philosophie anglaise

Force est de constater que, dans *La Quête philosophique*, Chômin a choisi de traduire le mot « raison » par *ryôchi* 良知 (conscience morale), qui provient du *Mencius* (VII A 15) et il écrit : « La raison est donnée à la conscience de manière directe, sans passer par la discussion ou l'expérience[282]. » Il ajoute : « Où se trouve la morale ? Je dis, moi, qu'elle naît de la raison[283]. » *La Quête philosophique* est certes postérieure au *Min.yaku yakkai* mais, dans « Sur la raison », Chômin traduit déjà ce terme ainsi, mettant en équivalence Rousseau et Platon[284]. Pourquoi utiliser ce terme et Mencius ? Sans doute parce que chez Mencius, la moralité est innée, accordée par le Ciel. Cette union de la morale et de la raison que Chômin invente dans sa lecture de Rousseau et de Mencius pose problème. Mencius n'a sans doute jamais conçu la raison comme la notion philosophique que Chômin présente dans *La Quête philosophique*. Rousseau, pour sa part, écrit dans la *Profession de foi du Vicaire savoyard* qu'« il est au fond des âmes un principe inné de justice et de vertu, sur lequel, malgré nos propres maximes, nous jugeons nos actions et celles d'autrui comme bonnes ou mauvaises et c'est à ce principe que je donne le nom de conscience » (*OC*, III, p. 87). Un tel passage a certainement convaincu Chômin du bien-fondé du rapprochement Mencius-Rousseau.

Mais lorsque Chômin rend *ryôchi* par « raison », ce n'est pas de Rousseau qu'il s'agit mais de Kant. Le penseur de Königsberg apparaît dans la préface du *Min.yaku yakkai* mais

282. Nakae Chômin, « Rigaku kôgen » 理学鉤玄 (« La Quête philosophique »), *NCZ*, 7, p. 45.

283. *Ibid.*, p. 123.

284. Nakae Chômin, « Ryôshin no ron », *op. cit.*, p. 93. Il devrait s'agir d'Aristote plutôt que Platon.

aussi ailleurs : dans les *Dialogues politiques entre trois ivrognes*, le pacifisme de Monsieur le Gentleman est fondé sur son projet de paix perpétuelle (ainsi que de l'abbé de Saint-Pierre). Contrairement à ce que dit Chômin dans sa préface, Kant n'a pas consacré de travaux spécifiques à la politique. Néanmoins, dans le *Projet de paix perpétuelle*, Kant opte pour le principe républicain[285]. Connaissant les réticences de Rousseau par rapport au projet de paix perpétuelle, on peut comprendre que Chômin se soit tourné vers Kant.

Il est remarquable à ce propos que le philosophe François Jullien a voulu établir un dialogue entre Mencius, Kant et Rousseau. Le point de départ de sa démarche est la sortie par ces mêmes philosophes de « la tutelle métaphysico-religieuse », pour penser une morale fondée sur elle-même. Comme il l'écrit, les « principaux maîtres d'œuvre en sont Rousseau et Kant et l'entreprise culmine, mais aussi se mine, avec Schopenhauer (voir *Le Fondement de la morale*)[286] ». Si on songe que, près d'un siècle avant lui, Chômin traduisit ou mentionna exactement les mêmes penseurs, il est permis d'imaginer que Jullien partage la même idée que Chômin.

En effet, Chômin a non seulement traduit et lu ces trois philosophes tout en éprouvant de l'intérêt pour Mencius mais il a utilisé ce dernier pour les traduire. Nous l'avons vu pour Rousseau. Dans le cas de Schopenhauer, Chômin a rendu la notion de pitié (*Mitleid*) par l'expression du *Mencius sokuin no kokoro* 惻隠の心 (VI A 6)[287]. Le disciple de Chômin, Kôtoku Shûsui, reprendra la même expression dans *L'Impérialisme,*

285. Emmanuel KANT, *Projet de paix perpétuelle : esquisse philosophique 1795*, Vrin, 2000, p. 31 *sq*.

286. François JULLIEN, *Fonder la morale. Dialogue de Mencius avec un philosophe des Lumières*, Grasset, 1995, p. 22.

287. Nakae CHÔMIN, « Dôtoku daigenron » 道徳大原論 (« Sur le grand fondement de la morale »), *NCZ*, 9, p. 288.

le spectre du XXe siècle[288]. Jullien justifie son rapprochement, tout en reconnaissant ses limites, par la volonté chez Mencius comme chez Rousseau et Kant de fonder une origine de la morale qui ne provienne pas de l'extérieur et qui soit indépendante d'elle : penchant de notre nature chez Rousseau, *a priori* de la raison pratique chez Kant, innéisme moral chez Mencius[289]. Mais Jullien reconnaît aussi que, chez Mencius, l'innéisme moral implique l'absence de références à la volonté et à la liberté[290]. À l'évidence, Chômin a ignoré ce problème et n'a pas hésité à rapprocher la conscience rousseauiste et la raison kantienne.

Lorsque Chômin relie la liberté morale à la notion mencienne d'« énergie débordante », présente dans tout un chacun, ne cherche-t-il pas à suggérer que chacun est digne de respect parce qu'il est capable d'agir moralement et non pas parce qu'il le fait réellement ? En cela, Chômin se rapprocherait de Kant[291]. Mais il faut bien reconnaître que par sa reconnaissance d'un droit de résistance au gouvernement, dont nous trouvons trace dans sa traduction de la Déclaration de 1793, Chômin se rapproche plus de Locke que de Kant[292]. En outre, en 1882, les seules sources d'informations sur la philosophie dont disposait Chômin au Japon n'étaient que les *Notions de philosophie* de Charles Jourdain, *La Philosophie* d'André Lefèvre et *La Morale anglaise contemporaine* de Jean-Marie Guyau. Même si un chapitre discute de la liberté morale, les *Notions de philosophie* ne parlent ni de Rousseau ni de Kant, à l'exception de courtes notices biographiques en

288. Kôtoku Shûsui, *Impérialisme, le spectre du XXe siècle*, traduit, présenté et annoté par Christine Lévy, CNRS Éditions, 2008, p. 108.

289. François Jullien, *op. cit.*, p. 55.

290. *Ibid.*, p. 136 *sq*.

291. Idée que Kant développe notamment dans *Fondements de la métaphysique des mœurs*, traduit par V. Delbos, Vrin, (1785) 2008, p. 82-86.

292. Comme l'indique Lucien Jaume, Kant salue en la Révolution française moins l'événement lui-même que le sens dont il est l'expression. Lucien Jaume, *Les Origines philosophiques du libéralisme*, *op. cit.*, 2010, p. 290.

fin de volume. André Lefèvre, lui, le fait. Il s'attarde peu sur Rousseau, dont il dénigre une philosophie aussi sommaire que sa sociologie[293].

Toutefois, Chômin semble avoir accordé plus d'attention à un autre philosophe que Kant, il s'agit d'Alexander Bain (1818-1903)[294]. Il a été longtemps difficile de suivre la formation de la philosophie de Chômin car ses textes n'étaient pas rassemblés de manière exhaustive jusqu'à la parution des *Œuvres complètes* dans les années 1980. La masse importante de textes collectés est loin d'avoir été traitée par les spécialistes alors que certains fournissent des éléments appréciables. Le texte « Discussion principale », paru en juillet 1882 dans le *Journal de la liberté*, avant donc le *Min.yaku yakkai*, est l'un d'eux. Il a toujours été ignoré jusqu'à présent, alors qu'on y trouve le premier essai de réflexion philosophique de Chômin, étendu (sur trois numéros) mais inachevé, qui plus est en lien direct avec la notion de liberté. Il constitue une nouvelle preuve que le matérialisme de Chômin n'attend pas *Un An et demi suite* pour s'exprimer.

Dans le texte, Chômin explique que beaucoup de monde parle de la liberté mais que pour la comprendre, il faut partir de la psychologie (*seiri no gaku* 性理の学), qui est alors une discipline toute neuve[295]. Alexander Bain est l'un des fondateurs de cette discipline. Pour Chômin, le cœur/esprit (*kokoro* 心) est entièrement libre, ce qui lui permet de percevoir tout ce qui l'entoure. La liberté du cœur (*kokoro no jiyû* 心の自由) est la condition *sine qua non* de la perception. Que ce soit des bêtes ou des plantes, tout ce que le cœur perçoit est, selon Chômin,

---

293. André Lefèvre, *La Philosophie*, Reinwald, 1879, p. 382.

294. Nous reprenons ici notre article, « Nakae Chômin to bukkyô. Inoue Enryô to Nakae chômin no ronsô no saikô » 中江兆民と仏教・井上円了と中江兆民の論争の再考 (« Nakae Chômin et le bouddhisme. Repenser la controverse entre Inoue Enryô et Nakae Chômin »), *Kokusai Inoue Enryô kenkyû* 国際井上円了研究, 1, 2013, p. 145-157.

295. Nakae Chômin, « Honron » 本論 (« Discussion principale », juillet 1882), *NCZ*, 17, p. 9.

traité de la même manière. Reprenant un terme « de Gautama » (*Shaka*, c'est-à-dire le Bouddha), Chômin distingue six sens de la perception : les cinq sens corporels et le sixième traitant des choses informelles, l'esprit (*shinshin* 心神, terme identique pour rendre « liberté morale »). Chômin utilise encore la notion d'esprit mais tient à en faire un sens au même titre que les autres. Il ne sépare pas le corps de l'esprit. Curieusement, Chômin qualifie de la même manière le principe de la Voie dans le commentaire du chapitre 6 du livre II : « Pur, unique et simple[296]. » Mais est-ce si curieux, si on songe que le Ciel est qualifié de la même manière ?

Ce dernier sens est caractérisé par Chômin, en japonais et en anglais, avec trois facultés : sentiment (*kanju no sayô* 感受の作用/ *feeling*), volonté (*gan.yoku no sayô* 願欲の作用/*will*) et pensée (*inen no sayô* 意念の作用/ *thought*). La volonté procède du sentiment de manière mécanique et instantanée. La pensée est elle-même divisée en trois : l'accord (*gappeiryoku* 合併力/*agreement*), la distinction (*sabetsuryoku* 差別力/*discrimination*) et la mémoire (*kiokuryoku* 記憶力/*memory*)[297]. La pensée est, selon Chômin, la plus importante des facultés car elle permet de juger. Les trois sous-facultés qui la composent permettent de reconnaître les similitudes, les différences et la mémoire soutient les deux premières. Bien qu'il explique que les sensations soient avant tout des sensations musculaires (*kinniku no kanjuryoku*), Chômin ne va pas plus loin dans les explications, car il n'y voit pas de liens avec les questions politiques[298]. Malheureusement, le reste où il aurait abordé les questions politiques manque. Néanmoins, cet article montre que Chômin voulait donner une base théorique solide aux droits naturels et montrer que la liberté était nécessairement inscrite dans la nature.

296. *Ibid.*, p. 14.
297. *Ibid.*, p. 11.
298. *Ibid.*, p. 14.

D'ailleurs, chez Chômin, la définition du Ciel comme celui de la nature passe par les sciences modernes. Chômin reprend la notion confucéenne d'« observation des choses » (*kakubutsu* 格物), selon laquelle la personne doit comprendre l'ordre socio-cosmologique pour se conformer à lui, et la modernise : « L'observation des choses est la recherche du principe de vérité dans le mouvement de la matière. La chimie recherche le principe de vérité dans l'agglomération et la division des choses, l'astronomie dans le mouvement des étoiles et des planètes et toutes les autres sciences le font dans leur domaine respectif[299]. » Même les philosophes qu'il utilise dans son École des études françaises se réclament de ce scientisme[300].

Ce point est particulièrement important pour comprendre la philosophie du « Ciel » de Chômin, car nous trouvons dans le *Min.yaku yakkai* la notion cardinale de la philosophie de Chômin, celle de « raison et justice » (*rigi* 理義). Pour la phrase de Rousseau – « La force est une puissance physique ; je ne vois point quelle moralité peut résulter de ses effets. Céder à la force est un acte de nécessité, non de volonté ; c'est tout au plus un acte de prudence » (L I-3) – Chômin traduit : « Ce qu'on appelle un fort, n'est-ce pas une puissance sur le plan matériel ? Ce qu'on appelle le droit, n'est-ce pas l'effet de la raison et de la justice ? Je ne connais pas encore ce à partir de quoi une puissance pourrait se transformer en droit[301]. » *Rigi*, qui n'apparaît que dans le *Mencius*[302], se retrouve dans tous les textes de Chômin et dans toutes les traductions (outre le

299. Nakae Chômin, « Seitô no ron » (« Sur les partis », 1882), *NCZ*, 14, p. 96.

300. André Lefèvre ne cesse par exemple de se réclamer de l'« objectif », du « monde objectif » (*op. cit.*, p. 141, 157, 159, 248, etc.).

301. Jean-Jaques Rousseau, *Du Contrat social*, *OC*, III, p. 354. Nakae Chômin, *Min.yaku yakkai*, *NCZ*, 1, p. 81.

302. *Mencius*, VI A 7, p. 157-158 : « C'est pourquoi la raison et la morale plaisent à notre cœur comme la viande des herbivores et des omnivores à notre palais. »

Min.yaku yakkai, elle apparaît dans « Sur le scepticisme »). Cette notion représente chez lui l'idéal politique et moral vers lequel doivent tendre les hommes[303]. Nous traduisons le terme *ri* 理 par « raison » et non par « principe », son sens usuel dans le confucianisme, parce que dans les traductions, Chômin l'utilise systématiquement pour « raison » et parfois pour « vérité »[304]. Ce que Chômin entend par *ri* n'est rien d'autre que l'objectivité donnée par les sciences, pas le « principe/ordre céleste » (*tianri* 天理) que le confucianisme des Song avait érigé en principe normatif inscrivant chaque être et chaque chose dans l'ordre « harmonieux » et immuable du Ciel[305]. Loin de s'annihiler soi-même dans l'ordre défini par le « principe/ordre céleste », l'individu est au contraire libre dans la philosophie du « Ciel » de Chômin. L'insistance sur l'objectivité est très courante dans les sciences des années 1860-1870, époque de ce que Lorraine Daston et Peter Galison appellent l'« objectivité mécanique »[306].

On peut se demander à ce propos si l'autocontrôle de l'individu que consacrent les sciences de cette époque, comme le montrent Daston et Galison, n'était pas perçu dans l'esprit de Chômin comme un thème proche du contrôle de soi idéalisé par le confucianisme et dont il avait lui-même posé le problème dans son tout premier texte, en écrivant : « Il est naturel de vouloir éliminer les mœurs mauvaises et obliger chacun au

303. Les occurences de *rigi* dans les traductions sont trop nombreuses pour être exposées ici. À titre d'exemple, dans les *Dialogues politiques entre trois ivrognes*, Monsieur le Gentleman s'exclame : « Mais comment la conscience de la raison et de la justice qui représente l'essence de la civilisation leur manquerait-elle à ce point ? » (*op. cit.*, 18). Dans *Un An et demi*, *rigi* apparaît dans la phrase : « Les droits du peuple constituent un principe de raison absolu. La liberté et l'égalité représentent la plus grande justice » (*op. cit.*, p. 66). Traductions revues par nous.

304. Voir note 125 au sujet de justice.

305. Anne Cheng, *op. cit.*, p. 448.

306. Lorraine Daston et Peter Galison, *Objectivité*, traduit par Sophie Renaut et Hélène Quiniou, Les Presses du réel, 2012.

contrôle de soi mais il est important de créer à cet effet des institutions et de mettre en garde le peuple. Il est incontestable que la cohabitation sous le même toit de l'épouse et de la concubine est une entorse au principe céleste et aux sentiments humains[307] » ? L'autocontrôle n'était plus chez Chômin la soumission volontaire à l'ordre céleste mais celle d'un citoyen libre parce que se contrôlant lui-même. Cette question, dans le *Min.yaku yakkai*, sera franchement abordée avec la traduction de *La Morale dans la démocratie*. Mais cela concerne l'époque suivante de sa trajectoire intellectuelle.

Revenons à Alexander Bain. Il est d'autant plus intéressant pour nous qu'il était proche de John Stuart Mill et donc de l'utilitarisme[308]. Une fois de plus, lorsqu'il s'agit d'aborder plus en détail une question, ici la théorie de la connaissance, Chômin ne se tourne pas vers Rousseau mais vers l'utilitarisme. L'impression est que, suivant son commentaire, Rousseau était valable pour ce qui est « originel » – la théorie et l'idéal –, et l'utilitarisme valable pour des « fins » – l'application pratique et la réalité.

Outre Alexander Bain, la présence de Spencer devrait être soulignée. Spencer et l'évolutionnisme social ont suscité un intérêt considérable dans le Japon de Meiji. Il fut traduit après Bentham ou Mill, au début des années 1880. Comme la quasi-totalité de ses contemporains, Chômin s'intéressa à Spencer : il fit traduire le chapitre consacré à Spencer de *La Morale anglaise contemporaine* de Jean-Marie Guyau dans le numéro 18 de *Seiri sôdan* (1882) et Spencer apparaît dans la bibliographie de l'École des études françaises mais avec une prononciation française de son nom (*Supensêru* au lieu de *Supensâ*, plus proche de l'anglais), ce qui laisse supposer que

307. Nakae Chômin, « Plan de mesures », *op. cit.*, p. 22-23. Sur cette question dans le confucianisme voir William Theodore de Bary, *Learning for Oneself: Essays on the Individual in Neo-Confucian Thought*, Columbia, Columbia University Press, 1991.

308. Il est l'auteur d'une biographie de Mill.

Chômin utilisait une traduction française. On peut d'ailleurs se demander si Chômin ne tirait pas en partie sa connaissance de Bentham, Mill et Bain du même livre, puisque Guyau les présente. On n'y retrouve cependant pas, il est vrai, les notions de Bain utilisées par Chômin dans « Honron ».

Spencer fut utilisé par les partisans du Mouvement pour les libertés et les droits du peuple aussi bien que par leurs adversaires : Ueki Emori prit acte que l'État ne devait pas interférer dans l'éducation et la vie des individus. La loi morale l'emportait toujours sur le gouvernement. Or, dans *Jinken shinsetsu*, qui, rappelons-le, paraît en même temps que le *Min.yaku yakkai*, Katô Hiroyuki se sert justement de Spencer, ainsi que de Haeckel et même de Bain[309] pour détruire la théorie des droits naturels : l'organicisme spencérien permettait de présenter le gouvernement comme le cerveau de la société, dans une sorte de nouvel apologue du cerveau et de l'estomac. Chômin lui reprend la métaphore du corps dans le *Min.yaku yakkai* mais celle-ci n'implique pas que le gouvernement soit un cerveau. Spencer lui-même défendait la théorie des droits naturels.

Pour Chômin qui voulait fonder sa morale sur une philosophie du « Ciel », il représentait l'avantage de prendre l'univers tout entier dans son analyse et pas simplement l'être humain. Le désir du bonheur, mis en valeur par Mill, devenait chez Spencer une nécessité universelle. On peut se demander si l'insistance de Chômin sur le bonheur terrestre et le plaisir n'est pas en partie inspirée de Spencer. Dans l'article « La Source des droits » de mai 1882[310], Chômin écrit en effet : « Ce qui est accord avec la Vie est le Bien, ce qui ne l'est pas est le Mal. Tant qu'ils vivent dans ce monde, les humains ne recherchent que la vie et le bonheur [...] telle est la nature

309. KATÔ Hiroyuki, *op. cit.*, p. 96.

310. Nakae CHÔMIN, « La Source des droits », dans *Cent Ans de pensée au Japon*, *op. cit.*, p. 33.

céleste des humains. » Autrement dit, le Ciel naturalisé n'est qu'un autre nom de la Vie[311].

L'inspiration de la libre pensée française et des républicains

Mais, pour la période qui nous intéresse, d'autres penseurs français jouent un rôle plus explicite et il est remarquable que la plupart d'entre eux étaient critiques de Rousseau. Sur ce point, Émile Acollas est central : la plupart des auteurs du XIXe siècle traduits dans la revue *Seiri sôdan* ont été des proches d'Acollas. Sigismond Lacroix était son secrétaire, Étienne Vacherot, Jules Simon, Jean-Gustave Courcelle-Seneuil faisaient partie, avec Jules Ferry et Jules Favre, du comité d'étude pour la refonte du droit civil qu'il avait fondé[312]. Adolphe Franck fut avec Acollas et Jules Barni un des membres importants de la Ligue de la paix et la liberté. Rappelons que Chômin fit traduire également l'ouvrage principal d'Acollas, *Philosophie de la science politique et commentaire de la Déclaration des droits de l'homme de 1793*. Chômin avait d'autant plus de raisons de s'intéresser à Acollas que celui-ci organisait son livre autour d'un athéisme, très explicite, que Chômin ne manqua pas de faire apparaître dans la traduction en japonais[313].

---

311. Dans cet accent mis sur le bonheur, Jean-Marie Guyau a aussi sa place : il fut comme Chômin l'un des précurseurs des philosophies de la Vie et aussi l'auteur de *L'Irréligion de l'avenir*. Voir Eddy Dufourmont, « Nakae Chômin a-t-il pu être à la fois un adepte de Rousseau et un matérialiste athée ? Une tentative de resituer sa philosophie à la lumière de ses sources françaises et du Citoyen de Genève », *op. cit.*

312. Baudoin Bouckaert, « La Tradition juridique en France pendant le XIXe siècle : libérale ou étatiste ? », Henri Lepage et Serge Schweitzer (dir.), *De l'Ancienne Économie à la nouvelle économie*, Librairie de l'Université, Aix-en-Provence, 1987, p. 35-46.

313. Émile Acollas, *op. cit.*, p. 8-10. *Seiri shinron*, *op. cit.*, vol. 1, p. 44-52 : « L'idée de Dieu naît à l'origine de la foi et il est habituel que cette superstition finisse par être qualifiée d'illusion [...] Pour quelle raison n'arrive-t-elle pas à extirper les racines du mal ? [...] Dieu se tient-il à l'extérieur du monde, ou bien en son sein ? [...] Pourquoi doit-on imaginer une entité spirituelle et divine qui se plie aux règles de ce monde [...] C'est pourquoi je n'ai pas eu d'autres choix que de choisir l'athéisme. »

Acollas avait une position ambivalente vis-à-vis de Rousseau. Il se réclamait de lui mais dénonçait le caractère fictif du contrat rousseauiste et la dictature de la majorité que recelait selon lui la volonté générale. Dans l'un comme dans l'autre cas, Acollas ne cherchait pas à se débarrasser de Rousseau mais au contraire à parfaire la théorie du contrat. Rien ne saurait mieux résumer cette position que la dédicace de la *Philosophie de la science politique*, où Acollas écrit :

> *À Jean-Jacques*
> *Vieux maître,*
> *C'est en te lisant que j'ai appris à penser autrement que toi.*
> *Tu crus en Dieu et je n'y crois pas ;*
> *Tu affirmas le droit social et je le nie ;*
> *Tu démontras la souveraineté du peuple et je la réfute ;*
> *Tu attaquas la propriété et je la défends ;*
> *Voilà nos dissidences.*
> *Mais tu fus l'amant de l'idée, tu fus l'apôtre de la solidarité, tu eus soif de la justice et jamais cœur d'homme ne fut ému autant que le tien du sort des plus pauvres.*
> *Voilà pourquoi j'inscris ton nom au frontispice de ce livre.*
> *5 septembre 1877*[314].

La place occupée par Acollas chez Chômin est une question trop complexe et trop profonde pour être traitée ici. Nous nous bornerons à indiquer ici que l'idéal d'Acollas, partisan de la république et de l'autonomie de l'individu élevée à un si haut rang qu'il rêve de la disparition des États et d'une humanité unie par l'amour entre ses membres[315], semble se mêler à l'évocation de Rousseau dans ces quelques lignes de « Sur les querelles fraternelles », déjà citée.

314. Émile Acollas, *op. cit.*, p. I. *Seiri shinron*, *op. cit.*, vol. 1, p. 6-7.

315. Émile Acollas, *op. cit.*, p. 29-31, 55, 370. Acollas reproche d'ailleurs à Bentham son égoïsme.

Jules Simon est un autre républicain français dont il convient de parler ici. Le vocabulaire utilisé par Chômin dans *Min.yaku yakkai* se retrouve dans la traduction de *La Liberté politique* de Simon, parue elle aussi dans la revue *Seiri sôdan*. Chômin n'en est pas l'auteur mais force est de constater que le même vocabulaire revient. Il nous semble certain que Chômin a supervisé étroitement la traduction car on retrouve des choix identiques pour des traductions effectuées par Chômin lui-même. Le texte de Simon organise l'exposé de la manière suivante : une première partie introductive consacrée à la morale, la liberté et l'autorité, une seconde sur la famille (liberté du foyer, liberté du capital, liberté de l'atelier), une troisième sur la liberté civile et publique et une dernière partie sur la liberté des cultes et la liberté de penser[316].

La traduction dans *Seiri sôdan* ne concerne que la première partie. La préface commence par des mots que Chômin n'aurait certainement pas reniés : « La politique faisait autrefois partie de la philosophie mais depuis quelques années, il y a eu entre elles une séparation qui n'est à l'avantage ni de l'une ni de l'autre[317]. »

Jules Simon n'a jamais été abordé par les spécialistes de Chômin et même en France, il n'a pratiquement jamais fait l'objet de recherches[318]. Pourtant, son œuvre traduite dans *Seiri sôdan* éclaire sur plusieurs aspects le *Min.yaku yakkai* et toute la démarche intellectuelle de Chômin dans les premières années 1880. Il faudrait mener une enquête approfondie sur la traduction en japonais elle-même. Nous nous bornerons ici à

316. Jules Simon, *La Liberté*, Librairie de L. Hachette et Cie, 1859.

317. *Ibid.*, p. VII.

318. À notre connaissance, il n'existe guère que l'ouvrage de Philip Bertocci, *Jules Simon : Republican anticlericalism and cultural politics in France, 1848-1886*, University of Missouri Press, 1978 ; Sophie Fanelli, *La Pensée politique de Jules Simon*, Mémoire de DEA « Histoire des institutions et idées politiques » non publié, Université de droit, d'économie et des sciences d'Aix-Marseille, 1995-1996.

quelques remarques à partir de l'ouvrage français. Tout d'abord le titre, *La Liberté politique*, inscrit tout à fait l'ouvrage dans le champ de préoccupation de Chômin et plus généralement du Mouvement pour les libertés et les droits du peuple.

De plus, Simon s'appuie sur la législation de 1789 pour montrer qu'elle se fonde sur la loi naturelle ; or Chômin affichait un intérêt marqué pour la Révolution française. En revanche, le sous-titre, « Premiers principes de la philosophie politique », illustre doublement un intérêt personnel de Chômin. Le projet d'une philosophie politique fait sens avec la prise de distance de Chômin que nous avons évoquée plus haut et qui va fonder ses recherches philosophiques. Ensuite, le mot « principe » n'a certainement pas manqué d'attirer le regard d'un penseur qui centrait justement ses idées sur la notion de *ri* 理.

En outre, il est remarquable que l'affirmation par Simon des principes de la loi naturelle et de la liberté politique aboutisse en fin de compte à la justice. Comme il l'écrit : « Quoique la justice puisse succomber pour un temps, elle finit toujours à la longue par l'emporter et c'est ce qui constitue le progrès[319]. » Pour Chômin, qui allie constamment la raison et la justice dans le binôme *rigi* 理義, n'est-ce pas quelque chose à quoi il a pu d'emblée s'identifier ? Simon fait reposer toute la morale sur deux axiomes : « L'homme a été créé libre ; donc il doit conserver et développer sa liberté. Il est libre : donc il y a au-dessus de lui une loi naturelle qui oblige sa liberté sans la contraindre[320]. » On remarquera dans le premier axiome une idée reprise de Rousseau : la liberté dans l'état de nature. Le terme « conserver » renvoie directement au *Min.yaku yakkai*, où le même mot est utilisé dans un sens identique, pour expliquer le passage à l'état civil. Le second axiome renferme toute

319. Jules SIMON, *La Liberté politique*, Librairie de L. Hachette et Cie, 1867, p. 39.

320. *Ibid.*, p. 1.

la stratégie de Chômin : contre les utilitaristes japonais qui affirment le respect de la loi pour mieux défendre une vision inégalitaire et autoritaire de la société, Chômin a pu trouver la réplique parfaite dans l'idée d'une loi qui oblige sans contraindre et qui garantit la liberté. Tout l'intérêt, considérable, de Chômin pour la loi était sous-tendu par cet idéal de loi naturelle.

Le monisme de Chômin, qui voit un seul et même principe valable partout, peut être rapproché de l'idée chez Simon que la morale est une, « invincible, universelle, absolue[321] ». En fait, chez Chômin comme chez Simon, l'affirmation de la loi naturelle était tournée aussi contre les religions. Jules Simon était un franc-maçon déiste et spiritualiste, tout comme Étienne Vacherot – ou encore Victor Hugo –, également traduits dans *Seiri sôdan*. Ils s'inscrivaient dans la libre pensée et Simon avait milité pour la séparation de l'Église et de l'État dès les années 1860[322]. Il fut le président de la Société démocratique des libres penseurs, association qui lança en 1848 le mouvement libre penseur en France. Jules Barni en faisait partie. Sophie Fanelli fait remarquer que Vacherot, comme Simon, plaçait la source de la morale dans la liberté, ce qui suggère un rapprochement avec Rousseau et constitue une piste à explorer[323].

Simon et Vacherot adhérèrent avec Adolphe Franck à la Ligue nationale contre l'athéisme en 1886, pour combattre l'athéisme et aussi le matérialisme scientifique de Büchner. Simon avait écrit d'ailleurs *La Religion naturelle* pour exprimer son déisme et il affirma l'existence de Dieu dans *La Liberté politique*[324]. Le philosophe Charles Jourdain, dont Chômin

---

321. *Ibid.*, p. 2.

322. Jacqueline Lalouette, *La Libre Pensée en France 1848-1940*, Albin Michel, 2001, p. 103, 164, 259

323. Sophie Fanelli, *op. cit.*, p. 27. On remarquera que dans ses *Dialogues politiques entre trois ivrognes* et dans ses articles, Chômin reprendra de Simon l'idée de remplacer l'armée par une milice populaire armée.

324. Jules Simon, *La Liberté politique*, *op. cit.*, p. 17.

traduisit et utilisa les *Notions de philosophie*, était lui aussi déiste, de même que Jules Barni, dont Chômin traduira plus tard *La Morale dans la démocratie*. Or, si Chômin fit traduire Simon ou Vacherot, il avait aussi lu à l'époque André Lefèvre, représentant de la libre pensée matérialiste. On le voit en effet apparaître dans la bibliographie de l'École des études françaises[325]. Et dès 1883, Chômin traduira *L'Esthétique* d'Eugène Véron, un proche de Lefèvre. Chômin n'avait donc pas hésité à puiser dans les deux camps de la libre pensée.

Il est remarquable que Lefèvre voit dans Rousseau le coupable de la persistance d'une « religiosité tenace » et d'une « réaction sentimentale d'où sont sortis Robespierre et son Être suprême[326] ». « Être suprême » que Chômin s'est bien gardé de traduire dans la Déclaration de 1793, le remplaçant justement par *ten*. Ceci nous semble significatif, puisque ainsi Chômin a ramené dans le matérialisme un contenu déiste. Et puisque Chômin avait lu Lefèvre, il semble peu probable qu'il ait ignoré l'opposition de Lefèvre à Rousseau, alors même qu'il écrivait le *Min.yaku yakkai*. Chômin n'était donc bien qu'à moitié rousseauiste, même lorsqu'il traduisait *Du Contrat social*.

À notre avis, par rapport aux deux ailes du mouvement français de la libre pensée, Chômin avait déjà une préférence pour l'aile matérialiste. La libre pensée de Simon ou Vacherot devait sans doute représenter à ses yeux un progrès en soi, digne d'être connu, mais à dépasser. Après le texte sur le sanctuaire Shôkonsha et *Min.yaku yakkai*, *La Quête philosophique* exposera en 1887 de manière critique la présence en France d'un « spiritualisme officiel[327] » et en 1901, le sous-titre d'*Un An et demi suite*,

325. Et c'est la lecture de Lefèvre qui va largement inspirer l'écriture de son ouvrage d'introduction à la philosophie, *La Quête philosophique*.

326. Jacqueline Lalouette, *op. cit.*, p. 165.

327. Nakae Chômin, *La Quête philosophique*, dans Michel Dalissier (dir.), *La Philosophie japonaise*, « Textes clés », Vrin, 2013, p. 230-236. On remarquera que Victor Cousin ou Théodore Jouffroy que Chômin cite dans l'ouvrage s'inscrivaient eux aussi dans cette lignée spiritualiste.

« Ni Dieu ni âme », sonne d'ailleurs comme un dernier désaveu pour ces libres penseurs déistes qui ne voulaient garder des religions que deux dogmes : l'existence de Dieu et l'immortalité de l'âme. Ceci étant, Chômin a par la suite traduit aussi bien des spiritualistes (Barni) que des matérialistes (Véron). Seul un examen approfondi de ces traductions pourrait apporter un élément de réponse quant au positionnement philosophique de Chômin.

Cette situation particulière de Chômin a néanmoins un héritage dont la direction fut claire : parmi ses disciples, Kôtoku Shûsui fut l'un des fondateurs du premier Parti socialiste du Japon, en 1905, ainsi que l'un des premiers anarchistes. Il lança le journal pacifiste *Heimin shimbun* 平民新聞, en pleine guerre russo-japonaise. Sakai Yûzaburô 酒井雄三郎 (1860-1900) participa aux congrès de la Seconde Internationale en 1891 et, en 1900, il fonda un Cercle d'études sur les questions sociales (*Shakai mondai kenkyûkai* 社会問題研究会)[328]. Celui dont la lecture avait éveillé Chômin aux idées de Rousseau, Émile Acollas, fut nommé doyen de la faculté de droit par la Commune de Paris en 1871. Lors du 200e anniversaire de la naissance de Rousseau, Sakai Toshihiko 堺利彦 (1871-1933) salua la mémoire de Chômin, comme le continuateur de Rousseau au Japon et celle de Kôtoku Shûsui, le disciple qui amena la pensée de Chômin au socialisme[329].

On relèvera ici qu'avec l'introduction de Rousseau, le pacifisme de Chômin était l'une des raisons du maintien de son héritage. L'article « Rongaikô » (voir *supra*) est souvent cité à ce sujet, mais les lectures de Chômin l'emmenaient déjà dans cette direction puisque Émile Acollas, Jules Simon, Étienne Vacherot, Eugène Véron, Adolphe Franck, ou encore Jules Barni

328. Christine Lévy, « La Démocratie et la nation selon Nakae Chômin », Nakae Chômin, *Un An et demi*, *op. cit.*, notes 20-21, p. 164-165.

329. Sakai Toshihiko 堺利彦, *jo* 序 (préface au *Recueil de Chômin*), dans *NCZ*, *bekkan*, p. 512.

participèrent au congrès pacifiste de Genève en 1867[330]. Dans le livre que Chômin traduisit, Alfred Fouillée fit le lien entre le pacifisme et Rousseau : après avoir longuement traité du *Contrat social*, Fouillée y explique que pour Rousseau la vraie liberté réclame de petits États, dont le modèle est la Suisse, et qu'en s'associant en confédérations, ils seront capables de résister aux agressions extérieures[331]. Voilà qui annonce le deuxième moment du Mouvement pour les libertés et les droits du peuple, durant lequel Chômin écrira un article louant la Suisse[332] ainsi que les *Dialogues politiques entre trois ivrognes* où, à l'instar de nombreux républicains français, il plaidera pour une armée populaire limitée à la défense.

Conclusion : idéal et réalité. Le rousseauisme tempéré de Chômin

Au terme de ce parcours, il est permis de dire que le *Min. yaku yakkai* doit être interprété dans le contexte strictement limité aux années 1874-1884, qui correspondent à la première vague du Mouvement pour les libertés et les droits du peuple. Durant ces années, Chômin fait œuvre de militant politique et continue sa formation intellectuelle dans deux directions :

330. Le congrès de Genève des 9-12 septembre 1867 fut organisé par Charles Lemonnier et Émile Acollas, pour donner naissance à la Ligue internationale de la paix et de la liberté. Barni en fut le président du comité d'organisation. Dans un contexte de tension franco-prussienne, le congrès fit parler de lui puisqu'il réunit près de six mille participants, dont Hugo, Garibaldi, Bakounine ou encore Élisée Reclus et appela à établir des « États-Unis d'Europe ». Voir Comité central permanent de la Ligue internationale de la paix et de la liberté (éd.), *Annales du Congrès de Genève (9-12 septembre 1867)*, Genève, Vérésoff et Garrigues, 1868. Il contient des discours de Barni et d'Acollas et le nom de Rousseau fut célébré au sujet de la paix perpétuelle (p. 12, 145).

331. Alfred Fouillée, *Histoire de la philosophie*, *op. cit.*, p. 386-387.

332. Nakae Chômin, « Suisu » 瑞西 (« La Suisse », 1888), *NCZ*, vol. 11, p. 325-328.

d'une part la poursuite de l'apprentissage du *kanbun* et de la pensée chinoise, d'autre part la poursuite de l'acquisition de la pensée européenne. Son approche de Rousseau ne s'est pas faite seulement par la traduction de ses textes. Contrairement à ce qu'ont fait toutes les recherches précédentes, il est préférable de s'en tenir aux textes écrits durant cette période plutôt que de chercher immédiatement à l'englober dans l'œuvre générale de Chômin. Pour comprendre *Du Contrat social* réécrit par Chômin, il est indispensable de se servir des autres textes en *kanbun* et de faire appel à ses articles écrits entre 1874 et 1884. C'est ce que nous avons essayé de faire ici.

On comprend que l'intérêt de Chômin pour Rousseau s'inscrit dans un contexte hautement politisé. S'il est évident que, de manière globale, son approche de Rousseau s'inscrit dans le Mouvement pour les libertés et les droits du peuple, l'interprétation de Chômin relève-t-elle d'une lecture « individualiste libérale » ou d'une lecture « étatiste centralisatrice », pour reprendre les termes employés par Simone Goyard-Fabre ? La réponse est tout aussi impossible dans le cas de Chômin qu'elle l'a été dans celui de Rousseau. Ou plutôt les deux lectures sont ensemble possibles, sans s'exclure. La lecture « étatiste » chez Chômin est suggérée par la présence des jacobins, à travers la Déclaration de 1793. Ceux-ci visaient l'égalité plus que la liberté, préférant la souveraineté unitaire des citoyens à l'individualisme[333].

C'est sans doute ce désir d'égalité qui amena Chômin à se tourner aussi vers les utilitaristes. Et la construction d'un État central à l'époque au Japon rendait nécessaire le souci d'unir la société entière en un tout indivisible. Le patriotisme, d'une part, le désir de promouvoir des *kokken* aux côtés des *minken*, d'autre part, deux exigences qui imprègnent le Mouvement pour

333. Simone Goyard-Fabre, *op. cit.*, p. 97.

les libertés et les droits du peuple, relèvent de cette tendance qui existait chez Chômin. Mais dans la traduction du passage sur la constitution de la volonté générale, Chômin échappe au reproche de totalitarisme, puisqu'il montre bien que l'individu ne perd rien dans le don de soi. La lecture « individualiste libérale » coexiste avec la lecture « étatiste ». Chômin avait le souci de contribuer à la promotion de la liberté et de penser un individu isolé, car il pensait avoir trouvé une concordance profonde entre la pensée de Mencius, Zhuangzi et Rousseau, qui prouvait à ses yeux l'universalité de la philosophie. Cette concordance a été construite par Chômin lui-même dans sa philosophie du « Ciel », encore balbutiante en 1874-1884, pour apporter une réponse définitive là où Rousseau chercha avant tout à poser des problèmes. Pour mieux défendre la liberté morale, Chômin a voulu l'ancrer de manière inattaquable dans une nature, repensée avec l'appui des avancées scientifiques, de la libre pensée française et d'une pensée chinoise réinventée. Néanmoins, même en cherchant à s'éloigner de Rousseau, Chômin resta soumis à la tension entre l'idéal élaboré dans sa philosophie du « Ciel » et la réalité qui s'offrait à lui. Tirant les leçons de Mill et de Spencer sur l'évolution sociale, Chômin semble avoir considéré qu'il fallait du temps pour acquérir la liberté morale et qu'une fois expliqué l'idéal proposé par *Du Contrat social*, il fallait désormais éduquer ses concitoyens par la philosophie pour qu'ils deviennent à terme des êtres libres.

Pour cela, Chômin n'a pas hésité à adopter une attitude libre dans sa démarche de traduction. Si nous l'avons explorée dans la traduction du *Contrat social*, il semble bien que Chômin l'ait adoptée pour l'ensemble des textes de Rousseau si ce n'est tous ceux parus dans *Seiri sôdan*. À cet égard, le *Min. yaku yakkai*, par la présence massive des concepts de la pensée chinoise et par le travail de simplification d'ajout et de réécriture que nous avons identifié, offre les apparences d'un magnifique exemple de traduction ethnocentrique. Si nous reprenons la définition d'Antoine Berman, la traduction ethnocentrique vise à soumettre le sens de l'œuvre étrangère dans la langue d'arrivée. Donnant la primauté au sens, désireuse de faire apparaître l'œuvre étrangère comme un fruit de la langue propre, elle n'hésite pas à user des corrections, ajouts, suppressions et modifications pour atteindre son but[334]. N'avons-nous pas tous ces aspects réunis ici ? Néanmoins, il ne faut pas perdre de vue que dans le *Min.yaku yakkai*, ce n'est pas Rousseau qui se fait confucianisé mais bien l'inverse. *Du Contrat social* prend certes les apparences d'une œuvre confucéenne mais pour affirmer des idées nouvelles, sinon contraires au confucianisme. Antoine Berman ne manque pas de rappeler que toute traduction comporte des éléments ethnocentriques mais aussi hypertextuels. Dans le cas de la traduction hypertextuelle, Berman explique que le texte en langue d'arrivée est le produit d'un mélange d'imitation, de parodie, de recréation, de commentaire. Il devient un texte nouveau tout en gardant un lien avec le texte original[335]. Force est de constater que le *Min.yaku yakkai* comporte aussi cet élément. Par sa transformation du vocabulaire confucéen au service du Mouvement pour les libertés et les droits du peuple, Chômin est parvenu à ce que le *Min.yaku yakkai* ne soit pas *Du Contrat social* mais bien une œuvre à part entière de lui.

Puisque Chômin écrivit en chinois classique une deuxième version du *Contrat social* et qu'il fit grand cas de la pensée chinoise, on peut légitimement se demander si Chômin ne recherchait pas une diffusion de la démocratie en Chine et en Corée, par-delà le Mouvement pour les libertés et les droits du peuple. Si des éléments semblent montrer une volonté en ce sens[336], ils sont postérieurs à la parution du *Min.yaku*

334. Antoine Berman, *La Traduction et la lettre ou l'auberge du lointain*, Seuil, 1999, p. 29-30.

335. *Ibid.*, p. 36.

336. Il aurait participé en 1884 à la fondation d'une éphémère École de l'Orient (Tôyô gakkan 東洋学館), à Shanghai. Nous en discutons dans un article en japonais, « Shoki ajiashugi to Nakae Chômin » 初期アジア主義と

yakkai et trop succincts pour fonder une thèse solide. L'horizon de Chômin en 1882 était d'abord le Japon, et il reviendra à son disciple Kôtoku Shûsui de concrétiser des liens avec les premiers démocrates chinois, disciples de Kang Youwei et premiers lecteurs du *Min.yaku yakkai*, évoqués au début de cette étude[337].

Prise dans son ensemble, la trajectoire intellectuelle de Chômin dans les années 1880 consistera en un mouvement vers la philosophie à partir de la politique. Après la parution du *Min.yaku yakkai*, Chômin ne cessera de se rapprocher de la philosophie avec de nouvelles traductions (Véron, Fouillée, Barni, Schopenhauer) et l'écriture de *La Quête philosophique*, la première synthèse de philosophie. Ceci coïncidera avec la seconde vague du Mouvement pour les libertés et les droits du peuple dont il partagera le patriotisme. En effet, le rapprochement avec la philosophie se fera en vue de fonder une philosophie nationale. Tel était l'objectif qui se dessinait aux yeux de Chômin après avoir achevé le *Min.yaku yakkai*. En écrivant *La Morale dans la démocratie*, Jules Barni voulait lui aussi forger une philosophie nationale. Les doutes de Pierre Macherey sur la pertinence d'une philosophie nationale française s'appliquent aussi au Japon[338]. Cela n'empêchera pas Chômin de la revendiquer jusqu'à sa mort, estimant « qu'un peuple sans

---

中江兆民。日本の文明開化、ヨーロッパとアジアの創造 (« Le Premier Asiatisme et Nakae Chômin. L'ouverture du Japon à la civilisation, l'invention de l'Europe et de l'Asie »), Claude Hamon et Hirose Midori (dir.), *Kindai Nihon to Ajia* 近代日本とアジア (*Le Japon moderne et l'Asie*), Bensei shuppan 勉誠出版, 2016, p. 11-28. Le public ne connaissant pas le japonais pourra trouver quelques éléments dans Joshua Vogel, *Nakae Ushikichi in China: The Mourning of Spirit*, Harvard University Press, 1989, p. 15.

337. Signalons également que Chômin eut un fils unique, Nakae Ushikichi 中江丑吉 (1889-1942), qui fut un sinologue et vécut en Chine, poursuivant ainsi de cette manière les liens qu'avait Chômin avec ce pays et sa philosophie. Joshua Vogel lui a consacré une biographie (note précédente).

338. Présentation de Pierre Macherey dans Jules Barni, *La Morale dans la démocratie*, Kimé, 1992, p. 24.

philosophie ne peut rien entreprendre qui ait un sens profond et se trouve contraint à la superficialité[339] ».

L'ironie est que la démarche de Chômin ne semble pas plus avoir été comprise par ses contemporains que ne l'a été celle de Rousseau : si la *Nouvelle Théorie des droits de l'homme* de Katô Hiroyuki en était à sa troisième édition trois mois après sa parution, on ne connaît pas d'édition supplémentaire du *Min.yaku yakkai* jusqu'à celle de 1907. Sans doute le choix du *kanbun* en est partiellement responsable, car le *Min.yaku yakkai* est la dernière œuvre politique japonaise écrite en *kanbun* alors même que la langue japonaise s'imposait à l'écrit. La notion de « Ciel » elle-même sera rapidement délaissée dans la réflexion intellectuelle[340]. Dans les années 1890, le journaliste Kuga Katsunan 陸羯南 (1857-1907) reprocha précisément à Chômin de s'ancrer dans des idées peu pratiques et peu utilisables[341]. Mais on pourrait lui répondre que le mouvement en faveur de la démocratie qui se développa au Japon aussi bien qu'en Chine après 1900 fut issu d'une génération éduquée à la liberté, que ce soit à travers le *Min.yaku yakkai* ou d'autres ouvrages. En cela, les écrits de Chômin sur Rousseau avaient atteint leur but.

339. Nakae Chômin, *Un An et demi*, *op. cit.*, p. 46.

340. Hiraishi Naoki 平石直樹, *Ten* 天 (*Le Ciel*), Sanseidô 三省堂, 1996, p. 8.

341. Kuga Katsunan 陸羯南, *Kinji seiron kô* 近時政論考 (*Réflexion sur les affaires politiques récentes*), Nihon shinbunsha 日本新聞社, 1891, p. 33.

BIBLIOGRAPHIE

DE L'INTRODUCTION

Sources

ACOLLAS Émile, *Philosophie de la science politique et commentaire de la déclaration des droits de l'homme de 1793*, A. Marescq aîné, 1877. Traduit par SAKAI Yûsaburô 酒井雄三郎 et SHIRAI Tokiyasu 白石時康, supervisé par Nakae CHÔMIN, *Seiri shinron* 政理新論 (*Nouvelle Théorie des principes politiques*), Ogasawara shobô 小笠原書房, 1884.

BABA Tatsui, « Katô Hiroyuki kun jinken shinsetsu wo yomu » 読加藤博弘君人権新説 (« Ma lecture de la *Nouvelle Théorie des droits de l'homme* de Monsieur Katô Hiroyuki », 1882), *Meiji shisô shû* 1 明治思想集 1 (*Recueil des idées sous Meiji*), Kindai Nihon shisô taikei 近代日本思想体系 vol. 30, Chikuma shobô 筑摩書房, 1976, p. 208-231.

—, *Tenpu jinkenron* 天賦人権論 (*Sur les droits naturels*), Baba Tatsui, 1883.

« Chômin koji ôgaku dan » 兆民居士王学談 (« Discussion avec maître Chômin sur Wang Yangming »), *NCZ*, 17, p. 204-205.

BLOCK Maurice (dir.), *Dictionnaire général de la politique*, Lorenz, 1873.

COMITÉ CENTRAL PERMANENT DE LA LIGUE INTERNATIONALE DE LA PAIX ET DE LA LIBERTÉ, *Annales du Congrès de Genève (9-12 septembre 1867)*, Genève, Véresoff et Garrigues, 1868.

« Déclaration d'indépendance de la Confédération d'Amérique du Nord » 北米聯邦獨立之告示 (« Déclaration d'indépendance américaine de 1776 »), *Seiri sôdan* 政理叢談, 28, p. 871-876.

Diogène Laërce, *Vies et doctrines des philosophes illustres*, Le Livre de Poche, 1999.

« Furansu gakusha kaijuku kôkoku » 仏蘭西学舎開塾広告 (« Déclaration d'ouverture de l'École d'études françaises »), « Futsugaku juku jinsho » 仏学塾陳書 (« Présentation de l'École d'études françaises »), *NCZ*, 17, p. 122-148.

Fouillée Alfred, *Histoire de la philosophie*, Delagrave, 1875.

Franck Adolphe (dir.), *Dictionnaire des sciences philosophiques*, Hachette, 1875.

Fukuoka Takachika 福岡孝弟, « Gokajô goseimon to *Seitaisho* no yûrai ni tsuite » 五箇条御誓文ト性体書ノ由来ニ就イテ (« Au sujet de l'origine du Serment en cinq articles et du *Seitaisho* »), Kokka gakkai 国家学会 (éd.), *Meiji kensei keizaishiron. Kokka gakkai sôritsu man sanjûnen kinen* 明治憲政經濟史論 : 國家学會創立満三十年記念 (*Histoire économique du gouvernement constitutionnel de Meiji : pour les trente ans de la fondation de la Société d'étude de l'État*), Kokka gakkai, 1919, p. 1-45.

Fukuzawa Yukichi, *Plaidoyer pour la modernité : Introduction aux œuvres complètes*, traduit par Marion Saucier, CNRS Éditions, 2008.

Kant Emmanuel, *Projet de paix perpétuelle : esquisse philosophique 1795*, Vrin, 2000.

—, *Fondements de la métaphysique des mœurs*, traduit par V. Delbos, Vrin, (1785) 2008.

Katô Hiroyuki 加藤博之, *Jinken shinsetsu* 人権新説 (*Nouvelle Théorie des droits de l'homme*, 1882), *Meiji shisô shû* 1, p. 96-135.

Kôno Hironaka, *Nanyû nisshi* 南遊日誌 (*Journal de voyage dans le Sud*), *NCZ*, *bekkan*, p. 3.

KÔTOKU Shûsui幸徳秋水, *Chômin sensei* 兆民先生 (*Maître Chômin*), Hakubunkan, 1902.

—, *Impérialisme, le spectre du* XX*e siècle*, traduit, présenté et annoté par Christine LÉVY, CNRS Éditions, 2008.

KIHIRA Yuzuru木平譲 (éd.), *Keiu Nakamura sensei ensetsushû* 敬宇中村先生演説集 (*Recueil des conférences de maître Nakamura Keiu*), Matsui Chûbei 松井忠兵衛, 1888.

KUGA Katsunan 陸羯南, *Kinji seiron kô*近時政論考 (*Réflexion sur les affaires politiques récentes*), Nihon shinbunsha 日本新聞社, 1891.

LEFÈVRE André, *La Philosophie*, Reinwald, 1879.

LIOU Kia-Hway (trad.), *Philosophes taoïstes*, La Pléiade, RF, 1989.

MARNAS Francisque, *La « Religion de Jésus » : (Iaso ja-kyo) ressuscitée au Japon dans la seconde moitié du* XIX*e siècle*, Lyon, Delhomme et Briguet, 1897.

MENCIUS, *Mencius*, traduit et annoté par André LÉVY, You Feng, 2003.

MILL John Stuart, *De La Liberté*, traduit par Laurence LENGLET, Folio, 1990.

—, *Considérations sur le gouvernement représentatif*, traduit par Patrick SAVIDAN, NRF, 2009.

—, *L'Utilitarisme : essai sur Bentham*, traduit par Catherine AUDARD et Patrick THIERRY, PUF, 2012.

« Min.yaku yakkaikôkokubun » 民約訳解広告文 (« Annonce du *Min.yaku yakkai* »), *NCZ*, *bekkan*, p. 5.

MIYAZAKI Tôten 宮崎滔天, *Tôkyô dayori* 東京便り (*Nouvelles de Tôkyô*), *Miyazaki Tôten zenshû*宮崎滔天全集 (*Œuvres complètes de Miyazaki Tôten*), Heibonsha平凡社, 1976, vol. 5.

NAKAE Chômin, *Min.yakuron no ni* 民約論之二 (*Du Contrat social*, 2), *NCZ*, 1, (1875), 1983, p. 3-18.

—, « Sakuron » 策論 (« Plan de mesures », 1875), *NCZ*, 1, p. 21-33.

—, « Shôkonshiki » 招魂祠記 (« Chronique du sanctuaire Shôkonsha [Yasukuni] », 20 juillet 1878), *NCZ*, 11, p. 1-3.

NAKAE Chômin, « Minkenron » 民権論 (« Sur les droits du peuple », 20 août 1878), *NCZ*, 11, p. 4-8.

—, « Danjoikenron » 男女異権論 (« Sur la différence des droits entre les hommes et les femmes », 20 septembre 1878), *NCZ*, 11, p. 9-11.

—, « Gigakuben » 疑学弁 (« Sur le scepticisme », 20 octobre 1878), *NCZ*, 11, p. 12-14.

—, « Gensei. Rusô seiron no daishi iyaku » 原政—婁騒政論之大旨意訳 (« Principes du gouvernement. Des grandes lignes de la théorie politique de Rousseau », 20 novembre 1878-20 décembre 1882), *NCZ*, 11, p. 15-17.

—, « Naporeon sanseiron » 拿破崙三世論 (« Napoléon III », 20 décembre 1878), *NCZ*, 11, p. 18-21.

—, « Ron kôri shiri » 論公利私利 (« Sur l'intérêt public et l'intérêt privé », 5 juin 1880), *NCZ*, 11, p. 22-25.

—, « La Source des droits », Yves-Marie ALLIOUX (dir.), *Cent Ans de pensée au Japon*, Picquier, 1996, vol. 2, p. 33-37.

—, « Idées sur la société », Yves-Marie ALLIOUX (dir.), *Cent Ans de pensée au Japon*, Picquier, 1996, vol. 2, p. 27-31.

—, « Wagahai kongetsu jûhachi nichi dai ichi gô no shijô ni oite » 我輩今月十八日第一号ノ紙上ニ於イテ (« Dans le premier numéro du 18 de ce mois », 23 mars 1881), *NCZ*, 14, p. 4-6.

—, « Sur l'association du peuple et du monarque dans le gouvernement » (« Kunmin kyôji no setsu » 君民共治の説, 24 mars 1881), *NCZ*, 14, p. 10-12.

—, « Shinshi no jiyû » 心思ノ自由 (« La liberté morale », 25 mars 1881), *NCZ*, 14, p. 13-15.

—, « Sairon kansho kyôiku » 再論干渉教育 (« À nouveau sur l'éducation », 30 mars 1881), *NCZ*, 14, p. 18-20.

—, « Wagahai jiji wo ron zuru koto yoku sezu » 我輩時事を論ずる欲せず (« Nous ne voulons pas discuter des affaires », 3 avril 1881), *NCZ*, 14, p. 21-23.

—, « Kokkai mondô » 国会問答 (« Questions et réponses sur le parlement », 6, 8, 14, 16 avril 1881), *NCZ*, 14, p. 24-35.

—, « Saionji Kinmochi kun Tôyô jiyû shinbunsha wo saru » 西園寺公望君東洋自由新聞社ヲ去ル (« Saionji Kinmochi quitte le *Journal de la liberté de l'Orient* », 9 avril 1881), *NCZ*, 14, p. 38-40.

—, « Ten no setsu » 天ノ説 (« Sur le Ciel », 10 avril 1881), *NCZ*, 14, p. 41-43.

—, « Bôka umimyô » 防禍于未未萌 (« La Protection contre le danger n'est pas encore née », 21 avril 1881), *NCZ*, 14, p. 58-61.

—, « Sairon genron jiyû » 再論言論自由 (« Nouvelle Discussion sur la liberté d'expression », 28 avril 1881), *NCZ*, 14, p. 69-71.

—, « Kyôdai kekishôsetsu » 兄弟鬩牆説 (« Sur les querelles fraternelles », 2 février 1882), *NCZ*, 1, p. 29-31.

—, « Sôdan kankô no shui » 叢談刊行の趣意 (« Le But de la publication de *Seiri sôdan* », 20 février 1882), *NCZ*, 14, p. 76-77.

—, « Issen nanahyaku kyûjûsannen Furansu minken kokuji » 一千七百九十三年仏蘭西民権告示 (« Déclaration des droits du peuple français de 1793 », 20 février 1882), *Seiri sôdan*, 28, p. 3-11.

—, « Honron » 本論 (« Discussion principale », juillet 1882), *NCZ*, 17, p. 9.

—, « Ryôshin no ron » 良心ノ論 (« Sur la conscience morale », 6 juillet 1882), *NCZ*, 14, p. 93-95.

—, « Seitô no ron » 政党の論 (« Sur les partis », 11 juillet 1882), *NCZ*, 14, p. 96-99.

—, « Iseisha sore kaerimiru tokoro are » 為政者其レ鑑ミル所アレ (« Que les dirigeants réfléchissent à ceci », 27 juillet 1882), *NCZ*, 14, p. 109-111.

—, « Jiji reisoku » 時事蠡測 (« Petit Examen des affaires », 28, 29 juillet, 3 août 1882), *NCZ*, 14, p. 112-120.

—, « Rongaikô » (« Sur la politique étrangère », 12, 15, 17 août 1882), *NCZ*, 14, p. 125-136.

—, « Waga Jiyûtô shokun ni tsugu » 我自由党諸君ニ告グ (« À tous les camarades de notre Parti de la liberté », 1er octobre 1882), *NCZ*, 14, p. 145-148.

—, *Min.yaku yakkai* 民約訳解 (*Traduction commentée du* Contrat social), *NCZ*, 1, (1882-1883), 1983, p. 67-129.

—, *Hikaikaron* 非開化論 (*Sur la non-ouverture* [à la civilisation]), *NCZ*, 1, (1883), 1983, p. 203-237.

—, *Rigaku enkakushi* 理学沿革史 (*Histoire de la philosophie*), *NCZ*, 6, (1886) 1985.

—, *Kakumei mae Furansu ni seiki ji* 革命前仏蘭西二世紀事 (*Deux Cents Ans* [d'histoire] *de la France avant sa Révolution*), *NCZ*, vol. 8, (1886) 1984, p. 1-174.

—, *Rigaku kôgen* 理学鉤玄 (*La Quête philosophique*), *NCZ*, 7, (1886) 1984. Partiellement traduit par Eddy Dufourmont et Yûji Nishiyama, Michel Dalissier (dir.), *La Philosophie japonaise*, Textes clés, Vrin, 2013, p. 226-243.

—, *Dialogues politiques entre trois ivrognes*, traduit, présenté et annoté par Christine Lévy et Eddy Dufourmont, CNRS Éditions, (1887) 2008.

—, « Shichôson ryôsei ni kakawaru suikô » 市町村両制に係る推考 (*Une réflexion sur les deux systèmes municipaux*, 19 mai 1888), NCZ, 14, pp. 210-212.

—, « Chô Baba Tatsui kun » 弔馬場辰猪君 (« En mémoire de Baba Tatsui », 10 novembre 1888), *NCZ*, 11, p. 286-290.

—, « Suisu » 瑞西 (« La Suisse », 1888), *NCZ*, 11, p. 325-328.

—, Avec Nomura Yasyuki 野村泰亨, Futsuwa jien 仏和字彙 (*Dictionnaire français-japonais*), Futsugaku kenkyûkai 仏学研究会, 1893.

—, *Dôtoku daigenron* 道徳大原論 (*Sur le grand fondement de la morale*), *NCZ*, 9, (1894) 1985.

—, « Fukuda Tomiharu, *Furansu bunten*, jo » 福田富治『仏蘭西文典』序 (Préface de *La Grammaire française* de Fukuda Tomiharu, 2 janvier 1899), *NCZ*, 17, p. 116-117.

—, *Un An et demi*, traduit, présenté et annoté par Eddy DUFOURMONT, Romain JOURDAN et Christine LÉVY, Les Belles Lettres, (1901) 2011.

NISHI Amane 西周, « Jinsei sanhôsetsu » 人世三宝説 (« Sur les trois trésors du monde humain »), dans *Meiji shisô shû* 1, p. 45-66.

ONO Azusa 小野梓, « Yo ga seijijô no shugi » 余が政治上の主義 ("Mes principes en politique", 1882), *Meiji shisô shû* 1, p. 184-207.

ROUSSEAU Jean-Jacques, *Œuvres complètes*, Gallimard, vol. III, 1964.

SAKAI Toshihiko 堺利彦, *jo* 序 (préface au *Recueil de Chômin*), *NCZ*, *bekkan*, p. 512.

SIMA Qian 司馬遷, traduit par Édouard CHAVANNES, *Mémoires historiques de Se-ma Ts'ien*, J.-M. Tremblay, 1967.

SIMON Jules, *La Liberté*, Librairie de L. Hachette et Cie, 1859.

—, *La Liberté politique*, Librairie de L. Hachette et Cie, 1867.

UEKI Emori 植木枝盛, « Minken jiyûron » 民権自由論 (« Sur les droits et les libertés du peuple », 1879), MATSUMOTO Sannosuke 松本三之介 (éd.), *Meiji shisô shû* 1, p. 136-151.

—, « Minken jiyû ron nihen kôgô » 民権自由論二編後号 (« Deuxième essai sur les droits et les libertés du peuple », 1882), MATSUMOTO Sannosuke 松本三之介 (éd.), *Meiji shisô shû* 1, p. 152-168.

—, « Jinmin no kokka ni taisuru seishin wo ronzu » 人民の国家に対する精神を論ず (« Sur l'attitude du peuple vis-à-vis de l'État », 1880), MATSUMOTO Sannosuke 松本三之介 (éd.), *Meiji shisô shû* 1, p. 169-178.

—, *Tenpu jinken ben* 天賦人権弁 (« Pour les droits naturels »), Kurita Shintarô 栗田信太郎, 1883.

Études

ANSART Olivier, *L'Empire du rite. La Pensée politique d'Ogyû Sorai*, Genève, Droz, 1998.

ASUKAI Masamichi 飛鳥井雅道, Chômin 中江兆民, Yoshikawa kôbunkan 吉川弘文館, 1999.

BERMAN Antoine, *La Traduction et la lettre ou l'auberge du lointain*, Seuil, 1999.

BLOM Hans, « Grotius, un libéral républicain », Philippe NEMO et Jean PETITOT (dir.), *Histoire du libéralisme en Europe*, PUF, 2006, p. 153-173.

BOUCKAERT Baudoin, « La Tradition juridique en France pendant le XIXe siècle : libérale ou étatiste ? », Henri LEPAGE et Serge SCHWEITZER (dir.), *De l'ancienne économie à la nouvelle économie*, Librairie de l'Université, Aix-en-Provence, 1987, p. 35-46.

CHENG Anne, *Histoire de la pensée chinoise*, Seuil, 1997, rééd. « Points-Essais », 2002.

CLÉRO Jean-Pierre, préface de Jeremy BENTHAM, *Fragment sur le gouvernement*, Bruxelles, Bruylant L.G.D.J, 1996.

—, « La Critique du *trust* chez Bentham », Robert DAMIEN et Christian LAZZERI (éd.), *Conflit, confiance, annales littéraires de Franche-Comté*, Presses universitaires de France-Comté, 2006, p. 117-151.

CUI Jun, « La Transformation créative du confucianisme sous l'impact du *Minyue lun* : une étude sur *Zhongguo minyue jingyi* de Liu Shipei », *Rousseau studies*, 3, 2015, p. 117-129.

DASTON Lorraine et GALISON Peter, *Objectivité*, traduit par Sophie RENAUT et Hélène QUINIOU, Les Presses du réel, 2012.

DE BARY Theodore William, *Learning for Oneself: Essays on the Individual in Neo-Confucian Thought*, Columbia, Columbia University Press, 1991.

DE BRUYṆ Pierre-Henry, *Le Taoïsme. Chemins de découvertes*, CNRS Éditions, 2009.

DERATHÉ Robert, *Jean-Jacques Rousseau et la science politique de son temps*, Vrin, 1995.

DUFOURMONT Eddy, *Rousseau au Japon. Nakae Chômin et le républicanisme français (1874-1890)*, Pessac, Presses Universitaires de Bordeaux, 2018.

—, « The Spirit of parody. Nakae Chômin and the *philosophy of joy* », NAKAJIMA Takahiro (éd.), *Whither Japanese Philosophy? Reflections through other eyes*, UTCP booklet 11, 2009, p. 81-89.

—, « La Réinvention du barbare dans l'asiatisme japonais, à travers Yasuoka Masahiro et Yoshida Shôin », Isabelle RABUT (éd.), *Visions du* barbare *en Chine, en Corée et au Japon*, Inalco, 2010, p. 109-125.

—, « Un Discours sur les femmes, au croisement des pensées chinoise et européenne. Nakae Chômin et Nakamura Masanao », Emmanuel LOZERAND et Christian GALAN (dir.), *La Famille japonaise moderne (1868-1926). Discours et débats*, Arles, Picquier, 2011, p. 411-420.

—, « Nakae Chômin a-t-il pu être à la fois un adepte de Rousseau et un matérialiste athée ? Une tentative de resituer sa philosophie à la lumière de ses sources françaises et du Citoyen de Genève », *Ebisu*, 45, printemps-été 2011, p. 5-25.

—, « Nakae Chômin to bukkyô. Inoue Enryô to Nakae Chômin no ronsô no saikô » 中江兆民と仏教・井上円了と中江兆民の論争の再考 (« Nakae Chômin et le bouddhisme. Repenser la controverse entre Inoue Enryô et Nakae Chômin »), *Kokusai Inoue Enryô kenkyû* 国際井上円了研究, 1, 2013, p. 7-28.

—, *Histoire politique du Japon, de 1853 à nos jours*, Pessac, Presses universitaires de Bordeaux, 2016.

—, « La Traduction par Nakae Chômin (1847-1901) du *Discours sur les sciences et les arts* : une critique de la modernisation du Japon au nom de Rousseau et de la démocratie », *Rousseau studies*, 3, p. 11-28.

—, « Shoki ajiashugi to Nakae Chômin » 初期アジア主義と中江兆民。日本の文明開化、ヨーロッパとアジアの創造 (« Le Premier Asiatisme et Nakae Chômin. L'ouverture du Japon à la civilisation, l'invention de l'Europe et de l'Asie »), Claude HAMON et Hirose MIDORI (dir.), *Kindai*

Nihon to Ajia 近代日本とアジア (*Le Japon moderne et l'Asie*), Bensei shuppan 勉誠出版, p. 11-28.

—, « Un cas d'étude de transfert culturel : la traduction du *Contrat social* et des deux discours par Nakae Chômin (1847-1901) », *Lumières*, 30, 2017, pp.41-80.

FANELLI Sophie, *La Pensée politique de Jules Simon*, Mémoire de DEA Histoire des institutions et idées politiques non publié, Université de droit, d'économie et des sciences d'Aix-Marseille, 1995-1996.

FUKUSHIMA Masao福島正夫, « Mishima Shûchû to Nakae Chômin. Chômin no shi hakken shiryô wo megutte » 三島中洲と中江兆民--兆民の新発見資料をめぐって (« Mishima Shûchû et Nakae Chômin. Autour de la découverte de nouvelles sources sur Chômin »), *Shisô* 思想, 641, novembre 1977, p. 84-100.

GLUCK Carol, *Japan's Modern Myths. Ideology in the Late Meiji Period*, Princeton, Princeton University Press, 1985.

GOYARD-FABRE Simone, *Politique et philosophie dans l'œuvre de Jean-Jacques Rousseau*, PUF, 2001.

HAYASHI Shigeru 林茂, "Kaidai" 解題 (*Commentaire*) dans Matsunaga Shôzô ed., Chôminshû 中江兆民集 (*Recueil de Chômin*), Chikuma shobô, 1974, p.447.

HIRAISHI Naoki 平石直樹, *Ten* 天 (*Le Ciel*), Sanseidô三省堂, 1996.

HOWLAND Douglas, *Translating the West: Language and Political Reason in Nineteenth-Century Japan,* Honolulu, University of Hawaii Press, 2001.

IDA Shin.ya 井田進也, *Nakae Chômin no Furansu*, 中江兆民のフランス (*La France de Nakae Chômin*), Iwanami shoten岩波書店, 1983.

—, « Kaidai » (« Commentaire »), *NCZ*, 3, p. 421-454.

—, « L'Examen comparatif des trois traductions du *Contrat social* à l'aube du Japon moderne », Tanguy L'Aminot et Robert Thiery (éd.), *Jean-Jacques Rousseau, politique et nation*, Honoré Champion, 2001, p. 1003-1008.

—, « Nakae Chômin » 中江兆民, MIURA Nobutaka 三浦信孝 (éd.), *Kindai Nihon to Furansu* 近代日本と仏蘭西 (*Le Japon moderne et la France*), Taishûkan大修館, 2004.

—, « Un exemple de mise en pratique des théories éducatives de l'*Émile* : le cas de Nakae Chômin et de son École d'études françaises », *Annales de la société franco-japonaise des sciences de l'éducation*, 2000, p. 102-110.

IDA Shin.ya 井田進也 et MATSUNAGA Shôzô松永昌三, « Kaidai » 解題 (« Commentaire »), *NCZ*, 1, p. 279-296.

IDA Shin.ya dir., Ida Shin.ya ed., Chômin wo hiraku. Meiji kindai no « yume » wo motomete 兆民をひらく—明治近代の〈夢〉を求めて (Ouvrir Chômin. À la recherche du « rêve » de la modernité sous Meiji), Kôbôsha 光芒社, 2001.

IIJIMA Sachio 飯島幸夫, « *Gakumon geijutsuron* to *Hikaikaron* » 「『学問芸術論』と『非開化論』」 (*Discours sur les sciences et les arts* et *Hikaikaron*), *Kokushikan daigaku kyôyô ronshû* 國士舘大学教養論集, 54, octobre 2003, p. 39-53.

—, « Meiji ki ni okeru Shakai keiyakuron no hon'yaku ni tsuite » 明治期における『社会契約論』の翻訳について (« À propos des traductions du *Contrat social* sous l'ère Meiji »), *Kokushikan daigaku kyôyô ronshû*, 58, novembre 2005, p. 59-71.

INADA Masahiro稲田雅洋, *Jiyû minken undô no keifu* 自由民権運動の系譜 (*Une Généalogie du Mouvement pour les libertés et les droits du peuple*), Yoshikawa bunkan 吉川弘文館, 2009.

INADA Masatsugu 稲田正次, *Meiji kenpô seiritsushi no kenkyû* 明治憲法成立史の研究 (*Recherches sur l'élaboration de la constitution de Meiji*), Iwanami shoten, 1979.

JAUME Lucien, *Les Déclarations des droits de l'homme (Du débat 1789-1793 au préambule de 1946)*, Garnier-Flammarion, 1989.

—, *Les Origines philosophiques du libéralisme*, Flammarion, 2010.

JOLY Jacques, *Le Naturel selon Andô Shôeki*, Maisonneuve & Larose, 1996.

JULLIEN François, *Fonder la morale. Dialogue de Mencius avec un philosophe des Lumières*, Grasset, 1995.

KAMIYAMA Shunpei 上山春平, « Chômin no tetsugaku shisô » 兆民の哲学思想 (« La Pensée philosophique de Chômin »), KUWABARA Takeo 桑原武夫 (éd.), *Nakae Chômin no kenkyû* 中江兆民の研究 (*Recherches sur Nakae Chômin*), Iwanami shoten, 1966.

KANEKO Hajime 金子元, « Joji kara jogi kyôzatsu he. Okamatsu Ôkoku, Nakae Chômin ni okeru gengo to shakai » 「叙事」から「叙議夾雑」へ--岡松甕谷・中江兆民における言語と社会 (« De la *description exacte* au *mélange de la description et de la discussion*. La langue et la société chez Okamatsu Ôkoku et Nakae Chômin), *Sôkan shakai kagaku* 相関社会科学, 15, 2005, p. 2-17.

KOBAYASHI Yoshihiko 小林善彦, « Tekisuto wo yomu mae ni » テクストを読む前に (« Avant de lire le texte »), dans Jean-Jacques ROUSSEAU, *Ningen fubyôdô kigenron. Shakai keiyakuron* 人間不平等起原論・社会契約論 (*Discours sur l'origine et les fondements de l'inégalité parmi les hommes* ; *Du contrat social*, Chûô kôron shinsha 中央公論新社, 2005.

L'AMINOT Tanguy, « J.-J. Rousseau chez les samouraïs : Nakae Chômin », *Études J.-J. Rousseau*, 1, 1987, p. 37-69.

LALOUETTE Jacqueline, *La Libre Pensée en France 1848-1940*, Albin Michel, 2001.

LÉVI Jean, *Le Petit Monde du Tchouang-Tseu*, Picquier, 2010.

MACHEREY Pierre « Présentation. Un philosophe de la république », dans Jules BARNI, *La Morale dans la démocratie*, Kimé, 1992, p. 7-28.

MATSUMOTO Sannosuke, « Nakae Chômin and Confucianism », Peter NOSCO (dir.), *Confucianism and Tokugawa Culture*, Princeton, Princeton University Press, 1984, p. 251-266.

MATSUNAGA Shôzô 松永昌三, « Kaidai », *NCZ*, 11, p. 432.

—, *Chômin no shisô* 中江兆民の思想 (*La Pensée de Chômin*), Aoki shoten青木書店, 1970.

—, *Fukuzawa Yukichi to Nakae Chômin* 福沢諭吉と中江兆民 (*Fukuzawa Yukichi et Nakae Chômin*), Chûkô shinsho 中公新書, 2001.

MATSUOKA Kiichi 松岡僖一, « Jiyû minken undô no taidô » 自由民権運動の胎動 (« Les Débuts du Mouvement pour les libertés et les droits du peuple »), *Atomi gakuen joshi daigaku kiyô*跡見女子大学紀要, 28, 1995, p. 129-130.

MARUYAMA Masao丸山眞男, *Maruyama Masao shû*丸山眞男集 (*Recueil de Maruyama Masao*), Iwanami shoten, 1996, vol. 13.

MARUYAMA Masao 丸山真男 et KATÔ Shûichi 加藤周一, Hon.yaku to Nihon no kindai 翻訳と日本の近代の思想 (*La traduction et la modernité japonaise*), Iwanami shinsho, 1998.

MEHL Margaret, *Private academies of Chinese learning in Meiji Japan: The Decline and Transformation of the Kangaku Juku*, Copenhagen, NIAS Press, 2003.

MIURA Kanô 三浦叶, *Meiji kanbungaku shi* 明治漢文學史 (*Histoire de la littérature en* kanbun *sous Meiji*), Kyûko shoin 汲古書院, 1998.

—, *Meiji no kangaku*明治の漢學 (*Les Études chinoises sous Meiji*), Kyûko shoin, 1998.

MIYAMURA Haruo 宮村治雄, *Rigakusha Chômin* 理学者兆民 (*Chômin philosophe*), Misuzu shobôみすず書房, 1989.

—, *Nihon seiji shisôshi. « Jiyû » no gainen wo kiju ni shite* 日本政治思想史。自由の概念を軸にして (*Histoire de la pensée politique japonaise. En prenant pour axe la notion de liberté*), Hôsô daigyaku kyôiku shinkôkai 放送大学教育振興会, 2005.

NADEAU Marc-André, « Le Scepticisme de Rousseau dans la *Profession de foi du vicaire savoyard* », *Lumen : travaux choisis de la Société canadienne d'étude du* XVIIIe *siècle*, vol. 25, 2006, p. 29-40.

NAKAGAWA Hisayasu, *Des Lumières et du comparatisme. Un regard japonais sur le XVIIIe siècle*, PUF, 1992.

NAKAMURA Yujirô 中村雄二郎, *Kindai Nihon ni okeru seido to shisô* 近代日本における制度と思想 (*Les Institutions et la pensée dans le Japon moderne*), Miraisha未来社, 1967.

OKAZAKI Masamichi 岡崎正道, « Yokoi Shônan no seiji shisô : bakusei kaikaku to kyôwaseiji ron » 横井小楠の政治思想・幕政改革と共和政治論 (« La Pensée politique de Yokoi Shônan : réforme du gouvernement shogunal et politique républicaine »), *Artes liberales*, 64, 1999, p. 96-116.

ÔKUBO Toshiaki大久保健晴, « Meiji shoki Nihon ni okeru shakai keiyaku hihan no sho gensetsu » 明治初期日本における社会契約批判の諸言説 (« Les Discours critiques du contrat social dans le Japon de la première période de Meiji »), *Seiji shisô gakkai kaihô* 政治思想学会会報, 32, juillet 2011, p. 2-6.

ORIGAS Jean-Jacques, *La Lampe d'Akutagawa. Essais sur la littérature japonaise moderne*, Les Belles Lettres, 2008.

PIOLET J.-B. (dir.), *Les Missions catholiques françaises au XIXe siècle*, A. Colin 1901.

RAPP John, *Daoism and anarchism: critiques of states autonomy in ancient and modern China*, Londres, Continuum, 2012.

SATÔ Makoto佐藤誠, « Rusô to Nakae Chômin. Min.yaku yakkai ni okeru bunka no juyô » ルソーと中江兆民。民約訳解における文化と受容 (*Rousseau et Nakae Chômin. La réception de la culture dans le* Min.yaku yakkai, Dômyô bungaku 同朋文学, 26, juin 1995, pp. 19-54 ; 27, mars 1996, pp.65-101 ; Dômyô daigaku ronsô同朋大学論叢, 74-75, 1996, pp.23-65.

—, « Nakae Chômin no hon.yaku hôhô. Hikaikaron ni kansuru oboegaki 中江兆民の翻訳方法--『非開化論』に関する覚書 (*La méthode de traduction de Nakae Chômin. Notes au sujet de Hikaikaron*), Dôhô daigaku ronsô 同朋大学論叢, numéro 76, 1997, pp.23-68.

SEKIMA Naoki 狭間直樹, « Chûgokujin ni yoru no *Min.yaku yakkai* no jûkan wo megutte » 中国人による『民約訳解』の重刊をめぐって (« À propos des rééditions du *Min.yaku yakkai* par les Chinois »), *NCZ*, *geppô* 18 月報 18, volume annexe (*bekkan* 別巻), p. 1-9.

SPECTOR Céline, *Rousseau : les paradoxes de l'autonomie démocratique*, Michalon éditeur, 2015.

SPITZ Jean-Fabien, LA LIBERTÉ POLITIQUE, PUF, 1995.

SUGAWARA Hikaru 菅原光, Nishi Amane no seiji shisô 西周の思想 (*La pensée politique de Nishi Amane*), Perikan sha ぺりかん社, 2009.

SHIH Yu-chung, *The Taiping ideology: its sources, interpretations, and influences*, Seattle, University of Washington Press, 1967.

SHIMADA Kenji 島田虔次, « Chûgoku de no Chômin juyô » 中国での兆民受容 (« La Réception de Chômin en Chine »), *NCZ*, *Geppô 2* 月報 *2*, p. 1-6.

SHIRAI Atsushi 白井厚 *et alii*, « Amerika dokuritsu sengen no hôyaku ni tsuite » アメリカ独立宣言の邦訳について (« À propos des traductions japonaises de la déclaration américaine d'indépendance »), *Mita gakkai zasshi* 三田学会雑誌, vol. 77, 3, août 1984, p. 118-127.

SUGIYAMA Tsuyoshi 杉山剛, « Okunomiya Zôsai no reikon jiyû ron. Jimin heikin no ri ronkoku wo tôshite » 奥宮慥斎の霊魂自由論◦「人民平均の理」論告を通して (« La Liberté spirituelle selon Okunomiya Zôsai. À travers la déclaration d'égalité du peuple »), *Soshiaru saiensu* ソシアルサイエンス, vol. 17, mars 2011, p. 81-93.

TÔYAMA Shigeki 遠山茂樹 et SATÔ Shigerô 佐藤誠朗 (éd.), *Jiyûtôshi* 自由党史 (*Histoire du Parti de la liberté*), Iwanami bunko岩波文庫, 1957.

TSUYOSHI Sugiyama 杉山剛, « Okunomiya Zôsai to "Jinmin heikin no ri" » 奥宮慥斎と「人民平均の理」(Okunomiya Zôsai et le "principe d'égalité du peuple"), Shagaku kenronshû 社学研論集, 10, 2007, pp.270-285.

VOGEL Joshua, *Nakae Ushikichi in China: The Mourning of Spirit*, Harvard University Press, 1989.

WANG Xiaoling, *Jean-Jacques Rousseau en Chine (de 1871 à nos jours)*, Montmorency, SIAM J. J. R., 2010.

—, « Critiques de Rousseau sous la République de Chine (1912-1949) », *Rousseau Studies*, 1, 2013, p. 149-167.

WANG-LEE Minsook, « La Réception de Rousseau en Corée de 1895 à 1945 », *Rousseau studies*, 3, 2015, p. 47-68.

WATANABE Hiroshi, *A History of Japanese Political Thought, 1600-1901*, International House of Japan, 2012.

WATERLOT Ghislain, « Rousseau démontre-t-il l'affirmation : *Jamais peuple n'a subsisté ni ne subsistera sans religion* ?, dans Ghislain WATERLOT (dir.), *La Théologie politique de Rousseau*, Rennes, Presses universitaires de Rennes, 2010, p. 63-89.

YAMADA Hiroo山田博雄, *Nakae Chômin. Hon.yaku no shisô* 中江兆民・翻訳の思想 (*Nakae Chômin. La Pensée de la traduction*), Keiô gijuku daigaku shuppankai 慶應義塾大学出版会, 2009.

YANABU Akira 柳父章, *Hon.yaku no shisô. Shizen to nature* 翻訳の思想。自然とNature (*La Pensée de la traduction.* Shizen *et* nature), Heibonsha, 1976.

YONEHARA Ken米原謙, « Tôyô no Rusô kô » 東洋のルソー考 (Une Réflexion sur le *Rousseau de l'Orient*), *Handai hôgaku* 阪大法学, 116-117, mars 1981, p. 361-387.

—, « Furansu jidai no Nakae Chômin » フランス時代の中江兆民 (« Nakae Chômin en France »), Shimonoseki shiritsu daigaku ronshû 下関市立大学論集, vol. 29, 3, janvier 1986, p. 1-47.

—, *Nihon Kindai shishô to Nakae Chômin*日本近代思想と中江兆民 (*La Pensée du Japon moderne et Nakae Chômin*), Shinhyôron新評論, 1986.

—, « Emiru Acorasu no koto » エミール・アコラースのこと (« Au sujet d'Émile Acollas »), *Shosai no mado* 書斎の窓, 367, septembre 1987, p. 53-59.

—, *Chômin to sono jidai* 兆民とその時代 (« Chômin et son époque »), Shôwadô 昭和堂, 1989.
—, *Kindai Nihon no aidentiti to seiji* 近代日本のアイデンティティと政治 (« L'Identité et la politique du Japon moderne »), Mineruba shobô, 2002.

Sites internet (consultés le 16 octobre 2018)

http://www.idref.fr/074175793
http://www.ndl.go.jp/modern/img_t/010/010-001tx.html

ÉCRITS SUR ROUSSEAU ET LES DROITS DU PEUPLE

中江兆民
民約訳解・其他

PREMIÈRE PARTIE

ARTICLES (1875-1883)

Texte de 1875 (*NCZ*, 17, p. 1-2) :

1. Vie de Maître Babillard 多口子伝

Textes de juillet-décembre 1878 publiés dans *Keiun meiseiroku* 奎運鳴世録 (*NCZ*, 11, p. 1-25) :

2. Chronique du sanctuaire Shôkonsha [Yasukuni] 招魂祠記

3. Sur les droits du peuple 民権論

4. Sur la différence de droits entre les hommes et les femmes 男女異権論

5. Sur le scepticisme 疑学弁

6. Principes du gouvernement (Des grandes lignes de la théorie politique de Rousseau) 原政—婁騒政論之大旨意訳

7. Napoléon III 拿破崙三世論

Texte de juin 1880 publié dans *Nishôgakusha shû*二松学社翹楚集 (*NCZ*, 11, p. 22-23) :

8. Sur l'intérêt public et l'intérêt privé 論公利私利

Texte de février 1882 publié dans *Nishôgakusha gakugei zasshi* 二松学舎学芸雑誌 (*NCZ*, 11, p. 29-31) :

9. Sur les querelles fraternelles 兄弟鬩牆説

Textes de février 1882 et mars 1883 publiés dans *Seiri sôdan* 政理叢談 (1, p. 3-11. ; 28, p. 874-875) :

10. Déclaration des droits du peuple français de 1793 一千七百九十三年仏蘭西民権告示 (Déclaration montagnarde du 24 juin 1793)

11. Déclaration d'indépendance de la Confédération d'Amérique du Nord 北米聯邦獨立之告示 (Déclaration d'indépendance américaine de 1776)

多口子傳

多口子者、九州人也、不知姓名貫籍、以其好弁也、號曰多口子、多口子亦以自名焉、歳十八九、遊於江戸、観演劇娯花街、旬月資嚢全罄、乃辞客舎、飄然無所適、信足歩、偶至于

1. Ce texte n'a pas été publié et a été trouvé dans une liasse de documents appartenant à Okunomiya Zôsai (voir introduction). Il porte la signature de Chômin.

2. Avec le succès, en 1868, du coup d'État opéré par les clans de Satsuma et Chôshû, la résidence de l'empereur est déplacée à Edo qui devient Tôkyô (capitale de l'Est). Ainsi, l'évocation d'Edo situe immédiatement le début du récit avant 1868.

3. Le Shôheikô 昌平黌 (ou Shôheizaka gakumonjo 昌平坂学問所 Institut d'études de la colline Changping, nom du lieu de naissance de Confucius) résulte du déménagement en 1690, depuis le quartier d'Ueno dans celui de Kanda, d'un premier mausolée dédié à Confucius, érigé en 1630 par Hayashi Razan 林羅山 (1583-1657). Le shôgun Tokugawa Tsunayoshi 徳川綱吉 (1646-1709), initiateur de cet événement, en fit à cette occasion un véritable centre d'enseignement du confucianisme, assistant souvent lui-même aux conférences qui y étaient données. En 1790, dans le cadre de la réforme de l'enseignement shôgunal instituée sous l'impulsion de Matsudaira Sadanobu 松平定信 (1758-1839) selon une série progressive de mesures qu'il est convenu de résumer par le *Ban sur l'hétérodoxie de l'ère Kansei – Kansei igaku no kin* 寛政異学の禁, mesures instaurant le néo-confucianisme ou *shushigaku* 朱子学 (étude de

1. VIE DE MAÎTRE BABILLARD

Novembre 1875[1]

Maître Babillard était un homme de Kyûshû. On ne connaissait ni son patronyme et nom personnel ni ses ascendants. On le surnommait Maître Babillard parce qu'il aimait discuter et lui-même avait fini par en faire son nom. Âgé de 18 ou 19 ans, il s'en alla à Edo[2]. Il fréquenta le théâtre, s'amusa dans les quartiers de plaisir et, en un mois révolu, il était bourse vidée. Il quitta donc l'auberge où il séjournait. Il partait là où ses jambes l'entraînaient, papillonnant de-ci de-là et le hasard l'amena au pied du Shôheikô[3]. À cette époque,

l'école de Zhu Xi 朱熹 – 1130-1200) comme doctrine d'État et interdisant de ce fait tous les autres enseignements dans les écoles shôgunales, la direction du Shôheikô échappe aux descendants de Razan et tombe sous le contrôle direct des Tokugawa qui en font un centre important d'étude et de diffusion du confucianisme en étendant son auditoire à toutes les classes de guerriers et aux riches propriétaires et en y nommant des personnalités intellectuelles de premier plan tels que les « Trois docteurs de l'ère Kansei », Shibano Ritsuzan 柴野栗山 (1736-1807) dès 1787, Bitô Jishû 尾藤二洲 (1745-1814), en 1791 et Koga Seiri 古賀精里 (1750-1817) en 1797 (cf. aussi la note suivante). Lors de la Restauration de Meiji, après une courte fermeture, le gouvernement décida de rouvrir l'école, sous le nom de Shôhei gakkô 昌平学校, ainsi que l'École de médecine (Igakujo 医学所) et l'École d'études occidentales (Kaiseijo 開成所), pour en faire le cœur d'une nouvelle organisation de l'éducation. Mais le Shôhei gakkô devint un des centres du *kokugaku* 国学 (École de l'étude du Japon) et les disputes continuelles entre confucéens et partisans du *kokugaku* amenèrent à la fermeture de l'école en 1870. Les Écoles de médecine et d'études occidentales redevinrent indépendantes avant de fusionner à nouveau, pour former l'Université de Tôkyô en 1877.

昌平黌下、時佐藤一斎爲黌頭、唱經学、声名嘖譟、自諸侯伯咸尊崇之、多口子乃直往一斎家、請謁、一斎延之書室、多口子卒然問曰、儒者道何如、一斎曰、亦有仁與義而已、又問曰、仁義何如、曰、愛人是謂仁、制宜是謂義、多口子四望大噱曰、此易々耳、尚奚以斯数千卷之書爲哉、一斎熟視之、温言曰、汝少年、勿譁、第就吾学、多口子沈吟良久而曰、可以試矣、乃収以爲僕、自是常侍講筵、又暇輒誦読經史、励勤弗置、学業大進、遂成碩儒、久之一斎卒、多口子去、爲侍講于某侯、與聞政

4. Satô Issai 佐藤一斎 (1772-1859) est l'une des figures majeures du confucianisme de l'époque d'Edo. Il devint directeur du Shôheikô en 1805. Il eut de très nombreux disciples, notamment la plupart de ceux qui marquèrent le monde intellectuel par la suite (y compris Yokoi Shônan). Bien que représentant de l'orthodoxie néo-confucéenne au Japon, il s'intéressait aussi à Wang Yangming, à l'époque interdit, au point qu'on disait de lui qu'il professait Zhu Xi en public et Wang Yangming en secret (*yôshu in.ô* 陽朱陰王). Son œuvre principale est le *Genshi shiroku* 言志四録 (*Quatre Recueils sur l'intention*).

Satô Issai[4] en était à la tête et ses lectures sur les classiques confucéens lui avaient valu la renommée et un profond respect parmi tous les seigneurs. Babillard entra directement dans la maison d'Issai et demanda audience. Satô l'invita dans son étude et Babillard lui demanda directement : « Qu'est-ce que la Voie pour les confucéens ? » Issai lui répondit : « Il suffit de posséder la vertu d'humanité et le sens du juste[5]. »

Babillard lui demanda alors : « Qu'est-ce que la vertu d'humanité et le sens du juste ? » « Aimer les êtres humains, voilà la vertu d'humanité ; accomplir son devoir, voilà le sens du juste », lui dit Issai. Babillard regarda autour de lui, saisi d'un grand rire : « Rien de plus facile ! Mais alors, pourquoi ces milliers de livres ? » Issai le fixa du regard et lui dit doucement : « Tu es jeune, ne parle pas si fort et reste étudier auprès de moi ». Babillard réfléchit longuement et répondit : « Essayons ! » Il se mit au service [d'Issai] et assista régulièrement à ses conférences. S'il avait un moment de libre, il lisait les classiques et les récits historiques chinois. Travaillant sans relâche, il progressa dans l'étude et finit par devenir un confucéen érudit. Issai mourut et Babillard partit se mettre au service d'un seigneur comme conférencier personnel. Il s'impliqua dans les affaires gouvernementales et accomplit de nombreuses réformes[6].

5. L'humanité (*jin* 仁) et le sens du juste (*gi* 義) font partie des cinq vertus confucéennes, avec le discernement (*chi* 智), la loyauté (*chû* 忠) et la piété filiale (*kô* 孝). Cette discussion et les définitions très néo-confucéennes qui s'y trouvent sont directement inspirées des *Zhuzi yulei* 朱子語類 (*Recueil raisonné des propos de Maître Zhu*), XXXVII et LI, commentant respectivement un passage des *Entretiens*, IX, 28 et du *Mencius* I B 8.

6. Chômin évoque ici les maîtres confucéens qui furent à l'origine de réformes économiques et politiques dans leurs fiefs, souvent plus ambitieuses que celles du shogunat. Ils le payèrent parfois au prix de leur vie. Ce fut le cas de Yoshida Tôyô 吉田東洋 (1816-1862), qui rénova le gouvernement de Tosa dès 1853 et plaida pour le développement du commerce maritime. Itagaki Taisuke et Gotô Shôjirô, les hommes forts du fief, proches de Chômin et futurs dirigeants du Mouvement pour les libertés et les droits du peuple, étaient des disciples de Yoshida.

事、多所釐革焉、後謂人曰、仁義以治己乎、自有良知在、版夫担丁皆可知之、但士大夫欲治己以治人、則書不可弗讀、且夫爲政者不可不察時與勢、而權道出焉、一部經書悉聖人之正道、而權道或略、則不求之史乘、而又安求乎、吁嗟殆哉、彼不学無術之徒、遭遇變故、以口給捷弁頓托于衆人之上、輒強揠妄捜、所謂以方枘入円鑿者也、彼豈知時與勢哉、彼豈知聖人之權道哉、且也富貴蕩之心、利欲炎之

7. Le terme *ryôchi* 良知 (ou 良智) sera souvent utilisé par Chômin pour traduire le mot français « conscience ».

8. Les fonctionnaires lettrés (ch : *shidafu*, jp : *shitaifu* 士大夫) n'existaient pas au Japon. En Chine, en Corée, au Vietnam, ils étaient recrutés par l'État à la suite d'examens dont la matière était les Classiques. Au niveau local, ils étaient des enseignants aussi bien que des juges de paix, des officiants de cérémonies confucéennes ou encore des superviseurs de projets communautaires.

9. Allusion à la célèbre maxime de *La Grande Étude* (*Daxue* 大学) : « C'est en rendant droit le cœur que l'on se perfectionne soi-même. C'est en se perfectionnant soi-même qu'on règle sa maison ; c'est en réglant sa maison qu'on ordonne son pays ; et c'est lorsque les pays sont ordonnés que la Grande Paix s'accomplit par tout l'univers. » (Traduit par A. CHENG, *Histoire de la pensée chinoise*, *op. cit.*, p. 67).

Il dit un jour à quelqu'un : « Quant à se gouverner soi-même par la vertu d'humanité et le sens du juste, il suffit d'avoir un sens moral inné[7]. Même des vendeurs et des portefaix peuvent en être conscients. Mais les fonctionnaires lettrés[8] qui veulent se gouverner eux-mêmes afin de gouverner les hommes[9] ne peuvent se passer de la lecture des livres. Ceux qui gouvernent doivent en outre observer leur époque et la réalité de la situation[10], d'où ressort la Voie des expédients[11]. Un Classique contient à lui seul la Voie de rectitude des Sages[12] mais les grandes lignes de la Voie des expédients, où les trouvera-t-on sinon dans les chroniques historiques ?

Hélas, comme il est inquiétant que des bons à rien ignorants usent de leur faconde intarissable pour se hisser immédiatement au-dessus de la foule quand ils sont confrontés à un événement grave. Ils arrachent de force une solution et procèdent à tâtons, comme qui voudrait faire rentrer dans un trou rond un tenon à tête carrée[13]. Ces gens-là sont-ils seulement à même de prêter attention à leur temps et à la situation ? De connaître la Voie des expédients prodiguée par les Sages ? Leurs cœurs agités

10. Le terme *shi* (jp : *sei* 勢) a d'abord eu le sens de « position de force » avec les légistes, notamment Shen Dao 慎到 (IVe-IIIe siècle). Avec Wang Fuzhi 王夫之 (1619-1692), il prend le sens de « situation dominante », du fait de son association avec le Principe, qui devient ainsi le dynamisme même de l'univers et non plus une entité au-dessus de lui. Voir Anne CHENG, *Histoire de la pensée chinoise*, *op. cit.*, p. 229, 547, 551.

11. Si le terme *quan* (jp : *ken* 権) désigne à l'origine la balance et a ce sens chez les légistes (*fajia* 法家), il prend le sens d'« adaptation aux circonstances » dans le confucianisme. Voir notamment dans *Mencius*, IV A 17 (« Les bonnes manières veulent qu'hommes et femmes ne se touchent pas, mais les circonstances exigent de tendre la main à une belle-sœur qui se noie. ») La combinaison *quandao* (*kendô* 権道) utilisée par Chômin ici n'apparaît guère que dans le texte légiste *Guanzi* 管子, chap. Zhong ling 重令, 3, mais aussi dans *Ébauche d'une théorie de la civilisation* et *L'Appel à l'étude* de son contemporain Fukuzawa Yukichi.

12. Dans le confucianisme, les saints rois qui inaugurent les temps historiques sont considérés comme les modèles de vertu et de gouvernement.

13. Expression tirée du *Wenzi* 文子, chap. Shang Yi 上義, 5.

情、良知湮滅、兇悪無所不至、而一愚夫之不如也、多口子之解職、今猶在府下云

瀛海子曰、多口子之好弁、特其少年時耳、今則彬々君子、而人未知其姓名、猶尚以多口称、何也、豈世多不学之徒、多口子欲匡救之、而今猶好弁邪、則鄒孟所謂不得已者、而不害爲君子矣

14. Ce nom 瀛海 se retrouve par exemple dans les *Mémoires historiques*, biographie de Mencius *Mengzi Xuqing liezhuan* 孟子荀卿列傳, 4. On peut se demander si ce personnage qui vient apporter une conclusion ne préfigure pas Maître Crue d'Automne (texte « Sur la différence des droits entre les hommes et les femmes ») et Maître Nankai des *Dialogues politiques entre trois ivrognes*.

15. Phrase reprise des *Entretiens*, VI, 18.

par la richesse et les honneurs sont consumés par leur intérêt personnel et leur conscience morale s'évanouit en fumée. Et comme il n'y a rien que leur brutalité n'atteigne, un simple imbécile vaut mieux qu'eux. »

On dit que Maître Babillard, par goût pour sa charge, travaille toujours au gouvernement.

Maître Mer-Calme[14] a dit : « C'est dans sa jeunesse que Maître Babillard aimait discourir. Aujourd'hui, c'est un homme de bien accompli[15]. Comment se fait-il qu'on ne connaisse toujours pas son nom et qu'on continue à l'appeler Babillard ? C'est que, dans ce monde, il y a beaucoup d'ignares que Maître Babillard voudrait bien réformer. Son goût persistant pour la discussion est, comme diraient Meng [Mencius] et Zou [Yan][16], "ce à quoi il ne peut rien"[17], ce qui ne l'empêche pas d'être un homme de bien. »

16. Zou Yan 鄒衍 (305-240) est connu avant tout pour avoir contribué au développement de la théorie du Yin-Yang et des Cinq Éléments (*wuxing* 五行). Le seul texte où nous avons trouvé ensemble les noms de Mencius et de Zou Yan ainsi que l'expression « ce à quoi il ne peut rien », que Chômin leur attribue, est celui du poète et confucéen Han Yu 韓愈 (768-824), intitulé *Song Meng Dongye xu* 送孟東野序 (Préface pour Meng Dongye).

17. Cette tournure revient fréquemment dans le *Mencius*, notamment au début et à la fin de III B 9 : « Moi, aimer discuter ! Je ne peux faire autrement […] Moi aussi je voudrais rectifier le cœur des hommes, éteindre les hérésies, m'opposer aux actions intempestives, pourchasser les propos inconvenants afin de poursuivre l'œuvre des trois saints. Aimer discuter et arguer ? Allons donc ! C'est que je ne peux faire autrement. »

招魂祠記

明治１１年7月２０日

『奎運鳴盛録』初号

中江篤介　号秋水　高知人

招魂祠、祀兵士死王事者也、地在城西九段坂之上、周囲二十余町、中央安神殿、歳時之奠用軍礼、有儀、有容、儼若古者鞠旅廟告之状、祠外有角抵、走馬、煙火之設、自都下之士女、至于四方羈遊之客、莫不來観、以怡

18. Ce surnom est tiré du titre du chapitre 17 du *Zhuangzi*. Avant de le donner à son disciple Kôtoku Shûsui, Chômin l'a souvent utilisé, notamment pour lui-même, avant de prendre celui de Chômin.

19. Le Shôkonsha n'est autre que le sanctuaire du Yasukuni qui, aujourd'hui, est l'une des sources de tension entre la Chine et le Japon, du fait que des criminels de guerre y sont vénérés. C'est l'année suivant la visite de Chômin qu'il prit son nom actuel. Immédiatement après la guerre de Boshin, des cérémonies en l'honneur des soldats morts au combat se déroulèrent à Kyôto. Ômura Masujirô 大村益次郎 (1824-1869) eut l'idée de construire un sanctuaire pour accomplir des cérémonies similaires à Tôkyô, ce qu'il fit en 1869, une fois obtenue l'autorisation de l'empereur. Le sanctuaire prit le nom de Tôkyô shôkonsha 東京招魂社 et fut achevé en 1872.

2. CHRONIQUE DU SANCTUAIRE SHÔKONSHA [YASUKUNI]

20 juillet 1878
Keiun meiseiroku, numéro premier
Nakae Tokusuke, surnom : Crue d'automne[18].
Originaire de Kôchi.

Le Shôkonsha[19] est un sanctuaire où on vénère les soldats morts pour le souverain. Il se trouve à l'ouest du château [d'Edo], au sommet de la colline de Kudan[20]. Il englobe une superficie d'environ deux mille ares[21] et au centre se trouve le sanctuaire principal. Chaque année, une *matsuri*[22] en l'honneur de l'armée se déroule, avec cérémonial et faste. Dans sa solennité, elle est pareille à la harangue que la cour impériale chinoise donnait aux soldats[23]. À l'extérieur du sanctuaire se déroulent des jeux de luttes[24], des courses de chevaux et des feux d'artifice. Parmi les hommes et les femmes venus des quatre coins de la capitale, il n'y en pas un qui n'éprouve de la joie à leur vue. En l'an dix de Meiji [1877], comme il

20. Une fois le shogunat mis à bas, en 1868, le château des Tokugawa, situé au centre de Tôkyô, devint le palais impérial.

21. Chômin utilise l'unité de mesure *chô* 町, correspondant à 99,17 ares. Il exagère les dimensions de l'espace du sanctuaire, qui est au moins deux fois plus petit.

22. Une *matsuri* est une célébration en l'honneur de la divinité tutélaire d'un sanctuaire.

23. Le terme *kikuryo* 鞠旅 (ch : *julü*) apparaît dans le *Livre des odes*, chapitre Xiao Ya 小雅, III, ode 178.

24. Chômin utilise le terme *kakutei* 角抵 (ch : *juedi*), qui désigne un jeu de lutte dans la Chine ancienne.

其心目焉、明治十年、朝廷以祠庭之未治、大索珍卉異木、怪巌奇石、令場師数十営築之、於是乎、林茂巒聳、渓幽崕峻、有坡、有堤、有坦路、有仄径、雅趣逸致、不可名状焉、時維首夏、適値祭辰、奠儀已畢、楽音亦罷、烟火四起、看客塡咽、笑語如湧、余入自南門拝于殿前、退而就石牀観之、已而宵深人散、往之可楽者、一掃不留痕迹、而林巒渓坡之景、亦没煙靄之中、闔境寥闃殆不可居也、於是感哀之念、不能自已、嘆曰、我聞天地之間、人最爲靈矣、故其逝也、必有不随形而朽者、常以爲信然、徒虚語耳、若夫斗筲之輩、僥倖一時之運、身極富貴之楽、意気揚々自得、一旦溘焉瞑目、則与風塵倶湮滅、無形迹之所存、是固無足怪也、顧彼忠義之徒、敵王愾、討國

n'existait pas de jardin sacré, la cour impériale en fit aménager un[25], l'embellissant de fleurs et d'essences rares, ainsi que de pierres sculptées. Les mots manquent pour en décrire les arbres poussant à foison, les rochers, les profonds fossés, les raides falaises, les pentes, les digues ou encore les chemins plats. C'est le début de l'été, les rires et les conversations des visiteurs fusent de partout et les vapeurs d'encens se répandent dès que les musiques et les célébrations religieuses s'arrêtent. Je rentre par la porte sud et adresse une prière devant le sanctuaire.

En partant, je contemple une pierre gravée. La nuit s'approche et les gens partent. Toute la joie éprouvée auparavant est balayée sans laisser de traces, comme si elle s'était abîmée dans le paysage touffu du jardin et dans les brumes de l'encens. L'endroit est plongé dans un profond silence, comme si toute présente était proscrite. Au fond de mon cœur, je ne peux m'empêcher de me dire dans un soupir : « L'homme passe pour l'être dont la nature spirituelle est la plus haute entre la Terre et le Ciel. Il ne peut donc disparaître avec sa forme corporelle lorsqu'il meurt, dit-on. » Même si on ne peut s'empêcher d'y croire, ce ne sont que paroles creuses. Si les hommes qui ne pèsent pas lourd[26], peuvent, par chance, s'enrichir énormément et mettre tout leur entrain à se satisfaire des plaisirs les plus extravagants, une fois qu'ils passent à trépas, ils s'évanouissent comme le vent, sans conserver une quelconque forme. Il n'y a pas lieu de s'en étonner.

À la réflexion, ces fidèles serviteurs qui firent leur les querelles de la cour et perdirent leur vie en s'attaquant aux ennemis du pays avaient à cœur d'obéir aux ordres et ne sont pas morts sans recevoir ni rites funèbres ni monuments. Peut-on dire que leurs âmes[27] soient apaisées et éternelles ? L'esprit

25. Pour « jardin », Chômin utilise un mot du *Mencius*, VI A 14.
26. Le terme utilisé ici, *tosô* 斗筲, est repris des *Entretiens*, XIII, 20, p. 107.

讐、守法令之重、以殞其軀命、祭祀之禮無不備、築造之觀無不具、而悠然長逝、其魂其魄將安在、尚可以謂不朽耶、於是余悵然不能去、偶見樹梢起凄風、僾然罨被塵寰、其中如有婆娑而動者、令人竦然毛豎、余不覚絶叫曰、猗与精靈不死矣、猗与精靈不死矣、神忽爽、気忽澂、如寐而覚、始知無鬼之不可強論也、帰而爲之記、

contrarié par cela, je ne peux me décider à partir et je regarde les branches des arbres que secoue tout d'un coup une rafale de vent. On dirait que ce vent balaye tout ce monde en poussière, tel un être qui y évoluerait en virevoltant, de quoi donner à un homme des frissons. Je m'exclame spontanément : « Ah ! l'âme ne meurt pas, l'âme ne meurt pas ! » Mon esprit est soudain rasséréné, mes sens apaisés. Comme si je m'éveillais après un sommeil, je commence à comprendre qu'il ne faut pas insister sur l'inexistence de l'esprit et je rentre pour bien noter cela.

27. Le terme utilisé par Chômin (*tama* 魂) ne correspond pas exactement au français « âme » (dont l'histoire elle-même est complexe) : dans le shintô, il correspond aussi bien à la puissance divine (l'âme d'un kami peut être soit violente, *ara tama* 荒魂, ou bien apaisée, *nigi tama* 和魂), qu'à l'âme d'un défunt. À l'époque d'Edo, les partisans du *kokugaku* formuleront la théorie « un esprit quatre âmes » (*ichirei shikon* 一霊四魂).

民權論

明治１１年8月２０日
『奎運鳴盛録』２号
中江篤介　号秋水　高知人

今之論者皆曰民權民權、其意以爲西土各國如此其強也、教化如此其昌也、此皆其民權之所致、因欲遽効之、何其不思之甚也、夫民權出自政教、非政教出自民權也、希臘矢亜、羅馬姑置焉、仏蘭西自煦魯乞至査理三百余年、政蕪俗陋、強者凌、弱者欺、唯利之射、知有其身、而不知有其國、及此時、欲張民權得乎、

28. Le texte a été traduit par Jacques Joly dans *Cent Ans de pensée au Japon*, *op. cit.*, p. 33-37.

29. Suivant l'usage de l'époque, Chômin ajoute aux idéogrammes choisis pour retranscrire les noms de lieux et de personnes la prononciation de ceux-ci en alphabet katakana (à partir du français), afin de lever toute ambiguïté. Cette remarque concerne donc l'ensemble des textes présentés ici. Nous signalerons tout usage de l'alphabet katakana en dehors de ce cas.

3. SUR LES DROITS DU PEUPLE[28]

20 août 1878

Keiun meiseiroku, numéro 2

Nakae Tokusuke, surnom : Crue d'automne.

Originaire de Kôchi.

Les publicistes d'aujourd'hui ont tous à la bouche « les droits du peuple ! Les droits du peuple ! » Il semble que pour eux, si les pays d'Occident sont devenus aussi puissants et policés, c'est bien grâce aux droits du peuple. Or, dans leur hâte de les appliquer, ils font preuve de la plus grande inconscience. Les droits du peuple proviennent du gouvernement et de l'enseignement moral et non l'inverse. Si nous mettons à part la Grèce et Rome[29], la France, elle, durant les trois cents ans qui s'écoulèrent entre Clovis[30] et Charles[31] a vu son gouvernement tomber dans la confusion et les mœurs se dépraver. Les puissants étaient méprisés, les humbles trompés. Seul l'intérêt prévalait, chacun ne songeant qu'à sa propre personne et non au pays. Comment aurait-on pu à cette époque étendre les droits du peuple si on l'avait voulu ?

30. Chômin utilise une transcription qui se prononce « Clodo », ce qui est proche du nom latin du souverain franc : Chlodovechus.

31. Charlemagne.

自査理至布蘭蘇亜七百余年、法度寖備、風俗寖美、然諸侯各割據一方、王化不得被全國、此時未有所謂民權者也、其後七十余年至顕理、諸侯舉兵、與國王屢相攻撃、由是國内大亂、顕理慨然以戡定爲己任、鋤頑芟梗、未数年、諸侯斂手帰順、民得安息、而民權之說、萌櫱乎其間、顕理没而宰相李世隆瑪座闌紹故圖恢遺策、以啓路易之業路易剛果英明、有爲之君、胡爾鼈婁烏巴相共輔相之、内脩政綱、外拓土壌、士大夫飭行脩文、農工商各勉其業、仏國之威、遂震欧州、於是民權之說、益雖振起、而未得実施也、厥後及千七百八十九年、碩学之士輩出、爭倡其說、上下翕然和之、然後民權始得大行焉、夫民權者謂趨舎由己之權、是以官設法令、則我判其可否、官宣交戰、則我量其資糧、官講和平、則我締其盟約、官徴租税、則我定其員額、凡此数者、皆國之大事也、而我欲悉操其權、則必非浹洽乎治安之術、厭

Durant les sept cents ans qui s'écoulèrent entre Charles et François [Ier], le système juridique s'affermit et les mœurs s'améliorèrent. Mais chaque seigneur tenait sa position et le roi ne pouvait étendre son pouvoir à tout le pays. Il n'existait pas encore ce qu'on appelle les droits du peuple. Soixante-dix ans plus tard, sous Henri [IV], les seigneurs combattirent souvent le roi et il en résulta de grands troubles dans le pays. Henri s'en indigna et se donna pour tâche de pacifier le pays par la force. En peu d'années, il ramena les seigneurs dans le rang et le peuple dans la tranquillité. C'est à ce moment que germa l'idée des droits du peuple. Après la mort d'Henri, les Premiers ministres Richelieu et Mazarin poursuivirent la même politique et en parachevèrent l'œuvre, ouvrant la voie à Louis [XIV]. Louis était un souverain prometteur, à l'âme forte et clairvoyante. Colbert et Louvois le secondèrent pour réformer son gouvernement à l'intérieur du pays et développer sa puissance à l'extérieur. Les hauts dignitaires mirent de l'ordre dans leur conduite et s'appliquèrent à l'étude. Paysans, artisans et commerçants se consacrèrent à leurs tâches respectives et la puissance de la France s'étendit à toute l'Europe.

Mais si les idées sur les droits du peuple se développaient, elles n'étaient pas encore mises en pratique. Plus tard, vers 1789, des savants rivalisèrent de théories que tous, supérieurs comme inférieurs, approuvaient. C'est à ce moment que pour la première fois les droits du peuple purent être mis en pratique. Ce qu'on appelle droits du peuple sont le droit de décider par soi-même de quoi faire ou ne pas faire. Ainsi, c'est nous qui acceptons ou rejetons les lois et règlements promulgués par le gouvernement, c'est nous qui estimons les ressources pour la guerre qu'il proclame, c'est nous qui concluons la paix qu'il négocie et c'est encore nous qui fixons le montant des impôts qu'il prélève. Tout ceci représente les questions importantes pour un pays. Mais si nous aspirons à la maîtrise totale de ces droits, il ne s'agit absolument pas de nous imprégner des techniques de la sûreté publique, d'ingurgiter les savoir-faire

飫乎文武之技、濯磨淬礪、待時出之、而一朝一夕之所能襲取之哉、向使仏蘭西不有若顋理路易、有若李世隆諸子、以脩其政令、則蠢陋之民、安不爲姦豪所糜爛、而尚得能行其權乎、蓋政教体也、民權用也、政教之於民權、猶刀刃之於鋭利、刀刃磨而後鋭利、政教具而後民權盛隆、未聞刀刃生於鋭利矣、豈有政教出於民權哉、雖然民權原權也、天下之事、莫不関繫焉、上古之民、皞々熙々、唯知食田飲井、而國家之務非己出、猶嬰児之無知耳、此非後世之所復期、則民權終不可已也、今天子明聖、宰相百僚皆一世之英傑、頃者創設府県會議、將以令衆庶漸習郡國事務、其如是、則自今十数年、制度益備、文芸増進、然後趨舎

civils et militaires et de nous y exercer cent fois pour ne pas les utiliser au bon moment : comment pourrait-on s'attaquer à tout cela en une nuit ?

Si la France avait connu des Henri et des Louis, ou bien des Richelieu mais que leurs mesures n'eussent pas été appliquées, comment le peuple stupide et étroit d'esprit aurait-il pu ne pas subir l'oppression de scélérats et exercer ses droits ? Le gouvernement et l'éducation sont un corps, les droits du peuple l'usage de ce corps. Les droits du peuple sont au gouvernement et l'éducation ce que le tranchant est à la lame. Ce n'est qu'une fois affûtée que la lame obtient son tranchant. De la même manière, les droits du peuple prospèrent une fois le gouvernement et l'éducation parachevés. Je n'ai pas entendu dire que le tranchant fût obtenu avant la lame, alors comment le gouvernement et l'éducation pourraient-ils donc surgir des droits du peuple ? Il n'en reste pas moins que les droits du peuple sont des droits fondamentaux. Ils ne peuvent être ignorés dans les grandes questions de ce monde.

Dans les temps anciens, le peuple resplendissait [de joie] ; il se contentait de manger les produits de ses champs et de boire l'eau du puits. Son ignorance des affaires de l'État était semblable à l'innocence des enfants[32]. Le monde d'aujourd'hui ne peut revenir à cet état, les droits du peuple sont donc une nécessité. Le Fils du Ciel, les saints éclairés, les Premiers ministres et les hauts fonctionnaires sont les héros de notre siècle. Ils ont mis en place ces derniers temps des assemblées de département[33] et ont encouragé le peuple à s'initier petit à petit aux affaires du pays. Il est possible d'espérer que d'ici une

32. Probable allusion à l'état de nature défini par Rousseau.

33. Le gouvernement japonais a effectivement procédé au remplacement des domaines seigneuriaux, hérités de l'époque des Tokugawa, pour les remplacer par des départements, entre 1868 et 1872.

由己、可得而望也、不察乎是、遽鼓唇扼腕、欲一舉握統摂之權、此所謂見卵而求時夜者、焉得不爲識者笑邪、西人有言、時者成敗之機也、嗚呼得之、

dizaine d'années les institutions soient mieux établics, que les lettres et les arts progressent et qu'enfin chacun puisse décider par lui-même ce qu'il veut faire ou ne pas faire. Mais si on désire prendre dès à présent tous les pouvoirs, sans réfléchir et en s'agitant, cela revient « en voyant l'œuf, à chercher déjà le coq chantant le matin[34] ». Cela ne ferait-il pas rire le savant ? Comme le disent les Occidentaux, le temps est la clé du succès ou de la défaite. Ah ! si on comprenait cela !

34. *Zhuangzi*, II, 12. Nous reprenons la traduction de Liou Kia-Hway, *Philosophes taoïstes*, La Pléiade, NRF, 1989, p. 102.

男女異權論

明治１１年9月２０日

『奎運鳴盛録』３号

中江篤介　号秋水　高知人

有客問曰、西人之言、男女同其權、吾子以爲何如、秋水子応之曰、子不覩夫天地乎、天覆而地載焉、天施而地承焉、天不能使地不載承、而地不能使天不覆施、故覆施者天之權也、載承者地之權也、天地異其權也、夫然後万物育焉、假令天而載承、地而覆施、則是天地同其權也、而乾坤反覆矣、物得育其間乎、人鍾天地之秀而生者也、須取法於天地也、易曰、乾道成男、坤道成女、聖人之言豈可誣哉、且男

35. *Qian* et *Kun* sont les deux premiers hexagrammes du *Livre des mutations*. *Qian* figure le Ciel et *Kun* la Terre.

4. SUR LA DIFFÉRENCE DES DROITS ENTRE LES HOMMES ET LES FEMMES

20 septembre 1878
Keiun meiseiroku, numéro 3,
Nakae Tokusuke, surnom : Crue d'automne.
Originaire de Kôchi.

Quelqu'un pose la question : « Les Occidentaux disent que les hommes et les femmes disposent des mêmes droits. Qu'en pensez-vous ? »

Maître Crue d'automne répond : « N'observez-vous donc pas le Ciel et la Terre ? Le Ciel recouvre et la Terre porte. Le Ciel déploie ses bienfaits et la Terre les reçoit. Le Ciel ne peut faire que la Terre ne porte ni ne reçoive et la Terre ne peut faire que le Ciel ne la recouvre pour y déployer ses bienfaits. Le droit de recouvrir et de déployer ses bienfaits revient au Ciel, celui de porter et de recevoir à la Terre. Ils sont différents. C'est après cela que le Ciel et la Terre donnent naissance aux dix mille êtres. Si on inversait les rôles de sorte qu'ils aient les mêmes droits, le *Qian* deviendrait le *Kun*[35] et vice-versa ; comment les êtres pourraient-ils voir le jour ? L'être humain naît de la fine fleur du Ciel et de la Terre, c'est sur eux qu'il prend modèle. Le *Livre des Mutations* dit : « La voie céleste Qian s'accomplit dans l'homme, la voie terrestre Kun dans la femme[36]. » Comment pourrait-on pervertir la parole des Sages ?

36. Grand appendice (Xici) du *Livre des mutations*, 1.

之與女、固異其性、男剛明而女沈潜、男易簡而女周詳、剛明以経其外、沈潜以営其内、易簡創業于大、周詳從事于小、是之謂率性、率性而不成者未之有也、不率性其有能成者乎、漢之呂雉、唐之武曌、英之瑪理亜、仏之加的林、皆攘人主之權、而鞭撻其民者也、而皆不免于禍敗、夫女之不率性、猶不能免于禍、而況男女皆不率性、其何以救之、由是觀之、男女異其權者、天之道也、性之常也、泰西論者、大抵厭腐陳、而喜新奇、故其立言、往々與実理背馳、有欲以利慾先道義者矣、有欲廃私田、而置公地者矣、有欲締約万國以寢兵戈者矣、然未有若茲說之繆戾者、而世之人弗察、顧附和之何也、吾每過閭閻小民之家、覩主人操器

37. *Invariable milieu*, 1.

38. Épouse de Liu Bang, fondateur de la dynastie des Han.

39. Wu Zetian 武則天 (623 ?-705). Épouse de l'empereur Tang Gaozong, elle tenta de créer sa propre dynastie. Elle et Lü Zhi ont mauvaise réputation dans la tradition chinoise.

40. Marie Tudor (1516-1558).

41. Catherine de Médicis (1519-1589).

42. Chômin pense probablement à l'utilitarisme de Mill et Bentham.

La nature de l'homme diffère radicalement de celle de la femme : lui est tout en force et lumière, elle est secrète et effacée. L'homme va facilement à l'essentiel, la femme se complaît dans le détail. C'est pourquoi l'homme tourne ses activités vers l'extérieur et la femme vers l'intérieur, le premier s'occupe des tâches grandioses, la seconde des menus travaux. C'est ce qu'on appelle agir selon sa nature[37]. Il n'existe encore aucun être qui ne soit régi par sa nature propre. Et quand bien même il en a existé, ils ne donnèrent rien de bon. Lü Zhi[38] des Han, Wu Zhao des Tang[39], Marie d'Angleterre[40], Catherine de France[41], toutes se sont emparées des droits qui appartenaient à leurs maris et ont donné force coups de cravache à leur peuple pour le stimuler comme elles le voulaient. Si elles ne purent échapper au désastre, c'est parce qu'elles ne suivirent pas leur nature féminine. Ainsi, si les hommes et les femmes ne suivent pas leur nature, comment pourraient-ils, à plus forte raison, remédier à leurs malheurs ?

Les exemples précédents montrent qu'au contraire la différence des droits entre hommes et femmes constitue la Voie céleste et la constance de leurs natures.

Les savants occidentaux se lassent en général [des idées] banales et adorent ce qui est nouveau et étrange. C'est pourquoi leurs propos sont parfois en contradiction avec le bon sens. Ainsi, certaines personnes donnent la priorité aux désirs sur la morale[42], d'autres réclament l'abolition de la propriété privée au profit de la collectivisation des terres[43], d'autres encore veulent signer des traités avec tous les pays pour faire taire les armes[44].

43. Parmi tous les penseurs du socialisme naissant, qu'il connaissait, Chômin fait peut-être allusion à Charles Fourier, Robert Owen ou Étienne Cabet, fondateurs de communautés collectivistes.

44. Outre les projets de paix perpétuelle développés par l'abbé de Saint-Pierre et Kant, que nous retrouverons en 1887 dans les *Dialogues politiques entre trois ivrognes*, on peut rappeler que le pacifisme juridique fut formulé aussi par Saint-Simon et Augustin Thierry dans *Réorganisation de la société européenne* (1814).

械、力作於外、妻炊飯織布、拮据于內、各守其職、而不相侵、未嘗不嘉尚之也、噫是論者所見、曾閭閻小民之不如也歟、客唯々而退、

Jamais encore il n'y eut de telles idées aussi fallacieuses que celles-là ! Comment nos contemporains peuvent-ils les approuver sans réfléchir ? Chaque fois que je passe le portail d'une maison, dans un hameau, je vois l'homme prendre ses outils et aller aux champs, la femme cuire le riz et tisser dans la maison, chacun vaquant à ses tâches, sans empiéter sur celle de l'autre et je ne peux que tirer mon chapeau. L'invité se retire, approuvant sans réserve : « Ah ! quand donc le regard des savants pourra-t-il égaler en sagesse celui des paysans ? »

疑学辯

明治１１年１０月２０日
『奎運鳴盛録』４号
中江篤介　号秋水　高知人

希臘有泌崙者、強記該通、百家之書、莫所不闕、其学以疑爲旨、以爲天地日月之大、野馬塵埃之細、凡物無一不有疑、而人智有限、其所能及不過皮相也、況理義之精微、固不能無乖謬、庸詎知我所謂善之非悪耶、庸詎知我所謂悪之非善耶、我心之於理義、豈無猶玻璃之於色哉、玻璃青、則所映皆青、玻璃白、則所映皆白、然而物不必青與白也、故爲泌氏之学者、以蓄疑爲賢、而以未嘗容疑者爲疑、則

45. On retrouve ici *rigi*, le terme favori de Chômin, issu du *Mencius* (voir introduction).

5. SUR LE SCEPTICISME

20 octobre 1878

Keiun meiseiroku, numéro 4

Nakae Tokusuke, surnom : Crue d'automne.

Originaire de Kôchi.

Il y avait en Grèce un homme nommé Pyrrhon. Il avait des capacités intellectuelles hors du commun et il n'y avait rien qu'il n'eût lu parmi les Cent Écoles. Il fit du doute le centre de son enseignement. Selon lui, le point essentiel est qu'il n'y a rien qui ne soit soumis au doute parmi les grandes choses comme la Terre, le Ciel, le Soleil, la Lune et les petites créatures. Il y a une limite à l'intelligence humaine, sa capacité ne touchant qu'à la superficialité des choses. À plus forte raison, la raison et la justice[45] sont subtiles et ne peuvent être considérées d'un bloc sans tomber dans l'absurdité. Comment peut-on bien savoir[46] que ce que nous appelons le bien n'est pas le mal ? Comment peut-on bien savoir que ce que nous appelons le mal n'est pas le bien ? La raison et la justice ne sont-elles pas pour mon esprit comme le verre, teintant de bleu tout ce qu'on voit quand il est bleu, ou de blanc quand il est blanc alors que les choses ne sont pas nécessairement bleues ou blanches ?

Ainsi, Pyrrhon fondait-il sa sagesse sur la pratique répétée du doute, exerçant même celui-ci sur ce qui n'avait pas encore

46. La formulation de la question est reprise du *Zhuangzi* (chapitres intérieurs, II 11 et VI 1, 7 et 8).

其所謂最賢者也、世伝、泌崙行道遇汚潴、不爲輟行、此疑其有汚潴與否、而未決也、故泌崙有出遊、弟子輒施從之、若有緩急、趨而扶之、此事雖出後人假托、而推泌崙之説、亦不外於是、則其非中道明矣、然余因此説、大有所感焉、近世人情、尤爲軽薄、競新馳奇、脱旧習如敝蹝、而作於其心、害於其事者、亦不尠、則此皆坐於不自疑耳、使此輩少蓄其疑、則其猖狂恣睢、必不至若是之甚也、余又以謂、古聖賢所以深造道者、未必不由於疑也、蓋疑則思、思則專、專則得矣、是故老子疑於玄、孔子疑於仁、孟軻荀卿疑於性、故曰、積疑之

47. Diogène Laërce, IX, 62 : « Il n'évitait rien, ne se gardait de rien, supportait tout, au besoin d'être heurté par un char, de tomber dans un trou, d'être mordu par des chiens, d'une façon générale ne se fiant en rien à ses sens. Toutefois, il était protégé par ses gens qui l'accompagnaient. »

48. En ce qui concerne Laozi, Chômin fait référence à la stance 1 du *Daodejing*, caractérisant le Dao : « Ce deux-un s'appelle mystère. Mystère au-delà du mystère » (*Tong wei zhi xuan, xuan zhi you xuan* 同謂之玄。玄之又玄). Selon Anne Cheng, le terme *xuan* généralement traduit par « mystère » désigne à l'origine l'azur, si profond qu'il en devient noir (Anne Cheng, *Histoire de la pensée chinoise*, *op. cit.*, p. 299). Le taoïsme est appelé religion ou doctrine du *xuan*. La vertu d'humanité (ch : *ren*, jp :

fait l'objet du doute, pratique qu'il déclarait comme relevant de la plus grande sagesse. On rapporte que si Pyrrhon rencontrait un arbre en chemin, il ne s'arrêterait pas à cause de lui, car il doutait qu'il y eût ou non un arbre. Et s'il tombait dans une mare d'eau stagnante, cela ne le faisait pas interrompre sa marche pour autant, ne pouvant décider de l'existence ou non de la flaque d'eau. Aussi, lorsque Pyrrhon sortait, ses disciples le suivaient-ils à ses côtés de manière à pouvoir l'aider en cas d'urgence[47].

Cela relève des racontars des générations postérieures mais, à en juger par les idées qu'il défendait, il ne fait guère de doute qu'il ne choisissait pas le juste milieu. J'ai été, pour ma part, très touché par ses idées. De nos jours, des gens sont superficiels au plus haut point. Ils se précipitent vers le nouveau et l'extraordinaire, abandonnant les coutumes passées comme une vieille chaussure.

De plus, si beaucoup de gens ont l'esprit troublé, c'est uniquement parce qu'elles ne s'impliquent pas elles-mêmes dans la pratique du doute. Pour peu qu'elles le fassent, il ne serait inévitable que leur folie et leur égoïsme ne pourront plus atteindre de tels sommets. Selon moi, la raison pour laquelle saints et sages de l'Antiquité ont construit une réflexion aussi profonde de la Voie ne tient-elle pas absolument en ce qu'ils l'ont fait passer par la pratique du doute ?

En effet, douter, c'est penser, penser, c'est se concentrer sur quelque chose et se concentrer sur quelque chose, c'est finir par l'obtenir. Ainsi, Laozi faisait porter le doute sur la notion de mystère, Confucius mettait en question celle d'humanité, Mencius et Xunzi celle de nature humaine[48]. Par conséquent, il

jin 仁), l'une des vertus cardinales dans le confucianisme, est fréquemment citée dans les *Entretiens* (I, 2, 3, 6 ; III, 3 ; VI, 30 ; IV 1-7 ; V, 5, 8, 19, etc.). La notion de nature (*xing* 性) est effectivement mise en avant par Mencius, pour rétablir le lien de continuité entre l'Homme et le Ciel (voir notamment VI A 1-10). Si Mencius la considère bonne, Xunzi pour sa part pense que la nature humaine est mauvaise.

後、心有大悟焉、今泌崙之学以疑爲本則一旦豁然、有得於中道、亦不可知也、姑記以存余疑、且以告世之不自疑者云、

dit qu'après avoir accumulé du doute, l'esprit en a subitement une compréhension parfaite. Si on prenait aujourd'hui modèle sur Pyrrhon, même si on pouvait atteindre une voie médiane, on ne pourrait savoir pour autant que nos doutes soient désormais dissipés et que nous ayons atteint la Voie dans sa rectitude. Pour le moment, j'écris cela en maintenant mes doutes et les fais connaître à ceux qui ne doutent pas d'eux-mêmes.

原政―婁騒政論之大旨意訳.

明治１１年１１月２０日

『奎運鳴盛録』５号

中江篤介　号秋水　高知人

政之所爲帰趣、果安在哉、在乎使民無用於政矣、何以言之、詩曰、民之秉夷、好是懿徳、民既有秉夷之心、則可以移于善也、既移于善、則可以安於徳也、民之安於徳、法令不設而可也、囹圄不置而可也、兵戈不用而可也、誓盟不結而可也、又何倀々乎用政之爲、此固聖人之所期也、曰使民移于善如之何、曰

49. Une version ultérieure, intitulée « Principes du gouvernement. Des grandes lignes de la théorie politique de Rousseau » (« Gensei. Rusô seiron no daishi yaku » 原政―婁騒政論之大旨意訳), paraît dans le numéro 21 de la revue *Ôbei seiri sôdan*, le 20 décembre 1882, c'est-à-dire quatre ans plus tard, au moment où Chômin fait publier sa traduction du *Contrat social*. Elle contient deux modifications majeures, que nous signalerons aux passages concernés.

6. PRINCIPES DU GOUVERNEMENT (DES GRANDES LIGNES DE LA THÉORIE POLITIQUE DE ROUSSEAU[49])

20 novembre 1878

Keiun meiseiroku, numéro 5

Nakae Tokusuke, surnom : Crue d'automne. Originaire de Kôchi.

Quel doit être le but d'un gouvernement ? C'est de parvenir à ce que le peuple n'ait plus besoin de lui. Comment cela ? Il est dit dans le *Livre des odes* : « Par le maintien de leur permanence [des normes données à chacun par le Ciel], c'est belle vertu que le peuple aime[50]. » Si le peuple a à l'esprit de maintenir en lui cette permanence, alors il se dirigera à travers elle vers le Bien. S'il se dirige vers le Bien, alors il fera de la vertu son foyer. Si le peuple a fait de la vertu son foyer, il n'a plus besoin qu'on lui impose lois et règlements, il n'a plus besoin de prisons, ni d'armes ni de soldats, ni de traités ni de conventions. Ne serait-ce alors pas le comble de l'aveuglement que de le faire intervenir dans le gouvernement ? Voici ce que le saint cherche depuis toujours. Si on lui demande : « Comment mener le peuple au Bien ? », il répondra : « En lui enseignant

50. Citation du poème n.260 du *Livre des odes* (*Shijing* 詩経), dans la recension de Mao Chang, première strophe du chant 6 du livre 3 des hymnes majeurs *daya* 大雅・烝民 : « Le Ciel a donné naissance à la multitude, à chaque être et chose sa norme, par le maintien de leur permanence, c'est belle vertu que le peuple aime. » Mais il faut souligner que cette citation se retrouve dans le livre favori de Chômin, le *Mencius*, au passage VI A 6.

教之以道義、教之以道義者、三代之法也、誘之以工芸者、西土之術也、西人之意以爲、人生而不能無欲、故衣欲其暖、食欲其飽、居欲其安、欲而不得則争、争而不止則亂矣、然而百物生地、自有定数、不可暴殖、於是墾技芸之圃、闢貨利之竇、使天下之人汲々乎其間、唯充其欲之圖、此何弗思之甚也、夫欲者不可充、利者不可縱、而技芸之闡其弊、有不可言者、其故何也、格知精微而人患乎局促、算数縝密而人患乎纖嗇、医治工妙而人患乎怯懦、辞説明弁而人患浮誕、加之不可充之欲與不可縱之利、相交乎方寸之中、則望天下之無乱、

51. On désigne par là les souverains mythiques Yao 堯 et Shun 舜, ainsi que les souverains à l'origine des trois premières dynasties impériales, tous considérés comme des modèles de gouvernement dans le confucianisme : Yu 禹 fondateur de la dynastie des Xia 夏, Cheng 湯 fondateur de la dynastie des Yin 殷, Wu 武 fondateur de la dynastie des Zhou 周. L'expression renvoie à une phrase attribuée à Zhu Xi, devenue un lieu commun à l'époque Tokugawa et selon laquelle « jusqu'aux Trois Dynasties (*Xia*, *Yin* [ou *Shang*] et *Zhou*), le monde était gouverné par le principe céleste et qu'ensuite, tout fut soumis au désir humain. » (*Zhu Wengong wenji* 朱文公文集 (*Écrits de Maître Zhu*), 36, dans *Zhuzi quanshu* 朱子全集 (*Œuvres complètes de Maître Zhu*), Shanghai guji chubanshe上海古籍出版社, Shanghai, 2010, XXI, p. 1585 à 1588).

la morale. » Faire appel au sens moral fut la méthode suivie par les Trois Dynasties [des Anciens Rois[51]]. Inciter au sens moral par les arts et les techniques est le moyen adopté par l'Occident[52].

Selon les Occidentaux, les hommes ne peuvent vivre sans éprouver de désirs. C'est pourquoi le vêtement est désiré pour la chaleur qu'il apporte, la nourriture parce qu'elle satisfait la faim et le logis pour la sécurité. Lorsque ces désirs ne peuvent pas être satisfaits alors les hommes se disputent et si ces disputes ne cessent pas, alors le chaos règne. Les choses disponibles sur terre sont en nombre limité, elles ne peuvent augmenter brusquement[53]. Dans ce cas, le gouvernement viserait seulement à satisfaire les désirs humains en développant les techniques et les arts, en diffusant l'emploi de la monnaie et en incitant les habitants de cette Terre à l'activité. Quelle légèreté de pensée ! Les désirs ne peuvent être satisfaits de manière définitive et l'intérêt ne doit pas être poursuivi selon son bon plaisir. Les techniques et les arts entraînent en vérité bien des problèmes. Quels sont-ils ?

Plus la connaissance va s'affiner, plus les gens se perdront dans le détail ; plus les mathématiques seront précises, plus les gens deviendront avares ; plus la médecine se perfectionnera, plus les gens seront pusillanimes ; plus les discours gagneront en clarté et plus il y aura de hâbleurs. Et pour ajouter à cela, peut-on espérer construire un monde sans désordre, si on a dans

52. Les commentateurs s'accordent à voir ici une allusion au *Discours sur les sciences et les arts de Rousseau*, traduit en même temps que *Du Contrat social*, en 1883. L'avant-dernière phrase de *gensei* fait une allusion claire à ce texte.

53. Sans examen spécifique, il est difficile de savoir à qui Chômin fait exactement référence. Il a lu aussi bien Smith que Say, Ricardo, Dunoyer ou Bastiat. Ce dernier défendait la liberté et la propriété, valeurs défendues par la Déclaration montagnarde de 1793, traduite ici, mais il s'opposait à Rousseau et à Robespierre (« Propriété et loi », 1848).

其可得乎、若夫三代之法則不然、学校之設、自國都以達閭閻、而其所以爲教、曰君臣之義也、父子之親也、夫婦之別也、長幼之序也、朋友之信也、是皆莫非所以脩身治人者、以故民嚮往于德義、而不爲利欲侵乱、夫民嚮往于德義、則浸漬積累之効、可以達于至善之地矣、可以造于自治之域矣、余聞仏人蘆騒著書、頗譏西土政術、其意蓋欲昌教化而抑芸術、此亦有見於政治者歟、

l'esprit de mettre ensemble des désirs qu'on ne peut satisfaire et l'intérêt auquel on ne saurait laisser libre cours[54] ? La méthode des Trois Dynasties était différente. La construction des écoles partait de la capitale et atteignait campagnes et hameaux ; l'enseignement dispensé consistait dans les devoirs réciproques entre les vassaux et le souverain, l'affection entre le père et le fils, la distinction entre l'époux et l'épouse, la prééminence des aînés sur les cadets, la confiance entre les amis[55]. C'est bien ainsi que tous les hommes se disciplinent eux-mêmes et gouvernent ; c'est pourquoi le peuple se tourne vers la morale et ses devoirs, sans se laisser pertuber par l'intérêt et les désirs.

Si le peuple se tourne vers la morale et ses devoirs, à force d'imprégnation il pourra atteindre la terre du Bien suprême, c'est-à-dire celle de l'autonomie. J'ai entendu dire que le Français Rousseau a écrit des livres où il a beaucoup critiqué l'art de gouverner en Occident. Il désire en substance y faire prospérer l'instruction morale et donner une place limitée aux arts et aux techniques. N'est-ce pas quelqu'un qui voit loin en politique[56] ?

54. Version de 1882 : ajout de « et si on ajoute les dommages causés par les techniques » 而重以技芸之弊 à la fin de la phrase.

55. Chômin fait ici référence aux cinq relations fondamentales du confucianisme, qui apparaissent dans le *Mencius* VI A 4.

56. Version de 1882 : « politique » (*seiji* 政治) est remplacé par « autonomie » (*jichi* 自治).

拿破崙三世論

明治１１年１２月２０日
『奎運鳴盛録』６号
中江篤介　号秋水　高知人

　拿破崙三世以覊旅之身、攫取大位、征墺地利、伐鄂羅称欧州盟主、何其盛也、其脩内政、不能宣布徳義、而厳刻迫蹙、以劫制其民、末路自知不支、軽挑隣敵、竟速覆滅何其拙也、雖然拿破崙理財之道、亦有足多者、何以知其然、夫善治財者、譬如鑿井求水焉、一旦汲之千万斛、水則涸矣、舎而待之、混々然湧出、不崇朝而盈溢、是鑿井之功也、拿破崙之於財

7. NAPOLÉON III

20 décembre 1878

Keiun meiseiroku, numéro 6

Nakae Tokusuke, surnom : Crue d'automne.

Originaire de Kôchi.

Napoléon III, après avoir voyagé, accéda au trône suprême ; il envahit l'Autriche et attaqua la Russie. On l'appela le maître de l'Europe. Comment a-t-il pu être aussi prospère ? Incapable de gouverner par la vertu et la justice, il exploita son peuple avec la dernière des sévérités, tout en étant conscient de l'impasse où il s'engageait. Avec frivolité, il fit de ses voisins ses ennemis et les provoqua au point de finir par se faire renverser. Comme tout cela fut stupide ! Cependant, sa gestion des ressources s'avéra beaucoup plus satisfaisante. Comment le sait-on ? Chez lui, la bonne gestion des ressources était semblable au creusement d'un puits pour trouver de l'eau. Si on aspire d'emblée des dizaines de milliers de litres, le puits est asséché[57]. Si on attend, l'eau jaillira sans tarder avec force et en moins d'une matinée, l'eau aura rempli le puits. Ainsi a-t-on creusé efficacement un puits. La gestion des ressources par Napoléon fut du même ordre. J'ai séjourné en France autrefois et juste après les troubles[58], les marchands

57. Chômin utilise l'unité de mesure *hu*, qui a varié au cours des siècles. Après les Song (IXe-XIIIe siècles), elle équivaut à 48 litres.

58. La guerre contre la Prusse et la Commune de Paris.

政、有類乎此者矣、余嚮遊仏蘭西、時方乱後、國中小大之賈、一由楮泉取弁、問之則曰、師旅之所糜、与講和之所償、蓄資已殫、無復所余也、居一二年、新鋳銭幣、滔々発出、数月之後、不復見楮泉、則非財政有素、烏能如此乎、又聞、拿破崙開河渠之便、広工技之資、其他所以増殖貨産者甚多、以故在位二十年、諸港運輸之数、倍蓰於先世、宜乎償軍之余、仏人尚得藉以善其後也、或曰、仏蘭西之請成、普帝要智噎統其政、蓋智噎取信於人、有如此者、故仏民之爲官出財、皆是智噎之力也、余曰然、民之出財智噎之力也、民之有財者拿破崙之功也、不然顚敗之余、上下倥偬、居處且不定、雖有智噎、奚以得暴富其國、遽蓄其財哉、夫財者利之輿也、利者怨之府也、是故務財者、非以忠恕慈祥濟之、必有不可違之孽、拿破崙爲民興利、而不免於禍敗、此財有余而

ne discutaient que de monnaie. Ils vous expliquaient alors qu'avec les dévastations dues à la guerre et les réparations, il ne restait plus rien car toute l'épargne était déjà épuisée. Durant les deux ans où j'ai séjourné, on frappa à nouveau de la monnaie et l'argent coula à flots. Mais, quelques mois plus tard, l'argent avait disparu. N'est-ce pas ce qui arrive lorsque les ressources sont insuffisantes ?

J'ai également entendu dire : « Napoléon a développé les canaux ainsi que les investissements dans les techniques et les autres secteurs pour augmenter fortement les ressources, c'est pourquoi durant les vingt ans qu'il a été sur le trône, il a développé les infrastructures avec plusieurs générations d'avance et, sur les restes de l'armée défaite, les Français pourraient dorénavant profiter de l'occasion pour obtenir des lendemains meilleurs. » Un autre a dit : « Pour obtenir la paix en France, le roi de Prusse a confié le gouvernement à Thiers et c'est de cette façon que Thiers a gagné la confiance des gens. Toutes les richesses que le peuple français donne au gouvernement constituent la puissance de Thiers ». Je réponds : « Oui, c'est la force de Thiers d'extraire les richesses du peuple mais si le peuple en a, le mérite en revient à Napoléon. Certes, Thiers était bien là, alors qu'il n'avait pas encore élu domicile, sur les restes de la terrible défaite, au milieu des souffrances de tous. Mais comment a-t-il pu tout d'un coup enrichir le pays et épargner ses richesses ? Les richesses sont le terreau de l'intérêt et l'intérêt est le palais des rancœurs. Pour cette raison, ceux qui ont à leur charge les richesses d'un pays ne pourront échapper aux malheurs s'ils ne font pas preuve de fidélité envers leurs principes mais aussi d'indulgence et de bienveillance envers les autres. Bien que Napoléon ait recherché l'intérêt du peuple, il n'a pas échappé aux problèmes et à la défaite, car il avait suffisamment de ressources mais pas assez de vertu.

Ah ! quand je regarde les faiseurs de la politique d'aujourd'hui, ils sont incapables de s'attacher le cœur de

德不足也、嗚嗟吾觀世之爲政者、既不能布德以懷民心、又不能興利以厚國資、顧以聚斂爲賢、以掊克爲能、競々然唯身是圖、亦在拿破崙之下耶、

leur peuple en faisant preuve de vertu et en étant tout aussi incapables d'augmenter les ressources du pays, ils recherchent l'intérêt. La sagesse pour eux consiste à imposer à outrance et le talent à se comporter en exacteurs rapaces[59]. Ils mettent la plus grande application à n'avoir en tête que leur seule personne. Ils voient de la sagesse dans l'exploitation et du talent dans la ponction des richesses, au bénéfice de leur seule personne. Ne sont-ils pas en cela encore inférieurs à Napoléon ? »

59. Expression reprise de *Mencius* VI B 7. Nous avons adopté exceptionnellement la traduction de Couvreur (Séraphin COUVREUR, *Les Quatre Livres*, 4e édition, Taichung, Kuangchi Press, 1972, p. 594).

論公利私利

明治１３年6月5日
『二松学舎翹楚集』第２編
土佐　中江篤介

孔子曰、放於利、而行多怨、孟子亦云、何必言利、聖賢之言、防微杜漸、爲後世憂慮者、可謂深且切矣、故儒者之道、尤絀於利焉、吾嘗論之、利也者、自義而生、猶曰義之効云爾、夫天地之覆載、日星之旋躔、禽獸艸木之飛走暢茂、義也、而其利固昭々矣、其在人、父慈子孝、兄愛弟敬、義也、推之、凡行得宜皆義也、父慈者子亦孝之、是父之利也、子孝者父

60. *Entretiens*, IV, 12, p. 45.

61. *Mencius*, I A 1. La citation de Chômin contient une erreur d'idéogramme pour « parler », 言 au lieu de 曰.

8. SUR L'INTÉRÊT PUBLIC ET L'INTÉRÊT PRIVÉ

5 juin 1880
Nishô gakusha seishoshû, numéro 2
Tosa, Nakae Tokusuke

Confucius a dit : « Qui se laisse guider par son seul profit s'attire haine et rancune[60]. » Mencius a dit : « Pourquoi faut-il parler d'intérêt[61] ? » Les propos des saints et des sages « coupent le mal à sa racine[62] » ; ils sont profonds et pleins de sollicitude pour les générations postérieures. C'est pourquoi la Voie confucéenne se délite au contact de l'intérêt. Je l'ai déjà dit, chercher l'intérêt pour autrui procède du sens du juste, ce qui revient à dire que c'est le mérite du sens du juste.

Le fait que le Ciel recouvre et la Terre porte [toutes choses[63]], que les étoiles et le Soleil courent dans le premier, que les bêtes et les plantes croissent sur la seconde, tout cela est juste et l'intérêt qui en découle brille par son évidence. Et, parmi les hommes, la bienveillance du père, la piété filiale du fils, l'amour du frère aîné et le respect témoigné par le frère cadet sont justes. Allons plus loin : toutes les bonnes actions sont justes. Si le père prodigue sa bienveillance, le fils lui témoigne de la piété filiale, tel est l'intérêt du père. Si le fils

62. L'expression se retrouve dans plusieurs classiques, notamment la *Chronique des Han postérieurs*.
63. Expression reprise du *Zhuangzi*, VI 8.

亦慈之、是子之利也、凡行得宜者、莫不皆有其利、故曰利自義而生也、雖然、利豈易言哉、彼天地庶物之故、皆発乎不得已者也、唯其発乎不得已、故動適於義而利随焉、人之於行亦然、必発乎不得已、無一毫期于中、然後謂之義矣、若爲父者、爲其子之孝己而慈焉、爲子者爲其父之慈己而孝焉、則是尊卑交相賊也、何義之有、既已無義矣、何利之生、蓋義者体也、利者用也、体以出用、々以成体、天理之自然、人事之當然也、近世学士頗有唱利者、於利之中、立公利之目、其説出自英人勉撒弥児、曰、利汎及人者爲公、独止一身者爲私、吁嗟、何弗思之甚也、夫利苟生自義其止一身亦公、而未必不汎及人也、若不自義、則利汎及人亦私、而適足以害乎人矣、伯夷顔淵居乱世、肥遯独善其身、然百世之下、聞其風者、

64. Bo Yi 伯夷 et son frère Shu Qi 叔齊, qui auraient vécu à l'époque du renversement de la dynastie des Shang par les Zhou, sont présentés fré-

fait preuve de piété filiale, le père se montrera bienveillant à son égard, tel est l'intérêt du fils. Il n'y a donc aucune action convenable qui ne procure un intérêt. C'est pourquoi je dis : l'intérêt naît de ce qui est juste. Mais est-il aisé de parler de l'intérêt ?

Toutes les choses de l'univers naissent de manière nécessaire. C'est précisément pour cela que l'intérêt suit dès lors qu'elles concordent avec le juste. Il en est de même pour les comportements humains. Ils naissent de ce qui est nécessaire, dans l'instant même, sans qu'on s'y attende en quoi que ce soit, et ils sont ensuite qualifiés de justes. Si le père prodigue du bienfait à son fils en vue d'obtenir de lui la piété filiale et si le fils prodigue de la piété filiale à son père en vue d'obtenir sa bienveillance, c'est une violation du rapport entre supérieurs et inférieurs. Où se trouve le juste ? S'il n'y a pas en soi le sens du juste, comment pourrait-on en tirer de l'intérêt ? Ainsi la justice est le corps des choses, l'intérêt l'usage qu'on fait de ce corps. L'usage provient du corps et le corps se forme à l'usage. Tels sont le cours naturel du principe céleste et la nécessité intrinsèque aux affaires humaines.

Des savants ont récemment prôné l'intérêt et en ont tiré l'intérêt général. Les Anglais Bentham et Mill ont formulé ces théories, selon lesquelles l'intérêt devient commun lorsqu'il s'étend à tous les hommes et qu'il est particulier quand il se limite à un seul individu. Ah ! voilà le comble de l'irréflexion ! Comme l'intérêt provient du juste, il est général même s'il se limite à un seul individu et il est impossible qu'il ne s'étende pas aux autres individus. Si l'intérêt ne naissait pas du juste, il ne concernerait que le particulier même s'il atteignait tout le monde et cela suffirait à causer du tort aux gens. Bo Yi et Yan Hui[64] s'éloignèrent tranquillement des troubles d'ici-bas

quemment comme des modèles de vertu qui se seraient retirés pour affirmer leur refus du renversement violent des Shang par le roi Wu des Zhou. Yan Hui est le disciple préféré de Confucius.

咸興起之、則是非利生自義、而汎及人者乎、五覇尊王匡合諸侯、其心専于功利、遂啓戦國詭譎之習、則非利不自義、適以害乎人者乎、且吾推究公利之說、其源実発於私利特假公以欺人自欺耳、其心必曰、我営利固有益于我、而余効亦汎及人、我有以辞焉、此非私而何、不然、有人窃千金以分貧人亦將謂爲公耶、嗚呼言義而不言利、々亦在其中、言利而不言義、則非徒入於私、而未始有利也、吾是以益知聖賢之言不可易也

65. *Mencius*, VII A 9 (traduction d'après Couvreur, *op .cit.*, p. 611).

66. Chômin fait référence aux Cinq Hégémons de la période des Printemps et Automnes (771-481) : duc Huan de Qi 齐桓公, duc Wen de Jin 晋文公, roi Zhuang de Chu 楚莊王, duc Mu de Qin 秦穆公, duc Xiang de Song 宋襄公. Les cinq ont, tour à tour, dominé politiquement le royaume des Zhou à cette époque, qui voit l'autorité royale s'effondrer.

ct travaillèrent « dans la solitude à se rendre parfaits[65] ». Tous ceux qui ont eu vent de cela s'en sont enthousiasmés. L'intérêt qui naît du sens du juste ne s'est-il pas répandu parmi les individus ? Ainsi des Cinq Hégémons[66], dont les cœurs ne vibraient que par l'intérêt et qui cultivaient un art de la tricherie typique des Royaumes Combattants, même s'ils respectèrent le souverain et se mirent d'accord avec les autres nobles[67]. Aussi l'intérêt qui ne naît pas du sens du juste ne cause-t-il pas du tort aux personnes ?

Si je continue cette discussion sur la théorie de l'intérêt général, à la source de celui-ci, on trouve l'intérêt particulier. En usant de l'intérêt commun, on trompe les autres et on ne fait que se tromper soi-même. On se dirait alors dans son for intérieur : « Je travaille pour mon intérêt d'abord parce qu'il y a un profit pour moi mais son effet déborde largement aussi sur les autres individus. Pourquoi devrais-je y renoncer ? » Qu'est-ce, sinon du particulier ? Devrait-on dire que voler mille pièces pour les distribuer aux pauvres relève de l'intérêt commun ? Ah ! qu'on parle de ce qui est juste sans parler d'intérêt et on retrouve l'intérêt présent dans celui-là ! Parler d'intérêt sans parler de ce qui est juste, revient non seulement à s'en tenir au particulier mais ne procure même aucun intérêt. Je saurai bien là combien les paroles des anciens sont intangibles !

67. La période des Royaumes Combattants (453-221) suit celle des Printemps et Automnes. Les principautés qui se sont rendues autonomes du pouvoir royal finissent par devenir des royaumes indépendants. La guerre généralisée qui les oppose se conclue avec la victoire de Qin et la fondation d'un empire unifié.

兄弟鬩牆說

明治15年2月2日

『二松学舎学芸雑誌』3号

中江篤介

兄弟鬩牆外禦其侮。善哉詩人之言也。夫兄弟之相爭。苟有外人來犯。蹶然起共禦之者。其至情也。然吾意兄弟也者。路人之始也。蓋人之初生。唯一夫一婦而已。其種族之滋殖蕃衍。各成邦國。因兄弟之分異而然也。夫邦國之分。侵奪寇攘之禍随焉。其源実起于兄弟之異其利也。荘周有云、子之愛親命也。不可解於心。夫其不可解於心。愛之之至者也。純乎天理者也。至於兄弟則不然。有天理率之。有人欲誘之。故夫鬩於牆者。人欲之所誘。而禦

68. Chômin reprend un passage du *Livre des odes*, chapitre Xiao Ya 小雅, chang di 常棣.

9. SUR LES QUERELLES FRATERNELLES

2 février 1882

Nishô gakusha gakugei zasshi, numéro 3

Nakae Tokusuke

Même s'il arrive à des frères de se disputer, ils ne peuvent accepter que d'autres les méprisent pour cela, dit-on[68]. Quelles belles paroles du poète ! Il est tout à fait naturel que des frères, même en pleine querelle, se lèvent d'un bond pour chasser l'étranger qui viendrait violer leur intimité. Je pense que les frères sont les premiers compagnons de route. Car, si ce sont les époux qui donnent naissance aux êtres humains, ce sont bien les frères qui, en créant autant de branches, les font croître et se multiplier et qui sont à l'origine de la formation des pays. La division en pays entraîne les diverses calamités de la guerre et les causes en sont les intérêts divergents entre les frères.

Zhuang Zhou [Zhuangzi] a dit : « L'amour filial relève du Décret [du Ciel], car il est à jamais inscrit dans le cœur[69]. » C'est bien parce que l'amour est à son comble qu'il est à jamais inscrit dans le cœur. Voilà le principe céleste dans toute sa pureté. En ce qui concerne les frères, il n'en est pas ainsi. Parfois, ils sont guidés par le principe céleste et parfois ils sont séduits par leurs désirs. C'est pourquoi leurs querelles sont dues à la séduction des désirs mais quand ils ne supportent pas que les autres leur témoignent du dédain, c'est le principe céleste qui les guide.

69. *Zhuangzi*, III, 3, p. 60.

外侮者。天理之所率也。或順乎天理。或随乎人欲。顧其択之何如耳。吾又意太上兄弟四海之人。其次兄弟一國之人。其次兄弟一家之人。其最下者。則一身之外。不知有所謂兄弟者。不知有所謂國家者。煢々七尺軀孤立万衆之中。莫有所憑倚慶而不喜。吊而不悲。芒々昧々與草木倶生死而不知自悔。及一旦見利焉。則雖外人。亦且引援以攻其兄弟。石敬塘劉予之輩蓋是已。吾聞古昔欧州有某國。其俗尤尊外國人。外國人所言。皆聽從之。其不然者群聚凌辱之。後竟爲隣國所亡。是則舉國人皆石劉也。欲無亡得乎。

Se conformer à lui ou suivre les désirs humains n'est qu'une question de choix. Je pense encore que, dans l'idéal, tous ceux qui habitent entre les Quatre Mers[70] se considèrent comme frères ; à défaut, tous ceux d'un même pays ; et à défaut, tous ceux d'une même famille. Le pire est l'ignorance qu'en dehors de soi existe ce qu'on appelle des frères, ce qu'on appelle un État. On est isolé, corps solitaire au milieu de la foule, sans compter sur personne, les fêtes ne réjouissent pas plus que les funérailles n'attristent. L'esprit borné et tout égaré, on vit et on meurt avec les plantes et les arbres sans connaître le repentir. Il n'y eut probablement que des gens comme Shi Jingtang[71] et Liu Yu[72] qui, à la perspective de leur propre intérêt, reçurent l'appui d'étrangers pour s'attaquer à leurs frères. J'ai entendu dire que dans l'Europe antique, il y avait un certain pays où la coutume consistait à révérer particulièrement les étrangers, où tout le monde écoutait et suivait leurs paroles et où la foule humiliait ceux qui se refusaient à le faire. Mais voilà qu'un pays voisin vint le détruire, tous ses habitants n'étaient-ils pas, en effet, devenus des Shi Jingtang ? Pouvait-on espérer que ce même pays ne soit pas détruit ?

70. Comprendre « la terre entière ». L'expression est reprise des *Entretiens* XII 5 : « Entre les Quatre Mers, tous les hommes sont frères. »

71. Shi Jingtang 石敬塘 (892-942) renversa les Tang et fut le fondateur de la dynastie des Jin postérieurs (*Hou Jin* 後晉), l'une des Cinq Dynasties (*wudai* 五代) à succéder aux Tang. Son royaume était dominé par les Khitans.

72. Liu Yu 劉予 (1078-1043), après avoir servi les Song, se rallia aux Jürchen et devint le souverain de l'État fantoche Qi 齊.

一千七百九十三年佛蘭西民權之告示

明治１５年2月２０日

『政理叢談』１号

譯者曰、本書所論、率粹然至醇、西方諸國言政術者、所極崇尚、而法朗西近代之政、從取法焉、但彼邦民相共秉國柄、而我則循帝國之制、故若欲一々而採之、固不免爲名分之大罪人、獨顧吾邦臣民、沐浴聖化、於今二千有餘歳、忠孝之教、淪浹人々骨髓、苟事繫帝室、雖有邪說、不可得而惑、初不須虞也、且業已以飜譯名、不容有添減、是以若某々條等、雖

73. Il s'agit de la Déclaration des droits de l'homme et du citoyen du 24 juin 1793, dite Montagnarde, car elle a été élaborée par les Montagnards, qui étaient critiques de la Déclaration de 1789. Elle a aussi servi à légitimer la Commune de Paris entrée en insurrection le 10 août 1792. Avant la parution de cette traduction, en mai 1881, la Risshisha (voir *supra*) avait élaboré un projet de constitution dans lequel l'inspiration de la Constitution française de 1791 était présente, le rôle de l'empereur très réduit et la souveraineté du peuple fortement affirmée. Quelques mois plus tard, Ueki Emori y apporta

10. DÉCLARATION DES DROITS DU PEUPLE FRANÇAIS DE 1793[73]

20 février 1882
Seiri sôdan. Numéro 1.

Le traducteur dit : « Le document représente la quintessence de l'art politique des pays occidentaux et du fait de son caractère très précieux, le gouvernement moderne de la France en a fait sa loi. Mais le peuple de ce pays a fait de la république son essence nationale[74] alors que nous suivons le système impérial. Si donc nous voulions adopter la république, nous serions chacun de grands criminels. Notre peuple sujet [de sa majesté l'empereur] a été baigné dans la sainteté impériale depuis plus de deux mille ans, l'enseignement de la loyauté et de la piété filiale nous imprègne jusqu'à la moelle des os et nous sommes attachés à la famille impériale, bien qu'on trouve des thèses hérétiques [à ce sujet]. » Cela ne fait aucun doute et il n'y a donc pas de crainte à avoir. Il s'agit d'une traduction sans ajout ni retrait, on y trouve quelques passages

des corrections et en fit son projet de constitution en même temps que celui de la Risshisha. Ce projet final fut le plus démocratique de la période. Dans la phase de correction, Ueki avait songé à introduire des articles tirés de la Constitution de 1793, pour finalement se rétracter (Inada Masatsugu, *op. cit.*, p. 151, 157).

74. Le terme utilisé est *kunigara* 国柄 qui, comme son synonyme *kokutai* 国体, était central chez les adversaires de Chômin, avocats d'un régime centré sur l'empereur.

如有所触犯、從皆叙述、略不加刪正、讀者葑菲取之可也、

総論

人之生斯世、天必與之、以所以自立之具、是之謂權、故權也者、物莫貴焉、而莫要焉、民之陋自棄其權而弗守、暴亂之禍、不絶于世者、職是之由、今者我佛蘭西國民、賴天之寵靈、明知其如此、乃相共議、舉所謂權者、著爲告示、嗚呼、建邦置官、豈有他哉、欲其護此權也、今也著諸令、炳如觀火、庶幾爲國人者、服膺而弗失之、居常譏察官家所爲、撿覈其果護此權否、而雖有姦雄、不復爲其所侵暴、若此則爲民者、以知其自主之義與安全之利之所基、爲有司者以知其職之所當務、而爲議法官者、以知其分之所當守矣、所謂權者、條次而論之如左、若或有乖戾、上帝監臨、大罰殛之、

répréhensibles mais nous les présentons sans correction. Le lecteur y prendra ce qui lui semble bon.

Préambule

Les hommes naissent dans ce monde investis d'une indépendance accordée par le Ciel. C'est ce qu'on appelle les droits. Il n'y a donc rien de plus précieux ni de plus nécessaire que les droits. Les peuples stupides, qui ont abandonné eux-mêmes leurs droits, n'ont aucune protection et de là, uniquement, viennent les calamités qui ne cessent de secouer le monde.

Aujourd'hui, nous, peuple citoyen français, qui, en appelant à la grâce du Ciel, sommes conscients de tout cela, après en avoir délibéré, présentons ce qu'on appelle les droits dans cette déclaration et les proclamons officiellement. Ah ! comment fonder un pays et établir un gouvernement pourraient-ils être autre chose que de vouloir protéger les droits ?

L'exposition de tous les articles qui suivent fera apparaître cela dans toute sa clarté et tout son éclat. Pour peu qu'il en soit ainsi, des citoyens dignes de ce nom sauront ce qui fonde la justice de l'autonomie et l'intérêt de la sécurité. Les gouvernants sauront à quelle tâche ils doivent s'affairer et les juristes sauront ce qu'ils doivent protéger. Les droits seront discutés dans les articles suivants. Si d'aventure quelqu'un cherche à s'y opposer, Dieu[75] veille et le punira sévèrement.

75. Le terme traduisant Dieu est « empereur d'en haut » (*jôtei*, ch : *shangdi* 上帝), utilisé par les chrétiens en Chine.

第一條　建邦之要、在于衆相合共享福利、置官之旨、在于使人々據其天與之權、自得其利、不爲他人所妨害、

第二條　民之有權、其目三、曰平等之權、曰自主之權、曰保有之權、

第三條　天之生人、一視同仁、無有上下尊卑之別、律例之加人、一視同義、亦無有上下尊卑之別、

第四條　凡律例者、國人相共圖議、由衷定之、無有所承旨、故不問令之與禁之、其視國人、均一無有不同、凡其所令、必得于道、必益于國所義則反之、

第五條　凡國人、随其材器、皆得服官莅職、無有門族之別、選舉有司、亦唯材德是視、勿以門族爲、

第六條　人皆有自主之權、蓋此權者、生乎天理、立乎人義、而護之以律例、令其不殞滅、夫既有自主之權、所欲無不得爲、然亦不

Article 1 : La fondation d'un pays a pour but le bonheur commun de tous rassemblés. L'établissement d'un gouvernement a pour intention première de garantir aux hommes leurs droits conférés par le Ciel, de leur faire prendre conscience de l'intérêt qu'ils en tirent et de faire en sorte que personne ne fasse obstruction [à leur exercice].

Article 2 : Les droits du peuple sont au nombre de trois : le droit à l'égalité, le droit à la liberté et le droit à la propriété.

Article 3 : Le Ciel a fait naître les hommes et prodigue envers tous une égale bonté, sans distinction de supérieur et d'inférieur, d'honorable et de méprisable. Les lois que les hommes ont ajoutées, ici encore sans distinction de supérieur et d'inférieur, d'honorable et de méprisable, ont la même signification.

Article 4 : Les lois sont issues des discussions entre les citoyens, qui les décident du fond de leur cœur et non par octroi[76]. C'est pourquoi, qu'elles ordonnent ou qu'elles interdisent, elles considèrent les citoyens de manière égale sans faire de différence entre eux. Ce qu'elles ordonnent est nécessairement utile à la Voie et nécessairement avantageux pour le pays ; ce qu'elles interdisent est l'inverse.

Article 5 : Tout citoyen, en fonction de ses aptitudes et sans distinction d'origine sociale, peut obtenir une charge publique. Les dirigeants sont élus uniquement selon leurs talents et leur vertu et non selon leurs origines sociales.

Article 6 : Tout homme a droit à la liberté. Cependant, ce droit, né du principe céleste, se règle dans la justice humaine et se protège avec les lois, de façon qu'il ne meure jamais. Du fait de ce droit à la liberté, il n'y a rien que l'on ne puisse

76. Il va sans dire qu'il s'agit de l'octroi par un souverain et qu'en traduisant ce texte, Chômin visait l'empereur (voir introduction).

可無節制、故曰施諸己而不願、亦勿施於人、

第七條　宣己之所思、或筆之書、或擧之口、或衆相會有言説、或奉此宗旨、或奉彼宗旨、祭儀一彼一此、亦皆自主之權所在也、官不得禁之、

第八條　爲國人、當得保其身、護其權、守其財、合而言之、爲保身之權、故爲國者、當護此權令不殞滅、

第九條　守己以奉國、謂之從政之權、守己以處事、謂之居家之權、皆自主之權所在也、若有藉官行威、令人不得據此權、當律抵罪

第十條　凡告訴人、及收繫人、必據律、不得有妄加、既據律被告若被收、不得不時從命、

第十一條　凡告訴人、收繫人、而不據律、則爲有專濫之罪、故其人、亦得出力抗拒、

77. Reprise d'un passage des *Entretiens* où il y apparaît plusieurs fois (XII, 2 ; V, 11 et XV, 23).

78. Chômin traduit ici le passage concernant le droit de sûreté. Remarquer l'usage de *hoshin* 保身 au lieu de *chian* 治安, qui est le mot attendu pour traduire « sûreté » et qu'il utilise du reste dans « Sur les droits du peuple ».

faire si on le désire mais il existe bien une limite : « Ce que tu ne voudrais pas qu'on te fasse, ne l'inflige pas aux autres[77]. »

Article 7 : La manifestation de ses idées, que ce soit de manière écrite ou orale, la délibération en assemblée, l'observance ou non d'une religion et la pratique de tel ou tel culte, toutes relèvent du droit à la liberté. Le gouvernement ne peut rien interdire en la matière.

Article 8 : Les citoyens ont la charge de conserver leur personne, leurs droits et leurs biens. C'est tout cela qui est appelé le droit de conservation des personnes[78]. C'est pourquoi les citoyens se doivent de protéger ce droit afin qu'il ne dépérisse pas.

Article 9 : Se protéger pour servir son pays est ce qui est appelé le droit de servir le gouvernement. Se protéger afin d'accomplir ses tâches quotidiennes est le droit afférent à sa propre vie de famille. Tous deux sont inclus dans le droit à la liberté. Si le gouvernement use de son autorité pour empêcher les personnes d'exercer leurs droits, alors il faut punir ce crime en conformité avec la loi.

Article 10 : Toute mise en accusation et arrestation d'une personne se fait conformément aux lois en vigueur, sans qu'il soit possible d'amender celles-ci. Si on est mis en accusation ou arrêté, on est tenu d'obéir aux ordres des lois.

Article 11 : Toute mise en accusation et arrestation non conformes aux lois constitue un crime abusif et arbitraire. C'est pourquoi on peut y résister par la force.

Quelques années plus tard, en 1887, le gouvernement instaurera une ordonnance sur la sûreté publique (*hoan jôrei* 保安条例) pour réprimer le Mouvement pour les libertés et les droits du peuple (Chômin en sera victime) et cette ordonnance sera suivie d'une loi sur la sûreté et la police (*chian keisatsu hô* 治安警察法) en 1900.

第十二條　凡請求專濫之令、若傳致之、若押署之、若奉行之者、當據律抵罪、

第十三條　凡未經論斷、不得視爲有罪、故捕人、非由不得已而有妄加、當據律抵罪、

第十四條　凡斷人罪、及致人罰、必於聽其自陳之後、又於律例未設之前、有犯罪、不得致罰、若致罰、則爲有專濫之罪、又律例不得及乎既往、及則爲有罪、

第十五條　凡刑律、有不得已者、方設之、故罰必適其罪、罰一人必益于衆、不然者爲濫淫

第十六條　爲國人者、皆有保有之權、故毋論其財産、乃至財産之所生及勞作之所得、構思之所獲、皆當自利用自處分、無受人妨害、

第十七條　毋論農工賈之事、苟欲有所自業、官不得禁之、

第十八條　凡與人常作、固任其自恣、但無論勿得客賣人、亦勿得自賣爲隷奴、身者人々之所自有、他人不得而有之也、故官亦不得設

Article 12 : Tous ceux qui sollicitent des ordres arbitraires, les envoient, les exécutent ou les font exécuter sont des criminels qui doivent être punis.

Article 13 : Nul ne peut être déclaré criminel sans jugement, c'est pourquoi l'arrestation n'aura lieu que si elle indispensable. Mais tout agissement inconsidéré doit être puni selon les lois.

Article 14 : Nul ne peut être déclaré coupable et être puni avant une déclaration préalable. Tout crime commis avant l'institution d'une loi [à son sujet] ne peut être puni. Si une peine est infligée antérieurement, elle constitue un crime d'abus et la loi qui viendrait ensuite ne peut avoir d'effet rétroactif. Celui-ci constituerait un crime.

Article 15 : Les lois n'instituent que des peines inévitables ; celles-ci seront donc absolument proportionnées aux crimes commis, la peine attribuée à chacun devra être utile au peuple, faute de quoi elle constituerait un abus pervers.

Article 16 : Tous les citoyens jouissent du droit de propriété. Par conséquent, chacun peut disposer comme il l'entend de ses biens, des produits de ses biens, du fruit de son travail manuel et intellectuel, sans être entravé en quoi que ce soit.

Article 17 : Que ce soit l'agriculture, l'industrie ou le commerce, chacun peut exercer l'activité qu'il souhaite et le gouvernement ne peut l'interdire.

Article 18 : Chacun est libre de travailler pour autrui. Mais nul ne peut vendre quelqu'un ou se vendre lui-même comme esclave. Une personne n'appartient qu'à elle-même et ne peut être possédée par une autre. Le gouvernement ne peut avoir pour dessein d'instituer des lois concernant l'esclavage. Toute

蓄奴之法、蓋傭主者、出直以買傭、々人者、受直以賣傭、初無有尊卑之別、

第十九條　非人之自許雖一个無得而取焉、但爲濟衆利民、有不得已者、方得取之、然亦豫有償給、必與所取相當、不然者爲貪暴、

第二十條　凡租税、非利于衆、不得妄賦之、故爲國人者、皆有議租賦之權、有監其使用之權、有括其出入之權

第二十一條　國之賙濟貧困、若債之必不可不償、故凡無以自資者、及病羸不能操勞者、皆從官收恤、毋令至寒餓死

第二十二條　爲國人不可無学術、故爲國者、要當令人々皆得就学、

第二十三條　所貴乎爲國者、在衆共合力令人々皆得據其權以爲生、而其要在于民自主國而已、

第二十四條　凡官職必有分、毋得相擾、有司必有責、毋得相諉、皆據律定之、不然者、

distinction entre supérieur et inférieur est interdite lorsqu'une personne en emploie une autre en la rétribuant et lorsqu'une personne offre ses services à une autre contre rémunération.

Article 19 : Nul ne peut prendre quoi que ce soit à quelqu'un sans son consentement. Mais comme il arrive nécessairement qu'il faille aider les membres du peuple ou se rendre utile à eux, un dédommagement à hauteur de la perte doit être discuté. Celui qui ne le fait pas est un voleur.

Article 20 : Aucun impôt ne peut être prélevé à la légère si le peuple n'y trouve pas son intérêt. Tous les citoyens ont donc le droit de délibérer au sujet des impôts et des taxes, d'en surveiller l'emploi et de se faire rendre compte de leurs entrées et sorties.

Article 21 : L'aide aux citoyens indigents est comme une dette dont on doit absolument s'acquitter. Par conséquent, les personnes sans ressources ou incapables de travailler du fait de leur santé doivent toutes être prises en charge par le gouvernement, afin de ne pas mourir de froid ou de faim.

Article 22 : Les citoyens ne peuvent rester sans instruction. Les dirigeants du pays doivent donc assurer l'instruction de tous.

Article 23 : Ceux qui ont la précieuse charge de diriger le pays sont là pour que tous ses membres unissent leurs forces et vivent en vertu de leurs droits. La vie et ses besoins reposent uniquement sur le fait que le peuple est souverain.

Article 24 : Les fonctions publiques sont nécessairement réparties et ne peuvent se confondre. Les officiers ont tous des charges, qui ne peuvent se recouvrir. Tout cela se fait

未得爲民自主國、

第二十五條　國人相合、方得自主國、故主權者、純乎一者也、不可以分人、不可以假人、不可以與人、

第二十六條　凡國民區爲一部者、郡縣村邑、以至上下議院省廳之屬、其權不得與舉國之民齊等、但言事當得自盡無餘、

第二十七條　若有竊據主權專國者、衆共致戮、無之或赦、不然者、未得爲民自主國、

第二十八條　凡律例、民得而撿閲之、脩飭之、更革之、無拘時、一代之民、必遵先代之成規、無得變易、則無有是理、

第二十九條　凡國人、定律例及選代員、命有司其權相等、無有優劣、

第三十條　凡選授官職必有年限、勿視爲寵異之具褒賞之物、當視爲爲國人之務

第三十一條　凡代員、若有司、有犯罪者、亟致罰、無或舍而不問、勿令有自以爲立不侵

conformément aux lois. Dans le cas contraire, nous ne sommes pas dans un pays où le peuple est maître.

Article 25 : Les citoyens rassemblés sont les maîtres du pays. Par conséquent, la souveraineté est absolument unique et pure. Elle ne peut être divisée entre les personnes, ne peut être prêtée ou donnée à quelqu'un.

Article 26 : Aucune portion du peuple, que ce soit des districts, des départements et des villages, jusqu'aux chambres haute et basse du parlement, ministères et offices, ne peut exercer les droits de niveau égal à ceux du peuple tout entier. Mais elle doit s'exprimer sans aucune restriction[79].

Article 27 : Que celui qui usurperait la souveraineté pour accaparer le pays à lui seul soit tué sans pitié par les membres du peuple. À défaut, le peuple ne pourra rester maître de son pays.

Article 28 : Le peuple peut revoir, réformer et changer ses lois et règlements, à tout moment. Aucun principe n'oblige une génération du peuple à se conformer aux lois établies par les générations précédentes, sans pouvoir les changer.

Article 29 : Les citoyens possèdent de manière égale, sans qu'il y ait de supérieur ou d'inférieur, la capacité de décider des lois, de choisir les représentants et les fonctionnaires.

Article 30 : Les fonctions éligibles sont nécessairemment limitées dans le temps. Elles ne doivent pas être considérées comme des distinctions ou des récompenses mais comme des devoirs de citoyen.

Article 31 : Les crimes perpétrés par les représentants et les fonctionnaires doivent être immédiatement punis et il ne peut être question d'aucune négligence à leur sujet. Nul n'a le

79. Chômin reprend ici les divisions territoriales instaurées à son époque, ce qui est l'une des preuves de sa volonté d'utiliser les textes à destination de ses contemporains (voir introduction).

之地、不與他人、同者也、

第三十二條　凡國人奉書有所請求、官不得禁遏之、亦不得豫建紀極節制之、

第三十三條　國人既有前所擧諸權、故官若有侵暴、得出力抗拒、爲有司者、不得視爲叛逆、

第三十四條　侵暴一人、即是侵暴一國、侵暴一國、即是侵暴各人、勿視爲兩物、

第三十五條　官若有侵暴民之諸權、擧國之民、及郡縣村邑、以至上下議院省廳之屬、皆當出力抗拒、此正其務之最重且要者、勿自視爲叛逆、

droit de se présenter soi-même dans une position inviolable, différente des autres.

Article 32 : Le gouvernement ne peut interdire, suspendre ou limiter les pétitions écrites des citoyens.

Article 33 : En vertu des droits précédemment décrits, les citoyens peuvent résister par la force aux agressions du gouvernement et cela ne peut être regardé comme une rébellion.

Article 34 : L'agression d'un citoyen équivaut à l'agression de tout le pays. L'agression du pays équivaut à l'agression de chaque citoyen. Il n'y a aucune distinction à faire entre les deux.

Article 35 : Si le gouvernement viole les droits du peuple dans le pays tout entier, des villes jusqu'aux moindres villages, le parlement comme les ministères ont l'obligation de lui résister par la force. Tel est le plus important et le plus indispensable des devoirs et il ne peut être regardé comme une rébellion.

北米聯邦独立告示
明治１６年3月5日
『欧米政理叢談』２８号

千七百七十六年、英王無道、擅恣日甚、北米藩屬之民 不堪其苛斂而起義兵、遂決独立之策、惹卑爾孫、乃作告示之文傳之于四方其文曰、鈞是民也、或爲宗國或爲藩屬其義猶一家焉、一朝人事之變至於彼此相分離之不得已、則履天理之至正、從上帝之所輿、立独立之他脱藩屬之名與各國并立國其所也、故今明著我米民離宗國而独立之縁由、以傳布於四方

80. Cette traduction n'est pas la première à être faite au Japon mais elle fut la première complète. Il y en plusieurs autour de l'année 1854, juste après l'établissement de relations diplomatiques avec les États-Unis. En 1866, Fukuzawa Yukichi traduisit une partie de la Déclaration dans *Situation de l'Occident* et en reprit les principes dans *Appel à l'étude*. En 1873, Nakamura Masanao inclut quelques passages dans sa traduction d'un ouvrage de Ransom

11. DÉCLARATION D'INDÉPENDANCE DE LA CONFÉDÉRATION D'AMÉRIQUE DU NORD[80]

5 mars 1883

Ôbei seiri sôdan, numéro 28

En 1776, aux jours où le roi d'Angleterre faisait preuve d'une immoralité et d'un égoïsme extrêmes, le peuple des colonies d'Amérique du Nord, ne pouvant plus supporter son oppression, leva une armée d'insurgés, à la suite de quoi fut décidée l'indépendance. Jefferson rédigea une Déclaration qui fut diffusée partout et dont voici le texte :

[Les membres] du peuple sont tous égaux entre eux. Que ce soit celui de la mère patrie ou celui de ses colonies, tous forment en ce sens une même nation. Si un jour, le cours changeant des affaires humaines rend inévitable la séparation, les peuples prennent leur indépendance, abandonnent le nom de colonies et forment un pays, tout cela relève de la parfaite rectitude du principe céleste et de la volonté de Dieu. C'est pourquoi, par respect envers l'assemblée générale, nous, peuple d'Amérique, expliquons ici les motifs pour lesquels nous nous séparons de la mère patrie et proclamons cela aux quatre coins de la Terre.

Gillet. Voir Shirai Atsushi *et alii*, « Amerika dokuritsu sengen no hôyaku ni tsuite » アメリカ独立宣言の邦訳について (« À propos des traductions japonaises de la déclaration américaine d'indépendance »), *Mita gakkai zasshi* 三田学会雑誌, vol. 77, 3, août 1984, p. 118-127. Une comparaison de ces traductions avec celle de Chômin devrait être faite, mais l'espace manque ici.

是亦所以崇重公議焉爾、凡人立初臨無有上下尊卑之別、而天又賦之、以所以自立之權、曰保身、曰自由、究福、此權也我不得以與人、而人亦不得奪諸我、凡有政府之設、爲以護之也、政府而忘失危害之、則改易之、以圖衆庶之福利、民人之權固當然失、其亦何疑也、夫民之爲性、極能容忍、有識之士、孰因、一時小故、倒覆永完之政府、至其夫體以甚、悪逆貫盈、則亦孰夷然待桎梏加于身鞭撻迫于後耶、乃不得已也、是權也、是義也、天與之權義、豈人々之所得私棄哉、抑我北米人民之容忍已至矣、今日之勢、欲無行廢革之事、而不可得也矣、英王逆天虐民自即ち立後凡其所施設之法令、莫不専恣横暴、今畧擧其事以爲証如左、

一法之益民利國者、及其不可欠者、英王皆斥之、

一法之不要勅准而可急施者、英王令有司拒沮之、其要勅准者、則延留而不報、

Il n'y a chez les hommes, à leur naissance, aucune distinction entre supérieur et inférieur, noble et vulgaire[81]. Le Ciel leur a donné les droits d'autonomie, de préservation de soi, de liberté et de recherche du bonheur. Ces droits ne peuvent être cédés à autrui et autrui ne peut davantage me les confisquer. Un gouvernement a été institué afin de les défendre. L'oublierait-il qu'il se mettrait en danger car au nom de son propre bonheur, le peuple peut facilement en changer. Peut-on douter qu'il en soit ainsi des droits du peuple ? Le peuple est par nature d'une patience extrême. On trouve des messieurs savants qui, pour quelque raison minime ou temporaire, renverseraient un gouvernement établi de toute éternité : en arriver là est, certes, une ignominie, une abomination dépassant toute mesure. Mais s'il se comporte avec barbarie, multiplie les entraves et opprime les gens, alors cela devient une nécessité. Un droit. Un devoir. Ces droits et ces devoirs donnés par le Ciel, les hommes peuvent-ils les abandonner ? Nous, peuple de l'Amérique du Nord, avons fait preuve de patience mais la situation actuelle nous oblige à entreprendre une réforme. Depuis son accession au trône, le roi d'Angleterre va à l'encontre du Ciel et opprime son propre peuple. On ne trouve de sa part aucune loi, aucun décret qui ne relève pas du caprice le plus insolent. Nous en voulons pour preuves les faits suivants, qui en représentent un abrégé :

– Les lois utiles au peuple et au pays ainsi que celles qui étaient indispensables ont toutes été rejetées par le roi d'Angleterre.

– Le roi d'Angleterre a interdit à ses gouverneurs d'appliquer des lois urgentes alors que son autorisation n'était pas nécessaire et quand celle-ci l'était, il les a bloquées.

81. La distinction morale entre hommes éminents (*junzi* 君子) et hommes de peu (*xiaoren* 小人) est fondamentale dans le confucianisme et par la suite a justifié l'ordre hiérarchique dans les sociétés chinoise, japonaise et coréenne, distinguant les « supérieurs » et les « inférieurs » (voir également les textes cités en introduction).

—代議之權、於民人最尊重、殆不可言也、惟虐主權之、英王拒縣制而不批准、因欲奪此權、

—英王開設立法議會於隔遠之地、使會員不得輙見參照文書、以期其不得已而從己意、

—英王損民之權、以自益、議會遇抗議不屈、即解散之、

—英王一解議會、閲許多之月、猶不許召集之、及託言於內憂外患、欲以其間濟其私、

—英王欲塞人口著殖之源廃外人歸化之法、斥移住奨屬法之制且頻重條欵、以制抑爲購入土地者、

—英王不可爲定司法權之法案、以妨害審理之政、

—英王黜陟審判官、且增減其歳俸、使之濟其私,

—英王多派遣無用之官人於我地、以浚我民血以掠我民物、

– Le droit de représentation est pour le peuple son droit le plus cher, cela va sans dire. Il ne menace que les tyrans. Le roi d'Angleterre a refusé [l'organisation du] système départemental[82] et n'a pas ratifié [d'autres lois dans ce sens], désireux de ravir ce droit [au peuple].

– Le roi d'Angleterre a ouvert des assemblées législatives dans des endroits lointains rendant [ses membres] incapables de consulter leurs archives, leurs documents de référence, pensant ainsi qu'ils n'auraient d'autre choix que de se plier à sa volonté.

– Le roi d'Angleterre a répondu par des dissolutions aux assemblées qui résistaient aux attaques qu'il infligeait aux droits du peuple pour son profit personnel.

– Une fois ces assemblées dissoutes, durant de nombreux mois, il n'a pas autorisé la convocation d'autres assemblées, laissant ainsi la porte ouverte aux troubles intérieurs comme aux menaces extérieures, afin de satisfaire durant cet intervalle ses désirs personnels.

– Il a voulu bloquer à la source l'augmentation de la population [de nos colonies] en abrogeant la loi de naturalisation des étrangers, en refusant l'instauration de lois d'encouragement à l'émigration ; en outre, il a instauré des conditions beaucoup plus lourdes pour limiter l'achat de terres.

– Il a rendu impraticable le droit [à l'exercice du] pouvoir judiciaire avec des projets de lois posant des obstacles au fonctionnement des instructions.

– Il a rendu dépendants de son bon vouloir la carrière des juges ainsi que le niveau de leurs émoluments.

– Le roi d'Angleterre a envoyé sur nos terres une multitude de fonctionnaires inutiles pour les prendre, sucer le sang de notre peuple et dévorer ses biens.

82. Texte original : « grands districts ». Les départements étaient une création récente à l'époque de Chômin et on peut supposer que le terme « département » lui semblait plus facile à comprendre pour le lecteur.

—英王不以我民人之唯諾、平時屯兵於我地、賴武力虐民官、

—英王私與本國議院謀、立非理之法律、且與外邦連結、欲使我萎棄吾國憲、服從其命令、盖其事不一而足也、曰許多屯兵劫蔱我民人、而不正其刑罰曰阻絶我邦通商之道、曰不承我議會之諾、擡課租天賦、曰濫収繫無赢、送致於英國、曰使我不得從於徴陪審官疑斷犯罪之制、曰於我隣邦、廃英俗自由之制、立抑壓専恣之政、以招其疆土、欲使推此制及我新地、曰追奪我特准、屏棄我典要、以爲變我政體之漸、曰將停止我議會而親総攝立法之權、

—英王辭統治之權、発令置我於保護之外、出兵窘我於銃砲之間、

—英王鹵掠我海濱燬我都邑、僇我民人、

—英王募外國兵、使來蹂躙我邦土、虐殺我民人、其暴酷残忍、往昔獉之狉俗、猶且所希見、當今文化流溢、况託在億兆之元首、其資性可思矣

– Sans l'accord de notre peuple, il a établi sur nos terres des garnisons en temps de paix et par cette force armée a fait preuve de cruauté envers nos fonctionnaires.

– Il a comploté pour s'approprier la Chambre des représentants de son propre pays et a fait promulguer des lois insensées. Il s'est coalisé avec d'autres pays pour paralyser notre constitution et nous soumettre à ses ordres, à travers les faits suivants : il a laissé de nombreuses garnisons piller et tuer nos citoyens et a invalidé les punitions prononcées à leur encontre ; il a établi le blocus des routes commerciales de notre pays ; il a imposé arbitrairement des taxes sans l'accord de nos assemblées ; il nous a fait envoyer en Angleterre un nombre incalculable de fois pour être jugés de prétendus délits et cela, sans que nous puissions faire appel à des jurés ; il a aboli dans un pays voisin le système libéral des coutumes anglaises et a établi un gouvernement oppressif et arbitraire en vue d'appliquer ensuite dans nos terres nouvelles le même système ; il nous a dépourvu de nos chartes, a rejeté nos lois fondatrices et, peu à peu, a altéré notre forme de gouvernement et a exercé à notre place le droit de légiférer.

– Le roi d'Angleterre nous a fait renoncer au droit de gouvernement, a ordonné de nous exclure de sa protection et nous a placés sous le feu de ses fusils et de ses canons.

– Le roi d'Angleterre ravage nos côtes, incendie nos villes et nos villages et massacre notre peuple.

– Le roi d'Angleterre recrute des soldats étrangers pour les envoyer dévaster notre terre, massacrer notre peuple avec une cruauté et une brutalité rarement vues, même dans les temps anciens les plus barbares. Cela est inconcevable de la part du chef d'une nation dont aujourd'hui la culture est florissante.

—苗人性獰悪不知慈悲、惟知戦必殺、不至殲臣尽無噍類則不已盖其俗習然也、英王則煽之、使侵擾我邊徼、且使激我民人起内訌矣、

英王所以虐我者盖如此、其間吾儕卑辭厚禮、楝幷理義詳述嘉情、以請焉者、不知其幾矣、愈謂請而愈斥、千百請、適足以益其虐耳者意英王性最專恣、行極壓制、々々之與專恣、固非所以施於自由之邦也、彼虐主安能治自由之民哉、而我民之與英民、其誼猶兄弟也、吾儕未嘗不到愛敬之誠也、吾儕嘗以英國議院舉不正之法以加我之故、反覆相語矣、吾儕遍叙昔日移住此地之事、而喚醒其心矣、吾儕由正義友愛之心欲使彼想其舊好、收其虐政、以不有今日之不幸矣、夫吾儕之於英民、其情如此其至矣、其如盲如此其尽矣、而英民恰如聾而不聞、暗而不言、於是乎、我邦決意與英國分立焉、嗣後視彼民猶視他邦之民、戦時則爲讎敵、平日則爲友侶、不復別異、是亦勢不得已

– Les indigènes sont par nature mauvais et sont insensibles à la pitié. Une fois en guerre, ils ne font que tuer jusqu'au dernier quartier, comme cela est leur habitude. Le roi d'Angleterre les a excités pour qu'ils nous agressent à nos frontières et il a également poussé notre peuple à la guerre civile.

Face à l'oppression du roi d'Angleterre à notre égard, nous avons plaidé pour la raison et la justice, dans les termes les plus humbles et courtois, un nombre incalculable de fois. Mais chaque demande n'attirait à elle qu'une réprimande et à nos mille pétitions ne répondirent que de nouvelles cruautés. Le roi d'Angleterre, dont le caractère comme les actes sont ceux d'un tyran, n'est pas digne de gouverner un pays libre. Comment un roi oppresseur peut-il gouverner un peuple libre ? L'affection qui nous lie avec le peuple d'Angleterre est celle qui lie deux frères. Nous n'avons jamais manqué de sincérité dans le respect et l'amour envers lui. Plusieurs fois nous l'avons entretenu des lois injustes que son parlement nous appliquait. Nous avons aussi ajouté pour quelles raisons nous avions émigré sur ces terres et, avec un cœur épris de justice et d'amour fraternel, nous avons voulu lui faire penser à notre vieille amitié et lui faire arrêter sa cruelle politique afin qu'il n'y ait plus de malheur comme aujourd'hui. Pour nous autres, rien ne pouvait être plus fort que notre attachement envers le peuple d'Angleterre et on ne pouvait trouver de mots aussi forts pour l'exprimer. Mais tout comme s'il était sourd et ne voulait pas entendre, le peuple anglais s'est enterré dans le silence. C'est pourquoi notre pays décide de se séparer de l'Angleterre. Dorénavant, nous regarderons le peuple anglais comme celui des autres pays, comme des ennemis durant la

焉耳、独立之事由大義建國之業、本公道昊天臨臨、実在我上、茲我儕

北米聯邦公會義士、代其人民以告于四海、曰我聯邦固有成自立國之權、今及據其權以絶隷屬英國之義、自今而後我聯邦政務、不容他人喙焉、宣戦講話、締盟結約、事無大小、皆任我聯邦之自爲、我儕惟一心敬信、仰頼上帝応護、誓捐名利棄錢財、生死必遵行之告示之旨矣、

guerre et comme des amis en temps de paix, sans plus faire de différence [avec les autres peuples]. Telle est la situation qui s'impose à nous.

L'indépendance est le plus grand des devoirs et la tâche de fonder un pays est à la base de la Voie publique. Sous le regard du Ciel immense, nous, représentants de l'assemblée générale de la Confédération d'Amérique du Nord, au nom du peuple, déclarons aux Quatre Mers que notre Confédération a par principe le droit de s'ériger en pays indépendant ; qu'en vertu de ce droit, nous mettons aujourd'hui fin à tout devoir de subordination avec l'Angleterre ; que nos affaires politiques n'accepteront plus aujourd'hui comme demain l'intrusion d'un tiers ; que le droit de déclarer la guerre, conclure la paix, contracter des alliances et tous actes grands ou petits relèvent tous de la seule décision de notre Fédération. Sous la protection de Dieu envers qui se tournent nos cœurs unis, pleins de respect et de confiance, nous promettons de rester à tout prix fidèles aux principes de la présente Déclaration, d'y engager notre honneur, d'y abandonner tous nos biens et de donner pour cela nos vies.

DEUXIÈME PARTIE

MIN.YAKU YAKKAI

民約訳解

Traduction commentée du Contrat social*,*
1882-1883.

Version de 1874 en note[83]

83. Le terme utilisé par Chômin est *Min.yaku ichimei gensei*, ce qui peut être traduit tel quel par « contrat du peuple, principes de la politique ». Or dans le numéro 20 de la revue *Ôbei seiri sôdan*, Chômin a précisé dans le titre la prononciation des caractères choisis, en alphabet katakana : *kontura soshiaru, puranshipu do ra poritiku* c'est-à-dire en français : « Contrat social. Principe de la politique ». Cette précision disparaît dans le livre I publié par le Futsugaku juku en 1882. La pratique de préciser ainsi une prononciation à côté des caractères chinois est courante en japonais et Chômin en fait fréquemment usage pour rendre des notions de philosophie, comme l'illustre notamment son *Rigaku kôgen* (*La Quête philosophique*). Comme cette précision montre que Chômin avait bien l'intention de rendre « contrat social » avec *min.yaku*, il nous paraît rester plus fidèle à son texte en contre-traduisant par « contrat social » plutôt que par « contrat du peuple ».

叙

聖人垂教示法、六経炳燿、与日月爭光、人倫之道至矣、其言政也、曰行夏之時、乗殷之輅、服周之冕、楽則韶舞、放鄭声遠佞人、蓋政也者、与時推移、不逆於人情、斯爲美矣、語曰、善者因之、其次利道之、最下者与之爭、故唐虞禅而興、燕噲譲而亡、禹伝於子、而爲万世帝王之法、訟獄謳歌、亦足以見民心之所嚮焉、至如蓋寛饒、方漢宣帝之世、魏丙

84. L'ensemble formé par les textes canoniques a pu varier en Chine selon les époques mais ce qu'on nomme les Six Classiques (*liu jing* 六経) est constitué du *Livre des documents* (*Shujing* 書経), du *Livre des odes* (*Shijing* 詩経), du *Traité des rites* (*Liji*), du *Livre des mutations* (*Yijing* 易経), du *Printemps et Automnes* (*Chunqiu* 春秋) et du *Livre de la musique* (*Yuejing* 楽経), plus tard remplacé par les *Rites des Zhou* (*Zhouli* 周礼).

85. Citation partielle des *Entretiens* (*Lunyu* 論語), XV, 10 : « Yan Hui demande comment gouverner un pays. Le Maître dit : adopte le calendrier des Xia, monte le char impérial des Yin, porte la coiffe rituelle des Zhou. Pour ce qui est de la musique, prends Shao et sa gestuelle pour modèle. Bannis les airs de Zheng, ainsi que les beaux parleurs ; les premiers sont une

PRÉAMBULE

Les saints ont prodigué leur enseignement et ont révélé les lois ; les Six Classiques[84] rivalisent par leur éclat avec la lumière du soleil et de la lune. Ainsi est née la voie de la morale humaine. Ne dit-on pas au sujet de la politique : « Adopte le calendrier des Xia, monte le char impérial des Yin, porte la coiffe rituelle des Zhou. Pour ce qui est de la musique, prends Shao et sa gestuelle pour modèle. Bannis les avis de Zheng ainsi que les beaux parleurs[85] » ? La politique évolue ainsi avec le temps et tire sa beauté de ne pas aller contre les émotions humaines. Il est dit : « Le meilleur des souverains accepte la nature des gens de son peuple, ensuite vient celui qui les mène à ce qui leur est utile, puis celui qui leur donne l'éducation morale, puis celui qui les force à obéir, enfin le dernier d'entre eux est celui qui entre en compétition avec eux[86]. » C'est pourquoi les Anciens Rois avaient transmis l'un à l'autre leur pouvoir et avaient prospéré alors que Kuai de Yan

invite au libertinage, les seconds un danger mortel pour l'État » (traduit par Anne Cheng, Paris, Seuil, 1981). Il est question ici des différentes dynasties chinoises qui se sont succédé selon les textes.

86. Citation partielle d'un passage des biographies des profiteurs (*Huozhi zhuan* 貨殖伝) des *Mémoires historiques* (*shiji* 史記) : « Le meilleur des souverains accepte la nature des gens de son peuple, ensuite vient celui qui les mène à ce qui leur est utile, puis celui qui leur donne l'éducation morale, puis celui qui les force à obéir, enfin le dernier d'entre eux est celui qui entre en compétition avec eux » *gu shanzhe yinzhi*, *qici lidao zhi, qici jiaohui zhi*, *qici jiao zhengqi zhi*, *zuixiazhe yuzhi zheng* 故善者因之，其次利道之，其次教誨之，其次整齐 之、最下者與之争 (traduit par nous).

爲政、充国治兵、火徳再熾之時、妄進五帝官天下之説、以自速禍、雖砥節直道而行、抑不料時揆人情、何狂戇之甚也、近時泰西諸国、各張雄乎一方、文物之豊、学術之精、兵馬之強、法英日弥利堅北部、最其尤者也、而其爲政、或立君置相、或民相共主治、体制雖各不同、要皆置所謂国会者、令民票選有誉望者薦之、自租賦律例、海陸軍政、以至与隣国往復交接、一由衆議取決焉、其広通民志、防禍亂于未萌、豈亦因人情、而裁成者非邪、伝曰、

87. Selon les *Mémoires historiques* (chapitre 35, duc de Shao, prince de Yan), Kuai 噲 (?-314) de Yan 燕 était un roi faible qui laissa son ministre Zizhi 子之 (?-314) gouverner, ce qui exaspéra le prince héritier et mena à une guerre civile entre ce dernier et Kuai. Le roi de Qi finit par intervenir dans le conflit pour venir en aide au prince héritier mais s'attaqua à ce dernier après avoir défait les troupes de Zizhi. Kuai mourut dans la bataille et Yan fut incorporé à Qi.

88. Yu 禹, souvent appelé Yu le Grand (Da Yu 大禹), est le fondateur légendaire de la dynastie des Xia 夏. Il est considéré comme l'un des rois modèles dans le confucianisme.

89. Gai Kuanrao 蓋寛饒 (?-60) était officier de haut rang, chef de la police de la capitale (*sili xiaowei* 司隷校尉), à la cour de l'empereur Xuan 宣 (-74, -49) des Han antérieurs. Sa réputation d'intégrité lui valut de rapides promotions mais il fut jeté en prison pour avoir dénoncé l'influence des eunuques et il s'y suicida. Sa biographie peut être trouvée dans la *Chronique des Han* (*Hanshu* 漢書), que Chômin cite un peu plus loin.

90. Chômin pense probablement à Wei Xian 韋賢 (147-66), Wei Xiang 魏相 (?-59) et Bing Ji 丙吉 (?-?), qui se succédèrent au poste de conseiller en chef (*shengxiang* 丞相) sous l'empereur Xuan.

délégua son pouvoir et en mourut[87]. Yu transmit son pouvoir à son fils et cela devint la règle pour les lignées d'empereurs et de rois qui suivirent[88]. Les procès et les chants suffisent pour montrer où se tourne le cœur du peuple. À l'époque de Gai Kuanrao[89], sous le règne de [l'empereur] Xuan des Han, le gouvernement était entre les mains des familles Wei et Bing[90], Chongguo[91] commandait l'armée et, en ces temps où la vertu du Feu[92] dominait à nouveau, on expliquait à tort et à travers que « les cinq empereurs avaient gouverné le monde[93] », ce qui ne pouvait que précipiter les malheurs. On peut affiner son style et perfectionner la Voie mais n'est-ce pas folie que de ne pas prendre la mesure du temps ni supputer des sentiments humains ?

Ces dernières années, les pays d'Occident déploient toute leur vigueur. Parmi eux, la France, l'Angleterre, l'Allemagne et le nord de l'Amérique sont ceux qui excellent dans la richesse culturelle et matérielle, les sciences et les techniques ainsi que dans la force de leurs armées. Quant à leurs gouvernements, certains ont établi un roi secondé par des ministres, chez d'autres, les membres du peuple se gouvernent tous ensemble. Leurs régimes ne sont point les mêmes mais tous ont établi

91. Shao Chongguo 趙充国 (137-52) était un général qui s'illustra dans les attaques contre les Huns (appelés par les Chinois *xiongnu* 匈奴, « esclaves hurleurs »). Il contribua à la mise sur le trône de l'empereur Xuan.

92. Le feu est l'un des Cinq Éléments constitutifs du monde, dans la cosmologie qui naît sous la dynastie Han (elle-même associée à l'élément du bois et non du feu comme l'écrit Chômin).

93. Citation d'une version du *Livre des mutations* par Han Ying 韓嬰 (200-130), maître de Gai Kuanrao, intitulée *Hanshi Yi* 韓氏易. Le livre a été perdu mais il en est fait mention dans la *Chronique des Han*, vol. 77, biographie de Gai Kuanrao : « Les cinq empereurs ont gouverné le monde, les trois rois en ont fait une maison et les familles la transmettent à leurs fils » *wudi guanxia tianxia, sanwang jia tianxia, jiayi huzi* 五帝官下天下、三王家天下、家以伝子, *Hanshu* 漢書, Beijing, Zhonghua shuju 中華書局, vol. 10, 1964, p. 3247. Les trois augustes et les cinq empereurs (*sanhuang wudi* 三皇五帝) sont des personnages de la mythologie chinoise précédant l'établissement de la dynastie Xia, dont la liste a pu varier selon les textes. Ils sont présentés comme des modèles de vertu.

物有本末、不窮其本、安足知其末、西方諸国之立政制治、蓋亦有本矣、希臘羅馬尚矣、就法英日三国観之、距今数十百年、孟得士瓜、婁騒、羅克、賓撒母、禮弗尼、広篤之徒、皆雄俊閎偉、以淹博之識、通達之材、著書論治道之要、理密分毫芒、辞華奪万色、挙世溷濁莫我知、嗷々騰口而曾少不屈撓、以爲考諸今而不謬、自時厥後、碩学輩出、相共切劘講学論政、無幾天下喁然嚮風、学士太夫、以至閭巷小民、咸知改易風俗、更革官制之不可欠於時、挺身出力、万死不顧、斯以一洗曩日之陋習、而古今之間、鑿一大鴻溝矣、由此観之、淵源所自、孟婁諸子之力、実居多焉、而後世最推婁騒爲之首者、以其所旨、在于令民自脩治、而勿爲官所抑制也、吾邦自古神聖相承、

ce qu'on appelle un parlement, pour lequel le peuple choisit par le vote des personnes honorables. Depuis les impôts et les lois jusqu'aux affaires militaires, en passant par les relations avec les pays voisins, le parlement décide de tout, grâce à des délibérations collectives. [Mais] Faire circuler le plus largement la volonté du peuple, se prémunir des troubles qui peuvent toujours advenir, seraient-ce des décisions prises uniquement en fonction des sentiments humains ? Il est dit : « Toute chose a ses racines et ses branches[94]. » Comment peut-on connaître les branches sans discerner les racines ? Les gouvernements des pays occidentaux ont aussi leurs racines. C'est en prenant pour modèle la Grèce et Rome, lointaines de plusieurs milliers d'années, que des hommes érudits et remarquables tels que Montesquieu, Rousseau, Locke, Bentham, Leibnitz et Kant ont, en France, en Angleterre et en Allemagne, publié des livres sur le gouvernement. Ils raisonnaient de façon très rigoureuse dans la déduction des principes et leur prose éblouissait le monde de ses mille nuances. Alors que le monde était confus à s'y perdre soi-même et que les clameurs montaient, ils restèrent inflexibles [dans leur démarche] et réfléchirent sur le passé et le présent sans commettre d'erreur. Par la suite apparurent sans cesse de tels érudits débattant entre eux, discutant des sciences et du gouvernement et finalement, le monde s'en trouva en un coup de vent transformé. Ces savants comprirent qu'il ne fallait pas perdre de temps pour changer les mœurs et l'administration, depuis les nobles jusqu'au petit peuple des campagnes. Ils se dévouèrent corps et âme, y mirent toutes leurs forces, sans jamais craindre la mort. C'est ainsi qu'ils firent table rase des mauvaises coutumes d'autrefois et creusèrent un fossé gigantesque entre le passé et le présent.

94. Citation de la fin du tout premier paragraphe de *La Grande Étude* : « Les choses ont leurs racines et leurs branches. Les affaires ont leurs débuts et leurs fins. Savoir ce qui est aux prémices et ce qui est à leur conclusion est ce qu'enseigne *La Grande Étude* » *wu you ben mo, shi you zhong shi. Zhi suo xian hou, ze jin dao yi* 物有本末，事有終始，知所先後，則近道矣.

德化隆洽、而中興以來、爲治遍觀於泰西国諸国、取長補短、文物益備、而士庶亦相競、以自治爲志、然則講婁騒諸子之業、以窮泰西制度淵源、在今日当務之急、予也迂陋、処世靡所知曉、至於旁行之書、夙覃思所誦習、聊自覚有からだ得、聚徒教授、有年于此、頃者、与二三子謀、取婁騒所著民約者訳之、逐卷鏤行、以问于世、亦唯欲不負爲昭代之民云爾、如妄崇異域習俗、以激吾邦忠厚之人心、予豈敢焉

明治十五年秋九月

中江篤介撰

95. Chômin fait référence à la Restauration de Meiji (*Meiji ishin* 明治維新) en 1868, au cours de laquelle les clans de Satsuma et de Chôshû ont renversé le régime du shôgun sous prétexte de restaurer le régime impérial.

On peut constater qu'à l'origine, tout cela doit beaucoup à des savants comme Montesquieu ou Rousseau. La raison pour laquelle Rousseau a été par la suite le plus vénéré est qu'il laisse le peuple se gouverner par lui-même sans permettre aux fonctionnaires de l'opprimer. Notre pays a été policé au plus haut point par la succession des divinités et des saints. Depuis la Restauration[95], nous avons largement regardé vers les pays d'Europe et d'Amérique pour établir un gouvernement. Nous en avons pris le meilleur afin de pallier nos faiblesses et nous avons ainsi disposé de plus en plus de biens spirituels et matériels. Les guerriers et les roturiers ont commencé à rivaliser entre eux et ont fait de l'autonomie leur but[96]. C'est pourquoi il est urgent aujourd'hui de se concentrer sur les fondements des institutions occidentales, en discutant les œuvres de Rousseau et des autres penseurs. Je suis peu doué en intelligence et loin de connaître ce monde mais, en ce qui concerne les œuvres évoquées plus haut, j'ai acquis quelques compétences à force de concentration et d'étude et, depuis plusieurs années, je rassemble des élèves et enseigne. Récemment, avec deux ou trois d'entre eux, j'ai envisagé de traduire les passages où Rousseau expose sa théorie du contrat social, d'en faire un livre et de le présenter à nos contemporains. Par ailleurs, j'aspire simplement à ne pas aller à l'encontre [des intérêts] de l'heureuse génération actuelle. Comment oserais-je offenser des cœurs vertueux de notre pays en prônant la vénération des mœurs et coutumes de terres étrangères ?

Septembre de l'an 15 de Meiji [1882]
Nakae Tokusuke

96. Il faut comprendre le mot « autonomie » non pas au sens actuel mais au sens plus ancien que lui donnait notamment Rousseau, c'est-à-dire le fait de se donner ses propres règles.

訳者緒言

当法朗西王路易第十五、在御之時、戎雅屈、与孟得士瓜、遏爾的児諸子、著書論政、鼓倡自治之說、而戎雅屈爲最剴切、所著民約一書、掊擊時政、不遺余力、以明民之有權、後世論政術者、挙爲称首、但其人天姿剛烈、加以負才矜豪、不喜循人軌轍、是以論事、或不能無矯激之病、学士輩往々有所指摘焉、抑民約立意極深遠、措辞極婉約、人或苦於難解、余自蚤歳嗜読此書、久々覚有所得、乃取訳之、其難解処、従加之解、名曰民約訳解、首卷適成、即刊行、欲与世之同嗜者、共玩誦之、若夫文辞之陋、大方君子幸賜恕焉、

PRÉFACE DU TRADUCTEUR

Durant le règne de Louis XV, roi de France, Jean-Jacques, Montesquieu et Voltaire discutèrent de politique à travers leurs livres et se firent les avocats de l'autonomie. Jean-Jacques fut le plus pertinent des trois. Par cet ouvrage, *Du Contrat social*, il attaqua la politique de son temps et ne ménagea pas sa peine pour expliquer que le peuple a des droits. Il fut le maître de tous ceux qui discutèrent de la politique pour les générations futures. Du fait de sa rudesse de caractère et de son génie, il était peu enclin à suivre les chemins tout tracés. Il lui arrivait d'être excessif dans les débats. Les savants l'ont souvent indiqué. *Du Contrat social* est, dans son contenu, très profond et, dans sa forme, très ramassé. On se plaint qu'il soit malaisé à comprendre. Pour ma part, j'ai souhaité ardemment lire ce livre depuis ma jeunesse et depuis, je n'ai eu de cesse d'y revenir, tant il m'a apporté. J'ai voulu ici le traduire et ajouter des commentaires au sujet des passages difficiles en lui donnant pour titre *Traduction commentée du* Contrat social, ce qui constitue précisément l'essentiel de ce livre. J'ai souhaité le publier pour jouir de sa lecture avec ceux qui partagent mes goûts. Messieurs de haute culture, accordez-moi votre indulgence pour mon style !

著者緒言

余嘗不自揣、欲著一書、尽論世制度風俗、与夫人倫大道、及一切有関繫治道者、窮究之道理、黽勉就業蓋亦有年矣、既而自知精力、不足以酬志、而中道廃止、即如本書、特不過爲其一節耳、唯本書所論比其余、似少有可觀者、且又裒然成数巻、故不忍遂棄、乃裁而彙之、以問于世爾、其余已委風塵、今不復留隻楮矣、

PRÉFACE DE L'AUTEUR

Cela fait de nombreuses années que je voulais, sans vraiment y réfléchir, consacrer mes forces à écrire un livre où je discuterais largement des institutions et coutumes de ce temps, ainsi que la grande voie de la morale humaine et l'ensemble des voies de gouvernement, afin d'en percer les principes[97]. Ayant trop présumé de mes forces et de ma volonté, je me suis arrêté en chemin. Le présent ouvrage n'en représente donc qu'une partie. Les thèmes qu'il aborde sont les plus dignes d'être lus et pourraient faire l'objet de nombreux volumes encore. C'est pourquoi, ne pouvant me résoudre à l'abandonner, j'en ai sélectionné des parties, les ai rassemblées pour les soumettre au jugement du public. Le reste est déjà poussière au vent.

97. Ce passage, qui explique plus en détail la démarche de Rousseau, ne figure pas dans l'original. Chômin s'est peut-être servi d'un ouvrage de Rousseau car il avait l'habitude d'utiliser des ouvrages tierces dans ses propres ouvrages sans les citer : cela est avéré pour les *Dialogues politiques entre trois ivrognes*, *Deux Cents Ans* [d'histoire] *de la France avant sa Révolution*, pour lequel Chômin a utilisé l'*Histoire de France* d'Henri Martin et celle de Victor Duruy, ainsi que *La Quête philosophique*.

民約一名原政

民約訳解巻之一目次

法朗西　戎雅屈婁騒著

日本　中江徳介訳迸解

LIVRE I
PRINCIPES DU DROIT POLITIQUE

Traduction commentée du *Contrat social*, sommaire du livre I

Auteur : Jean-Jacques Rousseau, France[98]
Traduction et commentaire : Nakae Tokusuke, Japon

98. Il manque ici « citoyen de Genève », ainsi que la citation latine de l'*Énéide*. Chômin se rattrape dans le commentaire.

政果不可得正邪、義与利果不可得合邪、顧人不能尽君子、亦不能尽小人、則置官設制、亦必有道矣、余固冀有得乎斯道、夫然後政之与民相適、而義之与利相合其可庶幾也、人或將問余曰、吾子論政、亦莅民者乎、將爲一邦制作者也、余則將応之曰、吾非莅民者、亦非爲一邦制作者、所以有此著也、若莅民爲一邦制作、余則爲余所言耳、復何托空言之爲、雖然、余亦生而得爲民主国之民、以有与于議政之権、顧余之陋劣、雖有此権、初不能有補於国家、然既有議政之権、則著書論政、亦余本分内之

99. Chômin réutilise ici les *Entretiens*, XII, 17 : « Gouverner, c'est être dans la rectitude. »

La politique ne devrait-elle pas gagner en rectitude[99] ? Le juste ne devrait-il pas s'allier à l'intérêt[100] ? Comme les êtres humains ne peuvent être tous soit des hommes de bien, soit des hommes de peu, des institutions publiques sont établies et, pour cela, il faut nécessairement une voie. Je pense avoir trouvé ici cette voie et j'espère qu'avec elle, la politique concordera avec le peuple, que le juste s'alliera à l'intérêt. On me demandera peut-être : vous discutez de politique mais gouvernez-vous un peuple ? Ou bien êtes-vous celui qui élabore les institutions d'un pays ? Je réponds que non, je ne gouverne pas de peuple et je ne suis pas celui qui élabore les institutions d'un pays. C'est bien pourquoi j'écris ce livre. Si je gouvernais un pays, ou si je voulais élaborer les institutions d'un pays, je me contenterais de faire ce que je dis. Pourquoi s'en tenir à des paroles creuses ?

Cependant, de naissance, je fais partie d'une démocratie, ce qui me donne le droit de débattre de la politique. Même si je ne peux guère être d'une grande aide pour l'État, ce droit que l'être humble que je suis possède me permet d'écrire ce livre et tel est son devoir. Je ne pourrai me rabaisser en usant de paroles creuses. Chaque fois que le cœur est inspiré lorsque je discute de politique, je tourne ma réflexion vers

100. *Entretiens*, IV, 16 : « L'homme de bien connaît le Juste, l'homme de peu ne connaît que le profit. »

事、未得以空言斥之也、嗚呼余之論政、每有得于心、輒顧照諸吾邦所施設、然後益知吾邦制度之所以卓越乎他邦、而尤爲可崇重也、如余者何享福之厚也、

（解）民主国者、謂民相共爲政主国、不別置尊也、議政之權者、即第七章所謂君權也、婁騷本瑞西人、其称吾邦、即斥瑞西、非斥法朗西也、瑞西夙循民主之制、有合此書之旨、故婁騷崇奬之如此、

第一章　本卷旨趣

昔在人之初生也、皆趣舎由己不仰人処分、是之謂自由之權、今也天下尽不免徽纆之困、

101. Chômin précise qu'il s'agit du nom du pays car il utilise deux caractères pour leur son afin de transcrire le nom suisse.

les institutions de mon pays et je comprends ce qui les rend supérieures à celles des autres pays et dignes de louanges. Pourrais-je recevoir un bonheur plus grand ?

Commentaire

Une démocratie est un pays où les membres du peuple élaborent ensemble la politique et en sont le Souverain, sans placer qui que soit dans une situation supérieure. C'est pourquoi le droit de délibération politique fait l'objet du chapitre sept sous le titre : « Le Souverain ». Rousseau est originaire de Suisse et c'est elle qu'il désigne lorsqu'il parle de son pays, non la France[101]*. La Suisse suit depuis longtemps le système démocratique. Cela coïncide avec le sujet du livre et c'est pourquoi Rousseau honore autant la Suisse*[102].

Chapitre 1 : Sujet du livre

Autrefois, dans la jeunesse des hommes, tout le monde allait où bon lui semblait et nul n'était entravé. Tel est ce qu'on nomme le droit à la liberté. Mais, aujourd'hui, nul ne peut échapper aux souffrances des fers. Les grands personnages tels que les rois et les ministres peuvent bien se placer au-dessus des autres, une réflexion approfondie montre qu'ils subissent un

102. Chômin avait également lu et fait traduire le *Discours sur l'origine et les fondements de l'inégalité entre les hommes*, où Rousseau fait les louanges de sa ville natale en exergue. Genève mettra au pilon *Du Contrat social* immédiatement après sa parution.

王公大人之屬、自托人上、詳而察之、其蒙羈束、或有甚庸人者、顧自由權、天之所以与我俾得自立也、而今如是、此其故何也、吾不得而知之也、但於棄其自由權之道、自有得正与否焉、此余之所欲論之也、

（解）是段一篇之大綱領、蓋以爲上古之時、邦国未建、制度未設、人々肆意爲生、無受人約束、自由權尤盛之候也、及邦国既建、制度既設、尊卑有常、貧富有別、不復如上古人之肆意爲生、即帝王之貴、雖威福自由、往々乎外爲強臣之所脅、内爲嬖嬖之所制、動不如意、比庸人居家頗自恣、或有劣焉，亦非能有自由權也、夫所謂自由權者、天之所与人令得肆意爲生也、則宜貴重顧惜罔之或失也、而今尽天下之人、皆喪失之矣、此天下之一大変事也、所以

103. Ce passage se veut une citation du *Discours sur l'inégalité entre les hommes* mais, même si le contenu est fidèle au *Discours*, on n'y trouve pas de phrase qui lui corresponde exactement.

joug plus lourd qu'aucun autre et qu'il n'y a pas plus prisonnier qu'eux. Le droit à la liberté est donné par le Ciel et c'est grâce à lui que l'on gagne l'indépendance. Quelle est la cause de la situation actuelle ? Je ne peux le savoir. Cependant, sur cette voie d'abandon du droit à la liberté, il y a un chemin correct et un autre qui ne l'est pas. Voilà ce dont je veux discuter ici.

Commentaire

Ce paragraphe contient l'essentiel de l'ouvrage. Il est dit à ce propos : « Dans les temps les plus anciens, il n'existait pas encore de pays ni d'institutions. Les êtres humains vivaient comme bon leur semblait et rien ne les entravait. Ils jouissaient au maximum de leur droit à la liberté. Lorsqu'on créa des pays et leurs institutions, on distingua les hommes honorables du vulgaire, les riches des pauvres et les êtres humains cessèrent de vivre selon leur désir. Des empereurs et des rois recevaient les hommages, bénéficiaient de la puissance du bonheur et de la liberté mais, contrairement à leurs attentes, ils étaient souvent menacés, à l'extérieur, [de leur palais] *par des ministres forts et, à l'intérieur, par des favoris corrompus. Comparés à l'homme ordinaire, libre dans sa demeure, leur condition était bien inférieure. Ce qu'on appelle le droit à la liberté est le pouvoir que le Ciel donne à l'être humain de vivre comme il l'entend. Il est à ce titre précieux et nul ne devrait le perdre. Or, les êtres humains d'aujourd'hui l'ont tous perdu. C'est le plus grand changement de ce monde. Il doit y avoir une raison à cela mais je ne la connais pas encore*[103] *» Ainsi, dans son livre qui porte le titre* Sur l'inégalité[104], *Rousseau explique très en détail l'origine de ce changement et lorsqu'il écrit ici qu'il l'ignore, c'est parce qu'il ne s'agit pas du sujet du présent ouvrage. Par ailleurs, il existe deux sortes de liberté. Celle, conforme au Ciel, où vivaient sans entraves, suivant*

104. Chômin précise en alphabet katakana *inegaritê* au-dessus des idéogrammes choisis pour le titre du second discours.

致此変者、当有所從來、而吾未之能知也、蓋作者、於其題号不平等論書中論此変之所從來、極詳、玆言不知者、是書之旨趣、不在于此故也、雖然自由權亦有二焉、上古之人肆意爲生、絕無被検束、純乎天者也、故謂之天命之自由、本章所云即是也、民相共約、建邦国、設法度、興自治之制、斯以得各遂其生長其利、雑乎人者也、故謂之人義之自由、第六章以下所云即是也、天命之自由、本無限極、而其弊也、不免交侵互奪之患、於是咸自棄其天命之自由、相約建邦国、作制度、以自治、而人義之自由生焉、如此者所謂棄自由權之正道也、無他棄其一而取其二、究竟無有所喪也、若不然豪猾

105. Le terme « justice humaine » (*jingi* 人義), qui implique aussi la notion de devoir comme nous l'avons indiqué, se retrouve presque uniquement dans le *Traité des rites*, chapitre Liyun 禮運, II, 18 : « C'est pourquoi, lorsqu'il est dit que le sage peut considérer tout ce qui se trouve sous le Ciel comme une seule famille et tous ceux qui habitent dans les pays du Milieu comme un seul homme, cela ne signifie pas qu'il doit le faire avec préméditation. Il doit connaître les sentiments humains, être ouvert à ce qu'ils considèrent juste ; il doit leur montrer clairement ce qui est leur intérêt et comprendre leurs malheurs. C'est ceci une fois fait qu'il peut agir. Quels sont les sentiments

leur propre volonté, les êtres humains des temps anciens. C'est pourquoi on l'appelle la liberté décrétée par le Ciel. C'est de cette liberté-là qu'il s'agit dans ce chapitre. Lorsque les membres du peuple concluent entre eux un contrat, fondent un pays et établissent des lois, développent un système de gouvernement autonome qui donne à chacun les moyens de son existence et d'en jouir à bon profit, tout cela les fait se rencontrer. C'est pourquoi on appelle cela la liberté de la justice humaine[105]*. Tel est le propos du chapitre six qui suit. La liberté décrétée par le Ciel ne connaît aucune limite. À cause d'elle, il arrive fréquemment que les gens s'attaquent les uns les autres. La liberté de la justice humaine fait son apparition lorsque chacun abandonne sa liberté décrétée par le Ciel, que tous concluent les uns avec les autres un contrat, construisent un pays et établissent ses institutions pour se gouverner eux-mêmes. Telle est la voie correcte pour gagner son droit à la liberté. Il n'y a pas d'autre moyen que d'abandonner la première pour la seconde.*

Si tel n'était pas le cas, voyant que nous ne cesserions de nous battre entre nous et que nous ne pourrions jouir en paix de nos vies, des vauriens nous duperaient et nous menaceraient

des hommes ? Il s'agit de la joie, de la colère, de la tristesse, de l'amour, de l'affection et de l'aversion. Ces sept sentiments appartiennent aux hommes sans qu'ils aient à les apprendre. Quelles sont les choses qu'ils considèrent justes ? La bienveillance prodiguée par le père, la piété témoignée par le fils, la bienveillance du frère aîné, l'obéissance du frère cadet, la conduite juste du mari, la soumission de l'épouse, la générosité des plus âgés, la déférence des plus jeunes, la magnanimité du souverain et la fidélité du vassal, telles sont les dix choses que les hommes considèrent justes. » (Traduction adaptée de celle de James Legge). *Gu shengren nai yi tianxia wei yi jia, yi zhongguo wei yi renzhe, fei yi zhi ye, bi zhi qi qing, bi yu qi yi, ming yu qi li, da yu qi huan, ranhou neng wei zhi. He wei renqing ? Xinu aiju ai'e yu qi zhe, fuxue er neng. He wei renyi ? Fuci, zixiao, xiongliang, didi, fuyi, futing, zhanghui, youshun, junren, chenzhong shi zhe, wei zhi renyi.* 故聖人耐以天下為一家，以中國為一人者，非意之也，必知其情，辟於其義，明於其利，達於其患，然後能為之。何謂人情。喜怒哀懼愛惡欲七者，弗學而能。何謂人義。父慈、子孝、兄良、弟弟、夫義、婦聽、長惠、幼順、君仁、臣忠十者，謂之人義。

之徒、見我之相爭不已、不能自懷其生、因逞其詐力、脅制於我、而我從而奉之君之、就聽命焉、如此者非所謂棄自由權之正道也、無他天命之自由、与人義之自由、幷失之也、論究此二者之得失、正本卷之旨趣也、

人或曰、人之所以致失自由權者、有強勇力者制之也、此邦国之本也、吁曷其然、夫民爲強者之所制，不得已、而從之、固無不可、一旦自振拔、蹶起破其衡軛、則孰得而禦之、何者彼其初所賴以奪我之自由權者、独有威強而已、故我今亦賴我之威強、以復之、彼復有何辞於我、若此則是邦国者、天下党聚之最杌隉不安者也、曷其然、夫邦国者，凡党聚之類之所取法焉、宜別有所本也、不宜如此之不安

106. L'expression 強勇力 apparaît dans le *Mozi* 墨子, livre VIII, chapitre 3 (« Sur les revenants », *Mingui xia* 明鬼下), 3, mais de manière scindée. Chômin a peut-être consulté une édition non ponctuée.

107. Le mot *tôshû* 党聚 qu'utilise ici Chômin pour la seule et unique fois n'apparaît que dans *Les Mémoires historiques* de Sima Qian, chapitre 34, « Annales de la Maison de Yan Shaogong » (*Yan Shaogong shijia* 燕召公世家), paragraphe 23. Édouard Chavannes le traduit par « parti » : « Alors

pour nous obliger à les honorer et à en faire nos chefs. Cela n'est pas la voie correcte pour acquérir le droit à la liberté. On perd à la fois la liberté décrétée par le Ciel et la liberté de la justice humaine. Le présent chapitre se donne précisément pour objectif de discuter les avantages et les inconvénients de ces deux sortes de libertés.

Quelqu'un pourrait dire que les hommes perdent leur liberté parce qu'il y a des hommes forts et intrépides[106] qui viennent les diriger. C'est ainsi que les pays se forment. Ah ! comment cela pourrait-il être possible ! Quand le peuple est dirigé par les puissants et leur obéit parce qu'il ne peut faire autrement, il n'y a rien à redire. [Mais] quand le peuple se soulève et brise ses chaînes avec enthousiasme, qui pourrait lui résister ? En effet, ces hommes n'ont pu confisquer notre droit à la liberté qu'au moyen de la seule force. Nous récupérons ce droit par le même moyen. Ils n'ont donc aucun argument pour s'y opposer. Sinon le pays serait la plus instable des bandes humaines[107] qui existent sous le Ciel et il serait ébranlé au plus haut point. Pourquoi donc ? Parce qu'un pays retire ses lois du type de bande humaine [qui le constitue] et que celles-ci servent de fondement aux autres [lois]. Ainsi, il ne peut être ébranlé. Alors, sur quoi se fonde un pays ? Cela ne peut être l'ordre que manifeste en soi[108] le Ciel, mais plutôt les

l'héritier présomptif requit son parti et rassembla la foule des siens ; le général Che Pei cerna le palais ducal et attaqua Tse Tche » (*Mémoires historiques de Se-ma Ts'ien*, J.-M. Tremblay, 1967, tome IV, p. 73).

108. Le terme utilisé par Chômin est *shizen* 自然 (ch : *ziran*) par lequel les Japonais traduisent aujourd'hui le mot « nature ». Dans la pensée chinoise, *ziran* est un thème central du taoïsme, notamment le *Zhuangzi*, où il désigne le spontané (littéralement « de soi-même ainsi »). Anne Cheng, *op. cit.*, p. 120.

也、然則邦国者、果何所本也、曰此非本於天理之自然而本於民之相共爲約也、民之相共爲約者、如之何、曰、姑舍此、余請先明邦国所以非本於天理之故焉、

（解）是段一篇駁論之綱領、自下第二章至第五章、総是論邦国所以非本於天理之故、且反覆究詰、著以威強爲邦国之本之非、然後自第六章、方入民約之本論、詞義極明瞭、故不下解、下傚此、

第二章　家族

人之相聚爲党、其類亦蕃矣、其最首起且最自然出者、莫踰於家族焉、然子之統屬於父、独在嬰孩不能自存之候而已、及其年長、不復須屬於父、而天然羈紐之解矣、於是爲父者、不必爲子操作、而爲子者、亦不必承受於父、而各得以自守、此自然之理也、世之爲父子者、子

conventions passées par [les membres du] peuple entre eux. En quoi consiste-t-il ? Laissons cela de côté pour le moment : je voudrais d'abord montrer pourquoi un pays ne peut trouver ses fondements dans l'ordre céleste.

Commentaire

Ce paragraphe contient les grandes lignes de l'argumentation développée dans l'ouvrage. Du second chapitre au cinquième sont expliquées les raisons pour lesquelles un pays ne repose pas sur l'ordre céleste. En outre, il revient de manière définitive sur l'erreur consistant à faire reposer un pays sur la force. C'est à partir du sixième chapitre qu'il entre réellement dans la discussion au sujet du contrat social, en des termes tellement clairs que je n'adresserai pas de commentaire, me contentant d'exposer ses propos tels quels.

Chapitre 2 : La famille

Les êtres humains constituent des sociétés et il y en a de toutes sortes. La famille n'est rien d'autre que la plus originelle et la plus naturelle d'entre elles. Rien ne la surpasse. Mais le lien d'un fils avec son père dure seulement le temps où, enfant, il ne peut subvenir seul à ses besoins. En grandissant, il cesse de dépendre de son père et leur lien naturel se dissout de lui-même. Ainsi, le père n'agit plus nécessairement pour l'enfant, l'enfant n'agit plus nécessairement pour le père ; chacun agit en vue de sa propre protection. Tel est le principe naturel. Il arrive que les enfants, une fois adultes, souhaitent consulter leur père avant d'agir. De ce fait, même la famille se fonde sur le contrat. Le décret du Ciel est à l'origine de la volonté des pères et des enfants de se protéger et de se lier les uns aux autres. Ainsi, les droits que chacun possède de manière autonome sont accordés par le Ciel. Il n'y a rien de plus important dans la voie humaine que penser à sa propre vie. La tâche urgente de

既長、猶与父居、每事必咨稟而後行、子固欲其如是也、非由不得已也、由是言之、家族亦因約而立者矣、且夫父子之所以各自守不相羈屬者、天命乃使爾也、蓋自主之権、天之所以与人也、故爲人之道、莫重於自図其生、而其当務之急、在乎爲己、不在乎爲人、是以人苟成長更事、凡可以便身者、皆自択而自取之、所謂自主権也、既自主矣、雖父之尊、無得而制也、

世之欲人主專斷爲政者、動引家族爲說、曰、有家而後有国、君猶父也、民猶子也、君之与民、本各有自主之権、無有優劣、独爲相爲益、而君莅乎上、民奉乎下、而邦国斯立矣、

109. Chômin a supprimé dans la version C le commentaire que voici : « Yao, Shun, Yu et Wen de Chine, Marc-Aurèle de Rome, Louis IX de France et tout particulièrement les saints rois de notre pays, tous ont prodigué au peuple humanité et bienveillance. Ils ont agi avec le peuple comme avec un homme blessé, ne cédant en rien à l'affection des parents envers leur progéniture. Les souverains critiqués ici ne sont autres que des tyrans. Que le lecteur ne se méprenne pas sur le sens du mot, il apparaîtra souvent par la suite et je n'y reviendrai pas. » 漢土堯舜禹文、羅馬末屈奥列、仏蘭西路易第九、及就中我歴代聖主、皆至仁深慈、視民如傷、不啻父母於子、此所言君、特斥暴君、読者勿以辞害意可、下多此類、不一々指摘

Yao 堯 et Shun 舜 font partie des trois augustes et cinq Empereurs (voir note 9). Yao et Shun sont les deux derniers des cinq empereurs. Yu 禹 et Wen

chacun n'est pas d'agir pour les autres mais pour soi-même. Sitôt adulte et au fait des choses, l'homme choisit et prend tout ce qui peut être commode pour lui-même. Tel est le droit d'être son propre maître. Malgré tout le respect qu'on lui doit, il n'y a pas lieu d'être contrôlé par le père.

Ceux qui veulent fonder le gouvernement sur la tyrannie d'un individu invoquent souvent l'exemple de la famille. Ils disent : « La famille précède le pays. Le souverain est pareil à un père, le peuple à son enfant. Le souverain et le peuple ont chacun le droit d'être son propre maître, aucun n'est supérieur à l'autre. Ce n'est qu'au regard de leurs bénéfices mutuels que le souverain est servi par le peuple. C'est ainsi qu'un pays se forme. » Ces paroles semblent proches du raisonnable mais comment se pourrait-il qu'il en soit ainsi ? L'amour d'un père pour son enfant est sans limites ; ses profonds sentiments animent ses caresses et son attention. Le père peut y trouver un bénéfice. Il n'en est pas de même pour le souverain : d'abord, il n'éprouve pas d'amour pour le peuple. Son désir d'être respecté et de se situer au-dessus du peuple ne provient que de sa volonté de dominer par tous les moyens. Où se trouve le bénéfice pour le peuple[109] ?

Le Hollandais Grotius écrit dans son livre sur la politique : « La politique ne s'établit pas au profit du peuple[110]. » Il prend pour exemple l'accumulation des esclaves dans la Grèce et la Rome antiques. L'esclavage des Grecs et des Romains était une

文 sont respectivement les premiers souverains de la dynastie des Xia, qui succède aux cinq empereurs et celle des Zhou 周 (1046-256). Le confucianisme les considère eux aussi comme des modèles du souverain. L'image de Marc-Aurèle et de Louis IX comme souverains modèles est sans doute reprise des lectures françaises de Chômin. Ernest Renan, dont Chômin avait lu la *Vie de Jésus* (cf. *Un An et demi suite*), associe Marc-Aurèle et Louis IX de cette manière (Ernest Renan, *Marc-Aurèle, ou la fin du monde antique*). Par ailleurs, dans l'*Histoire de la philosophie* d'Alfred Fouillée, Marc-Aurèle est cité comme un roi philosophe (*NCZ*, IV, p. 366).

110. Rousseau cite ici, de mémoire, Grotius, *Droit de la guerre et de la paix*, livre I, chapitre III, paragraphes 8,15 (*OC*, III, p. 1435).

此言殊似近理、独父之於子、愛念罔極、其撫摩顧復、出乎至情、益故可得也、至於君則不然、初非有愛民之心、而其挾尊莅下、特欲作威福而已、豈能有益於民哉、

荷蘭互魯士、著書論政、以爲立政非爲図民利、援希臘羅馬蓄奴隷爲徵、夫希羅之有奴隷、古昔之悪制、非不易之理也、互魯士之立言、毎因事実以爲道理、可謂助桀爲虐者矣、

（解）事実之与道理、不得相混、蓋事実者、所有之事也、道裡者、所当有之事也、故若由事実而言之、爲民父母而肆威虐者有、爲国宰相而恣貪冒者有、爲父而不慈者、爲子而不孝者、行詐者、爲盗者、天下何不有、若見其如此曰、是道理也、則可乎、今互魯士主張専断之制、引往古悪制爲徵、此因事実爲道理者也、非助桀爲虐乎、

mauvaise coutume du passé et ne relevait pas d'un principe immuable. Les propos de Grotius déduisent constamment les principes moraux de la réalité. Cela revient à aider Jie dans sa tyrannie[111].

Commentaire

La réalité et le principe moral ne doivent pas être confondus. La réalité est ce qui est. Le principe moral est ce qui doit être. Si l'on se place du point de vue de la réalité, il y a des pères du peuple qui font preuve d'une cruauté sans limites envers lui. Il y a des ministres qui laissent libre cours à leur cupidité. Des pères sans affection pour leurs enfants et des enfants ingrats envers leurs parents. Des escrocs et des voleurs. Pourquoi ne sont-ils pas absents de ce monde ? Si l'on se place du point de vue du principe moral, cela est-il acceptable ? Grotius défend les régimes arbitraires en citant à l'appui les mauvaises coutumes du passé. C'est ériger les faits passés en principes. N'est-ce pas aider Jie dans sa tyrannie ?

111. Jie 桀 est le dernier souverain de la dynastie des Xia. Il est considéré comme le plus cruel de l'histoire chinoise. La phrase est une citation des *Mémoires historiques*, chapitre 55, 8 « Annales de la Maison du Prince de Liu » (*Liuhou shijia* 留侯世家).

大塊上生民、其麗不億、而帝云王云不上僅々数十百、生民果爲屬於帝王耶、將帝王屬於生民也、通覧亙魯士之書、察其旨蓋以生民屬帝王者矣、其後英吉利遏必亦有此說、蹋襲亙魯士意耳、仮如此則民庶猶群畜也、帝王猶牧人也、牧人之豢養群畜、直爲擊推充食耳、愛云乎哉、

羅馬帝加里互剌、以爲牧人之与群畜、尊卑懸絕、人主与民、亦猶此也、乃曰、人主、神也、民庶、禽獸也、以神莅禽獸、何爲不可、此言比倫伝之、

羅馬帝之言、与遏必、亙魯士、同旨、蓋希臘阿李士德、先三人者、有言、曰、人固不相等、或爲人上或爲奴隷皆天之所命、吁此不弁本末之論也、夫生長奴隷之家者、必有奴隷之情、無怪也、彼自少時、常在困辱之地、氖習一成、至無復意自奮励、若希臘由李士之僚友然、史伝、由李士之僚甲乙等数人、淫縦久成

Sur la Terre croît la multitude de ses habitants et leur nombre ne peut être calculé[112]. Parmi eux, les empereurs et les rois sont à peine quelques centaines. Ne sont-ce pas ceux-ci, au contraire, qui dépendent du peuple ? Sur ce point, à la lecture du livre de Grotius, on voit que cet auteur fait dépendre le peuple des empereurs et des rois. Après lui, cette thèse fut poursuivie par Hobbes en Angleterre, qui se contenta de marcher sur ses traces. Selon eux, le peuple est pareil à un troupeau domestique et le souverain à un pasteur. Or, ce dernier élève son troupeau uniquement pour le dresser à coups de bâton et le manger. Peut-on appeler cela de l'amour ?

L'empereur romain Caligula soutenait que peuple et souverain étaient aussi éloignés entre eux et inégaux l'un par rapport à l'autre que pouvait l'être un pasteur et son troupeau. Il disait : « Le prince est un dieu. Le peuple est un animal. Qu'un dieu gouverne l'animal, n'y a-t-il rien de plus normal ? » rapporte Philon[113].

Cet empereur dit la même chose que Hobbes et Grotius et, en cela, le Grec Aristote les avait précédés tous les trois. Ce dernier disait : « Les êtres humains ne sont pas égaux entre eux. Certains ont un haut statut, d'autres sont esclaves. Telle est la volonté céleste[114]. » Voilà un discours qui distingue mal la cause et son effet. On ne peut douter qu'une personne ayant grandi comme esclave n'aura que des sentiments d'esclave. Si elle n'a reçu dans son enfance que vexations et humiliations, elle ne peut avoir la volonté de se relever, tout comme les

112. Allusion au *Livre des odes*, troisième partie Daya, chapitre 1 Wenwang 文王.

113. Il s'agit de Philon d'Alexandrie (env.-20 à environ +50). Selon les *Œuvres complètes* (vol. III, p. 1435), Rousseau fait référence à la traduction du *De Legatione ad Caium* insérée dans l'*Histoire des Juifs* de Flavius Josèphe, éditée en 1687.

114. Rousseau cite la *Politique* d'Aristote, livre I, chapitre 2, 1252a. Le même passage se retrouve chez Pufendorf, *Droit de la nature et des gens* (*OC*, III, p. 1435), traduit par Jean Barbeyrac (1674-1744) en 1706.

昏愚、而意気揚々甚自得、故世之有奴隷、威虐造之于初、昏惰保之于後、烏有所謂命乎天而爲奴隷者哉、

（解）阿李士徳、以爲有生而人上者、有生而奴隷者、尊卑蓋命于天、此謬見也、世之有奴隷者、由強暴弱、黠欺愚而然、而一爲奴隷、志気萎蘼、無能復奮発、図脱於阨、況爲之子孫者、習屈辱之久、反至自以爲楽、若由李士之僚友亦是已、然則強者驅人爲奴隷、是本也、奴隷人自安屈辱、是末也、今阿李士徳、見奴隷人自安屈辱、以爲命于天、此不弁本末也、

由此観之、人主之虐民、民之屈人主、爲胥失于道也明矣、独亞当、諾噎、是二帝者、余殊不願譏議、亞当開闢始祖、諾噎遭洪水之禍、生類蕩尽、而諾噎独得免難、其三子分処

115. Selon les commentateurs (*OC*, III, p. 1436), il s'agit d'une allusion au *Patriarcha, or the natural power of the kings* de Robert Filmer (1588-1653), cité par Barbeyrac dans sa traduction du *Droit de la nature et des gens*.

116. Il s'agit de Zeus, Hadès et Poséidon, qui se sont partagé les cieux, les enfers et la mer (*Iliade*, XV).

compagnons d'Ulysse. Il est dit dans l'histoire que ceux-ci s'étaient abrutis à force de débauche et prenant goût de plus en plus à leur état de stupidité, ils y trouvaient un grand contentement. C'est pourquoi l'existence de l'esclavage doit d'abord à la cruauté, et, dans un second temps, à l'indolence. Un esclave peut-il l'être par décision du Ciel ?

Commentaire

Aristote dit qu'il y a par naissance des hommes supérieurs et des esclaves et que le Ciel a ordonné qu'il y ait le puissant et l'humble. C'est une opinion absurde. L'esclavage ne doit son existence à rien d'autre qu'à la violence et aux duperies des forts contre les faibles. Une fois devenus esclaves, ceux-ci perdent leur énergie et leur volonté. Ils n'arrivent plus à se relever pour secouer leur joug, à plus forte raison leurs enfants, accoutumés qu'ils sont depuis longtemps à subir des humiliations et qui en viennent, au contraire, à se complaire dans cet état. Tel était le sort des compagnons d'Ulysse. Ainsi, la cause [dont parle Rousseau] *est la violence et la réduction en esclavage opérée par les forts et la conséquence est l'accoutumance de l'esclave à l'humiliation. Aristote y a vu une décision céleste et n'a pas su distinguer ce qui était cause et ce qui était conséquence.*

Ainsi, il est clair que la tyrannie du prince vis-à-vis du peuple et la soumission de celui-ci au despote sont des errements au regard de la Voie. Des monarques, Adam et Noé sont les seuls que je ne désirerai point blâmer[115]. Adam est le père des créatures. Noé subit le déluge qui extermina toutes les espèces à part lui. Ses trois fils se sont partagés l'Asie, l'Afrique et l'Europe et sont les ancêtres des races jaune, noire et blanche. Selon l'histoire grecque, les trois fils de Saturne se sont partagés le monde et sont les ancêtres de l'espèce humaine[116]. Le récit est différent mais le contenu est le même. Puisque ces monarques sont les ancêtres de l'espèce humaine, alors il est possible que

亞細、阿非利加、歐羅、実爲黃黑晳三族類之祖、拠希臘史、撒郏婁之三子、分居三區、爲後世人類始祖、此必同事異伝也、夫是数帝者、爲人類之始祖、則雖余之微賤、若拠譜牒按検、或爲其宗裔、未可知、果然宇内正統之君、非別人、即余也、余安敢於議之、不直一笑耳、且也亞当之爲君、即魯蟠孫之在島也、野史載魯蟠孫遇颶、漂至孤島、上岸四望、闃寂無一人、亞当嶽降之初、無与此異、則逆謀禍亂、並非所虞、晏然以得守其位、如此者、初不須有議也、

（解）主人之虐奴非也則人主之虐民亦非也、世或有拠家世爲説者、曰、今之帝王、皆纘先世基緒非也、若以家世、則天下人類、孰不自亜当諾噎而出者、雖乃余之微賤、亦忝爲二帝之裔、則与世帝王奚別、世人又以宗支爲軒輊、尤非也、上古悠邈、譜牒之作、特載籍以後之事爾、則如余者、亦未必非二帝宗家之

moi, tout humble que je suis, sois leur descendant en ligne directe ; nul ne peut le savoir. Ainsi le prince légitime de l'univers ne serait personne d'autre que moi. Comment puis-je avancer une telle chose ? Cela ne mérite même pas d'en rire. Adam était prince comme Robinson l'était dans son île. Il est dit dans une histoire non-officielle que Robinson subit une tempête et échoua sur une île isolée. Lorsque sur la falaise, il inspecta les quatre directions, il vit que tout était désert et silencieux, sans aucune présence humaine. Adam, à sa naissance, n'était pas dans une situation différente. Il n'avait pas à craindre de révoltes ou de troubles et put, en toute quiétude, conserver son trône, cela est un fait qui n'offre pas matière à discussion.

Commentaire

De la même manière que le maître ne doit pas maltraiter ses esclaves, le prince ne doit pas tyranniser son peuple. Il existe certains discours se fondant sur les ascendances familiales, selon lesquels les empereurs et les rois d'aujourd'hui descendent tous des ancêtres fondateurs[117]*. Cela est faux. S'il en est ainsi, comment l'humanité peut-elle descendre d'Adam et Noé ? Quelle est alors la différence entre les monarques et moi-même, d'humble origine, qui partage avec eux ces mêmes monarques comme ancêtres ? Il est également erroné de vouloir établir une supériorité ou une infériorité à partir du lignage.*

117. Chômin fait allusion ici à Robert Filmer, soit parce qu'il savait que la critique de Rousseau visait spécifiquement Filmer, soit parce qu'il connaissait lui-même Filmer.

裔也、且亜当之爲帝、屬開闢之初、天下無所謂民者、故不依約立政、初無虞於禍亂、今之帝王、未得一例視也、都用諧謔論駁、潛心玩味、然後作者旨得矣、

第三章 強者之權

雖天下之至強者、不変其力爲權、不可以永使其衆、雖天下之至弱者、不変其屈爲義、不可以久事其上、我雖強、故能服人、一旦人亦成強、則必將抗我者也、雖然所謂変力爲權、変屈爲義、吾見其不易爲也、凡強云者、非謂気形之力乎、權者非謂理義之效乎、吾未知何由能変力爲權也、凡屈云者、非謂志之困乎、義

118. Absent du texte C : « Les pays occidentaux connaissent fréquemment des changements. Telle est la raison de ce discours. Notre pays connaît depuis les temps anciens une succession de [souverains] divins et saints, de génération en génération sur un millier d'années, ce qui le distingue nettement des autres pays. Que le lecteur en prenne bien note ! » 西方諸國、屢革命易物、所以有此説也、我邦自古神聖相承、瓜瓞綿々干千歳、固与外國夐別、讀者其察諸

119. Le terme que nous rendons par « matériel » est en réalité une notion fondamentale de la pensée chinoise, l'énergie-souffle (ch : *qi*, jp : *ki* 気),

Les temps archaïques sont trop éloignés et la généalogie ne concerne que l'époque où on a débuté la compilation par écrit. Ainsi, il n'est pas impossible que tout un chacun soit comme moi descendant de ces deux monarques. Par ailleurs, au commencement du monde, Adam était souverain mais il n'y avait pas encore de peuple. C'est pourquoi nul contrat n'était nécessaire pour établir un gouvernement et il n'y avait pas de crainte de troubles. Les monarques actuels ne peuvent donc y voir un modèle. Derrière le ton constamment ironique et critique, on ne peut saisir l'intention de l'auteur qu'en y prêtant toute son attention[118].

Chapitre 3 : Le droit du plus fort

Le plus fort dans le monde ici-bas ne peut dominer longtemps son peuple s'il ne transforme sa puissance en droit. Le plus faible ne peut servir longtemps son maître si sa soumission ne se transforme pas en devoir. Même si ma force me permet de dominer autrui, il suffit que je cesse un moment de l'exercer pour qu'il me résiste. S'il en est ainsi, je constate qu'il n'est pas facile pour le fort de transformer sa puissance en droit, ni même pour le faible de convertir sa soumission en devoir. Ce qu'on appelle un fort, n'est-ce pas une puissance sur le plan matériel[119] ? Ce qu'on appelle le droit, n'est-ce pas l'effet de la raison et de la justice[120] ? Je ne connais pas encore ce à partir de quoi une puissance pourrait se transformer en droit.

qui forme avec le principe (*ri* 理), dans le néo-confucianisme de Zhu Xi, une paire d'opposés. C'est elle que Chômin utilise pour traduire la dualité physique/morale sur laquelle se fonde Rousseau. Ainsi la moralité dont parle Rousseau est-elle traduite dans le *Min.yaku yakkai* par « raison et justice » (*rigi*), notion centrale dans la philosophie de Chômin, empruntée au *Mencius* (voir introduction).

120. Voir note 126.

者非謂事之宜乎、吾未知何由能変屈爲義也、且凡屈乎人者皆出不得已也、非択而取之也、苟非択而取之、是亦自全之一計云爾、何義之有、是故強者之権、人之所疾莫甚焉、然而吾観世之爲君臣、莫不拠此権建基者何也、

今仮爲有所謂強者之権乎、吾必見義理之紛紜顛倒無所底止也、夫以力爲権者、初無所事義矣、苟無所事義、何理之生、夫我有力而能制人、一旦又有人力勝我、々亦爲其所制、若是転輾不已、禍乱相継於無窮、夫籍力制人、而爲合于義、則藉力抗人、亦爲合於義矣、力之所在、即権之所在也、則天下之人、將唯力是求、吁嗟頼乎力僅存者、豈得謂之権哉、且凡力不瞻而屈、出不得已也、非由義而斷也、既不由義而斷矣、酖毒扼昧何施不可、是知強者之権、威力耳、非権也、権之名耳、無其実也、

La soumission n'est-elle pas une entrave à la volonté ? Le devoir n'est-il pas ce qu'il convient aux choses d'être ? Je ne connais pas encore ce à partir de quoi la soumission peut se transformer en devoir. Tous ceux qui se soumettent le font parce qu'ils sont bien obligés de le faire ; ils n'ont pas d'autres choix. S'ils devaient le faire, ce serait uniquement par calcul de leur part. Comment pourrait-il y avoir un sens du devoir en cela ? C'est pour cette raison qu'il n'y a rien de plus détestable chez les êtres humains que le droit des puissants. Quand on voit qu'il n'est point un seul prince de ce monde qui ne s'appuie sur un tel droit, que doit-on en penser ?

Supposons qu'il existe un prétendu droit du plus fort. La raison et la justice n'auraient de cesse d'être mis sens dessus-dessous. N'est-ce pas renoncer à donner un contenu fixe à ses devoirs moraux ? Car si nos devoirs moraux n'ont point de contenu fixe, comment un principe peut-il naître de ceux-ci ? Si j'ai de la force, je peux contraindre les hommes. Mais sitôt qu'un homme me domine de sa force, c'est lui qui me contraint. Et, de cette façon, comme de tels renversements [des rapports de force] se succèdent sans fin, les calamités ne feront que se poursuivre. Si on voit de la justice à contraindre autrui par la force, n'est-il pas alors aussi juste de résister par la force ? Si le droit se trouve là où se trouve la force, alors les hommes sur la Terre ne rechercheront vraiment que la force. Hélas, trois fois hélas ! Dès qu'on prétend un peu compter sur la force, comment peut-on en arriver à appeler cela un droit ? Se soumettre par faiblesse est un pis-aller, non une décision fondée sur la justice. Sans décision fondée sur la justice, ce ne seront inévitablement qu'empoisonnements et égorgements[121]. On voit ainsi que le droit du plus fort n'est qu'une force menaçante, pas un droit. Il n'en a que le nom et pas son contenu réel.

121. L'expression « empoisonnements et égorgements » se retrouve dans le *Han Feizi* 韓非子, V, chapitre 17 *Beinei* 備内 (*Se prémunir contre sa famille*).

僧侶輩動輒云、見強者從之、顧是言也、非謂力屈而後從邪、果然其意固無不可、但力屈而後從者、出不得已也、則雖微是言、人亦將從之矣、又云凡力之類、皆天之所与也、因欲人之無抗之、何其繆也、苟言天焉、疾疫之流行亦天也、若見得疾呼医、曰是逆天也、可乎、行路遇賊、力不能与爲敵、不得已釈盤纏授之、固無不可、若雖足与爲敵、而徒見賊携銃、曰是力之类也、輒亦釈盤纏授之、則人誰不笑我者、

（解）僧門徒、往々諉天爲說、乃云、若爲強者所加、当即聽從、勿得抗、顧疾疫之爲虐、亦天也、然呼医請治、誰謂不可、賊要我于塗亦天也、然自非万不得已、不須釈盤纏以授焉、夫暴君汚吏、藉勢威以虐我者、疾疫之

122. Chômin cite explicitement ce que Rousseau laisse implicite en écrivant simplement : « Obéissez aux puissances », allusion au chapitre 13 de l'*Épître aux Romains* de Paul de Tarse, et référence favorite des partisans de l'absolutisme tel que Bossuet. Chômin a sans doute cette citation biblique dans l'édition du *Contrat social* qu'il a utilisée, elle-même commentée.

Les moines[122] disent à toute occasion : « Si vous rencontrez un puissant, soumettez-vous à lui. » À bien y penser, ces paroles ne signifient-elles pas qu'il faut se soumettre et obéir du fait de la force ? Si tel est leur sens, alors elles ne sont pas acceptables. Se soumettre par la force et obéir provient de l'absence de choix. Sans ces paroles, on se soumettrait de toute manière. Les moines disent encore : « Tout ce qui relève de la force nous vient du Ciel. » Ils veulent ainsi que nul ne lui résiste. Quelle erreur ! Si on évoque le Ciel, alors les épidémies viennent elles aussi du Ciel. Comment peut-on dire qu'appeler un médecin en cas de maladie revient à s'opposer au Ciel ? Si je rencontre un brigand et que je n'ai pas la force nécessaire pour m'opposer à lui, je ne peux faire autrement que de me délester de ma bourse et la lui remettre. Il n'y a rien à redire. Mais si, alors que je peux m'opposer à lui, le voyant tenir un pistolet, je m'empresse de dire : « Ceci relève de la force », et qu'aussitôt, je lui donne ma bourse, qui ne rira pas de moi ?

Commentaire

Les hommes de religion[123] *s'en remettent constamment au Ciel dans leurs théories. Ils disent : « Si vous êtes amené à être en compagnie de gens puissants, vous devez absolument les écouter et leur obéir, ne jamais vous opposer à eux. » Même les épidémies viennent du Ciel. Qui dira qu'on ne peut appeler un médecin pour se soigner ? Ce que le voleur de grand chemin exige de moi vient également du Ciel. À partir du moment où je peux éviter de le faire, je ne suis pas obligé de donner ma bourse à ce voleur. La terreur dont usent les tyrans et les fonctionnaires corrompus pour m'opprimer est*

123. Chômin utilise ici un terme, *sômon* 僧門, qui se réfère aux moines bouddhistes. S'il a attendu la fin de sa vie pour exprimer de manière systématique son athéisme dans un essai, *Un An et demi suite*, il ne fait pas de doute que Chômin vise ici toutes les religions.

類耳、賊之類耳、何不可抗之有、以賊喩暴君、以盤纏喩權、讀者宜細嚼玩味焉、

由是觀之、力不可以爲權、屈不可以爲義、而帝云王云、其權苟不合於道、無須聽從也、

第四章　奴隸

人咸相等、無有貴賤、而又力無以爲權、則世之欲建立威權、令合于道者、非相共爲約、無復別法可求、

互魯士又云、人若欲自棄其權、從人聽命、孰得而禦之、然則一国之民、自棄其權、奉君聽命、亦何不可之有、是言也、辭意殊晻昧、請先就棄字論之、夫所謂棄者、与之謂邪、將売之謂邪、顧爲人奴者，非自与也自鬻也、苦衣食不贍、就人自鬻是矣、至於民、吾不知何故自鬻爲人臣也、夫君也者、養於臣者也、非能養

124. Référence au *Mencius* III A 3 : « Un gouvernement humanitaire doit commencer par la délimitation des terres. Si elle n'est pas correcte et les parts inégales, les émoluments ne seront pas équitables ; c'est pourquoi les princes tyranniques et les agents corrompus ne manquent pas de la négliger. »

du même ordre que les épidémies et les voleurs[124]*. Comment ne pourrait-on résister ? Il est savoureux qu'ici, les tyrans soient comparés aux voleurs et le droit à la bourse. Que le lecteur s'en délecte !*

Ainsi la force ne peut constituer un droit et la soumission, la justice. Même un empereur ou un roi ne doit pas être écouté et suivi lorsque son droit ne se conforme pas à la Voie.

Chapitre 4 : L'esclavage

Les êtres humains sont tous égaux et il n'existe pas de gens supérieurs à d'autres. La force ne peut se transformer en droit. Pour qui veut établir une autorité dans le monde, il n'y a pas d'autres moyens que de conclure un contrat et faire de ses commandements la Voie à suivre tous ensemble.

Grotius dit à ce propos : « Si un homme veut renoncer de lui-même à ses droits, se soumettre à un autre et lui obéir, qui peut l'en empêcher ? Mais, alors, comment cela ne serait-il pas également possible pour un peuple qui veut abandonner ses droits et obéir avec dévotion à son souverain ?[125] » Voilà des propos bien ambigus. Examinons tout d'abord le mot « renoncer ». « Renoncer » signifie-t-il ici « donner » ou bien « vendre » ? C'est qu'un homme devient esclave d'un autre non pas parce qu'il se donne mais parce qu'il se vend. Il se vend à un autre parce qu'il ne peut subvenir à ses besoins matériels[126]. Quant au peuple, je ne sais pas pour quelle raison un peuple se vend pour s'assujettir à un homme. Un souverain se fait entretenir par ses sujets et non l'inverse.

125. Grotius, *Droit de la guerre et de la paix*, livre I, chapitre III, paragraphe 8 (*OC*, III, p. 1437).

126. Chez Rousseau, il s'agit là aussi d'une référence à Grotius, *Droit de la guerre et de la paix*, livre II, chapitre V, paragraphe 27, ainsi que Pufendorf (*Droit de la nature et des gens*, livre VI, chapitre III, paragraphes 4 et 5) (*OC*, III, p. 1439).

臣也、剌弗列有云、人主之爲生、費極広、吁嗟爲人臣者、既挙其身奉之、又挙其財供之、吾未見有何所遺也、

人或云、人主專斷爲政、能使臣庶相輯和無爭、此或然、然吾觀世之爲帝王者、往々好大玩戎、軽用民死、否崇侈靡、重斂不知厭、或大臣弄威柄、誅求無已、若此則臣民之蒙禍、比其互相爭、有加無減、其相輯和、適所以買禍也、吾未見其利也、且人之所願、豈無急於輯和者哉、若以輯和而已、昔希臘人之在悉古魯、比其死也、亦頗得相和不爭、史載希臘人戦敗就虜、被投悉古魯之壑、猛獸來搏、相繼皆爲所噬殺、若此者亦人之所願乎、

觀乎此則民之就君自鬻爲臣、無有所利亦明

127. Les *Œuvres complètes* ne donnent pas d'explications sur cette allusion de Rousseau à François Rabelais. Dans *Gargantua*, Rabelais brosse le portrait du roi idéal avec Grandgousier et Gargantua et son contre-exemple avec Picrochole. Si Picrochole correspond au roi exploitant son peuple dont il est question ici, Grandgousier et Gargantua sont dotés de qualités qui auraient pu plaire à Chômin : diplomate plutôt que guerrier, défenseur de son royaume

Comme le disait Rabelais : « Un prince, pour vivre, dépense énormément[127]. » Si, être sujet, c'est, alors qu'on se consacre tout entier [au prince], lui offrir en plus tous ses biens, je ne vois pas ce qui reste à ces sujets.

Quelqu'un pourrait dire que le règne absolu d'un prince fait vivre en harmonie ses sujets et cesser leurs conflits. Il en est peut-être ainsi, mais je constate que les empereurs et les rois de ce monde aiment se divertir souvent par la guerre, et, qu'à cette fin, ils font peu de cas de la mort de leurs sujets. Si ce n'est pas la guerre, ils cultivent une folle prodigalité et leur soif d'accaparement ne peut jamais être satisfaite ou, encore, ce sont leurs ministres qui ne cessent de spolier les gens en abusant de leur autorité[128]. Ainsi, les infortunes que subissent leurs sujets, bien loin de diminuer par rapport au temps où ceux-ci se livraient bataille, ne font au contraire qu'augmenter. Cette harmonie [entre sujets et prince] est plus souvent cause de malheurs en comparaison des guerres mutuelles que les sujets se font, les souffrances endurées par eux ne diminuent pas mais au contraire augmentent. Or, l'harmonie n'est-elle pas la chose la plus pressante que souhaitent les gens ? S'il ne s'agit que d'harmonie, les Grecs l'avaient gagnée chez le Cyclope, car au moment où ils moururent, ils avaient réussi à taire leurs querelles et à vivre tout à fait dans l'harmonie. L'histoire raconte qu'après avoir combattu en vain, ils furent prisonniers, furent jetés dans l'antre du Cyclope et finirent l'un après l'autre dévorés par les fauves[129]. Est-ce là ce que demandent les gens ?

Il est donc clair que le peuple ne tire aucun profit à se vendre et à devenir le sujet d'un prince. Rien ne va plus contre

plutôt que conquérant, meneur d'une vie simple et sans cour, soucieux de son peuple et redevable à lui.

128. L'expression *chôren* 重斂 se retrouve dans plusieurs classiques chinois déjà mentionnés : le *Han Feizi*, le *Hanshu* ou encore le *Guanzi*.

129. Cette allusion à l'*Odyssée* est en fait reprise de Locke, *Essai sur le gouvernement civil*, paragraphe 228 (*OC*, III, p. 1140).

矣、若曰自挙身与人無徵直、悖理莫此爲甚、世或有若人、非痴則顛、若復曰挙国人自挙身与君無徵直、則是挙国人皆病狂喪心也、豈有是理哉、且喪心之人、其言固不足置信、我焉得拠以爲我権哉、

縱人々得自挙身与人、兒子則不得幷与之也明矣、何者兒子亦人也、亦有自由権、豈復得恣与人爲奴哉、子之方幼、父代子与人約爲図利、固可、至於代子与人約爲奴、雖父之尊、無有是権、無他有背天理也、然則專斷爲政者、若欲其権之少有合道、当聽国人、及其成長更事仍奉其上与否、並任意自択之、果能如是乎、已非復專斷也矣、

且夫棄自由権者、棄爲人之德也、棄爲人之務也、自屏于人類之外也、若然者、謂之自棄而靡所遺、吁嗟人自棄而靡所遺、復安所取償哉、

130. Fragment de la traduction de l'*Histoire de la philosophie* d'Alfred Fouillée (*NCZ*, 6, p. 128) : « Même si les personnes pouvaient abandonner d'elles-mêmes leur droit à la liberté, elles ne pourraient le faire pour leurs

la raison que de se donner à un autre sans compensation. S'il y a de telles personnes pour le faire, elles sont pour le moins malades, sinon démentes. Cela est encore plus vrai s'il s'agit d'un peuple tout entier qui se donne à un prince sans compensation. Comment cela pourrait-il relever de la raison ? On ne peut de toute manière accorder la moindre confiance aux paroles de quelqu'un qui a perdu l'esprit. Comment pourrais-je en faire mon droit ?

Même si on concevait que des personnes pouvaient se donner à autrui, il est évident qu'elles ne pourraient donner leur enfant[130]. Celui-ci est en effet un être humain qui possède lui aussi son droit à la liberté. Comment pourrait-on le donner égoïstement à autrui et en faire un esclave ? S'il est normal qu'au moment de sa tendre enfance, le père, dans son intérêt, le représente afin de conclure des contrats, s'agissant d'un contrat qui en fait l'esclave d'un homme, le père, avec tout le respect qui lui est dû, n'en a pas le droit car il ne fait rien d'autre que transgresser le principe céleste. Celui qui règne de manière tyrannique, s'il désire un tant soit peu que son pouvoir soit conforme à la Voie, doit absolument écouter les personnes de son pays. C'est à ces dernières, une fois devenues mûres et riches d'expérience, de renouveler ou non, selon leur bon plaisir, leur allégeance à une autorité supérieure. Si les choses se passent de cette manière, un prince n'est plus un tyran.

Celui qui abandonne son droit à la liberté renonce à la vertu et aux devoirs qui le définissent en tant qu'homme. Il rompt de lui-même avec le reste de l'humanité. Mais, s'il en est ainsi, cela revient à commettre un rejet total de soi-même. Hélas, trois fois hélas, quelle compensation pourrait-il donc gagner s'il pratique un rejet total de lui-même ? Un tel acte va fondamentalement à l'encontre du Mandat céleste. Une fois qu'une personne a abandonné son droit à la liberté, ce qui est

enfants. Dès leur naissance, l'humanité des enfants confère à ceux-ci le droit à la liberté. »

若然者、固天命之所不容也、夫人一棄自由權、雖有心腸、不得而自用、所行非其心、所爲非其情、如此則、爲善不可以爲君子、爲不善不可以爲小人、既不得爲君子、又不得爲小人、是亦禽獸也已、不寧此而已也、凡与人約爲奴者、有約之名、而無其実也、凡約云者、必相分權、若彼專乎令、而我專乎從、安在其爲分權哉、彼專乎令、而我專乎從、則彼之於我、何施不可、吁嗟彼之使我、威權無所限、而我之事彼、屈辱無所底、唯此一事、不既足以壞約之旨令不成乎、且我既自棄而靡所遺矣、則凡我之有、皆彼之有也、一旦彼挾其權以臨我焉、我欲亦挾我權以對之、則我之權、即彼之權也、吁嗟挾人之權以对人天下寧有是理哉、余故曰、与人約爲奴者、有約之名、而無其実也、

亙魯士、及諸爲亙魯士家言者、以戰爲奴隷所出、其言曰、戰勝虜敵、得殺而無宥、於是就虜者、棄其自由權、以求活、巧哉乎言也、果

dans son for intérieur ne lui sert plus à rien car elle n'agit plus selon son cœur et ne se conduit plus selon ses sentiments. Dès lors, ne pouvant devenir ni homme de bien ni homme de peu, elle n'est rien de plus qu'une bête et il n'en est pas autrement ! Qui plus est, l'esclavage par contrat n'a de contrat que le nom sans rien posséder de ce qui en fait la substance. Tout contrat implique nécessairement un partage des droits.

Où se trouve le partage des droits si un tel ne fait qu'ordonner et moi obéir ? Si l'autre ne fait qu'ordonner et moi, obéir, il ne pourra rien m'accorder et, hélas, il usera alors de moi avec une autorité sans limites alors que moi, je le servirai dans une humiliation sans fond. Rien que cela n'est-il pas suffisant pour vider un contrat de tout sens ? Si je m'abandonne sans limites à autrui, tout ce que je possède est sien. Une fois qu'il a brandi son droit pour me dominer, alors je voudrais invoquer le mien pour lui résister. Mais, à ce moment, mes droits sont devenus les siens. Existe-t-il un principe dans ce monde par lequel on invoque le droit d'autrui pour lui résister ? C'est pourquoi je dis : réduire quelqu'un en esclavage par contrat n'a de contrat que le nom sans rien posséder de ce qui en fait la substance.

Grotius et tous ceux qui se réclament de lui[131] font provenir l'esclavage de la guerre. Selon eux, à la guerre, celui qui capture un prisonnier peut se passer de clémence et le tuer. Ceux qui deviennent prisonniers abandonnent leur droit à la liberté pour survivre. Voilà des paroles habiles ! Car le maître

131. Ce n'est pas Grotius mais, en réalité, Pufendorf (*Droit de la nature et des gens*, livre VI, chapitre III, paragraphe 6) et Hobbes (*De Cive*, chapitre VIII, paragraphe 1) qui en parlent (*OC*, III, p. 1440).

若是也主人之与奴隷、皆有以自利矣、雖然所謂戦勝殺敵無宥者、見其大有違于戦之道也、請推戦之本而論之、

昔者邦国之未立也、人々肆意爲生、離合聚散無有定形、既無由与戦、又無由与保和、要之相与仇視者、非人之本性也明矣、且戦也者、両国交伐之謂、非両人交闘之謂也、上古之時、土地非私有、無以爲国、則戦無由生也、其或一人二人交闘、固不得爲戦、及乎土地有主、国有民人、戦又有法、不得恣虜人爲奴也、

又凡私闘之類、皆一時忿悁之所発、要無可準、又若法朗西王路易第九聽諸侯、私相伐以決爭、及僧人仮托神勅、立期令相与媾和、則要封建爲政之弊、悖理莫甚焉、安足置歯牙間也、

故曰戦也者国与国交伐之謂也、非人与人交

132. « Nature de l'homme » est ici traduite avec l'expression confucéenne « nature originelle de l'homme » (jp : *honzen no sei*, ch : *benran zhi xing* 本然之性).

133. Louis IX proclama en 1259 un édit abolissant les ordalies et, en 1245, renouvela la quarantaine-le-roi établie par son père Philippe-Auguste, qui obligeait d'attendre quarante jours avant de répondre à une offense et

comme l'esclave y trouvent leur compte. Cependant, on voit que le meurtre gratuit des prisonniers est une entorse complète aux règles de la guerre. Laissez-moi, s'il vous plaît, discuter à présent des origines de celle-ci.

Autrefois, quand les pays n'étaient pas constitués, les hommes vivaient au gré de leur volonté. Ils s'assemblaient et se séparaient sans former de groupement bien défini. Il n'y avait nulle raison de se combattre ou de garantir la paix car il est clair que la haine mutuelle n'existe pas dans la nature originelle de l'homme[132].

À cet égard, la guerre signifie le combat entre deux pays et non pas entre deux individus. Dans les temps anciens, la terre n'appartenait pas aux individus, et, comme il n'existait pas de pays, la guerre n'avait aucune raison de se produire. Même si des personnes se battaient entre elles, en principe, cela ne pouvait amener de guerre. C'est à partir du moment où le sol reçut un propriétaire et que les peuples se donnèrent des pays qu'apparurent guerres et lois. Plus personne ne put selon son gré faire des prisonniers ses esclaves.

Par ailleurs, les combats privés proviennent tous de moments de colère et ne peuvent constituer une règle ou une norme. Quand Louis IX de France laissait les nobles se battre entre eux à titre privé et que les religieux usaient d'un décret divin pour instituer une période de paix pendant certains jours, nous avions affaire aux abus que perpètre le régime féodal et rien ne s'oppose plus à la raison que cela[133]. Comment pourrait-on accepter une chose pareille ?

C'est pourquoi je déclare que la guerre se dit de combats entre pays et non pas de combats entre individus. Lorsque

qui permettait aux agents royaux de juger durant cet intervalle l'offenseur. Il établit également la possibilité de faire appel aux jugements, pour contrer le droit de justice des seigneurs. L'allusion aux religieux est plus explicite chez Rousseau : il s'agit de la Paix de Dieu, mouvement organisé à la fin du xe siècle par l'église catholique pour réduire la violence dans la société, notamment celle des seigneurs et de leurs hommes.

鬪之謂也、両国人之相爲敵、要一時之事耳、非以其爲是国之人故、特以其爲是国之軍人故耳、是知国者、必以国爲敵、不得以人爲敵、何則国之与人、初不同倫、其不可相与有爲也明矣、夫是道也、古今苟知礼義之国、莫不皆以此爲戦之要、何以明其然、曰、且不見請戦期一法乎、凡出師伐人国、必先遣使請戦期、是雖爲使其国得爲備、抑亦使其衆得避禍、是以除軍人外、往々荷担以逃也、故若伐人国、無請戦期、潛師掩其不備、以有鹵獲、無論其爲帝、爲王、爲將相、爲庶民、直賊耳、不得以敵目之也、

是故古今苟知行兵之道者、伐人国、入其境、諸屬公府者、或鹵掠充軍須、至於諸人之身与財賄、必厳禁勿得犯、彼固知敬敵国民、即所以庇己国民也、且也、戦之所旨、在伐敵国、不在戕敵人、故敵人執兵拒鬪者、殺之固可、苟舍兵請降、不得復殺之、彼即舍兵還初

des personnes de deux pays deviennent ennemies, cela est temporaire : elles ne sont pas ennemies parce qu'elles viennent de tel pays mais uniquement parce qu'elles en sont les soldats. Il faut savoir ceci : un pays, en soi, ne peut avoir qu'un autre pays comme ennemi et non une personne, car, dès le début, les pays et les personnes ne relèvent pas du même ordre. Il est clair qu'il ne peut y avoir aucune relation entre les deux. Cela relève de la Voie : aujourd'hui comme hier, on n'a jamais trouvé un seul pays doué de sens moral qui n'eût fait [d'une telle distinction] les règles de sa pratique de la guerre.

Comment pourrais-je être plus clair sur ce sujet ? Ne voyez-vous pas cette loi exigeant un temps déterminé pour faire la guerre ? Lorsqu'un pays envoie ses troupes contre un autre, il envoie nécessairement, au préalable, un émissaire pour fixer une date à la bataille. Certes, il cherche ainsi à se préparer mais, cela dit, il permet aussi à son peuple d'éviter le désastre. À l'exception des soldats, tout le monde plie bagage et s'enfuit. Si un pays en attaque un autre sans fixer de date en cachant ses troupes et en surprenant un adversaire non préparé en vue de le piller, alors, de fait, son empereur ou son roi, ses généraux et tout son peuple seront sans conteste tenus pour des brigands. Ils ne pourront jamais être considérés comme [de simples] ennemis.

Par conséquent, hier comme aujourd'hui, ceux qui savent la manière de pratiquer la guerre, lorsqu'ils franchissent les frontières d'un pays pour l'envahir, pourvoient à leurs besoins militaires en pillant tous ses lieux officiels mais quant aux personnes et à leurs biens, ils s'interdisent absolument de les attaquer car ils savent que le respect du peuple ennemi protègera le leur. Le but de la guerre est de soumettre un pays et non de massacrer ses ennemis. Tant que l'ennemi résiste les armes à la main, il est naturellement possible de le tuer. Mais, dès qu'il renonce au combat et qu'il déclare se soumettre, il n'est plus permis de le faire. Celui qui a rendu les armes est juste redevenu un homme comme les autres. Comment pourrais-

服、是亦一庶人耳、我烏得殺之哉、又戦或有得平行入国都、是時也、出師之志既得、不得復有虜獲也、

凡茲所言、皆原於事物自然之理、確乎不可易、固非如亙魯士輩、稽古昔詩人言妄斷為説也、

夫戦勝奪人国奴人民、自以爲当然者、皆不過拠向所謂強者権、爲説焉耳、夫戦勝挙敵国、固不得肆殺其民、既不得殺民、則亦不得奴之也明矣、何也、人之得殺其敵、特在爲其抗己、而不得已之候而已、若得以爲奴則不得復以爲戮、苟不得以爲戮、不得復以爲奴矣、夫人已舍兵請服、我不得復殺之、我不得殺之、而且使其棄自由権、以求活、如是者豈道也哉、彼亙魯士輩、既自奴役之権、而出生殺之権、又自生殺之権、而出奴役之権、孰爲本、孰爲末、若循環無端、其悖于理、豈不昭然明白也哉、

且縱戦勝得殺敵而無宥、在其敵人若敵国民爲

je le tuer ? En outre, il se peut que l'on puisse entrer dans la capitale d'un pays de manière pacifique. À ce moment, le but pour lequel les soldats ont été mobilisés est atteint, on ne peut donc faire plus longtemps de prisonniers.

Tout cela se fonde sur le principe naturel des choses qui est inébranlable et n'est pas soumis au changement. Contrairement à ce que déclarent Grotius et ses suivants, il ne s'agit pas d'idées absurdes inspirées des poètes de l'Antiquité[134].

Quand le vainqueur de la bataille trouve normal de s'emparer du pays adverse et de réduire son peuple en esclavage, il ne fait que se fonder sur la théorie du droit du plus fort, évoquée précédemment. Même si le vainqueur s'empare d'un pays, il ne peut tuer à son gré les habitants. On ne peut pas plus tuer un peuple qu'on ne peut en faire un esclave. Pourquoi ? Seulement parce qu'un homme ne peut tuer son ennemi que dans le cas où il n'y a pas d'autre choix possible, en raison de la résistance de celui-ci. S'il peut être réduit en esclavage, il ne peut être mis à mort. Et si on ne peut plus le mettre à mort, il n'est plus possible, pour autant, de le réduire en esclavage. Lorsqu'une personne jette ses armes et se rend, je ne peux plus la tuer. Ne pouvant le faire, je la force à renoncer à son droit à la liberté pour rester en vie. Comment la Voie nous commanderait d'agir ainsi ? Ce Grotius et ses suivants déduisent le droit de vie et de mort du droit d'esclavage ; puis, ils déduisent le droit d'esclavage du droit de vie et de mort. Lequel fait la cause, lequel fait la conséquence ? On a affaire à un cercle sans fin. N'est-il pas clair que cela va à l'encontre de la raison ?

Même si le vainqueur peut tuer gratuitement ses ennemis, ni ceux qui ont été réduits en esclavage, ni le peuple du

134. Par sa fidélité au texte, Chômin commet ici la même erreur que Rousseau : dans *Droit de la guerre et de la paix* (prolégomène, paragraphe 48), Grotius ne cite des poètes que pour illustrer son propos, qui veut se fonder sur la raison.

之奴者、不須永祗臣節、苟得機便、輒蹶起、復与爲敵、以図脱于阨耳、何也、自由権者、我之貴重之、与性命無異、而彼必奪諸我也、蓋其活我也、非有德於我、彼其心必曰、徒殺之無益、不如奪其自由之爲愈也、則彼之活我、以自利耳、何有德於我、嗟乎彼既活我以爲奴、而我猶伺便以図自脱、則彼之与我相爲敵、略無異于初也、則名雖曰権曷嘗有補於力、彼或曰、汝向棄自由権以求活、是亦約也、汝今乃負約、我輒答曰、是約也、汝固与我約相爲敵無已、我今者非負約、正踐約耳、則彼復有何辭於我、

由此観之、奴役之権、非独違于道、而亦違于理、初不成意義也、言奴者不言権、言権者不言奴、此二語義不相容、有人于此、与人約曰、由是約、吾専享之利、汝専当之害、又曰、吾便是約間、我固当守之、汝雖有不便、亦当守之、斯約也、毋論其両人相与々君民相与、皆違道違理、不成意義也、

pays ennemi ne sont tenus éternellement de tenir en estime l'état servile. Si l'occasion se présente, ils se soulèveront et redeviendront des ennemis pour se libérer. Pourquoi ? Parce que le droit à la liberté est pour nous aussi précieux que la vie. Celui qui nous en prive mais nous laisse en vie n'est en rien vertueux à notre égard. Il doit se dire dans son cœur : « Le tuer gratuitement ne sera d'aucune utilité, mieux vaut lui prendre sa liberté. » Ainsi nous laisser en vie n'est qu'à son bénéfice. En quoi y aurait-il de la vertu à notre égard ? Ah ! il nous laisse en vie pour faire de nous des esclaves, nous attendrons donc le moment propice pour nous libérer. Nous redeviendrons des ennemis et nous serons revenus au point de départ. Comment ce qu'on appelle ici un droit pourrait-il assister la force ? Le vainqueur dira : « Votre renoncement au droit à la liberté pour sauver votre vie constitue un contrat. Ignoreriez-vous ce contrat ? » Nous lui répondrons aussitôt : « Ce contrat fait de nous, par la force des choses, des ennemis mutuels. Nous ne faisons que l'appliquer comme il se doit. » De quoi peut-il nous accuser ?

Ainsi, le droit d'esclavage s'oppose non seulement à la Voie mais aussi à la raison. Il est, d'emblée, dénué de sens. Parler d'esclavage n'est pas parler de droit. Parler de droit n'est pas parler d'esclavage. Ces deux mots sont contradictoires de par leur sens. Comme si une personne disait à une autre, concluant un contrat : « En vertu de ce contrat, je ne retirerai que des bénéfices et toi, tu ne subiras que des dommages » ; et elle ajouterait : « Tant que ce contrat me sert, je le respecterai et, toi, même si cela n'est pas à ton avantage, tu devras faire de même. » De tels contrats, peu importe qu'ils soient conclus entre deux personnes ou entre un prince et son peuple, s'opposent à la Voie, s'opposent au Principe et n'ont aucun sens.

第五章　終不可不以約爲国本

凡余之前所論駁、其言背謬戾無成理、今縦舎此、特就事実而徵焉、世之主張專斷之制者、亦不得持其說、何以言之、夫拠法以治国、与藉威以御衆、其迹相去如何也、有人于此、恃其威強以服衆、雖有百万之衆、吾必曰、是一主人与衆奴隷也、必不曰、是一君与衆民也、吾必曰、是種落也、必不曰、是邦国也、何者、彼藉威御衆、不分人以利、不分人以利者、何以爲君、是人也、席巻宇内包挙四海、不免爲独夫其所利、非衆所利也、私利也、彼挾其私利、以臨衆、非独夫而何、叢祠之柏、高指乎天、大蔽於牛、一旦天火來燬、灰燼隨風散落、不可收拾、独夫殞命、其衆崩潰、亦与此無異、若是者、豈得謂爲国哉、

135. S'il ne fait pas de doute que Chômin voulait traduire « cité », dans le contexte du Mouvement pour les libertés et les droits du peuple, il pensait également au Japon, qui serait refondé par l'établissement d'une constitution démocratique.

Chapitre 5 : Qu'enfin, on ne peut se passer du contrat pour fonder un pays[135]

Laissons de côté tout ce que je viens de réfuter comme propos erronés allant contre la raison et ne mettons en évidence que des faits réels. Les partisans des régimes tyranniques ne peuvent tenir de discours cohérents. Pourquoi dis-je cela ? Parce que gouverner un pays en se fondant sur la loi et dominer les foules en usant de la menace sont deux choses aux antipodes l'une de l'autre. Certaines personnes comptent sur leur puissance pour soumettre les foules. Même s'il s'agissait de foules de millions d'individus, je dirai certainement : « Voilà un maître et une foule d'esclaves » et non : « Voilà un prince et un peuple. » J'y verrai un agrégat d'individus et absolument pas un pays. Car celui qui domine les foules par la violence ne partage pas avec les autres ses avantages. Comment un tel homme deviendrait-il un prince ? Même si cet homme était capable d'enrouler l'univers dans une natte et d'entourer de ses bras les Quatre Mers[136], il ne serait rien d'autre qu'un homme seul. Son intérêt n'est pas celui du peuple mais le sien propre. Celui qui, se prévalant de son intérêt personnel, domine les foules, qu'est-il, sinon un tyran ? Les cyprès, au milieu desquels sont construits des temples[137], sont grands et s'élèvent vers le ciel au point de couvrir [de leur ombre] les buffles. Mais qu'il leur arrive de brûler et le vent balaiera leurs cendres au point qu'on ne pourra même plus les ramasser. Lorsque le tyran périt et que la foule, désintégrée, se disperse, cela n'est pas différent. Peut-on parler dans ce cas d'un pays ?

136. Il s'agit d'une référence tronquée aux *Mémoires historiques*, chapitre 48 (Annales de la maison de Chen She *Chen She shijia* 陳涉世家), 22.

137. Référence aux *Mémoires historiques*, chapitre 48, 2.

互魯士曰、一邦之民、得自挙与于君、信斯言也、是其未自与之前、既已有邦矣、既有邦、斯有政矣、所謂自与之事、亦政也、苟政也、則不得不議而定之、果如是、与其論民之所以与于君也、不若先論邦之所由以建也、建邦之事、勢必在自与之前、則論政術者当托始于是也、

仮爲其自与君之前、未有邦乎、吾不知其何由得成自与之事也、衆相会、咸皆同意、而無一人自異、則善、若不幸百人欲之、而十人不欲之、則百人者何由得行其議邪、衆相議決事者、必較持議多寡、固是矣、然此亦非予有約不可、而未有邦之前、無有約之類也、是知、民之議立王之前、更有一事咸皆同意所定者、此正余之所欲論之也、何謂也、曰相共約建邦是也、

138. La théorie du double contrat exposée ici est formulée en réalité par Pufendorf (*Droit de la nature et des gens*, livre VIII, chapitre II).

Grotius dit : « Un peuple peut se donner de lui-mêmc à un prince[138]. » Si ce qu'il dit est juste, alors, avant qu'un peuple se donne de lui-même, il existe déjà un pays et s'il existe déjà un pays, il existe déjà un gouvernement. Ce que Grotius désigne comme le don de soi relève aussi du gouvernement. Et le gouvernement doit être réglé à travers la délibération. S'il en est ainsi, alors, plutôt que de discuter sur les raisons du don de soi d'un peuple à un prince, il vaut mieux discuter d'abord de ce qui fonde un pays. Cela vient forcément avant le don de soi. Celui qui discute de la manière de gouverner doit placer là le début de son propos.

Admettons qu'avant le don d'un peuple de lui-même à un prince, il n'existe pas encore de pays, je ne vois pas au nom de quoi un tel don pourra se faire. Si tous s'assemblent et se mettent d'accord sans exception [pour se donner], cela est heureux. Mais si une centaine de personnes le souhaite et une dizaine ne le veut pas, au nom de quoi ces cent personnes pourraient-elles délibérer ? Il est évident que la prise de décision par la délibération de tous doit se faire selon la règle de la majorité. Mais elle est inconcevable sans l'existence préalable d'un contrat ; ainsi, tant qu'il n'existe pas de pays, il n'existe aucune espèce de contrat. Sachons ceci : avant de choisir un roi, il faut encore que tout le monde soit d'accord pour prendre une telle décision[139]. C'est précisément ce dont je voudrais discuter, à savoir, le fait que tous fondent un pays en signant ensemble un contrat.

139. Fragment de la traduction de l'*Histoire de la philosophie* d'Alfred Fouillée (*NCZ*, 6, p. 133) : « Dans les délibérations, le contrat a pour effet d'obtenir l'unanimité par la majorité et il est évident d'avoir l'unanimité avant d'établir ce contrat. »

（解）亙魯士言、国民立君、托之以專断之権、婁騷則言、民相共約建邦、当在立君之前、所謂、民約也、民約一立、人々堅守條規、立君之事、必不爲也、首章至是、專駁專断之制、自下章方入本論、

第六章 民約

人恒言、昔者人之肆意爲生也、不経久、天災与人禍交侵、其力遠越我之力、至不可復禦、此或然、夫人一至於此極、非大有変其生計、族類幾乎滅矣、雖然所謂変生計者、其事殆不易爲也、蓋人之智力本命乎天、不可暴而殖、故若欲捍患禦災以自保、非相倚爲党共合其力、然後率之令出于一、無別法可求、雖然此有患焉、夫我之力於我之自存、尤不可欠者也、我若与衆合力、不復得而独用、則得無損于我之身乎、嗚呼是所謂変計之難者、而民約之決尽在於此、蓋当時事情委曲、雖不可得而

Commentaire

Grotius dit : « Le peuple met en place un prince et s'en remet à son pouvoir despotique. » Rousseau, pour sa part, dit : « Le peuple tout ensemble établit un contrat et fonde un pays mais il doit le faire avant d'avoir choisi un prince. C'est ce qu'on appelle un contrat social. Une fois le contrat social établi, chaque personne en observe scrupuleusement les termes et l'établissement d'un prince devient, par la force des choses, inutile. » Du premier chapitre jusqu'à celui-ci, Rousseau récuse le régime tyrannique. À compter du prochain, il entre dans le cœur du sujet.

Chapitre 6 : Le contrat social

On dit souvent : « Autrefois, les êtres humains vivaient à leur gré mais, très vite assaillis par la combinaison des désastres naturels et de leurs propres malheurs, dont la force dépassait de très loin la leur, ils finirent par ne plus pouvoir s'en protéger. » Cela est probablement le cas. Arrivée à une telle extrémité, peu s'en fallait que l'espèce humaine disparût si elle ne changeait pas ses moyens de subsistance. Mais changer ses moyens de subsistance n'est pas chose aisée. Les capacités humaines ont été définies par un décret du Ciel et ne peuvent croître tout d'un coup. C'est pourquoi, s'ils désirent se protéger des malheurs et des fléaux naturels, les êtres humains n'ont pas d'autres solutions que de s'assembler et de constituer un groupe, d'unir leurs forces et de diriger celles-ci dans une seule direction. Mais il y a là un inconvénient. Ma force est indispensable à ma survie. Si je l'unis à celle des autres, sans l'utiliser pour moi-même, comment puis-je éviter que cela ne nuise pas à ma personne ? Voilà en quoi réside toute la difficulté qu'il y a à changer de vie, et c'est là tout le secret du contrat social. Bien qu'il ne soit plus possible de décrire les péripéties successives qui menèrent à l'adoption de ce contrat social, le principe à la

考、理則亙古今一者也、茲乃推衆人所当同然、而叙其言如左、

衆相共言曰、吾等安得相倚成一党、頼其全力以保生、曰、吾等安得相共撃束羈縻成一団而実絶無爲人所抑制、各有自由権、与曩時無異、此乃国之所以成国、民之所以成民也、而民約則論次之条目者也、所謂民約之条目、其旨極厳、極整、不得有少変改、苟有変改、一時并墜地無復見效矣、所謂民約之条目、未嘗聞有挙之口、亦未聞有筆之書、然其旨意原乎義本於情、確乎不可易、而凡爲民者、未始不默採暗聽、以爲邦国之本焉、其或有背戻者、於是乎綱維解紐、人々肆意狥情、大壊極弊、然後人義之自由斂跡、而復帰入曩日天命之自由矣、

140. Fragment de la traduction de l'*Histoire de la philosophie* d'Alfred Fouillée (*NCZ*, 6, p. 125) : « Tous se rassemblent et se disent : Nous formons par notre rassemblement un groupe et la force collective protégera la vie et les biens de chacun, empêchera les attaques d'autrui. Même si chacun d'entre nous se soumet aux autres, sa liberté n'en est pas atteinte, sans aucune différence avec ce qui précédait, quand nous n'étions pas encore rassemblés.

base de celui-ci reste le même, hier comme aujourd'hui. Aussi, je déduis dans l'exposé ci-après ce qui devrait rassembler les membres d'un peuple.

Ils se disaient les uns les autres : « Comment arriver, en nous appuyant chacun l'un sur l'autre, à former une association dont nous compterions sur l'entière force afin de nous protéger ? », ou bien « Comment arriver ensemble à former un groupe aux membres unis par des liens solides mais où chacun n'exercerait jamais aucune contrainte en quoi que ce soit envers l'autre et où le droit à la liberté de chacun se retrouverait intact, tel qu'il fut naguère ? » Voilà comment se crée un pays, voilà comment se crée un peuple. C'est ainsi que le contrat social détermine l'ordre de ses clauses[140]. Ces dernières sont extrêmement rigoureuses dans leur esprit, extrêmement ordonnées. Elles ne supportent pas la moindre correction. S'il devait en avoir, le contrat serait, en un instant, réduit à néant et perdrait toute efficacité. On n'a jamais entendu dire que les clauses du contrat social eussent été proférées ni qu'elles eussent été écrites dans un document mais leur esprit, qui repose sur la justice et s'ancre fermement dans les sentiments humains, reste inébranlable. Il n'y a pas de peuple qui se respecte, qui fût resté sourd et indifférent à ces clauses au point de ne pas en faire les fondations de son pays. Si l'un d'entre eux devait le transgresser, alors les liens[141] qui le soutiennent se dénouent. Chaque personne agit alors à son gré et selon ses caprices, le désordre atteint son comble. Enfin, la liberté issue de la justice humaine cède à nouveau la place, comme naguère, à la liberté décrétée par le Ciel.

Ceci est le sujet au cœur de la fondation des pays et la question principale du contrat social. »

141. Allusion à une notion confucéenne, « les Trois Liens » (*sangang* 三綱), qui désigne les relations morales de la vie humaine : celles unissant le père et le fils, le mari et l'épouse et le vassal et son suzerain.

（解）英吉利勉雑毋云、婁騒民約世未聞有若者、彼豈不読此一段、故爲是言邪、婁騒固言、民約之條目、未嘗聞有挙之口筆之書、蓋婁騒尤惡世之論政術者往々徒拠実迹而爲說、故本書、專推道理立言、論義之所当然、而事之有無、初非所問也、勉雑毋論用、而婁騒論体、勉雑毋論末、而婁騒論本、勉雑毋單論利、而婁騒并論義、其有不合也、固宜、

所謂民約之條目、雖多端、然合之則成一、曰党人咸皆挙其權、尽納之于党是也、党人咸皆挙其權、納之于党、而無一人自異、如是然後得分利均矣、分利均、然後自利害人之心無由生矣、党人尽納其權、而無所遺、如是然後得相紐結也周、而無虧隙可求、而無有一人訴

142. Bentham s'est effectivement attaqué à la notion du contrat et à ses partisans d'une manière générale, les visant à travers William Blackstone (1723-1780) dans le premier chapitre de *Fragment sur le gouvernement* (traduit par J.-P. Cléro, Bruxelles, Bruylant L. G. D. J., 1996, p. 111-130). Dans *Rights, Representation and Reform. Nonsense upon Stilts and Other*

Commentaire

L'Anglais Bentham a dit : « Il n'a jamais existé dans le monde une telle chose que le contrat social de Rousseau[142]*. » Dit-il cela parce qu'il n'a jamais lu ce passage ? Rousseau déclare pourtant qu'on n'a jamais entendu dire que les clauses du contrat social eussent été proférées ni qu'elles eussent été écrites dans un document. Il détestait que ceux qui discutent de l'art de gouverner fondent trop souvent leurs propos sur des évidences palpables. C'est pourquoi, dans le présent ouvrage, il s'en tient seulement à raisonner sur le principe de la Voie et sur ce qui est conforme à la justice. Rousseau ne se demande donc pas si les choses dont il parle ont réellement eu lieu ou non. Bentham traite de leur usage pratique, Rousseau de leur nature. Bentham parle de leurs fins, Rousseau de ce qui leur est originel*[143]*. Bentham discute seulement de l'intérêt alors que Rousseau discute de l'intérêt et de la morale. Nécessairement, leurs avis divergent.*

Ce qu'on appelle les clauses du contrat social sont nombreuses mais peuvent se résumer à ceci : les membres de l'association remettent entièrement tous leurs droits à cette dernière. Le faisant tous sans exception, ils pourront, de cette façon, se partager les avantages de manière égale. Ainsi, l'intention de nuire à autrui pour son profit personnel ne pourra apparaître. Les membres de l'association ayant remis tous leurs droits à épuisement de ceux-ci et rien ne restant à quiconque, leur union ne peut être que totale, sans qu'on puisse y trouver aucun défaut et sans que personne ne puisse crier à l'injustice. Au contraire, si chacun refuse de remettre

writings on the French Revolution (Oxford, Clarendon Press, 2002, p. 331-332), il écrit que la théorie du contrat est « une pure fiction ou, en d'autres termes, un mensonge ».

143. Chômin réutilise ici une expression de la *Grande Étude* déjà rencontrée *supra* : « Les choses ont leurs racines et leurs branches. Les affaires ont leur début et leur fin. »

屈者矣、不爾若党人各有所保守、而不肯尽納、則無以爲党也、何者、党本無共主、一旦我与党有爭、而我拠我所保之権以抵拒、則誰復決之者、若此人々就一事、得自用其權焉、則其後也、將就万事自用其権矣、夫如是、則曩日肆意爲生之勢復生、而党之力非成暴則成空矣、

由此観之、民約也者、人々相將、自挙身以与于衆者也、非向所謂自挙身以与於君者也、雖自挙与衆也、実無有所与、何以言之、夫人々皆自挙与衆、而無一人自異、則是無一人無所得乎衆者也、無一人無所得乎衆者、則是無一人無所自償者也、故曰、雖自挙与衆、実無有所与也、非独此而已、人々自与衆、而衆藉其全力以擁護之、則是人々之爲守、比其自爲守、不更大固乎、是則人々之於民約、無乎所失而有所得矣、

是故民約也者、提其要而言、曰、人々自

complètement ses droits à l'association, alors celle-ci n'est plus constituée. En effet, les membres de l'association, par principe, n'ont pas de maître commun. Si j'entre en conflit avec l'association et que j'use des droits gardés par devers moi pour m'opposer à elle, qui va décider de la suite des choses ? Si les gens se mettent à prendre en main une seule affaire en usant eux-mêmes de leurs droits, alors, ils feront plus tard de même pour toutes les affaires. Alors le désir de vivre à son gré évoqué précédemment réapparaîtra et la force de l'association se changera en tyrannie ou bien s'évaporera.

De ce point de vue, le contrat social existe lorsque les gens prennent mutuellement soin les uns des autres et lorsqu'ils se donnent d'eux-mêmes à tous. Cela n'est pas le don de soi à un prince évoqué précédemment. Bien qu'on se donne à tous, en réalité, on ne se donne à personne. En quoi puis-je dire cela ? Parce que si tout le monde se donne à la communauté, de manière telle que pas un ne le fasse d'une manière différente de l'autre, alors, il n'y en aura pas un qui ne recevra la même chose de celle-ci. Et s'il n'y en pas un qui ne reçoive de l'association, alors, il n'y en aura pas un qui ne se paie de retour. C'est pourquoi je dis que même si on se donne à tous, en réalité, on ne se donne à personne[144].

Plus encore, si les personnes se donnent à l'association et qu'elles lui empruntent toute la force de sa protection, cette

144. Fragment de la traduction de l'*Histoire de la philosophie* d'Alfred Fouillée (*NCZ*, 6, p. 131) : « Chacun donne tous les droits qu'il possède au pays [...] Chacun se donne à tous mais, en réalité, rien n'est donné. Si je me donne aux autres et que les autres se donnent à moi, nous formons un pays, et, donc, ce que je perds d'un côté me revient de l'autre. Le profit retiré de l'usage de la force de tous est plus grand que la protection [assurée] par moi-même. »

挙其身与其力、供之于衆用、率之以衆意之所同然是也、

民約已成、於是乎地変而爲邦、人変而爲民、民也者衆意之相結而成体者也、是体也、以議院爲心腹、以律例爲気血、斯以宣暢其意思者也、是体也、不自有形、而以衆身爲形、不自有意、而以衆意爲意、是体也、昔人称之曰国、今也称之曰官、官者裁理群職之謂也、自其与衆往復而称、亦曰官、自其出令而称曰君、他人称之曰邦、合其衆而称之曰民、自其

145. Chômin omet ici de traduire une note de Rousseau, où celui-ci utilise le mot « cité » et dans laquelle Rousseau discute de la notion de citoyen, pour la distinguer de celle de bourgeois (au sens d'habitant d'une cité) et s'attaque en la matière à Jean Bodin. Il utilise ici pour traduire « État » l'idéogramme *kan* 官. Dans le présent volume, nous prenons le parti de traduire par « État » à chaque apparition de cet idéogramme sous forme isolée, qui désigne de toute évidence chez lui l'institution publique. En effet, Chômin utilise des mots spécifiques pour désigner les agents de l'État, tels que *hyakushi* 百司, *yûshi* 有司 ou *rishi* 吏士. Pour apprécier à leur juste valeur ces termes, il convient de rappeler qu'ils désignaient également les oligarques, par exemple dans le mémorandum d'Itagaki de 1874. Le mot « État » est celui qui semble avoir posé le plus de difficultés à traduire, non seulement à Chômin mais à l'ensemble des traducteurs de l'époque. Il s'agit d'une question trop vaste pour faire l'objet d'une simple note et, à notre connaissance, elle n'a pas l'objet d'une enquête spécifique. Néanmoins, les quelques exemples suivants montrent qu'une stratégie pour contourner le problème a été de traduire « État » par « pays » ou par « gouvernement », ce qui suggère combien il fut difficile de comprendre ce concept. Voici les exemples en question : a)

dernière n'est-elle pas bien plus solide que celle issue de soi-même ? Dans le contrat social, les personnes ne perdent rien mais, au contraire, y gagnent. Ainsi, le contrat social se résume, pour l'essentiel, à ceci : chaque personne met en commun sa personne et ses forces au profit de tous, et soumet sa volonté à la volonté générale en ce qu'elle a de commun à tous.

Avec l'établissement du contrat social, les terres deviennent un pays, les personnes deviennent un peuple. Le peuple est un corps formé de l'union des volontés de tous. L'assemblée délibérative est son cœur, les lois son souffle et son sang, c'est par elles qu'il exprime ses intentions. Ce corps n'a pas de forme propre, sa volonté est celle des personnes rassemblées. Il n'a pas de volonté propre, si ce n'est celle des volontés de tous rassemblées. Les anciens appelaient ce corps une cité, aujourd'hui on le nomme un État[145]. Par ce nom, on désigne l'organisation des diverses fonctions. On l'appelle également ainsi dans ses relations avec chacun.

Ce corps prend le nom de Souverain lorsqu'il donne des ordres, pays dans la bouche des étrangers, peuple quand il

Nakamura Masanao, dans la traduction de *On liberty*, utilise *kuni* 國 (John Stuart MILL, NAKAMURA Masanao (trad.), *Jiyû no ri* 自由之理 (*Le Principe de liberté*), Kihira Yuzuru 木平譲, [1872], 1877, p. 7, 75). Ailleurs, il amalgame « public authority » et « state » dans le mot *kanfu* 官府 « les fonctionnaires et le gouvernement » (*op. cit.*, p. 45), et ignore le mot dans le reste de l'ouvrage. b) NOMURA Yasuyuki, dans la traduction de *Philosophie de la science politique*, utilise *hôkoku* 邦国 (*Seiri shinron*, *op. cit.*, p. 34, 65). c) Étienne VACHEROT, dans *La Démocratie* accorde, une grande importance à la notion d'État. Or les chapitres qui lui sont dédiés sont les seuls qui n'ont pas été traduits. Le terme « État démocratique » est traduit tout au long de l'ouvrage par « gouvernement autonome » (*jichi sei* 自治政) et dans le chapitre « L'État », par lequel s'achève la traduction, Nomura utilise le mot *kuni* (*Jichi seiron* 自治政論 (« De l'autonomie politique », Nihon shuppan 日本出版, 1884, vol. 2, p. 138). C'est avec la traduction de la *Théorie générale de l'État* de Johann BLUNTSCHLI (*Kokkaron*, 1882) que se fixe le terme actuel, *kokka* 国家. Mais sur l'ensemble de la période, dans les traductions comme dans les essais ou articles, « État » apparaît surtout dans *kokken* « droits de l'État » 国権, comme opposé à *minken* (voir introduction).

議律例而称曰士、自其循法令而称曰臣、雖然此等称謂、或有相通用不分別、尋其本義、宜如此云爾、

第七章 君

由前所述推之、民約之爲物、可知已、曰、是君与臣、交盟所成也、然所謂君者、以不過爲衆人相合者、雖云君臣交盟、実人々躬自盟也、何以言之、曰、衆人相倚爲一体、將議而発令、即君也、非別置尊奉之、而凡与此約者、皆有与乎爲君也、自其將出令而言、則君与其臣盟、自其將奉乎令而言、則臣与其君盟、故曰雖云君臣交盟、実人々躬自盟也、訟律之法言、以爲凡躬自誓、不必須踐言、然則民約亦不必須踐言乎、曰、否、茲所謂君者合衆而成、故臣之於君、猶片段之於全体、非如訟律所云躬自誓之類也、

rassemble les personnes, citoyen quand il délibère des lois, sujet quand il observe ces mêmes lois. Il arrive que toutes ces appellations ne soient pas bien distinguées dans leur usage. Si on recherche leur sens originel, il vaut mieux cependant présenter ainsi les choses.

Chapitre 7 : Le Souverain

Du passage précédent, on peut déjà déduire ce qu'est le contrat social, à savoir l'engagement mutuel pris entre le Souverain et les sujets. Mais ce qu'on appelle un Souverain n'est rien de plus que le rassemblement de tous ; même si on parle d'engagement mutuel entre le Souverain et les sujets, en réalité, tous ne s'engagent qu'envers eux-mêmes. En quoi puis-je dire cela ? Tous ensemble, s'appuyant les uns sur les autres, ils ne constituent qu'une seule entité. Puisque tous ces gens vont délibérer et promulguer des décrets, nous avons bien affaire en eux au Souverain. Ce Souverain n'est pas l'objet d'un respect et d'une vénération particulière. Tous ceux qui participent au contrat font partie du Souverain. C'est parce qu'il promulgue des décrets que le Souverain s'engage avec ses sujets. C'est parce qu'ils obéissent aux décrets que les sujets s'engagent avec le Souverain. C'est pourquoi, je dis que même si on parle d'engagement mutuel entre le Souverain et les sujets, en réalité, les personnes ne s'engagent qu'envers elles-mêmes. Selon le Code de procédure, « quiconque s'engage avec lui-même n'est pas dans l'obligation de tenir parole ». S'il en est ainsi, n'est-on pas tenu de mettre en pratique le contrat social ? Je dirais que si. Car ce qu'on appelle ici le Souverain est le rassemblement de tous. Les sujets sont par rapport au Souverain comme les parties par rapport au tout. Nous ne sommes pas dans le cas de figure mentionné dans le Code d'un engagement pris avec soi-même.

是故衆共議所定、在人々必不可不遵踏焉、人々皆一身而両職、故其爲君所定、爲臣不可不循之、若爲不循、是一人而背于衆、臣而背於君也、至於爲君所定而亦爲君改之、則十易之不爲病矣、何也、君也者、衆相合所成、常々而一職、不可得而分別、是以今日有所興、明日或廃之、蓋衆議一決、雖憲令最重者、改之可、廃之可、雖即民約、改之可、解之亦可、是正訟律所云、躬自誓之類也、夫自我興之矣、而不得自我廃之、則天下豈有是理哉、

若夫与他邦、往復交結所約、雖由衆議、不得有渝、無他在是時、非復躬自誓之類、而信義之可崇、在両国間、与在両人間、無以異也、

雖然官云君云、頼民約所置、故苟事有乖民約大本、雖其与他邦所約、亟壊之、勿履可也、若約割与君権、約別有所奉戴爲君之類、

146. Fragment de la traduction de l'*Histoire de la philosophie* d'Alfred Fouillée (*NCZ*, 6, p. 138) : « Si les détenteurs de la souveraineté ne peuvent changer les lois qu'ils ont décidées par délibération, il ne saurait y avoir de sens réel à l'art de la politique. […] Quand bien même les lois sont impor-

Ainsi, ce qui est décidé par tous en délibération doit être absolument suivi par chacun. Toutes les personnes ont un corps mais deux fonctions. Par conséquent, elles ne peuvent comme sujet aller contre ce qu'elles ont décidé en tant que Souverain. Si l'une d'entre elles essayait de le faire, elle serait seule à se rebeller contre tous et comme sujet contre le Souverain. Ce qui a été décidé en tant que Souverain peut l'être dix fois de suite sans qu'il n'y ait rien à redire. Pourquoi ?

Parce que le Souverain procède du rassemblement de tous et que, de fait, Il est permanent et indivisible. Ce qu'il a établi aujourd'hui peut être aboli demain. Une fois que la délibération de tous l'a décidé, même les lois constitutionnelles, qui sont les plus importantes, peuvent se trouver modifiées ou peuvent se trouver abolies. Même le contrat social peut être modifié ou peut être dissous. Cela relève de l'engagement pris avec soi-même dont parle le Code de procédure : existe-t-il sous le Ciel un principe par lequel je m'engage moi-même sans pouvoir me remettre en cause[146] ?

Dans le cas d'un traité conclu avec un autre pays, il n'est pas possible de le révoquer, même après délibération commune. À ce moment, on ne peut rien faire car, à ce moment-là, nous ne sommes pas dans le cas d'espèce d'un engagement avec soi-même mais, en matière de fidélité à ses devoirs, il n'y a pas de différences entre deux pays et deux individus.

Néanmoins, l'administration comme le Souverain sont établis par référence au contrat social et, par conséquent, s'ils vont à l'encontre de ses fondements, il est permis de dénoncer immédiatement un traité passé avec un autre pays et de ne pas le respecter. Des traités qui nuisent au pouvoir

tantes, il n'y a rien que les citoyens ne peuvent changer selon leur volonté et, si ce n'était pas le cas, alors la souveraineté ne serait pas entre les mains du peuple et les bases du gouvernement s'effondreraient. »

皆所以破壊民約、夫民約乃官君所由立也、壊所由立、復何約之爲、

民約既成、邦国既立、有侵一人、而望無害於国、不可得、況有侵国、而望無害於衆人乎、国猶身腹也、衆人猶四肢也、傷其心腹、而無羸其四肢、有是理乎、故凡与此約者、其爲君発令、与爲臣承命、并不可不常相共致助、是固義之所在、而亦利之所存也、爲君出令、能不違于義乎、爲臣必享之利焉、爲臣挙職、能不背于道乎、爲君必獲之福焉、君云臣云、初非有両人也、夫君合衆而成、則君之所利、必衆之所利、無有相抵、而君之出令、在臣無須鈐制焉、衆共発令、以図害于衆、無有是理也、即衆共発令、以図害一人若数人、亦無有之、是則俟更論弁、方明白、

（解）更論弁者、指第二卷第六章、論法令、

du Souverain ou qui honorent un Souverain autre sont tous causes de destruction du contrat social. C'est par lui que l'administration et le Souverain sont établis et, si on détruit ce qui les institue, quel traité pourrait-on établir ?

Une fois qu'il existe un contrat social est aussi établi un pays. Il est impossible d'offenser un seul homme et, en même temps, croire qu'on ne porte pas atteinte au pays ou qu'on ne porte pas atteinte à tous ses membres. Le pays est pareil au tronc d'un corps, ses habitants à ses quatre membres. Est-il possible de blesser le cœur et le ventre sans affaiblir les quatre membres ? Par conséquent, ceux qui adhèrent au contrat social doivent formuler les décrets comme Souverain, s'y conformer comme sujets et ils ne peuvent s'abstenir de constamment s'entraider les uns les autres. C'est une question de devoir et aussi d'intérêt. Si le Souverain, en tant que tel, promulgue des lois ne pouvant jamais contrevenir à ses devoirs, alors les sujets ne peuvent jamais recevoir de Lui que des avantages. Si le sujet se consacre à sa tâche sans s'opposer à la Voie, alors, le Souverain y trouvera le bonheur. Souverain et sujet ne sont pas à l'origine deux personnes distinctes. Le Souverain résultant de l'union de tous, l'intérêt du Souverain est forcément aussi l'intérêt de tous. Il n'y a pas d'opposition réciproque. C'est pourquoi aucun sceau n'est requis lorsque le Souverain promulgue des lois à ses sujets. Il n'y a pas de raison pour que les individus dans leur ensemble se nuisent à eux-mêmes par décret. Il n'est pas non plus possible que tous les individus nuisent par décret à une ou plusieurs personnes. Cela apparaîtra clairement dans la suite de la discussion.

Commentaire

La suite de la discussion se situe au sixième chapitre du livre II « Les lois ».

是故君唯無立、立則以義始終而已、公意之所在、君之所存也、若夫臣之於君、則不然、其享利於君、雖洵大、若不予爲之防、不可以保其無背民約、何也、夫人々皆一身而両職、故其爲君之所令、爲臣或有不悦矣、公意之所欲、私情或有不願矣、且也、其爲君也、非己独專、而必与衆偕、且所謂君、無形体可見、至於臣、則心思嗜慾、耳目肺腸、皆己専所有、於是乎視其当爲国服者、若專益於衆、而己曽無与者、乃云、我之服是務、在我極可憚、而我即不服、在衆不必有害、於是乎爲臣之務是逃、而爲君之利是守、此習一成、民約壞墮、不可救止、故曰、不豫爲之防、不可以保其無背民約也、

是故欲防民約之或墜空文、必当有一項插在其中、曰、若有人不肯循法令、衆共出力、必使循而後止、曰、若是則、無乃害於人之自由権乎、曰、不然、正強令人保自由権云爾、

Ainsi, une fois établi, le Souverain n'a de cesse d'agir du début à la fin selon le sens de ses devoirs. Là où réside la volonté générale, là réside le Souverain. Quant aux relations des sujets avec le Souverain, il n'en est pas de même. Ils retirent du Souverain un grand bénéfice mais, sans précaution préalable de la part du Souverain, on ne peut garantir que les sujets ne pourront pas porter atteinte au contrat social. Pourquoi ? Parce que tous possèdent deux fonctions tout en ayant un corps. Il arrive que les ordres qu'ils donnent en tant que Souverain ne leur plaisent pas en tant que sujets. Et il arrive que le sentiment particulier ne souhaite pas ce que désire la volonté générale. On fait partie du Souverain mais on ne peut le monopoliser pour soi, il est obligatoirement partagé avec tous. Par ailleurs, le Souverain doit être regardé comme n'ayant pas de forme. Les sujets possèdent en eux-mêmes, propres à chacun, des pensées, des passions, des yeux, des oreilles, des poumons et des viscères. Ceux qui dans le fait de se soumettre au pays voient un profit exclusivement pour les autres et non pour soi pourraient dire : « Même si je ne remplis pas un devoir qui me serait hautement préjudiciable, il se peut que cela n'occasionne pas de torts aux autres » et qui négligent en cela leur devoir de sujet et ne gardent que les avantages que leur donne leur qualité de Souverain. Une fois cette habitude installée, alors le contrat social est à jamais ruiné. C'est pourquoi je dis : « Sans précaution préalable de la part du Souverain, on ne peut garantir que les sujets ne porteront pas atteinte au contrat social. »

Si on désire empêcher que le contrat social devienne une formule creuse, il faut y insérer une clause énonçant que « si quelqu'un ose ne pas se conformer aux lois et décrets, la collectivité usera de la force pour mettre fin à une telle pratique ». On pourrait dire ici : « N'y-a-t-il pas une atteinte au droit à la liberté de cette personne ? » Je répondrais seulement ceci : « Non. Au contraire c'est pour le forcer à protéger son droit à la liberté. » Qu'est-ce que cela veut dire ? Le but premier

何也、凡民約之本旨、在令人々奉衆之命令、而無蒙人之抑制、故循夫法令、即所以遠抑制之禍也、今是人乃敢背于約、故迫令其必履之者、正欲其遠抑制之禍焉耳、嗚呼此一項者、政術之樞紐、而無此則、凡官之所令、皆不免爲悖慢与暴恣、而其弊必有不可勝言者矣、雖然此一項、本人々之願欲、而民約之所由起、故不必明載焉、

第八章　人世

民約既立、人々循法制爲生、謂之出天之世、而入人之世、夫人一出天世入人世、於其身也、所変更極大、蓋曩也直情径行、絶無自検飭、血気之所驅、唯嗜慾是狥、与禽獸無以別、今也每事商之於理、揆之於義、合則爲君子、不合則爲小人、而善惡之名始可指焉、曩也人々唯

du contrat social est de faire en sorte que chaque personne obéisse aux ordres de tous, sans subir de contraintes de qui que ce soit. Se conformer aux décrets permet de tenir éloignées les contraintes. Pour une personne s'opposant au contrat, la forcer à le respecter vise seulement à la tenir éloignée des inconvénients de la contrainte. Ah ! cette clause est le pivot de l'art du gouvernement et, sans elle, les ordres de l'administration seraient en eux-mêmes absurdes et tyranniques et on ne finirait pas d'en décrire les dommages. Mais cette clause exprime le désir même des personnes et c'est d'elle que procède le contrat social. Il n'est donc pas nécessaire de la mettre plus clairement par écrit.

Chapitre 8 : Le monde humain[147]

Une fois le contrat social établi, on dit que les hommes sortent du monde céleste [l'état de nature] et entrent dans celui des humains lorsqu'ils vivent en se conformant aux lois. Le passage de l'état céleste [de nature] à l'état humain abrite de grands changements. Dans le premier état, ils vivaient au gré de leurs désirs et de leurs pulsions, dans la réalisation immédiate de leurs sentiments, sans jamais se discipliner. Ils n'étaient pas différents des animaux. Aujourd'hui, on juge de tout à l'aune de la raison et de la justice. Si on s'y conforme, on est un homme de bien, si on ne s'y conforme pas, on est un homme de peu. Dès lors, le juste et l'injuste sont distingués. Autrefois, on vivait pour son propre intérêt, sans tenir compte

147. Le quatrième chapitre du *Zhuangzi* porte un titre et a une signification très proche (*renjianshi* 人間世). Même s'il ne s'y trouve pas, le mot « monde du Ciel » rappelle lui aussi le *Zhuangzi* du fait de la paire que le Ciel constitue avec les êtres humains.

図利己、不知有他人、今也利害禍福、必与衆偕、無得自異焉、蓋人之出天世入人世、所失則有矣、然若取所得較之、優足以相償、何以言之、夫衆相合為生、於是乎智慮益広博、情性益成高遠、而夫所以為万物之靈者斯立矣、視之曩者昏々芒々、与草木倶長、与鹿豕倶生、絶無自脩、相勝不甚遠乎、雖然所虞亦有一焉、蓋智竇一開、不可復得而塞、不幸一旦趣向失宜、於是乎、変詐相靡、詭譎相蕩、澆漓敗壊之極、無能復自振厲、而其末也、至相踵為姦雄所圧服而後已、而自由之権、掃地而尽矣、若不然人々能自戒飭、遵践約規、千年如一日、則此約之成、人生之慶幸莫大於此、而為後世子孫者、亦將相慶言曰、於戲我祖先之聖、夙運神智相共盟以剏永世之基、俾我儕得出禽獣之境、而入人類之域、嗚呼豈可諼哉、

抑因此約所失、与其所得、請得比而較之、蓋其所失則、曰天命之自由也、其所得則、曰人

des autres. Aujourd'hui, profits et pertes, heurs et malheurs sont devenus inévitablement notre lot commun à tous, sans exception. Il y a donc bien une perte dans le passage de l'état céleste à l'état humain.

Mais, à comparer, ce qu'on y gagne compense suffisamment ce qu'on y perd. En quoi puis-je dire cela ? Tous les êtres humains vivant ensemble, leur intelligence se développe avec ampleur et les sentiments gagnent en noblesse, ce qui fait d'eux l'âme des dix mille êtres. Si on considère l'époque précédente, obscure et confuse, où ils croissaient avec les plantes et vivaient avec les cerfs et les sangliers, sans jamais pouvoir se discipliner, n'y ont-ils pas largement gagné ? Toutefois, quelque chose peut prêter à inquiétude : dès lors que l'intelligence s'éveille, on ne peut plus l'arrêter. Malheureusement, lorsque les goûts se pervertissent, les êtres humains se trompent et se portent préjudice entre eux et, dans le paroxysme de la corruption des mœurs, plus rien en eux ne les stimule. À la fin, ils tombent l'un après l'autre dans la domination d'un scélérat et le droit à la liberté est balayé de la Terre. Mais si les êtres humains arrivent à se contrôler par eux-mêmes, à respecter et appliquer le contrat social pendant mille ans et un jour, il n'y aura pas de plus grand bonheur dans la vie humaine que le contrat social. Les générations postérieures pourront se dire : « Ah ! nos saints ancêtres, qui, grâce à leur divine intelligence, ont su par leur serment commun, poser des fondements éternels et nous sortir du monde animal pour nous faire entrer dans celui de l'humain. Comment pourrons-nous l'oublier ? »

Comparons ce qu'on gagne et ce qu'on perd avec le contrat. Ce qu'on perd, c'est la liberté décrétée par le Ciel. Ce qu'on gagne, c'est la liberté de la justice humaine. La liberté décrétée

義之自由也、天命之自由、無有限極、人々唯力是視、凡其所欲得、出力求之、必不能而後止、人義之自由、建之以衆意所同然而限之亦以衆意所同然、是故由天命之自由所得、謂之奪有之權、謂之先有之權、奪有之權、乘人之弱不能爲守而行之、先有之權、先人之未下功而行之、此二者雖名曰權、実与力倶[生亦与力倶]亡耳、由人義之自由所得、謂之保有之權、此權文書以著之、生滅倶無涉於力、

（解）天命之自由、人々唯力是視、故毋論土地財賄、若見人之無爲守、若人之未下手、輒進而取之、所謂奪有之權、与先有之權也、而一旦復有人力踰我、々亦爲其所奪矣、故曰、此二權者、与力倶生、与力倶滅也、人義之自由、民約所置、亦民約所限、蓋民約既立、法制既設、土地財賄、必有定主、所謂保有之權也、而此權者、文書爲之徵、故得之与失之、並無関於力、此三權者、下章論之更詳、

par le Ciel est sans limites, chaque être humain n'y voit que sa force. Il usera de la force pour obtenir tout ce qu'il désire sans jamais s'arrêter. La liberté de la justice humaine se fonde et se limite par ce sur quoi tous s'accordent. C'est pourquoi on appelle ce qu'on gagne par la liberté décrétée par le Ciel le droit de possession par la force ou encore droit de premier possédant. Le droit de possession par la force use de la faiblesse d'autrui et de son incapacité à se protéger. Le droit de premier possédant s'applique avant que quelqu'un ait pu agir. Dans les deux cas, on parle de droit mais, en réalité, tous deux périssent par la force (acquise à la naissance). Ce qu'on gagne par la liberté de la justice humaine se nomme, elle, le droit de conserver. Ce droit se manifeste par écrit et n'entretient aucun rapport avec la force du début à la fin.

Commentaire

Dans la liberté décrétée par le Ciel, les personnes ne considèrent rien d'autre que la force. Que ce soit pour la terre ou les biens, on prend possession de ce qu'une personne ne protège pas ou de ce qu'une personne n'a pas encore touché. Il s'agit du « droit de possession par la force » et du « droit de premier possédant ». Ainsi, si, un jour, une personne est plus forte que moi, je peux me faire dépouiller par elle. C'est pourquoi Rousseau dit que ces deux droits naissent et meurent avec la force. La liberté de la justice humaine s'instaure et se limite sous l'effet du contrat social. Lorsque le contrat social et les lois sont établis, les terres et les biens reçoivent alors un propriétaire déterminé. Il s'agit du « droit de conservation ». Ce droit est attesté par écrit, c'est pourquoi son gain ou sa perte sont sans rapport avec la force. Ce droit est discuté en détail dans le chapitre suivant.

因此約所得、更有一、何謂也、曰、心之自由是也、夫爲形気之所駆、不知自克脩者、是亦奴隷之類耳、至於自我爲法、而自我循之者、其心胸綽有余裕、雖然論心之自由、理学之事、非是書之旨、議論之序、偶及此云爾、

（解）邦国未建之時、人々縦慾狥情、不知自脩厲、故就貌而観、雖如極活潑自由、実不免爲形気之所驅役、本心始未能爲主宰、非奴隷之類乎、民約既立、凡爲士者、莫不皆与議法、故曰自我爲法、而法制既設、莫不皆相率循之、故曰自我循之、夫自爲法而自循之、則我之本心、会不少有受抑制、故曰心胸綽有余裕、要之因民約所得、比其所失、相踰遠甚、故第六章末段亦言、人々之於民約、無乎所失、而有乎所得矣、參觀而益明白、

148. Chômin utilise ici son terme favori pour rendre « philosophie » (*rigaku*, « étude du principe ») alors que le mot *tetsugaku*, aujourd'hui utilisé, tend déjà à s'imposer.

Il existe encore un avantage au contrat. Quel est-il ? C'est la liberté morale. Celui qui s'en tient aux apparences, sans se contrôler et sans se cultiver, fait lui aussi partie des esclaves. En me donnant des lois et en les observant, j'acquiers une grande âme et un cœur généreux. Néanmoins, discuter de la liberté morale relève de la philosophie[148] et n'est pas le dessein de ce livre. J'en fais mention ici du fait des nécessités de mon propos.

Commentaire

Avant que les pays ne soient créés, les êtres humains suivaient leurs désirs sans aucune contrainte, sans avoir l'idée de se perfectionner eux-mêmes. En apparence, ils semblaient actifs et libres mais, en réalité, ils étaient soumis aux apparences et leur conscience morale était incapable de les gouverner. En cela n'étaient-ils pas des esclaves ? Une fois le contrat social établi, parmi les hommes éminents, il n'y en eut aucun à qui ne fût confiée la tâche de délibérer des lois. C'est pourquoi Rousseau écrit « en faisant moi-même qu'il y ait des lois ». Et une fois le système de lois établi, il ne se trouva personne pour ne pas suivre celles-ci, c'est la raison pour laquelle Rousseau écrit : « En me donnant des lois et en les observant. » Quand j'élabore moi-même mes lois et que je les observe, ma conscience ne subit pas la moindre contrainte. C'est pourquoi Rousseau écrit : « J'acquiers une grande âme et un cœur généreux. » Bref, le profit gagné par le contrat social dépasse de loin ce qu'on y perd. Par conséquent, le dernier paragraphe du sixième chapitre dit aussi : « Dans le contrat social, les personnes ne perdent rien mais, au contraire, y gagnent[149]. » Cela apparaît tout à fait clairement à la consultation de ce chapitre.

149. Il s'agit en réalité de la fin de l'avant-dernier paragraphe.

第九章 土地

民約之方成、人々咸挙其身、及其当下所有土地、納之于君無所復留焉、然此特不過以爲名、而実皆得自守其土地、支用其利、与初無異、蓋如是、庶人土地、相合以成邦也、曰、人々必挙其土地、納之于君者、何也、曰、君合衆身而成、邦合衆土而成、勢力極強、故頼君之力爲守、比人々自爲守、更堅固、不唯此而已、此約者、凡法律之所寄基、可崇重莫踰于是、故我挙我土地、納之于君、爲名尤正、不可復侵、夫既得以正其名、又得以増乎力、此衆人之所必納土地于君也、

民約之未立、人々之有土地、皆不過拠前所論先有之権、及約已立、土地皆爲君有、而我則従而享之矣、於是乎先有之権、変爲保有之権、而不可復侵焉、然若自他邦、而觀、我之有土地、終不免爲拠先有之権、何者所謂民

Chapitre 9 : Le domaine[150]

Au moment même de l'établissement du contrat social, chacun donne sa personne et la terre qu'il possédait au Souverain, sans rien garder. Mais, en réalité, chacun garde ses terres et en tire profit comme auparavant. Néanmoins, en procédant ainsi, les terres que les membres du peuple mettent en commun forment ensemble un pays. Que signifie le don de la terre par chacun au Souverain ? De même que le Souverain provient du rassemblement de tous, le pays provient du rassemblement des terres de tous. La puissance s'en trouve extrêmement grandie car la protection qu'on obtient en s'en remettant à son Souverain est de loin plus solide que celle fournie par des individus eux-mêmes. Plus encore, il n'y a rien de plus respectable que le contrat du fait qu'il sert de base à toutes les lois. Donner ma terre au Souverain est le meilleur moyen de justifier mon titre sur elle, cela la rend inviolable. Grâce à lui, on peut en effet justifier son titre de propriété et augmenter sa puissance. C'est la raison pour laquelle tous donnent leurs terres au Souverain.

Quand le contrat social n'est pas encore établi, la possession des terres ne relève que du droit de premier occupant évoqué ci-dessus. Une fois le contrat établi, toutes les terres deviennent propriétés du Souverain et chacun reçoit de lui la sienne. Le droit de premier occupant se changeant en droit de propriété devient inaliénable et les terres deviennent inviolables. Toutefois, pour des pays étrangers, ma possession de la terre reste perçue comme un droit de premier occupant parce que le contrat social, même s'il est hautement respectable du fait

150. Le titre original de Rousseau, « Le Domaine réel », est une référence à Pufendorf, qui écrit que le domaine est synonyme de propriété et le domaine réel, la propriété des choses et des biens (*Droit de la nature et des gens*, livre IV, chapitre IV, paragraphe 2, dans *OC*, III, p. 1450).

約在是邦、雖洵爲法律所寄基極可崇重其与他邦初無有交渉、而衆邦之間固無有共主、何由得有変更乎權、雖然所謂先有之權、其爲力何如、曰、此權比前所論威強之權、頗爲可憑、然亦必須保有之權、然後方始見效矣、蓋法制之未設、苟不可欠於自保者、皆得取而用之、有主与無主、固非所問、而先有之權、未足深恃也、民約已立、人々其所有之外、無得復肆搶奪焉、於是我若見一地無主、先人而有之、得以守之、是知、先有之權、在天世、力極微、而在人世、力益大、是知、在人世、人之所以重我之先有權、而無敢或侵者、非爲是土地之爲我之有、而特爲其非己有也、故曰、先有之權、必須保有之權、然後見效矣、

凡欲就土地行先有權者、必具三者、而後可、曰、是地無主、而未有一人奠居者也、曰、所拠有、纔足充衣食無余贏也、曰、既拠有即就施功、不令空在也、夫我未有書券、自非就施

qu'il sert de base aux lois, s'est établi sans négociations avec eux, ni en présence d'un Souverain commun à eux. Comment pourraient-ils alors exercer un changement dans ce droit ? Or sur quelle puissance repose le droit de premier occupant ? Si ce droit paraît bien plus admissible que le droit du plus fort évoqué précédemment, il n'en reste pas moins qu'il requiert absolument le droit de propriété avant qu'on commence à lui voir une certaine efficacité. Tant que lois et décrets ne sont pas institués, chacun, n'en prenant qu'à son aise, s'approprie et utilise ce qui est indispensable à sa propre conservation. Il n'est alors nullement question de savoir si on est propriétaire ou non et s'en remettre profondément au droit de premier occupant ne suffit pas encore. Le contrat social établi, personne ne peut plus à son gré s'emparer de ce qui est en dehors de sa propriété. Si, à ce moment, on voit une terre sans propriétaire, on pourra la prendre et la conserver. Il faut savoir que le droit de premier occupant est de très faible puissance dans le monde céleste[151] mais que, dans le monde humain, sa puissance ne cesse de grandir. Dans le monde humain, la raison pour laquelle mon droit de premier occupant se trouve respecté et que personne n'osera le violer tient, non pas en un respect de la part des hommes envers ce que l'autre possède, mais à un respect envers ce que moi, je ne possède pas. C'est pourquoi je dis que le droit de premier occupant requiert absolument le droit de propriété avant qu'on commence à lui voir une certaine efficacité.

Celui qui veut mettre en pratique le droit de premier occupant sur une terre doit réunir trois conditions : que la terre n'ait pas de maître, c'est-à-dire qu'elle n'ait jamais été habitée, ensuite que celui qui s'y établit soit suffisamment pourvu en biens, et, enfin, que l'occupant la fasse fructifier, c'est-à-dire qu'il ne la laisse pas vide. À une époque où il

151. Chômin traduit par « monde céleste » (*tensei* 天世) l'état de nature. Voir introduction, chapitre sur Zhuangzi.

功、無以徵我之爲主也、且夫土地者、天之所以養人類、而苟享生是世者、莫不皆得寄食托居焉、所謂天無虚設者也、然而我若見一地未有主、從而尽拠有之、令他人不得復來托生、則非我実奪天物、而致人於窮困乎、然則非自虐之也、一間耳、昔者是班[牙]人紐熱斯、航至弥利堅南部、欲爲其主、大有広版図、然未幾、他国王亦皆遣兵來侵、与土人俱割地、殆尽、其屬是班牙者無幾、故曰、欲行先有権者、必具三者後可也、

由前所論推之、邦之爲物可知也、曰、此合庶人土田所成也、蓋君権既及乎庶人之身、又及庶人之有、并身与土地、皆司之、此正君之所以令衆庶、效忠貞之節、無敢或違之大柄也、顧古昔諸国王、専斷爲政者、若白爾西王、若悉箟王、若瑪施土王、皆不自称曰白爾西国王、悉箟国王、瑪施土国王、而特称白爾西人中之王、悉箟人中之王、瑪施土人中之王、彼豈知

n'existe pas de titres de propriété, il n'y a pas de meilleure preuve de ma propriété sur un terrain que le travail que j'y ai accompli. La terre est ce avec quoi le Ciel nourrit l'humanité et on ne compte personne, parmi tous ceux qui ont reçu la vie en ce monde, qui ne compte sur elle pour se nourrir et pour s'abriter. Telle est, pour ainsi dire, l'œuvre parfaite du Ciel. Ainsi, si je vois une terre sans maître, si je l'occupe entièrement et si j'empêche ceux à venir de gagner leur vie, ne suis-je pas en train de voler ce qui appartient au Ciel, de précipiter les gens dans la misère et donc de leur porter préjudice, même temporairement ? Autrefois, l'Espagnol Nuñez prit la mer et parvint dans le sud des Amériques[152]. Il voulut en devenir le maître et y agrandir le territoire royal. Mais voilà que, sans attendre, les Souverains des autres pays envoyèrent tous des soldats pour l'attaquer et se partager les terres avec les autochtones. Elles revinrent finalement à l'Espagne. C'est pourquoi je dis que celui qui veut mettre en pratique le droit de premier occupant sur la terre doit réunir trois conditions avant de pouvoir le faire.

Les remarques précédentes nous obligent à considérer ce qui fait un pays. Certains disent qu'il est formé par le rassemblement du peuple et des terres de chacun de ses membres. Ainsi, les droits du Souverain, s'exerçant sur les personnes, s'étendront probablement aux biens de ces dernières, exerçant donc son autorité sur les deux. Tel est le grand levier dont dispose le Souverain, obligeant le peuple à la loyauté parfaite et à annuler toute opposition. À y penser, les tyrans d'autrefois, tels que ceux de Perse, de Scythie ou de Macédoine, se gardaient de se nommer rois de ces pays mais se faisaient appeler rois des

152. Il s'agit de Vasco Nuñez Balboa (1475-1519), considéré comme le premier Européen à être entré dans l'océan Pacifique. Un Portugais et non un Espagnol comme l'écrit Chômin.

司庶人之身之利、而未知幷司庶人之土地之利邪、近世法朗西、是班牙、英吉利諸国、其王皆自冒国王之号、因得以幷土地人民、皆司之、是則可謂巧攘民主国之利、以固其私権矣、

庶人既皆挙其土地、納之于官、然後従而復受之、於是乎名雖爲借地者、実拠有其土地、与初無異、夫庶人皆爲借地者、而土地皆爲官之有、故若有人侵奪我土地、若有鄰国人來寇、官則出力爲我禦之、必克復而後止、是知庶人之納其土于官、雖爲益于君権、而其自益者実大也、雖然君之於土地、与庶人之於土地、其権自有相異者、請詳而論之、

凡茲所論、係本有土地、而後相合爲邦者、若有未有土地之前、欲相合爲邦乎、当先相一地足容其衆者、即拠而有之、於是衆相共有之、無分異、或検蹈而均分之、或広狹有差、皆自君定之、若衆共有土地則已、爾分土地、毋別其均而分之、与広狹有差、君之於土地、其権

Perses, des Scythes et des Macédoniens car, s'ils reconnaissaient les avantages qu'il y avait à diriger les personnes, peut-être étaient-ils encore ignorants de ceux qu'il y a à dominer à la fois les personnes et les terres. Dans les temps modernes, les rois de France, d'Espagne ou d'Angleterre ont pu se prétendre rois de leur pays et contrôler aussi bien les terres que leur peuple. On doit dire que ce fut un artifice habile qui raffermit leur pouvoir personnel en détournant les avantages des pays démocratiques.

Les membres du peuple confient tous leurs terres à l'État et les reçoivent de lui par la suite. Ils prennent le nom de dépositaires de la terre. Bien qu'en nom, ils soient les dépositaires, en réalité, ils ont la possession de celles-ci et, du début à la fin, rien n'a changé. Tout le monde est dépositaire et toutes les terres sont administrées par l'État. Pour cette raison, si quelqu'un s'en prend à ma terre, ou si un pays voisin m'envahit, l'État usera de la force pour me défendre contre ces intrusions et y mettre fin. On comprend que le fait de confier une terre à l'État est certes au bénéfice du Souverain mais que le bénéfice pour soi-même y est, en réalité, très grand. Néanmoins, les droits sur la terre du Souverain et des membres du peuple sont différents l'un de l'autre. Je vais en discuter de manière plus détaillée.

J'ai discuté ici du cas où des terres préexistantes sont réunies pour former un pays. Mais si nous sommes dans une situation où les hommes désirent s'unir alors qu'ils n'ont pas encore de terres, il faut d'abord absolument qu'ils se réunissent, reçoivent un terrain suffisant pour leur population et que s'y installant, ils en prennent propriété. Qu'ils la possèdent collectivement sans partage, ou, au contraire, qu'ils la divisent à parts égales, ou bien, encore, qu'ils partagent avec des différences plus ou moins grandes, dans tous les cas, ce sont les droits du Souverain qui

必在庶人之上、蓋不如此則、相結之心不固、而君權成空矣、

（解）前乎此所論、皆先有土地、然後相約成国、故第九章云、民約之方成、人々挙其当下所有土地、納之于君、蓋当下所有、或有広者、或有狹者、官乃因而書券、以著人々保有之権、故同章又云、先有之権、必須保有之権、然後見效、第八章亦云、保有之権、文書以著之、生滅倶無涉于力、前後參考方明白、又未有土地、欲相約成国、当先相土地、就而寄跡焉、是時也、或衆共有土地、無分異、或均而分之、或広狹有差、皆議而定之、所謂自君定之也、若衆共有土地、無分異、則是官專有土地、而庶人初無所得擅也、故曰、若衆共有土地則已、苟有分異、則毋論其均与不均、皆庶人有所得擅矣、庶人有所得擅、而議院之公權、不勝乎庶人之私権、則君権有所不及、

prévaudront inévitablement sur ceux des membres du peuple, sinon ceux-ci ne seraient pas liés solidement et les droits du Souverain seraient vains.

Commentaire

Dans ce qui vient d'être discuté, toutes les personnes possèdent des terres et forment ensuite un pays en établissant entre elles un contrat. C'est pourquoi Rousseau écrit dans le neuvième chapitre : « Au moment même du contrat social, chacun donne la terre qu'il possédait au Souverain. » Des terres, il y en a de vaste superficie et d'autres de superficie réduite. L'État en rend compte par écrit pour faire connaître le droit de propriété de quelqu'un. Rousseau écrit donc que « le droit de premier occupant requiert absolument le droit de propriété avant qu'on commence à lui voir une certaine efficacité », ainsi que dans le chapitre huit : « Ce droit est consigné par écrit et, du début à la fin n'entretient aucun rapport avec la force. » Le sens apparaît clairement si on tient compte de ces deux phrases.

Si on veut établir un pays par un contrat commun sans qu'il y ait encore de propriété sur la terre, alors il faudrait mettre les terres en commun avant de s'y installer. À ce moment, par une délibération de tous, il faut soit que la propriété de la terre soit collective, soit que la répartition se fasse de manière égale ou avec une différence minime. Voilà ce que signifie « décidé par le Souverain ». [Mais] *si le peuple possède de manière collective les terres, c'est l'État qui* [en réalité] *est le propriétaire, les personnes ne peuvent rien en faire de leur gré. C'est la raison pour laquelle Rousseau écrit qu'« il n'y a pas d'inconvénients à ce que le peuple possède en commun la terre ». Il n'y a pas à discuter de leur caractère égal ou inégal, s'il y a répartition, tout le monde peut disposer comme il veut de sa terre. Si le droit public du parlement ne l'emporte pas sur le droit privé des membres du peuple alors que les personnes peuvent agir à leur gré sur les terres, cela veut*

而法令有所不行矣、故君之於土地、其権当在庶人之上、蓋衆議一決、収買土地、若別有所令、庶人不得而拒之也、

由此観之、邦国之所当爲法、可知矣、曰、均与不均是也、蓋天之降才、固不能均、有智者焉、有愚者焉、而其肆意爲生、所謂天命之自由、無有限極、民約一立、権力成均、不得復有侵、此即前所云、棄自由之正道也、若智者欺愚、強者暴弱、而無所顧憚、復何邦之爲、乃挙此以爲本巻之殿云、

dire que les droits du Souverain ne s'étendent pas partout et que les lois et décrets ne s'appliquent pas partout. Les droits du Souverain sur la terre doivent donc prévaloir sur ceux des membres du peuple. En effet, à avoir délibéré sur une transaction, les membres du peuple ne peuvent s'opposer aux décrets qui seront pris par la suite.

De ce qui a été vu précédemment, on comprend en quoi doivent consister les lois d'un pays. À savoir : rendre égal ce qui inégal. Les aptitudes données par le Ciel ne sont pas à l'origine égales. Il y a des sages et des sots. La liberté décrétée par le Ciel, par laquelle on vit à son gré, ne connaît aucune limite. Le contrat social une fois établi, le droit se fait l'égal de la force et les agressions deviennent impossibles. Telle est la Voie correcte de l'abandon de son bon plaisir, dont nous avons parlé précédemment. Si les sages trompent les sots et que les forts oppriment les faibles, sans éprouver aucun scrupule à le faire, comment peut-on former un pays ? C'est par ces dernières remarques que je voudrais clore ce livre I.

民約訳解之二

法朗西　戎雅屈婁騒著

日本　中江篤介訳并解

LIVRE II

Traduction commentée du *Contrat social*, livre II
Auteur : Jean-Jacques Rousseau, France
Traduction et commentaire : Nakae Tokusuke, Japon

第一章　君権不可以仮人

由前所述衆理推之、更又得一理、而其可崇重、与前者相若、曰董率国之力、使其必副法制之所旨終始無渝、以長民之利者、独有公志而已、公志者何也、衆人之所同然是已、蓋当初人々所以相共盟建邦者無他、以衆人各利其利相争不已、是以相共設法制、思有以処之也、夫衆人之所利、雖洵各相異、然其間亦自有所相同、唯其有所相同、此即邦国之所以寄其也、若衆之所利、皆悉相異、無一所相同、

153. Texte de 1874 : « La souveraineté ne peut être concédée. Dans le sens de ce qui a été discuté précédemment, seule la volonté générale peut concentrer les ressources d'un pays et les diriger vers le but initial qu'est le bien commun. L'intérêt particulier de chacun rencontrant celui d'autrui, des conflits naissent, de sorte que la nécessité de se rassembler se fait urgente. La société peut se former une fois fixés les intérêts particuliers. De cette façon, s'il se dégage de soi-même, au milieu de l'enchevêtrement de tous ces

Chapitre 1 : La souveraineté n'est pas concessible[153]

À partir des principes qui viennent d'être évoqués un autre peut être déduit, tout aussi important et qui se conjugue à ces derniers. Il s'agit de la volonté générale, seule capable de diriger les forces d'un pays, d'assister constamment les lois afin qu'elles ne dévient jamais dans leur esprit et, enfin, seule capable d'accroître le profit du peuple. Qu'est-ce que la volonté générale ? La même chose que l'ensemble des membres du peuple et rien de plus. Elle est ce qui est à l'origine du pacte mutuel conclu entre eux pour fonder un pays. Alors que pour leur propre intérêt, ils ne cessaient de se battre, grâce à elle, ils établissent des lois et des décrets. Les intérêts de chacun varient d'une personne à une autre mais il arrive que des intérêts particuliers s'acordent entre eux tout naturellement. C'est autour de tels intérêts que l'on fonde un pays. À supposer que les intérêts de tous soient entièrement différents et qu'il

intérêts particuliers, un intérêt commun, alors, celui-ci peut être à l'origine d'un engagement liant les gens les uns aux autres et leur évitant de se séparer. Dans le cas contraire, chacun ne se souciera que de son intérêt particulier et aucune société ne pourra se maintenir. C'est pourquoi ce dont un gouvernement doit s'occuper avant tout est l'intérêt commun et puisque la souveraineté réalise la volonté de tous, elle ne peut être concédée à un tiers. Une fois que les citoyens d'un pays se rassemblent et lui donnent forme, la souveraineté ne peut compter que sur ceux-ci. En d'autres termes, si le droit d'exercer un pouvoir peut se transmettre, il n'en est pas de même de celui d'ordonner un tel exercice qui, lui, est incessible. »

雖有盟約十百、何以得爲国、是知公志者、即衆利所相同之処、而唯是足以率国之力、使其副法制之旨而已、

君者何、衆身之相合者是已、君権者何、衆志之相同者是已、夫君合衆身而成、故欲使人代己不可得、夫君権合衆志而成、故欲以仮人不可得、何也、命人行己意則有之矣、仮人以己意、則有是理哉、

一人之所利、与衆之所利時相同、則固不爲無之、一人之所利与衆之所利常相同、終始無渝、則決無之事也、無他、私利之爲物、常赴偏頗、而公利之爲物、常赴周徧、其質本不相容也、且縱令一人之所利与衆之所利、常相同

154. Texte de 1874 : « Il peut arriver que chaque volonté particulière ne s'oppose pas absolument à la volonté générale mais une telle situation ne peut se reproduire de manière constante car il est dans le cours des choses que la volonté particulière tende toujours ses efforts vers ses préférences et la volonté publique vers l'équité. Même si, par bonheur, les deux volontés devaient être identiques, comme on ne peut obtenir d'intermédiaire jouant le rôle de garant, il est hors de question de fonder durablement une institution politique sur une occasion aussi fortuite. Un empereur ou un roi peut bien être cru lorsqu'il dit : « Aujourd'hui ma volonté est la même que celle des citoyens de ce pays », mais il ne pourra l'être s'il prétend qu'il en sera absolument de même demain. C'est le comble de l'absurdité que de vouloir restreindre sa

n'y en ait pas un seul en commun, dût-on signer des contrats par milliers, comment arriverions-nous à obtenir un pays ? On comprend ainsi que la volonté générale se règle sur des intérêts qui sont communs à tous et qu'elle suffise à diriger les forces d'un pays et à sauvegarder les lois et les décrets dans leur esprit.

Qu'est-ce que le Souverain ? Ce n'est que le rassemblement des membres du peuple. Qu'est-ce que la souveraineté ? Ce n'est que la concordance de leurs volontés. Comme le Souverain est formé de la réunion de tous les individus, il est vain de vouloir le faire représenter par des hommes, même s'ils le désiraient. Et comme la souveraineté résulte de l'union de toutes les volontés, il est vain de vouloir la concéder à un individu, quand bien même il le voudrait. Que cela signifie-t-il, si ce n'est qu'il est possible de donner des ordres à autrui mais que je ne peux pas prêter à un autre ma propre volonté ?

S'il peut arriver que l'intérêt d'un homme corresponde à l'intérêt général, il n'est jamais arrivé que les deux s'accordassent de manière fixe et durable[154]. L'intérêt privé est toujours tendancieux, l'intérêt général toujours universel. Par nature, les deux sont incompatibles. De plus, à supposer même que les deux constamment s'accordent sans se modifier en aucune façon, qui donc au monde en sera le garant pour ôter tout doute à la multitude des gens ? C'est pourquoi je dis que

volonté pour la rendre identique [à celle des autres] car ce n'est pas la tâche de la volonté d'aller à l'encontre de ce que l'on préfère. Si, d'aventure, le peuple formule un contrat stipulant qu'il obéira simplement au gouvernement sans jamais exercer sa propre volonté, alors le contrat est *de facto* dissous et le peuple perd sa qualité de peuple. Je veux dire que lorsque j'abandonne ma volonté propre pour faire de celle des autres ma gouvernante, du fait que je n'ai plus, pour ainsi dire, ma qualité de souverain, l'association [politique] est bel et bien détruite. Néanmoins, si le Souverain, c'est-à-dire le parlement, ne s'oppose pas aux décrets des fonctionnaires exécuteurs de la loi alors qu'ils sont en mesure de le faire, alors ces décrets peuvent être reconnus comme ne s'opposant pas à la volonté de tous. Le silence de tous atteste de leur accord. Je l'expliquerai plus loin. »

無渝、天下誰能保其如此、而使衆人不置疑焉者、余故曰、君者不可使人代己、而君權者不可以仮人、一人之身而持君權、在其掌握、告衆曰今日我之意、適与公等同、是或い然、若曰自今以往、我之意常与公等同、則誰不笑之者、何也、変動不居、意之常也、且意也者赴己所便、不赴己所不便、欲自矯終始一意、固不可得、是故一邦之民、若挙一人、托之以君權、而約永従其所令無敢忤違焉、是約則是破壊其所由以爲民之本旨也、苟如此、是人也、非復君也、主人耳、是民也非復民也、奴隷耳、民之変爲奴隷、復何邦之有、何政之有、

雖然百司所号令、非必皆須経衆議、蓋議院自得加駁正、而不肯自加駁正、是其意可有司所爲、爲可知矣、議院苟可之、則雖百司所令、亦公志所寓也、是事俟下第六章論法律、更明白、

le Souverain ne peut faire qu'un homme le remplace, et, ainsi, ses droits ne peuvent être concédés à personne. Si un individu qui tient les rênes du pouvoir annonce à la foule : « Aujourd'hui ma volonté est identique à la volonté générale », cela est plausible. Mais s'il ajoute : « Il en sera ainsi constamment dorénavant », qui ne se moquera point de lui ? Car ce qui est constant, pour la volonté, c'est d'être toujours en mouvement ! Et la volonté se dirige vers ce qui me convient et s'éloigne de ce qui ne me convient pas. Quand bien même on le désire avec force, on ne peut garder la volonté stable. Ainsi, si le peuple d'un pays faisait le contrat de confier à un homme seul sa souveraineté et lui promettait d'obéir éternellement à ses ordres sans oser leur résister, il ôterait, par ce contrat même, tout sens à sa qualité même de peuple[155]. Par un tel contrat, cet homme n'est pas un souverain mais un maître et le peuple ne serait pas un peuple mais seulement un esclave. Qu'est-ce qu'un pays et qu'est-ce qu'un gouvernement où le peuple se change en esclave ?

Certes, tout ce que décrètent des centaines de fonctionnaires n'a pas à transiter par la délibération publique. Toutefois, que le Parlement amende leurs textes ou qu'il consente à les décréter tels quels, les fonctionnaires doivent savoir que c'est lui qui autorise leur action. Du moment que le Parlement les approuve, les décrets des fonctionnaires sont dépositaires de la volonté générale. Je traiterai de cela plus clairement dans le sixième chapitre qui suit.

155. Fragment de la traduction de l'*Histoire de la philosophie* d'Alfred Fouillée (*NCZ*, 6, p. 134) : « Il est concevable que le peuple d'un pays dise qu'il veut aujourd'hui ce qu'un tel désire. Mais pas qu'il voudra demain ce qu'un tel voudrait. Comme la volonté ne se donne pas d'entrave, il n'est pas possible que le peuple fixe à l'avance les choses de l'avenir. Si le peuple d'un pays se donne un maître et qu'il décide de suivre tous les désirs de celui-ci, le peuple a d'ores et déjà perdu son statut de peuple et ne pourra fonder un pays. Le Souverain a disparu dès lors qu'il y a un maître. »

第二章　君権不可以分人

君権不可以仮人、則亦不可以分人、此同一理也、夫衆志以発君権、而志也者、非公則私、或自挙国之民発之、或自一部之民発之、発自挙国之民者、即爲公、即爲律例、其不可以分也亦明矣、発自一部之民者、不過爲其私所願欲、否則吏士之教令耳、皆非得議院允准、不可視爲公志、已得議院允准、是亦挙国之志也、其不可以分、不亦已明乎、夫君権不可以分、而世之爲政者、亦知其然、於是乎、就其発于施爲者

156. Texte de 1874 : « La souveraineté n'est pas divisible. Si la souveraineté n'est point concessible, il s'ensuit tout naturellement qu'elle n'est point divisible. En ce qui concerne la volonté, il n'y en a pas deux sortes ; à partir du moment où elle n'est pas celle de l'esprit public, elle est forcément éclatée en autant d'esprits particuliers. On désigne ici ce qui provient du peuple citoyen dans son entier, elle est proclamation de souveraineté et fait loi. Ce qui provient d'une partie du peuple citoyen et s'il s'agit, non pas de chaque volonté particulière mais d'ordres issus de fonctionnaires, alors, cela ne peut être appelé lois d'un pays mais tout au plus décrets eux-mêmes soumis aux lois. »

157. Fragment de la traduction de l'*Histoire de la philosophie* d'Alfred FOUILLÉE (traduction de la note originale de Rousseau citée par Fouillée ; *NCZ*, 6, p. 137) : « Si on veut que la volonté soit générale, il n'est pas absolument nécessaire que tous s'accordent de manière unanime sur tel ou tel sujet. Il suffit que tous s'expriment individuellement dans les délibérations. La volonté ne peut être générale si quelqu'un est limité ou empêché de s'y exprimer. »

Chapitre 2 : La souveraineté n'est pas divisible[156]

La souveraineté n'est pas plus divisible entre les personnes qu'elle n'est concessible et cela par le même principe. La volonté de tous est à l'origine de la souveraineté[157]. Ou elle est générale, ou elle est particulière ; ou elle provient de l'ensemble du peuple d'un pays, ou elle provient d'une partie de ce peuple. Ce qui provient du peuple d'un pays tout entier est, de ce fait même, général et, par suite, fait loi. Il est donc clair que la souveraineté ne peut être divisée. La volonté qui provient d'une partie du peuple ne correspond à rien de plus qu'aux désirs et aux caprices de particuliers. Ou alors, aux décrets des fonctionnaires. À défaut de l'approbation[158] du Parlement, personne ne peut être considéré comme exerçant la volonté générale. Ce n'est qu'après l'approbation du Parlement qu'on peut parler de la volonté du pays tout entier. La souveraineté est indivisible et ceux qui mènent le gouvernement devraient savoir qu'il en est ainsi. Par facilité, celui-ci divise ses champs d'application, que ce soit le droit d'élaborer des décrets ou celui de les appliquer[159]. Celui qui détient le premier est le Parlement, ceux qui détiennent le second sont les fonctionnaires.

158. Fukuzawa Yukichi utilisait le même mot dans *Seiyô jijô*, mais à propos du roi.

159. Texte de 1874 : « Récemment, du fait que la souveraineté dans son principe n'est pas divisible, les politiciens se partagent les tâches de son application en puissance et en volonté, donnent naissance à un pouvoir exécutif et un pouvoir législatif et répartissent les droits de prélever les impôts, de juger, de faire la guerre, ainsi que le droit d'alliance avec d'autres pays. Selon le moment, ils les confondent et parfois les séparent. Ils font ainsi de la souveraineté une sorte de monstre formé d'une multitude de membres, exactement comme si, afin de créer un corps, on réunissait un nombre de parties, ici, un œil, là une main, là encore un pied, comme si on n'y trouvait aucune âme. J'ai entendu dire qu'au Japon des démonstrateurs découpent devant la foule dans la rue les membres d'un enfant, les jettent en l'air et lorsque ceux-ci retombent à terre, l'enfant est bien vivant, avec son corps originel. De la même manière, nos politiciens démembrent le peuple en plusieurs parties et les rassemblent par un artifice destiné à impressionner les foules des rues. »

分之、以自便焉、曰、造令之権、曰、行令之権、其造令之権、議院掌之、行令之権、則百司吏士掌之、其目亦有数、曰、租賦也、曰、牒訴也、曰、海陸軍政也、曰、民政也、曰、与隣国往復交接也、皆置主司以領之、儼然如一政府然、顧如此者果爲合于理乎、人之所以能自活者、非以其鼻目手足之官、統於一心故乎、若諸官各有心、無所統屬、則如何、今之分君權者、何以異是、吾聞日本幻工善幻、就衆客之前、取童子解其四肢、迭投諸空中、観者皆駭愕、而須臾童子下墜地、則体完如故、今之爲政者、果能如是乎、彼其剉戕君権如此矣、其能完之使復其初、則吾未之有見也、

今爲政者所以致繆誤如此者、何也、彼知君権之不可分、而未知君権之所以爲君権也、

160. Le mot « organe » est ici le même en japonais pour signifier « institution publique » ou « État ».

Les champs d'application sont multiples : les impôts fonciers, les jugements, les affaires militaires, le gouvernement du peuple, les relations avec les autres pays. Un fonctionnaire en chef supervise chacune d'entre elles, grave et solennel, comme l'est un gouvernement. Mais à réfléchir, cela est-il bien en adéquation avec la raison ? La raison pour laquelle un homme peut vivre par lui-même ne tient-elle pas au fait qu'il ne fait qu'un cœur et qu'une âme avec tous ses organes[160] ? Si chacun des organes était doué d'un cœur propre, sans rien qui supervise leur activité, comment l'homme ferait-il ? En quoi la division de la souveraineté serait-elle différente ? J'ai entendu dire que les habiles illusionnistes du Japon prennent le corps d'un enfant et, devant l'assistance ébahie, en arrachent les quatre membres qu'ils jettent en l'air avec le reste. Arrivé au sol, l'enfant est vivant et son corps entier. Le gouvernement d'aujourd'hui est-il pareil à cela ? Diviser la souveraineté revient au même mais je n'ai encore vu personne qui commençât à la reconstituer dans son intégrité.

Quelle est la raison pour qu'aujourd'hui on en soit arrivé à se tromper ainsi sur le gouvernement[161] ? C'est que, même si on sait que la souveraineté est indivisible, on ignore ce qui fait de la souveraineté la souveraineté. On s'en remet aux

161. Suite du texte de 1874 : « Cette erreur provient d'une mauvaise compréhension de ce que signifie réellement la souveraineté ainsi que d'avoir pris les décrets qui en émanent pour des parties de cette souveraineté. Ainsi la déclaration de guerre aux pays voisins ou la conclusion de la paix sont perçus comme des ordres émanant du Souverain, c'est-à-dire de l'assemblée générale. Or ce qui émane de la souveraineté ne se distingue pas des lois du pays mais ce genre de choses [guerre et paix] sont étrangères aux lois d'un pays et, comme elles sont la mise en application des lois d'un pays, elles ne peuvent constituer des parties de la souveraineté. J'expliquerai le sens de ce principe dans le chapitre sur les lois. »

於是乎、以百司吏士、稟乎君所施爲、輒爲君權之片段、所以恣睢自肆、無所顧憚也、殊不知、君權唯無有、有則純一爲体、復何片段之有、即如和戦之令之類、皆不可視爲君之令、何則此皆非律例、而特奉行律例者耳、律例也者所総極博、自非就事論擬、不可復行、即和戦之令之類、皆吏士論擬律例所奉行是已、此事更俟第六章論律例、更明白、

其他租賦也、牒訴也、民政也、凡今之置庁以掌者、皆非君權之片段、而特不過爲其隷屬而已、顧古今道政術者、係人主之權、与民之權、每有論者、言人々殊、動致晦昧不可解

162. Suite du texte de 1874 : « Il en est de même pour les autres divisions. Il faut dire qu'on commet une erreur toutes les fois qu'on pense que la souveraineté, c'est-à-dire le parlement, peut être divisée. Là où les gens croient voir une partie de la souveraineté, il s'agit de décrets qui ne sont que les émanations de cette souveraineté, en somme de simples instruments de mise en application de cette dernière. Ne pouvant distinguer clairement les choses, les politiciens d'aujourd'hui tombent dans le vague chaque fois qu'ils parlent des droits du monarque d'un pays et de ceux du peuple. On peut le voir dans les chapitres trois et quatre du *Droit de la guerre et de la paix* de Hugo [Grotius]. Ils rabaissent constamment les droits du peuple et le traducteur, Barbeyrac, voulant amplifier cette idée, ne cesse de trahir et contredire le livre original. C'est pourquoi, à l'examen, les deux ouvrages donnent l'impression que chacun, auteur comme traducteur, par crainte de

fonctionnaires qui mettent en pièces la souveraineté, selon leur bon vouloir et sans aucune retenue. La souveraineté n'est pas seulement quelque chose qui existe mais qui existe tel un ensemble pur où il ne saurait exister de fragments. Même les décisions de guerre ou de paix ne peuvent être des ordres souverains. Il ne s'agit pas de lois mais d'application des lois. Celles-ci peuvent être extrêmement variées mais aucune ne peut être mise en œuvre sans discussion. Même les décisions de guerre ou de paix ne peuvent être conduites par les fonctionnaires qu'après discussion. Cela sera discuté plus clairement dans le sixième chapitre sur les lois.

Établir, comme de nos jours, des bureaux pour les impôts, les jugements ou le gouvernement du peuple ne constitue pas une division de la souveraineté mais une subordination à lui[162]. Il a été fréquent chez ceux qui discutèrent hier et aujourd'hui de l'art de la politique, en particulier des droits du maître des hommes et ceux du peuple, de rester dans le vague, de manquer de clarté au sujet de la souveraineté. Par exemple,

froisser ceux qu'ils veulent flatter, se défendent d'expliquer à fond les choses. En effet, il est dit qu'Hugo se réfugia en France à la cour de Louis XIII pour fuir les rancœurs qu'il suscita dans son propre pays. Il lui offrit l'ouvrage, dans lequel il confisquait tous les droits du peuple pour en faire l'apanage exclusif du monarque. Barbeyrac, voulant imiter Hugo, offrit son livre au roi anglais Georges mais, malheureusement pour lui, Guillaume avait déjà chassé du trône le roi précédent, Jacques, et Barbeyrac, désireux de ne pas présenter Guillaume comme un usurpateur, dut mettre la responsabilité sur les révoltes populaires pour ne pas dénigrer le pouvoir royal. C'est pourquoi les positions de l'auteur et du traducteur se confondent autant. S'ils étaient tous deux restés attachés aux vrais principes, aucune difficulté n'aurait surgi. Mais les vrais principes ne conviennent qu'à la volonté du peuple et non à celle des monarques, ils ne mènent point à la bonne fortune que ces deux-là convoitaient car ils ne donnent ni postes d'ambassadeurs, ni chaires, ni pensions. »

者、坐不明於君權之理、蓋居多焉、試取互魯士所著、抜倍剌所繙訳、和戦条規書、第三第四二章、読之文義極晦渋、著者与訳者、互相抵衝、若或恐太尽言或恐未言者、致前後乖錯、往々有之、如是者無他、皆有為而然也、蓋互魯士有憾国人、奔法朗西、著此書、上之于路易第十三、於是凡民之諸権、皆取而与之人主、以求媚焉、抜倍剌則訳互魯士書、以上于英王戎児、意欲為互魯士所為、而有未得尽然者、蓋戎児維廉之後、而維廉実為民之所援立、因得以践位、是以抜倍剌、謂雅屈第二之奔亡為禅譲、欲為維廉有回護、秉心如此、所以行文中有窘窮此迹也、使両人拠理直辞、無所諱避、何由致斯病、然拠理直辞、或為民之所悦、不為人之所悦、而爵禄之恩不可復望、両人之所患、豈亦在于是与、噫、

les chapitres trois et quatre du *Droit de la guerre et de la paix* de Grotius et sa traduction par Barbeyrac, font preuve tout au long d'une confusion de style, auteur et traducteur se heurtant chacun l'un l'autre, tous deux craignant de trop en dire, ou de ne pas en dire assez et finissant toujours par affirmer le contraire de l'autre. Il s'agit, ici, d'un cas extrême mais tous agirent semblablement. Grotius, en froid avec ses concitoyens, s'enfuit en France où il se mit au service de Louis XIII, lui dédiant son livre. Il y attribua tous les droits du peuple au maître des hommes et encensa ce dernier. Barbeyrac traduisit l'ouvrage de Grotius et l'offrit au roi anglais Georges. Barbeyrac aurait bien voulu faire la même chose mais ne put accomplir son dessein. Georges était un successeur de Guillaume qui, lui, avait gagné son trône avec l'appui du peuple et Barbeyrac transforma la fuite de Jacques II en abdication dans l'espoir de protéger Guillaume[163]. Chercher ainsi à gagner les bonnes grâces mène à un embarras extrême perceptible dans le texte même. Si ces deux hommes avaient signalé les faits tels quels en s'appuyant sur la raison, en évitant toute dérobade, comment auraient-ils pu fauter de telle manière ? Mais énoncer les faits tels qu'ils sont en s'appuyant sur la raison ou parler pour le peuple et non pour ses maîtres ne permet d'espérer aucun titre ni pension. Était-ce ce que désiraient ces deux hommes ?

163. Rousseau fait référence à la « Glorieuse révolution » de 1688, au cours de laquelle Guillaume d'Orange (1650-1702), protestant et appuyé par le peuple, renversa Jacques II (1633-1701), catholique et enclin à l'absolutisme. Georges dont il est question ici est Georges I de Grande-Bretagne et d'Irlande (1660-1727).

第三章　衆志亦有錯乎

由前所論推之、衆志之爲物、常趨正、常趨公、爲可知矣、然若以爲常良、而無或失、則亦有不然者、且就一人之身言之、凡就利避害者、人之情也、然或認利爲害認害爲利、以自錯、往々有之、民亦猶此也、其志常存于自利、然或有失、則固不爲無之、是知、民者可欺之、不可誣之、唯其見欺、是乃衆志之自失、正在于此候、

且也、衆志与衆人之志、大有相異者、請得明之、衆志者、衆人之所共然也、衆人之志者、衆人之所自然也、故衆志者、常趨于公、而衆人之志者、常趨于私、雖然所謂衆志者、

164. Texte de 1874 : « La volonté générale peut-elle se tromper ? Selon ce qui a été discuté précédemment, la volonté générale est toujours correcte et recherche toujours l'intérêt de tous. Mais on ne peut pas dire pour autant que ses délibérations et ses décisions soient toujours bonnes et jamais dans l'erreur. Car elles veulent sans conteste le bien sans toujours être capables de savoir où il se trouve. C'est pourquoi je dis qu'on peut tromper le peuple d'un pays mais non l'avilir, et, en conséquence, c'est seulement quand il est trompé qu'un peuple fait le mal en croyant agir pour son intérêt. Par ailleurs, il y a souvent une différence entre la volonté générale et la volonté de tous. La volonté générale est la volonté de la majorité au sein de l'assemblée déli-

Chapitre 3 : La volonté de tous peut-elle se tromper[164] *?*

À partir de ce qui a été dit précédemment, on doit comprendre que la volonté générale est, en soi, constamment tournée vers la rectitude et le public. Néanmoins, il ne faut pas s'attendre à ce qu'elle soit toujours bonne et sans défaut. Si on devait exprimer cela en parlant de quelqu'un, on dirait que se porter vers son intérêt et éviter le mal font partie des passions humaines. Mais il nous arrive de croire nuisible ce qui est dans notre intérêt, ou de croire dans notre intérêt ce qui est nuisible et, ainsi, très souvent, de nous égarer. Il en est de même pour le peuple. Même s'il pense constamment à son propre intérêt, lui non plus ne peut faire en sorte de ne jamais s'égarer. On ne peut calomnier le peuple mais on peut le tromper[165] et, lorsqu'on le trompe, c'est alors que la volonté de tous peut s'égarer.

En outre, la volonté générale et la volonté de tous sont deux choses bien différentes. Je vais le montrer. La volonté générale est la volonté commune à l'ensemble des membres du peuple. La volonté de tous est la volonté propre à tout un chacun. Par conséquent, la volonté générale est tournée constamment vers le public et la volonté de tous vers le particulier. Mais, ce

bérative et, de ce fait, elle concerne l'intérêt commun. La volonté de tous, au contraire, ne s'occupe que de l'intérêt particulier. Elle est simplement la somme des volontés particulières à chaque individu. Mais, une fois que les opinions extrêmes se sont neutralisées et qu'on réunit ce qui est le plus en commun, on tient alors, tout naturellement, la volonté qui vise l'intérêt public, c'est-à-dire la volonté générale. »

Fragment de la traduction de l'*Histoire de la philosophie* d'Alfred Fouillée (*NCZ*, 6, p. 135) : « Même si la volonté générale est toujours correcte et dans l'intérêt de tous, les délibérations ne sont pas toujours parfaites. Car il y a une différence entre les intentions et les délibérations. Quand bien même il demande l'intérêt général, le peuple ne sait pas toujours où le véritable intérêt général se trouve. Il y a une différence entre la volonté de tous et la volonté générale. La volonté générale recherche toujours l'intérêt général ; la volonté de tous étant la somme des intérêts particuliers de chaque personne, elle recherche par-dessus tout l'intérêt particulier. »

165. On remarquera ici le contre-sens avec le texte original.

必於衆人之中得之、何以言之、蓋衆人皆挟其私焉、以臨議、所云衆人之志也、而此中必有両端在、最急者与最緩者、最激者与最和者之謂也、此二者勢必不相容矣、二者不相容、則中者必將出其間、是乃衆志之所存也、吾故曰、衆志者、必於衆人之志之中得之、

是故衆相会、討議事条、皆予知時務所需、而初無所私相約、則其発議必各尽己志矣、各尽己志、則其所見、必不能無小異同、而此小異同中必有得協賛最多者、足以知公志所存矣、如此、議常得中正而無或失錯、是之謂議事之正法焉、若不然、衆各私樹党、相約有執

166. Suite du texte de 1874 : « Lorsque les citoyens se bornent à délibérer au sens plein du terme, sans comploter au préalable entre eux, sans s'accrocher à autrui en jouant sur ses propres sentiments, les volontés individuelles au contenu peu différent s'unifient, forment une majorité et font naître ainsi la volonté générale dont les décisions doivent toujours être bonnes. Au contraire, lorsque les citoyens font des calculs secrets et tiennent de multiples réunions privées en dehors du parlement, c'est-à-dire de l'assemblée générale, afin d'organiser les discours de leurs factions, la volonté issue de ces réunions privées est bien plus collective que les opinions individuelles mais, au regard de la volonté générale, n'en reste pas moins particulière par rapport à la volonté générale. Et, finalement, le nombre des déclarations dans l'assemblée générale ne correspond pas au nombre des membres de l'assemblée mais équivaut à celui des assemblées privées. C'est ainsi que les discours tenus

qu'on appelle la volonté générale doit absolument se trouver à l'intérieur de la volonté de tous. Je veux dire par là que tous se mettent à délibérer en mettant entre parenthèses leurs [intérêts] particuliers, c'est ce qu'on appelle la volonté générale. En elle, on trouve deux extrêmes, les plus pressés et les plus lents, les plus excités et les plus calmes. Ces deux tendances sont absolument inconciliables. Dès lors, on est obligé d'adopter la position à mi-chemin entre les deux. C'est pourquoi je dis que la volonté du peuple doit se trouver à l'intérieur de la volonté de tous.

Donc, lorsque le peuple se rassemble et délibère des diverses questions, tous, connaissant les nécessités du moment, sans conclure entre eux d'arrangements privés, ne feront qu'exprimer leurs propres volontés dans les débats[166]. Ce faisant, on verra qu'il ne peut pas ne pas y avoir de légères différences et de légères ressemblances et, parmi celles-ci, le plus grand nombre de points d'accord qui sera obtenu suffira pour connaître ce qui constitue la volonté générale. Ainsi, la délibération atteindra toujours l'impartialité, sans tomber dans aucun travers. Telle est la bonne méthode pour délibérer. Si on ne fait pas cela, si chacun dresse comme un mur son parti et conclut à partir de là des accords et mène les délibérations, ces dernières, même si elles produisent la volonté générale du point de vue des partis,

devant l'Assemblée deviennent plus homogènes et ceux qui les échafaudent perdent la droiture qui les animait auparavant. De plus, quand l'une de ces associations privées devient si importante qu'elle l'emporte sur les volontés exprimées par toutes les autres, il se peut alors qu'on obtienne une différence unique d'opinion et, si elle ne provient plus du rassemblement des petites différences, la volonté générale est perdue et laisse place au caractère particulier de chacune des volontés. » Si l'on veut donc que ce soit vraiment la volonté générale qui s'exprime, il importe d'interdire la tenue d'assemblées privées dans le pays et d'empêcher quiconque d'imposer ses idées aux autres en les harcelant. Cela fut l'objectif du Grec Lycurgue et la subtilité de son système. S'il devait déjà exister des réunions privées, il faudrait, à l'instar de Solon, Numa et Servius, augmenter leur nombre et égaliser leur influence. Seulement ainsi pourrait-on rendre la volonté générale toujours bonne et sourde aux beaux parleurs.

成議、則此議也、自其党而言則爲公、自挙国民而言、即不免爲私、無他、果如此、臨議者不復毎人而執言、而特不過毎党而執言而已、復何公之有、且毎人而執言、則立異者之数自致衆、而其中得協賛最多者、固足以知公志之所在焉、若毎党而執言、其中多有承旨初不発議者、而立異者不復甚衆、唯其立異之不衆、此正所以議之不公也、

若衆各私樹党、而其中一党得衆最多、至遠踰他党則此党毎発議、必得協賛最多、　而他党不復得与之抗衡矣、果如此、此議也非復衆異同之相合者、而特不過爲一異同之相聚者而已、果如此、此議也不可復視爲公志、而特不過爲党首之私志而已、

是故若欲公志之常得自暢発、而勿爲私志所圧、宜令国人不得私樹党、而毎発議必各由衷出之、無所承旨焉、李古爾屈之法之所以卓越乎古今者正以此也、若不幸私党已立、当務令

ne pourront éviter d'être en elles-mêmes particulières du point de vue de la nation rassemblée. Il n'y a guère d'alternative : si dans de telles conditions ceux en charge de délibérer n'observent pas fidèlement la parole de chacun et se bornent à rester attachés aux paroles de leur parti respectif, alors qu'y a-t-il de public dans la chose ? Lorsque chacun prend la parole, les différences sont nombreuses à apparaître. L'obtention du plus grand nombre de points de collaboration et d'approbation possibles suffira à faire apparaître la volonté générale. Si les partis prennent la parole mais ne délibèrent pas pour aboutir à un accord, alors les différences seront encore plus grandes. Brandir sans fin les différences ne correspond pas à un débat public.

Si d'aventure chacun dans le peuple constituait un parti à des fins privées et que l'un d'entre eux l'emportait sur les autres par le nombre de ses membres, il recevrait à chaque délibération la plupart des suffrages et les autres pourraient difficilement lui résister. Les délibérations ne consisteraient alors plus dans la synthèse de la foule des ressemblances et des différences mais simplement une collection de chacune d'entre elles. Elles ne seraient pas l'expression de la volonté générale mais de la volonté privée du chef d'un parti.

Pour cette raison, si on veut que la volonté générale se maintienne constamment par elle-même sans qu'elle subisse la pression des volontés particulières, il faut faire en sorte que personne dans le pays ne constitue de partis à des fins privées et, qu'à chaque délibération, chacun n'apporte que ce qu'il a au fond de lui-même et rien d'autrui[167]. C'est bien cela qui constitue le caractère sublime, hier comme aujourd'hui, des lois de Lycurgue[168]. Si par malheur un parti privé se formait,

167. Fragment de la traduction de l'*Histoire de la philosophie* d'Alfred Fouillée (*NCZ*, 6, p. 137) : « Si l'on désire une volonté réellement générale, il faut que chacun délibère selon sa propre opinion et non pas en reprenant celle d'autrui. »

168. Lycurgue est le législateur légendaire de Sparte, à qui on attribue la Grande Rhêtra du IXe siècle avant notre ère.

諸党益相分自守焉、如此、党勢相均、而不至其一者圧他者尽矣、曾倫、揑麻、施空斯之法即是已、凡於党勢已成之因、必欲公志之得中正、而民之勿見欺、唯有此一法而已、

第四章 君権之限極

凡邦云国云、不過爲衆相合所成、蓋邦国猶身也、衆庶猶四肢也、邦国之務之最重者、在自保而令勿壊裂、亦猶人之最所急、在自保其身、勿令毀傷也、人之於其四肢也、唯其所令、莫不如意、邦国之於其衆亦当如此也、是知、人者受命于天而総摂其身者也、邦国者受

169. Solon (-640 -558) a institué à Athènes une série de réformes politiques démocratiques sous son archontat. Numa Pompilius (r.-715 -673) est le deuxième roi légendaire de Rome, connu pour sa piété, sa réforme du calendrier, ainsi que la création des pontifes et la division du territoire romain en *pagi*. Servius Tullius (mort en -535), sixième roi légendaire de Rome, instaura le cens et répartit la population en classes.

170. Texte de 1874 : « Les limites de la souveraineté. Comme je l'ai dit précédemment, l'État est un corps formé par la volonté des cœurs et sa vie repose sur l'union des membres de ce corps, c'est-à-dire les membres du peuple et si son devoir le plus important est sa propre conservation, il doit pour ce faire, grâce à un large pouvoir de contrainte sur le peuple, pouvoir se mouvoir de lui-même et être capable d'arranger chaque partie au profit du

il faudrait le multiplier en beaucoup d'autres et que chacun se protège des autres. Ainsi, chaque parti sera de force égale avec les autres et aucun n'opprimera l'autre. Les lois de Solon, Numa et Servius[169] ne visaient rien d'autre que cela. Quand on pense à ce qui fait la vigueur des partis constitués, c'est absolument la seule méthode à adopter si l'on veut que la volonté générale devienne impartiale et que le peuple ne puisse pas être trompé.

Chapitre 4 : Les limites du pouvoir du Souverain[170]

Un pays ou une Cité n'est que le rassemblement du peuple. Ainsi, ils sont pareils à un corps et le peuple est comparable aux quatre membres. Les plus lourdes charges pour un pays ou une Cité sont sa propre protection et la prévention de sa désintégration, de la même manière que les tâches les plus vitales pour une personne sont la protection de son corps et la prévention de tout dommage à ce dernier. Il n'est d'égal qu'une volonté pour ce qui est de donner des ordres à nos quatre membres et il doit en être de même en ce qui concerne le peuple d'un pays. Sachons ceci : l'homme reçoit sa destinée du Ciel et a tous les pouvoirs sur son corps. Un pays ou une Cité reçoit sa vie du contrat et a un pouvoir absolu sur son

tout. De même que la création a donné à l'homme tout pouvoir dans l'usage de ses quatre membres, le pacte social donne à la société politique tout pouvoir dans l'usage de ses propres membres et c'est pourquoi ce que j'appelle souveraineté désigne ce même pouvoir soumis à la volonté générale. Mais il ne suffit pas de donner de l'importance au corps commun, l'État, il est bon de ne point oublier les membres qui le constituent, c'est-à-dire le peuple. C'est un principe naturel que les droits à la vie et à la liberté de chacun appartiennent à une sphère indépendante de la sphère commune ; il importe donc de bien distinguer les droits du Souverain et ceux des citoyens. Si ces derniers sont des sujets et obéissent au souverain, ils n'en sont pas moins aussi des personnes, qui doivent posséder leurs droits en tant que telles [Chômin traduit ici « droits naturels » ; NDT]. »

命于約、而総摂其衆者也、総摂衆之権、即予所謂君権是已、

雖然邦国非能離乎衆而独立、而必須衆相協和、方得自存者矣、而衆庶之性命也、財力也、亦自有専屬其人、而与邦国不相渉者矣、是故爲国者、尤当分別君之権、与衆人之権、勿令相混、而衆人爲臣所当務、与其爲尋常人所当自恣、亦在所当明別矣、斯二者之分、正君権之限極之所存也、請得更詳言之、

凡民循約規出財、供之于官、及労身以爲官、必与官所須相当、不須有踰焉、故官亦不

171. Suite du texte de 1874 : « Par le pacte social, les personnes confient à la société leurs ressources, leurs biens et leur liberté, mais dans une part n'allant pas au-delà des besoins de la communauté et qui, cela va de soi, ne peut jamais s'ajouter et s'avérer d'une vaine utilité. En outre, il revient au Souverain, c'est-à-dire au rassemblement de tous, de décider de la part qu'il convient de réserver pour l'usage commun. Ainsi, chaque fois que le Souverain use de son pouvoir pour ordonner quelque chose au peuple, celui-ci est tenu d'agir sans chercher à éviter de remplir sa tâche. Pour autant, une telle charge ne s'applique pas à ce qui ne concerne pas le bien commun. Mais cela n'arrive pas et d'ailleurs, le Souverain ne peut même le vouloir. En effet, il faut dire que pour le Souverain, qui est lui-même la volonté générale, ce serait se trahir lui-même, c'est-à-dire, ce serait aller contre le principe céleste aussi bien que contre le principe humain que d'ordonner au peuple de faire quelque chose qui ne le concerne point. Par ailleurs, les engagements qui lient les personnes à la société, c'est-à-dire les lois du pays, les concernent toutes et

peuple. Ce qu'on appelle la souveraineté citée plus haut n'est rien d'autre que le pouvoir absolu sur le peuple.

Cependant, un pays ou une Cité n'existe pas indépendamment du peuple et il faut que tous ses membres soient mutuellement en harmonie pour que chacun puisse commencer à exister par soi-même[171]. L'existence menée par le peuple, ses biens et sa puissance n'appartiennent qu'à celui-ci et ne concernent pas le pays. C'est pourquoi celui qui dirige un pays doit avant tout distinguer les droits du Souverain et les droits du peuple, veiller à ce que jamais ils ne se confondent, distinguer clairement ce que chacun doit accomplir en tant que sujet et ce que chacun peut faire à son gré en tant qu'homme du commun. La limite au droit du Souverain se trouve véritablement dans une telle distinction. Laissez-moi expliquer cela plus en détail[172].

En général, quand le peuple, en obéissant aux règles du contrat, déploie ses talents et les met au service de l'État, et de même lorsqu'il accomplit pour lui un travail avec son corps, cela doit se faire en quantité raisonnable. Ceux-ci ne peuvent

ne peuvent devenir des obligations qu'à condition qu'ils s'appliquent à tous sans exception. Ainsi, l'idée qui anime le contrat est que chacun y trouve son profit et que, dans la délibération, les personnes reconnaissent dans le mot « chacun » la désignation de soi-même et en visant le profit de tous, ils visent leur intérêt propre. C'est seulement après cela que les sentiments personnels laissent se révéler parmi les gens leur nature céleste et qu'ils peuvent s'accorder spontanément avec le bonheur commun. Comme c'est souvent en effet un plan bien pervers que de dédaigner son propre intérêt au seul profit du bien commun, on ne peut en attendre beaucoup : dans ce cas, l'équilibre des droits, le bien général et l'équité naissent simplement des sentiments personnels, de l'amour de soi. Ils proviennent de la nature céleste des personnes. C'est pourquoi, si l'on veut que la volonté générale soit authentique, elle doit l'être non seulement dans son essence mais doit aussi concerner le peuple dans l'objet de ses délibérations. Celui-ci doit partir du peuple pour retourner ensuite vers lui. Sinon, si cet objet devient l'affaire d'une ou plusieurs personnes, les délibérants, n'étant concernés ni en bien ni en mal, ne peuvent plus rendre un jugement d'équité faute pour leur nature céleste d'être guidée par les sentiments personnels. »

172. Chômin intègre ici une phrase mise en note par Rousseau.

得過有徵求、但定所須之多寡、独衆議任之、不得人々私定之、

凡民供其爲民之職、苟官有徵求、不得不亟順之、而官亦不得無故従民有徵求、蓋無因而有果、非独天地之理無之、在人之道亦無之也、

凡民爲官供職、自非与衆共、不必須順従、蓋民之供其職、非独以利于衆、亦必利于己、否則復何須供職之有、且夫公志之所以常得正者何也、無他、人々於爲衆図利之中、亦思有所自利故也、是知權云、義云、均云、平云、皆生自図利己之中、非自空際而來也、是知、公志之所以常得正者、以衆之所議、必有関于衆之利害也、若不然、衆相会議一事、而其事独関一人若数人之利害、不汎及于衆、其能得正者幾希、何也、如此除非此一人若数人、他皆藐焉無所思利害、苟無所思利害、復何得正之理之有、是故衆相会議一事、而其事独関一人若数人之利害、不汎及于衆、則其爲議、不免

solliciter à l'excès le peuple[173]. La quantité de service que doivent rendre les fonctionnaires est déterminée seulement par le Parlement et non par des personnalités privées. Quand le peuple accomplit ses devoirs en tant que peuple, à partir du moment où c'est l'État qui lui a demandé de remplir ce travail, il ne peut désobéir. L'État ne peut pas non plus solliciter le peuple sans raison. Car un effet qui n'ait point sa cause, voilà qui est contraire non seulement au principe du Ciel et de la Terre mais aussi à la voie humaine.

Les services que le peuple rend à l'État ne sont jamais obligatoires à moins d'être mutuels, non seulement au profit de tous mais aussi pour son propre profit. Sinon, à quoi servirait donc un tel labeur ? À ce propos, qu'est-ce qui fait que la volonté générale est toujours dans la rectitude ? Rien d'autre que l'intérêt trouvé par chacun lorsqu'il travaille dans l'intérêt de tous. Sachons que, qu'il s'agisse de [l'exigence] de droit ou de justice, d'égalité ou d'équité, toutes naissent du fait que chacun y trouve son propre intérêt et qu'elles ne viennent pas d'horizons lointains. Sachons que la raison pour laquelle la volonté générale est toujours dans la rectitude est que le peuple ne délibère obligatoirement que sur ce qui est utile ou nuisible à lui-même. Il est extrêmement rare que la volonté générale soit dans la rectitude lorsque les délibérations concernent seulement une personne ou un groupe de personnes et non l'ensemble du peuple. Pourquoi ? Parce qu'à l'exception d'une ou quelques personnes, nul ne considère son intérêt comme une chose lointaine. Dès qu'on ne pense plus en termes d'intérêt ou de préjudice, par quel principe atteindrait-on une quelconque rectitude ?

173. Pour apprécier pleinement ce passage, il faut rappeler que dans les années 1880 les préfets de département recouraient encore au servage hérité de l'époque d'Edo pour faire travailler les paysans. Cela était, avec le poids des impôts, l'une des causes des révoltes. Chômin s'adresse donc ici une fois encore aux partisans du Mouvement pour les libertés et les droits du peuple.

爲詞訟之類、凡詞訟云者、両造必具備、今在此詞訟、此一人若数人者、与他衆人、正所謂両造也、独奈、在此詞訟也、既無律例可循、亦無士師可従決平、唯衆囂々執其所見、由持議多寡、纔得決而已、議之得正与否、初不得問也、夫所貴乎衆議者、以得知夫公志之所存也、今此議也、不免爲詞訟之類、而夫一人若数人者、与他衆人相争、則衆人之議、亦自此一人若数人者而視之、未得視爲公、苟不由公志而決事、何得正之有、夫私志不可以決事、是則勿論而已、雖即公志、苟独関一人一事、不汎及于衆、則其或有失、与私志無異、苟与私志無異、則復何須衆議爲哉、昔在亜顚国之

174. Texte de 1874 : « Pour cette raison, si les délibérations concernent une ou plusieurs personnes et non ce qui a été fixé par l'ensemble, elles deviennent matière d'un procès civil et comme l'assemblée publique devient alors l'adversaire de cette personne, la décision issue de cette délibération ne constitue pas une loi du pays et ne peuvent être comparées aux décisions des juges. Si la volonté publique est assimilée à la volonté d'une des parties en présence, ne devient-il pas ridicule de se confier à ses décisions et de trouver de la droiture là où trop souvent sévissent l'injustice et l'erreur ? Par exemple, lorsque le peuple d'Athènes, en Grèce, faisait et défaisait ses chefs suprêmes ou lorsqu'il distribuait récompenses comme punitions et décidait en assemblée

Pour cette raison[174], si les délibérations du peuple rassemblé concernent le bénéfice ou le désavantage d'un particulier ou d'un groupe d'individus, on ne pourra éviter, à moins de porter l'affaire devant l'ensemble du peuple, de transformer celle-ci en procès civil[175]. Ce qu'on appelle un procès civil requiert nécessairement deux parties [la partie plaignante et la partie défense]. Dans le cas qui nous intéresse, le procès civil, le particulier ou le groupe d'individus constitue l'une et le reste du peuple, l'autre, de ce qu'on appelle, en termes corrects, les deux « parties ». Comment ne pourrait-il y en avoir qu'une seule ? Dans un procès civil, le seul choix qui s'offre est de décider par une majorité à l'assemblée, à partir du brouhaha des opinions populaires, et non en suivant des lois préexistantes ou un juge capable de décider en toute sérénité. Dès le départ, il n'est pas question de se demander si la délibération est dans la rectitude ou non : la délibération du peuple est hautement respectable parce qu'elle permet de connaître où réside la volonté générale. Si le jugement ne peut se faire qu'en procès civil et qu'un particulier ou un groupe d'individus s'oppose au reste du peuple, le jugement rendu par le reste du peuple, aux yeux de cet individu particulier ou de ce groupe d'individus ne peut être considéré comme public. Sans la volonté générale, comment une décision pourrait-elle atteindre la rectitude ? Il va de soi qu'une volonté particulière ne peut décider. La volonté générale, dès qu'elle s'applique spécialement à une seule affaire, un seul individu, sans s'étendre à tous, devient fautive. Dès qu'elle ne diffère plus d'une volonté particulière, à quoi sert-elle donc ? Autrefois, le peuple athénien faisait

générale de tout, y compris de ce qui ne relevait pas de la gouvernance du peuple tout entier, sa volonté n'était plus une volonté souveraine mais devait se comparer à celle d'un magistrat exécuteur de la loi. Les présentes réflexions vont, certes, à l'encontre des théories habituelles en la matière mais je prierai avant tout le lecteur d'attendre que j'ai exposé les miennes. »

175. Le terme que Chômin utilise pour « procès civil », *shishô* 詞訟, était courant dans le domaine juridique sous l'ère Meiji (aujourd'hui le terme serait *minji soshô*).

民、廃立其総統官、賞罰人、及一切事務、皆由衆議取決焉、蓋是時也、民之臨議、非復行夫余所謂君権、而特不過行吏職而已、故其所発于外、可謂之命令、抑不可謂之律例也、余之此言也、与世上所見固大相異、請更詳論之、

（解）凡選総統官、及賞人罰人之類、其利害独関一人若数人而已、其他則藐然無所用心也、苟無所用心、則其執議之得正、不可復望焉、故凡是数事、皆非君権之所預、而特吏士之職而已、

由前所論観之、凡所以令衆志常赴周徧、而無偏頗之弊者、不在于臨議者之衆多、而在于利害得失之汎関於衆、蓋毎議決一事、其所令非独関我之身、而他衆人亦皆有所関、則我固不得辞其責矣、我不得辞其責、則他衆人亦皆不得辞其責矣、誠若此、則所謂義与利并行而

176. Il est question ici des réformes clisthéniennes, qui, à la suite du renversement d'Hippias en -510, instaurèrent l'isonomie (égalité entre les citoyens) et une démocratie directe fondée sur un nouveau regroupement

ou défaisait ses chefs suprêmes[176], distribuait récompenses et punitions, s'occupait de toutes les affaires publiques et décidait de tout au moyen de délibérations populaires. Mais, à cette époque, le peuple n'exerçait pas un excès de ce que j'ai appelé la souveraineté, il se bornait à exercer la fonction bureaucratique. C'est pourquoi les décisions prises en dehors de lui étaient des ordres et, en fin de compte, ne pouvaient être appelées des lois. Ce dont je parle est très différent de ce qu'on peut voir en ce monde, laissez-moi exposer les choses plus en détail.

Commentaire

Le choix des instances suprêmes [de l'État], *l'attribution de punitions et de récompenses, sont des avantages ou des préjudices à un individu ou un groupe d'individus. Le reste est trop insignifiant pour que le cœur s'y attache. Et l'on ne peut espérer qu'une délibération soit dans la rectitude si le cœur ne s'y attache point. C'est pourquoi tous les sujets évoqués ne relèvent pas de la souveraineté mais du travail des fonctionnaires.*

Comme cela apparaît maintenant, après les réflexions que nous venons de mener, la raison pour laquelle la volonté générale tend constamment vers l'universalité, sans jamais tomber dans le travers de l'excès, ne tient pas au nombre de délibérants mais à l'étendue de l'intérêt et du préjudice, des profits et des pertes à l'égard de tous. À chaque délibération sur un sujet, si une décision ne m'implique pas seulement moi mais aussi les autres membres du peuple, je ne peux esquiver ma responsabilité. Et si je ne peux le faire, les autres ne peuvent le faire non plus. Vraiment, s'il en est ainsi et que le sens du devoir coexiste sans heurt avec l'intérêt, ce monde n'est-il

du corps civique, en dèmes, ainsi qu'une réorganisation des institutions. L'ostracisme fut également institué à cette époque et de nombreuses figures politiques furent exilées.

不悖者、天下豈有可尚於此哉、均是衆議決事也、其利害汎関于衆、則議之得正如此、其利害不汎関于衆、則議之得正、初不可得望焉、無他、在是時也、其爲議不免爲前所謂詞訟之類、而法吏之職与訟人之職無復得而合也、

（解）衆相会議事有所令、所謂君也、衆相共徇所議以奉其令、所謂臣也、故人々皆兼君与臣之職而有之、此事前既論之、此段作者又設一譬、以出令者比法吏、以奉令者比訟人、以爲、其所令汎関衆人之利害、則人々之執議旨出自其衷情、且苟有所負担、不得有一人辞其責、故自其出令而言、人々皆法吏也、自其奉令而言、人々皆訟人也、是所謂法吏之職与訟人之職、相合而爲一者也、其所令不汎関衆人之利害、而独関一人若数人之利害、則此一人若数人之者与他衆人、即前所謂両造、而無復有法吏矣、若欲自其出令而言之法吏、自其奉令而言之訟人乎、法吏之職与訟人之職、判然

pas admirable ? Une délibération du peuple peut atteindre une rectitude de la sorte quand elle peut impliquer des profits et des pertes pour lui. Si tel n'est pas le cas, on ne peut espérer que la délibération atteigne la rectitude. Dès ce moment, il n'y a rien à faire : la délibération ne peut éviter d'être ce qu'on a appelé précédemment une délibération de procès civil où les fonctions de juge et partie ne peuvent se réunir.

Commentaire

Quand le peuple rassemblé délibère et prend une décision, il est ici ce qu'on appelle « le Souverain ». Quand il suit ce qui a été soumis à la délibération du peuple rassemblé et exécute ses ordres, il est ce qu'on appelle le sujet. C'est pourquoi chaque personne cumule les fonctions de Souverain et de sujet. Ce point a déjà été discuté plus haut. Ici l'auteur établit une comparaison où celui qui émet les décisions est rapproché d'un juge-fonctionnaire et celui qui obéit à l'une des parties d'un jugé. Si ce qui est ordonné implique vraiment un intérêt ou un préjudice pour le peuple, tout ce qui est issu d'une délibération de celui-ci est le produit de la compassion ressentie par les gens. De plus, dès qu'il y a une charge à assumer, nul ne peut plus se soustraire à ses obligations. C'est pourquoi, du point de vue de l'émission des lois, tout le monde est juge. Du point de vue de l'observation des lois, tout le monde est partie prenante. C'est ainsi que les charges de fonctionnaire de justice et de juge ne font qu'une. Si la loi ne concerne pas l'intérêt ou le préjudice de tous les membres du peuple, mais ceux d'un seul individu ou d'un groupe, les uns comme les autres ne sont que des parties en procès et il n'y a pas de fonctionnaire de justice. Dans le cas où on émettrait un décret dans cette situation et qu'on souhaiterait appeler fonctionnaire de justice celui qui émettrait le décret, et partie prenante celui qui le subirait, les deux fonctions seraient clairement séparées et personne ne serait à la fois fonctionnaire de justice et partie prenante. C'est pourquoi

相別、而非復所謂人々皆法吏、而人々皆訟人者、故曰、在是時、其爲議不免爲詞訟之類、而法吏之職与訟人之職、無復得而合也、

是故民約也者、如何反覆論究、苟無錯次序、必得同一義理、曰、是約也、其於衆人、極均一無有少異同也、我苟有所負担、他衆人亦皆有所負担、我苟有所利、他衆人亦皆有所利、而其所利、其所負担、軽重大小、無有不同、是知、君也者、知有全体、而不知有片段、知有国民、而不知有所成国民之衆人、且律例也者、雖云君権之所施爲、実不過爲全体与片段、

177. Texte de 1874 : « Lorsqu'on raisonne à partir d'un principe vrai, quel que soit le chemin qu'on prenne, il est naturel d'arriver au même endroit. Il en est de même pour la politique. Le contrat à la base d'une association établit une égalité radicale entre tous les citoyens, leur fait observer les mêmes règles et leur octroie les mêmes droits. C'est pourquoi la vraie nature de ce pacte est que les ordres du Souverain, c'est-à-dire les ordres émanant du caractère général de la volonté de tous, doivent favoriser ou porter préjudice à tous de manière égale, et que le Souverain, par son regard d'ensemble, ne considère n'avoir affaire qu'à un peuple et il ignore les individus qui le constituent. Ainsi, que sont donc ce qu'on appelle les lois du pays ? Ce sont les conventions liant le tout aux parties. Elles ne ressemblent en rien aux ordres que les empereurs et les rois donnent à leurs sujets selon leur bon gré. Elles ne sont pas davantage des conventions entre les supérieurs et les inférieurs. C'est seulement lorsqu'elles proviennent du bon vouloir des hommes et qu'elles se fondent sur le contrat d'association qu'elles acquièrent un caractère public et droit. Partagées par tous, elles sont équitables ; soumises uniquement au

Rousseau écrit : « La délibération ne peut éviter d'être ce qu'on a appelé précédemment une délibération de procès civil où les fonctions de juge et partie ne peuvent se réunir. »

Pour cette raison, quand bien même on chercherait des arguments contraires, à moins de se tromper dans l'ordre des choses, on en arrive toujours à trouver que le contrat social repose sur le même principe de justice et de devoir[177]. Le contrat social établit une uniformité extrême parmi les membres du peuple, sans retenir parmi eux aucune différence. Ce qui m'incombe comme une charge est aussi une charge pour tous les autres. Ce qui me procure de l'intérêt en procure également aux autres. Ainsi, la charge comme l'intérêt, que celle-là soit légère ou lourde et que celui-ci soit grand ou petit, sont identiques [pour tous]. Sachons que le Souverain ne connaît qu'un corps et non ses fragments. Il connaît la nation et non ce qui la compose, c'est-à-dire les membres du peuple. En outre, même si on dit que les lois sont l'application de la souveraineté, elles ne sont que le contrat qui lie le corps à ses

bien public, elles n'en sont que plus utiles ; comptant sur la force du pays tout entier comme sur le pouvoir suprême dont elles font leur garant, elles n'en sont que plus solides. Quand les citoyens obéissent seulement à de telles conventions et non à deux ou trois volontés particulières, ils ont le pouvoir d'être réellement indépendants, ils obéissent exclusivement aux sollicitations de leur propre volonté et la question de la répartition des droits respectifs du souverain et du peuple revient, en définitive, à se poser celle de la répartition entre les droits que possède le citoyen en tant qu'homme ordinaire et les droits qu'il possède en tant que partie du souverain. D'après ce qui a été dit précédemment, [on voit que] les droits du Souverain, si absolus, si précieux et tout inviolables qu'ils soient, ne peuvent dépasser les limites du contrat établi. L'utilisation par chaque particulier pour lui-même des biens et de la liberté permise par ce contrat est, de droit, pleine et entière. De plus, le Souverain ne peut jamais attribuer des charges d'importance diverse ou non à des personnes différentes : les délibérations du parlement ne s'appliquant plus à tous, cela ne relève pas de sa compétence. »

相共爲約者、而決不得視爲尊与卑、相共爲約者、是知、律例也者、天下莫正焉、何者、寄基於民約也、莫公焉、何者、一視衆人、曾無分別也、莫可利焉、何者、爲衆求利之外、別無所旨也、莫鞏固焉、何者、以国力爲己力、以君權爲己權也、是知、爲民者、果得独服屬律例、而別無所奉命、則其実与絶無所服屬無異、何者、所謂律例者、己之所与乎作也、是故人若欲知君之權与臣之權之限極之所在、試思、我之与我爲約、当如何立制、試思、各人之与衆人爲約、衆人之与各人爲約、当如何立制、一考于是、必思過半矣、

夫如斯、故君權也者、雖極広大、雖極尊厳不可侵、而終亦不得有踰越民約之所定著、而凡此約之所不関、財賄也行爲也、並得自肆、而不須有顧慮、若君拠其權、或所求是人、重於所求彼人、其所令、不得復視爲律例、無他、無汎関衆人之利害也、

fragments et il ne peut s'agir d'un contrat entre supérieurs et inférieurs. On comprend que sur Terre, il n'y a rien de plus dans la rectitude que les lois, car elles reposent sur le contrat social. Il n'y a rien de plus public parce qu'elles considèrent les membres du peuple de manière égale, sans pratiquer de distinction. Il n'y a rien de plus profitable, parce qu'en dehors d'elles, nul ne recherche autant l'intérêt du peuple. Il n'y a rien de plus solide, car la puissance du pays devient mienne et les droits du Souverain deviennent les miens. Sachons que si le peuple peut se soumettre aux lois sans qu'on lui ordonne de le faire, alors tout se passe comme s'il n'était soumis à rien. Car une loi est ce que je contribue à élaborer. Si quelqu'un veut donc connaître les limites de la souveraineté et du peuple, il faut qu'il réfléchisse comment le contrat établi avec moi-même fonde les institutions. Il faut qu'il réfléchisse comment le contrat établi entre chacun et tous et le contrat établi entre tous et chacun fondent les institutions. Mais cela dépasse le champ de nos réflexions.

C'est ainsi. Si vaste, vénérable et inviolable qu'elle soit, la souveraineté ne peut aller au-delà du champ fixé par le contrat social. Tout ce qui n'en relève pas, tels que les biens et les richesses, les conduites et les actions, les caprices et les loisirs, le Souverain n'a pas à s'en soucier. Si le Souverain se fonde sur son pouvoir pour charger un individu plus qu'un autre, ses ordonnances ne pourront pas être considérées comme faisant loi car, de fait, elles ne peuvent être étendues au point de concerner l'intérêt de tous.

凡前所挙區分已立、方可知人々之於民約、初未有少所失也、非徒無所失、更大有所利而存焉、何也、曩也、人之爲生、菑害四薄、無以自安、今則我与人、皆得高枕而寢、曩也、人々自恃其力、動侵犯他人、而一旦有人、其力勝于我、々亦不免被其所制、今則代力以權、而挙国之力、以防衛人々之權、非復一人若数人之所得侵犯、非独此而已也、即如性命、一供之于国、而国之力常以擁護之、其爲固非更大乎、人或曰、民約已立、制度已設、四境有虞、或不能無殉難、是洵然、々我之得保生以至今日、苟思其所由、豈得不以義報恩哉、非独此而已也、曩也、人々爲保其有而危身、蓋亦屢矣、今也、爲国而效死、非必屢有是事、

178. Texte de 1874 : « De cette façon, une fois distingués les droits publics et les droits particuliers, le contrat d'association, non seulement ne porte pas dommage aux droits du peuple mais, au contraire, il transforme la vie précaire en vie plus confortable que par le passé, il transforme l'indépendance accordée par le Ciel en liberté fixée par l'homme. Il pacifie la capacité de nuire à autrui et il unifie les forces de tous les bras, qu'il était difficile de rassembler. Le don de sa vie à l'État permet de la protéger en cas d'urgence

Une fois ces distinctions établies, on comprend que nul ne perd quoi que ce soit dans le contrat social[178]. Non seulement les gens ne perdent rien mais ils y gagnent énormément. Que gagnent-ils donc ? Autrefois, l'existence humaine était cernée de toutes parts par les dangers sans trouver aucun abri sûr. Aujourd'hui, nous pouvons, vous comme moi, tous dormir en paix. Autrefois, chacun ne comptait que sur ses seules forces, s'en prenait aux autres et si quelqu'un était plus fort que moi, je n'avais d'autre choix que de lui obéir. Aujourd'hui, la force a cédé la place aux droits, la force du pays tout entier protège les droits de chacun et un ou plusieurs individus ne peuvent plus agresser personne. En outre, ma vie que j'offre au pays n'est-elle pas renforcée par la protection permanente que m'assure celui-ci ? Quelqu'un pourrait dire que même si le contrat social et les institutions sont établis, en cas de troubles aux frontières, il faudra bien se sacrifier. Cela est tout à fait vrai, mais quand je pense à la sécurité que ma vie a connue jusqu'à présent, ainsi que ce à quoi je la dois, comment le devoir ne m'appellerait-il pas à rendre la pareille ?

Qui plus est, autrefois, les personnes se mettaient souvent en danger pour protéger ce qu'elles avaient et cela, bien souvent, alors qu'aujourd'hui, offrir sa vie au pays n'est plus une

et même si on devait la mettre en danger pour protéger l'État, il n'y a pas d'autre choix que de racheter sa dette envers l'État en rétribution de sa protection. Le désavantage est-il plus grand en comparaison des temps anciens, où, dans la vie naturelle, on rencontrait constamment les dangers de la guerre et on perdait fréquemment la vie à vouloir la protéger et à ne pas perdre de nourriture ? Les membres du peuple ont le devoir de se battre pour le pays, mais ils n'ont pas à lutter pour chacun. N'est-ce pas un principe naturel que de partager entre tous les dangers pour assurer la préservation de soi ? »

Fragment de la traduction de l'*Histoire de la philosophie* d'Alfred Fouillée (*NCZ*, 6, p. 132) : « Ce que chacun abandonne de ses droits n'en est pas la totalité, comme je l'ai dit précédemment, mais seulement une partie [...] Dans le contrat social, chaque personne ne subit pas la moindre atteinte à ses droits. Non seulement elle ne subit pas d'atteinte mais grâce au contrat social, l'intérêt est plus grand qu'avant de le conclure. En effet, la force de tous protège sans jamais faillir leur droit à la liberté. »

人又曰、約之未立、人之危其身、特止其人、約之已立、苟有事于国、我之与衆人、不得不皆赴難、是洵然、曩者人之危身、常由独爲己、而是事今之所絶無也、且也、隣敵來犯、我之与衆人、並不能無虞、不得曰衆人皆危、而我独安也、均之危身也、独犯難而危身与与衆犯難而危身、其難易其得失、不可同日而語、余故曰、人々之於民約、非徒無所失、更大有所利、

第五章　生殺人之権

人將曰、民約一立、我之与衆人、自非爲国、不得肆自殺身、夫我之与衆人、並無有自殺身之権、而君則反有生殺人之権、有是理哉、君者我之与衆人相合所成也、然而我之与衆人之

179. Texte de 1874 : « Du droit de vie et de mort. Comment les gens, qui n'ont pas eux-mêmes la liberté de disposer de leur vie, celle-ci étant offerte par le Maître du Ciel, pourraient-ils, lorsqu'ils fondent un État, transmettre à ce dernier un droit qu'ils n'ont pas ? Il ne s'agit pas ici de transmettre à l'État le droit de tuer des personnes ; je veux dire qu'en donnant le droit de conserver sa vie, nous en déduisons celui de mise à mort d'autrui. Peut-on nommer suicide le fait qu'une personne meure en tombant d'une fenêtre, essayant d'échapper à un incendie ? Une personne qui monte sur un bateau, connaissant les dangers de traversée en mer et meurt dans une tempête peut-elle

chose si nécessaire. Quelqu'un pourrait dire alors que quand le contrat social n'était pas encore établi, le danger couru par une personne ne concernait qu'elle. Le contrat social une fois établi, si le pays est en danger, nous serons, moi comme les autres, obligés de courir au danger. Cela est tout à fait vrai. Autrefois, quand une personne était en danger, elle devait se défendre seule. Cela n'est plus le cas de nos jours. Si un ennemi envahit le pays, nous sommes, moi comme les autres, en danger et personne ne peut dire qu'il est en sûreté. Tout le monde est en danger de manière égale. On ne peut dire qu'en termes de difficulté et de risque, les jours où je me battais seul soient identiques à ceux où je me bats avec les autres. C'est pourquoi je dis que non seulement les personnes ne perdent rien dans le contrat social mais qu'elles y gagnent beaucoup.

Chapitre 5 : Du droit de vie et de mort sur les personnes[179]

Quelqu'un pourrait dire : « Une fois constitué le contrat social, à partir du moment où ni moi ni aucun autre membre du peuple ne pouvons à notre gré sacrifier notre propre vie si ce n'est pour le pays, selon quel principe, au contraire, le Souverain s'arrogerait-il le droit d'attenter à celle des gens ? C'est moi et tous les autres qui formons le Souverain ; par

être appelée criminelle ? La fin première de la constitution d'une société est dans la préservation de la vie de chacun. Pour l'atteindre, il fallait un moyen et c'est ainsi qu'est né le droit de tuer, pour se défendre d'un ennemi extérieur dans la guerre en le faisant captif, en l'étranglant ou en le décapitant, ou dans le pays pour se défendre d'un traître. Lorsqu'on préserve sa vie en comptant sur la vie des autres, il faut préserver la leur en mettant en avant la sienne. Si les citoyens ont formé un État et lui ont confié le droit de les protéger, alors c'est à lui de juger ce qui est convenable. Partant, s'il me commande : « Vous allez mourir sur le champ pour le pays », alors je dois obtempérer de suite. La raison en est que ce qui m'a permis jusqu'à aujourd'hui d'être resté en vie tenant au fait de m'en être remis à la force protectrice du gouvernement, je suis obligé, une fois cet État fondé, de considérer celui-ci comme mon second maître [après Dieu]. »

所無、而君則反有之、有是理哉、是言也似有理、而未有理、請更詳論之、

凡人苟臨難、皆得冒危、以求免于禍、是故遭火、遽投下自牖而死者、未得曰之有自殺之罪也、航海遇颶、淪溺而死者、未得曰之有自殺之罪也、請更詳論之、

夫民約之旨、在于令衆人皆得保生無虞、而欲必守此旨俾不墜、在人々不能無或危身及致死、是必不免之数也、且也、我之所以得保生以至今日者、無他以衆人皆守約狥職有所負担不之敢避也、夫我既頼衆人之力而保生、則我之一日爲衆人而效身、不亦理乎、且夫律例、雖曰我固与乎作之、苟及奉而行之、不得少有辞説、而若官命我曰、汝爲国死、則我不得不亟奉命、何者、我之所以得保生以至今日者、徒以有此約也、父也生我、君也保我、則一日爲君而死、不亦理乎、犯罪戮死者、亦少有与此類者、何也、彼其初所以与衆約立法、殺人

quel principe celui-ci pourrait-il donc avoir quelque chose que nous n'ayons pas ? » De tels propos semblent sensés mais, en réalité, ils ne le sont pas. Je vais le montrer en détail. À la moindre difficulté, chacun, face au danger, cherche à éviter le malheur. C'est pourquoi on ne peut qualifier de suicide ceux qui se jettent des fenêtres pour échapper aux incendies ou encore ceux qui se noient dans une tempête en mer. Je m'explique.

La fin du contrat social est, sans aucun doute, de protéger la vie de tous, ainsi que de vouloir à tout prix cultiver cette fin et faire en sorte qu'elle ne tombe jamais dans l'oubli. [Toutefois] il est impossible d'éviter que des personnes se mettent en danger et meurent. On ne peut rien y faire. C'est parce que tous les membres du peuple observent le contrat social, travaillent avec diligence et, qu'en cas de malheur, ils n'hésitent pas à faire face, que ma vie s'est conservée en toute sécurité jusqu'à ce jour. N'est-ce pas par fidélité à la raison que j'offre un jour ma vie à tous ceux par la force desquels je l'ai conservée ? Il est vrai que je contribue à forger les lois mais lorsqu'il s'agit de les suivre, je ne pourrai m'empêcher d'aller immédiatement donner ma vie.

Ainsi, si l'État me dit : « Meurs pour le pays ! », je donnerai immédiatement ma vie. Pourquoi ? Parce que si j'ai conservé la vie jusqu'à ce jour, c'est uniquement au contrat social que je le dois. Mon père m'a fait naître et le Souverain a protégé ma vie. N'est-ce pas être fidèle à la raison que de mourir pour le Souverain ? Le criminel que l'on fait mourir en le perçant d'une lance ne relève-t-il pas aussi un peu du même cas ? Pourquoi ? Parce que, dès le départ, il s'est engagé avec le peuple sur cette loi que le meurtre d'un homme est expié par la mort et nul autre châtiment, que la raison pour laquelle le fait de tuer quelqu'un est expié par la mort ne tient à rien d'autre qu'à protéger votre propre vie ou d'empêcher quiconque de vous tuer. C'est pourquoi on peut dire que les gens n'ont pas conclu le contrat en vue de tuer mais en vue de protéger les personnes. Dans le cas contraire, par quel principe établirait-

者抵死者、無他、爲求自保生、無或爲人被殺也、故彼之爲此約也、不可曰之約自殺身、而正可曰求自保身已耳、不然予知己之異日犯法而戮死、而且立法、有是理哉、

（解）西人自古皆言、人享生于天故自殺死、道義之所不容、婁騷蓋亦執是說、故前段自設難云、人無自殺死之權、而官独有殺死人之權者、何也、本段乃云、人固無自殺死之權、然爲求免死或致死者、不得与実自殺死者一例視、若遭火災投下而死、及航海渰没而死、皆此類也、且民約之旨在于令衆人得全生、故若有隣敵來寇、爲軍人者不得不挺節殉難焉、又我之所以与衆約立法者、正爲求爲法之所擁護耳、一日自中法戮死、我之所不予知也、凡此皆投下而死、渰没而死之類、未得曰之自殺死、下段更論官之有殺死人之權、益明白、

不独此而已、凡爲悪者以有違律例、皆爲禍于国者、既禍于国矣、非復宜視爲国人、直宜

on des lois, sachant qu'on mourrait sous le fer de la lance un jour prochain si on s'attaquait à elles ?

Commentaire

Les Occidentaux disent tous depuis toujours que la vie humaine est un don du Ciel et que le suicide n'est pas recevable au regard de la morale. Rousseau pose lui-même le problème et il présente sa critique dans le paragraphe précédent en disant : « Pourquoi les personnes n'ont pas le droit de se suicider alors que l'État dispose du droit de vie et de mort sur elles ? » Il écrit précisément, dans ce paragraphe, que les personnes n'ont pas le droit de se suicider mais qu'on ne peut voir un exemple de suicide chez les personnes qui décèdent en essayant d'échapper à la mort. C'est, par exemple, le cas chez celles qui font une chute en essayant d'échapper à un incendie, ou qui se noient dans un naufrage. Le but du contrat social est de faire en sorte que tous les membres du peuple puissent profiter de leur vie. C'est pourquoi, lors d'une invasion étrangère, les soldats doivent faire face et se sacrifier. La raison pour laquelle je lie un contrat avec le peuple et établis des lois est précisément ma recherche d'une protection par la loi. La mort par exécution sous le coup de la loi, un jour, est un événement que je ne peux prévoir, de la même sorte que la mort par chute ou par noyade ; on ne peut donc pas l'appeler suicide. Cela apparaît plus clairement dans le passage suivant qui discute du droit de vie ou mort de l'État.

En outre, en enfreignant les lois, les malfaiteurs font tous tort au pays[180]. Une fois le tort porté au pays, il convient qu'ils

180. Suite du texte de 1874 : « La mise à mort des criminels relève du même principe. En somme, c'est pour échapper au vol et à l'assassinat que nous établissons un contrat et si je devais devenir un criminel, même en me promettant de mourir tôt, il n'y a absolument aucune raison que j'aie conclu le contrat en sachant par avance que je mourrai moi-même sous le coup de cette loi. D'ailleurs, tout criminel, dès qu'il s'attaque au contrat d'association,

視爲国讐耳、既国讐矣、是人之安、与邦国之安、不得復両立、而是人不死、則国無成国矣、是知、国之殺死罪人、非以其爲国人之故、而以其爲国讐之故也、是知罪案也、爰書也、皆不過爲所以証是人之背戾民約、以失爲国人之権之具也、且彼既居是国爲生、則其初雖未必明言我亦爲是国之人、要之、其爲是国之人亦明矣、今也、爲悪以背戾民約、行逆以爲衆人之敵則我之捕而竄之、収而誅之、亦不過爲令其与是国、爲永訣焉耳、此正前所論、敵人抗我、不肯降、我亦得殺無宥者、然則国之有殺死罪人之権、豈無其理哉、

人將曰、竄戮罪人、非汎関衆人、独止是人、則此事若君権之所不与然、是言固有理、故是時也、議院不躬自当之、而使吏当之、所

devient de ce fait rebelle à cette société et perd son titre de membre à part entière. En visant leur conservation, on ne peut plus viser celle de la société : l'un des deux doit disparaître. La mise à mort d'un criminel n'est pas celle d'un citoyen mais est à considérer comme celle d'un ennemi. Les procédures et le jugement sont les preuves qu'il a rompu avec l'association et perdu sa qualité de citoyen ainsi que les moyens par lesquels il déclare son crime. L'ennemi

ne soient plus considérés comme faisant partie de ce pays mais tout bonnement comme des ennemis de celui-ci. Dans le cas de traîtres, leur sécurité et la sécurité du pays ne peuvent coexister. Un pays ne peut se constituer comme tel tant qu'ils ne sont pas morts. Comprenons ceci : tuer un criminel ne se justifie pas parce que celui-ci en est un citoyen mais parce qu'il en est un ennemi. Comprenons aussi que tous les actes d'accusations et autres rapports croisés de déclarations[181] ne sont que les instruments au moyen desquels est prouvé que tel individu a contrevenu au contrat social et qu'il a, de ce fait, perdu son droit de citoyen. De plus, s'étant installé au préalable dans ce pays et y vivant, il n'est, dès le départ, nul besoin de déclarer qu'il est citoyen de ce pays pour qu'il soit clairement reconnu qu'il en est bien un membre. Maintenant, s'il commet une mauvaise action et contrevient au contrat social par une conduite de révolte qui le fait devenir ennemi du peuple, alors, je n'ai d'autre choix que de l'arrêter, le punir et l'expulser définitivement du pays. Tout à fait comme dans l'argument précédent : si un ennemi m'attaque sans jamais consentir à se rendre, j'ai aussi le droit de le tuer sans merci. Le droit qu'a un pays de mettre à mort un criminel ne relève-t-il pas du même principe ?

On pourrait dire : « L'exécution des criminels ne concernant pas l'ensemble du peuple mais eux seuls, l'affaire semblerait être de celles où la souveraineté ne s'exerce pas. » Ces paroles sont raisonnables. C'est pourquoi, à ce moment, la chambre délibérative n'accomplit pas la tâche elle-même mais la délègue

du peuple peut être supprimé soit en étant déchu de son titre et expulsé [de la société] soit en étant mis à mort. De cette façon, les gens peuvent bien ne pas agir suivant la raison et la justice, mais ils peuvent bien le faire selon le droit de vie et de mort issu de la guerre. »

181. Chômin utilise ici des termes juridiques de la Chine antique.

謂判官也、蓋凡余之所論、前後一理貫串、庶無矛盾、特冀読者之深考而熟察之云爾、

雖然、用刑之煩、常足以徵衰世、否当路者怠而不恤政之所致、何則、自非元悪大憝不容乎死者、苟使令得宜、鮮不爲我用、而不必須誅殺、故曰彼罪未至死、且不能必爲深害、然誅之足以垂戒一時、而殺之、若此者非所以慎刑也、

又爲赦及減有司既決之刑、独高占位判官之上、律例之表者、得爲之、君主之謂也、然君主之有此権、猶且有未全厭人意者、則宜当

182. Chômin utilise ici un vieux terme désignant un fonctionnaire de rang moyen dans l'État centralisé à la chinoise.

183. Chômin recourt ici à un mot issu de la *Chronique des Han postérieurs* (*Hou Han Shu* 後漢書).

184. Suite du texte de 1874 : « Les gens diront que condamner un criminel n'est en rien un acte qui regarde le peuple et qu'il ne concerne que ce personnage ; il en est tout à fait ainsi : il n'appartient pas au Souverain de condamner. Celui-ci n'exerce pas de lui-même ce droit mais confie le soin de le faire à un magistrat exécuteur de la loi. Ce dont je discute ici se tient du début à la fin mais je ne peux l'exposer ici en une fois. Il est évident que le grand nombre de criminels dans un pays est en soi un crime même de son gouvernement. Tout méchant qu'il soit, quiconque, une fois qu'on l'a rendu plus convenable, peut devenir utile à quelque chose. À l'exception de ceux incapables de se distinguer du lot des coquins de la pire espèce, la mise à mort pour l'exemple doit être évitée. Le droit d'exempter de la peine de mort

à un fonctionnairc, qu'on appelle un magistrat[182]. Ce dont je discute ici est traversé par le même principe du début à la fin, sans qu'il n'y ait de contradiction. Je demande au lecteur de bien vouloir y exercer une mûre réflexion.

Mais l'excès dans le recours aux sentences est toujours une marque des âges décadents. Si ce n'est pas le cas, alors il tient à la paresse ou au manque de conscience des dirigeants. En effet, mis à part quelques grands criminels[183] qui ne peuvent échapper à la mort, pour peu qu'on lui commande comme il faut, un méchant peut m'être bien utile et il n'est pas du tout nécessaire de l'exécuter. C'est pourquoi il est dit que dans des cas tels qu'il n'y a pas mort d'homme et que le crime n'est pas trop grave, il suffit de le condamner pour un temps et il n'y a aucune raison d'infliger la mort ou une peine sévère.

Par ailleurs, la grâce ou la réduction d'une peine déjà prononcée par un juge ne peut être accordée que par celui qui est lui-même au-dessus des magistrats et des loi, c'est-à-dire le Souverain[184]. Néanmoins, il ne s'agit pas ici de réprimer complètement les volontés. Il convient que cette grâce soit utilisée avec la plus grande parcimonie. La raison pour laquelle

ou d'annuler le jugement porté à un criminel doit revenir à celui qui est au-dessus des lois et de l'autorité du pays, au-dessus des juges, c'est-à-dire le Souverain, à savoir l'assemblée générale et elle seule. Les principes de ce droit du souverain en la matière ne sont pas encore bien définis et il n'est pas appliqué à moins d'un cas tout à fait spécial. Un pays doté d'un bon gouvernement connaît peu de punitions non pas parce que les grâces sont nombreuses mais parce qu'il y a peu de criminels. Par conséquent, dans les temps de décadence, la multitude des crimes renforce souvent l'impunité. À l'apogée de la république romaine, ni le Sénat ni les consuls n'accordaient de grâce. Même s'il lui arrivait de révoquer son jugement, on n'a jamais entendu que le peuple accordât son pardon à une faute. La fréquence des grâces, au contraire, est cause du fait qu'à la fin, les criminels n'en auront plus besoin. Mais en écrivant cela, je sens mon cœur envahi de scrupules. Je laisse donc le soin de discuter cette question au saint qui n'a jamais commis la moindre faute et n'a jamais eu besoin d'aucune grâce. »

尤罕所用焉、蓋善政之国、所以能致刑清者、以罪人自寡故、非以爲赦故也、衰季之世、刑愈煩、而漏網者愈衆、則亦足觀爲治之不在刑焉、羅馬之方盛、統制官元老院、並曾不聞爲赦、又如議院、雖時改其既決之刑、亦未聞爲赦、大凡赦之驟行、其末也兇逆之徒、縱肆猖狂、至乎不復恃赦、則国亡無日矣、雖然赦仁術也、人誰保無過、誤陥刑辟、非望赦、欲改過、其道無由、吁此事也、独聰明斉聖、無過挙者、得論之、如余者自覚心悸筆顫、請勿復言、

（解）茲君主、亦謂議院、勿与尋常所用語混視、

les pays de bons gouvernements sont exempts de châtiments tient en la rareté des criminels et non aux grâces qui y sont accordées. Dans les périodes de décadence, les châtiments deviennent nombreux et les gens à la moralité défaillante croissent aussi en nombre. Il suffit de jeter son regard là où les châtiments n'existent pas. Lorsque Rome était à son apogée, les chefs magistrats et le Sénat ne donnaient pas leur grâce, le Parlement[185] pouvait réviser son jugement mais on n'entendit jamais les consuls ou le Sénat accorder une grâce. La trop grande facilité d'accorder la grâce aboutit au déchaînement des criminels et comme on en arrive à ne plus compter sur l'effet d'aucune grâce, l'effondrement du pays est alors imminent. La grâce est une pratique de la vertu d'humanité. Quel homme pourrait garantir qu'il n'abusera pas de son usage ? Si, au contraire, on punit à l'excès sans donner la moindre espérance de grâce, même si on veut par là corriger les excès inverses, cela a-t-il un sens ? Seule une personne clairvoyante et sainte et qui n'a jamais fauté peut discuter de cela. Une personne telle que moi, sentant son cœur palpiter, préfère reposer la plume. Je n'en discuterai pas davantage.

Commentaire

Le Souverain désigne ici le Parlement. Il ne faut pas le confondre avec le mot d'usage courant.

185. Chômin met sans doute ensemble les comices tributes et les comices curiates. Il traduit ici par « parlement » le mot « peuple », ce qui explique le commentaire qui suit (voir l'introduction au sujet de cette insistance sur le parlement).

第六章　法例

民約政之体也、律例政之発也、譬之人身、民約猶精神也、律例猶意思也、有精神而無意思、隤然与塑像無以異耳、余既論民約、俾政之有精神、請茲論律例、以著政之意思焉

（解）衆相会立約、以創邦国、所謂民約也、民約既立、衆共議以定規条、所謂律例也、民約者、政治之所由立、而律例者、治術之所由行也、故云民約猶精神也、律例猶意思也、蓋精神備、而意思出焉

186. Texte de 1874 : « Les lois du pays. Jusqu'ici, je n'ai discuté que de la constitution de l'association et non encore de son fonctionnement car l'une et l'autre sont comparables chez l'être humain au corps et à l'esprit. C'est pourquoi, dans ce chapitre, je voudrais discuter du système législatif qui donne corps [à cette association] en lui adjoignant le mouvement et la volonté. Ce qui est conforme au principe l'est naturellement, sans attendre les conventions humaines. D'autre part, le principe de rectitude provient du Maître du Ciel et de la Terre. Si nous Le consultions chaque fois et si nous arrivions à exécuter ce qu'Il nous commande de faire, le gouvernement comme les lois seraient inutiles. Le principe de rectitude provenant de la spontanéité naturelle des choses, il va de soi qu'il doit s'appliquer dans l'univers tout

Chapitre 6 : Les lois[186]

Le contrat social est ce qui donne corps à un gouvernement, les lois ce qui le met en mouvement. Pour prendre exemple sur le corps humain, le contrat social est pareil à l'esprit, les lois à la volonté. Un esprit dépourvu de volonté n'est pas différent d'une figurine d'argile en plein état de décrépitude. J'ai montré précédemment que le contrat social donne une âme à un gouvernement. À présent, je voudrais mettre au jour ce qui est la volonté d'un gouvernement.

Commentaire

Le contrat social consiste à ce que tous les membres du peuple se rassemblent pour fonder un pays et établissent un contrat. Les lois consistent à ce qu'une fois le contrat établi, les membres du peuple fixent des règles après délibération. Le contrat social tire son origine de la fondation du gouvernement, les lois de la pratique de l'art de gouverner. C'est pourquoi Rousseau écrit : « Le contrat social est pareil à l'esprit, les lois à la volonté ». L'esprit est [une faculté] *constitutive* [du corps] *alors que la volonté* [en] *surgit.*

entier, alors que la volonté céleste, obscure et lointaine, ne peut s'exprimer ici-bas. Si on s'en remettait seulement au principe naturel [état de nature], le méchant échapperait au châtiment et le bon ne serait pas récompensé, le premier serait de plus en plus heureux le second serait de plus en plus malheureux. Ainsi, si on désire que les devoirs accompagnent les droits et que le principe de rectitude ait une efficacité ici même, l'on doit établir un contrat et des lois. Par ailleurs, lorsque le principe naturel nous gouverne, il n'y a rien qui ne soit commun entre le Ciel et la Terre et je peux acquérir à mon gré tout ce que je désire. Mais il ne peut plus en être ainsi une fois la société établie et nous devons limiter nos droits par des lois propres à nous autres, êtres humains. »

凡事之善良、而合于理者、本自如此、非待人之相約、而後爲然也、明神照臨乎上、爲衆善之源、則設令爲人者、常得直稟于神、以処事、所爲而莫不得于正、而政与律例、固無所用矣、今未能如此、則是律例竟不可廃也、凡事之得于正者、遠邇一理、無有不同、以其出乎人之良智也、然是物亦未足頼以爲治、何也、我之於人、能聴良智爲善、人之於我、或未能然、是知道云徳云、以其無顕罰、有履焉者、有不履焉者、而善人履之而常自損、悪人違之而常自益焉、則何足以爲治也、故曰、爲国者、道徳之不足恃、而必相約立例規、違則有罰、夫然後義与利相合、而所謂道徳、亦得行其間矣、

187. Dieu est rendu ici par le terme *myôshin* 明神, qui est une appellation honorifique pour une divinité *shintô* ou bouddhique, quelle qu'elle soit.

Fragment de la traduction de l'*Histoire de la philosophie* d'Alfred Fouillée (*NCZ*, 6, p. 137) : « Les choses bonnes le sont parce qu'elles sont, au fond, en conformité au principe ; non pas en raison d'un contrat entre les êtres humains mais par décision de l'auguste divinité. Si chacun d'entre nous pouvait entendre les ordres divins, il n'y aurait besoin ni d'un gouvernement, ni de lois. Mais comme ce n'est pas le cas, les lois sont nécessaires. »

Les choses bonnes et en accord avec le principe sont telles en vertu d'elles-mêmes et n'attendent pas que les hommes établissent entre eux un contrat. L'auguste divinité[187] les éclaire d'en haut et elle est la source du Bien pour tous les hommes. Si ceux-ci pouvaient s'en remettre immédiatement à elle, il n'y aurait rien qui ne soit pas dans la rectitude et il n'y aurait donc pas lieu de recourir au gouvernement et aux lois. Aujourd'hui, comme ce n'est pas encore le cas, on ne peut se passer des lois. Ce qui permet d'atteindre la rectitude est un principe qui est partout le même et ne connaît nulle part de différence. Il provient de la conscience[188] mais il ne suffit pas encore pour gouverner. Pourquoi ? Même si, en écoutant ma conscience, je fais le bien vis-à-vis des êtres humains, l'inverse n'est pas forcément vrai. La pratique de la Voie comme de la vertu n'étant pas sanctionnée, elles peuvent être suivies ou non. Comment pourraient-elles suffire si de bonnes personnes en les suivant ne rencontrent que des désagréments et que de mauvaises personnes en les trompant n'en recueillent que des avantages ? C'est pourquoi je dis : « Ceux qui gouvernent un pays ne peuvent se contenter de la morale, ils s'assemblent en faisant un contrat, établissent des règles, suivies de punition si elles ne sont pas suivies, allient la justice et l'intérêt et c'est à ce moment que la morale peut être mise en pratique[189]. »

188. Le terme utilisé par Chômin, *ryôchi* 良智, n'existe pas en chinois classique ni en japonais mais peut être compris comme une variante de *ryôchi* 良知, qui désigne dans la pensée chinoise la conscience morale.

189. Fragment de la traduction de l'*Histoire de la philosophie* d'Alfred Fouillée : « Les choses de ce monde sont justes car elles viennent d'un principe naturel. Si on veut appliquer la justice dans ce monde, chacun doit s'y plier. La justice ne saurait exister si l'un le fait mais pas l'autre. Sans passer par le contrat et par les lois, comment la justice existerait-elle dans les droits et les responsabilités ? »

（解）道理也者純一無雑、万古不易、非待律例而後生、又真宰居高聴卑、為衆善之長、然人之於真宰、上下懸隔、不能諄々然受命、然則為国者、舎律例、別無為治之術也、又人之有良智、判別正不正、無有失錯、所謂道徳也、然道徳以其無賞罰之柄、君子競業、唯良智是聴、不敢為悪、而小人肆然自恣法度之外、則是君子常蒙害、而小人常享利、故道徳亦未足頼以為治、而律例終不可不設、此段大意論道徳例二者之別、而帰重律例、以為本章之提起、読者其有以察之、

雖然所謂律例者、其形如何、曰有天命之

190. Fragment de la traduction de l'*Histoire de la philosophie* d'Alfred FOUILLÉE (*NCZ*, 6, p. 137) : « Les lois de Montesquieu sont seulement des lois naturelles. Elles ne peuvent constituer les lois d'un pays. Chômin rend ici explicite une allusion à *L'Esprit des lois*, ce que ne fait pas Rousseau. » Suite du texte de 1874 : « Qu'est-ce qu'une loi ? Si les gens s'attachent aux nuances pleines d'obscurité ou toutes éthérées que renferme l'idéogramme [loi], ce ne seront qu'âpres discussions tour à tour sans jamais arriver à quelque conclusion que ce soit et si cela peut être utile pour discuter de lois célestes, ce n'est d'aucun profit pour comprendre les lois établies par les hommes. L'objet du présent chapitre est d'expliquer les lois humaines. Dans le chapitre précédent, j'ai développé l'idée que la volonté générale ne se déploie pas à l'occasion d'affaires concernant une ou deux personnes mais seulement pour celles mettant tout le monde en jeu. En somme, toute affaire concernant un pays autre ou concernant mon pays. Si c'est un autre pays qu'elle concerne,

Commentaire

Le principe de la Voie est pur, unique et simple, il ne change pas tout au long des temps et il n'attend pas qu'il y ait des lois pour exister. Le Créateur domine mais il écoute les humbles et préside au bien du peuple. Cependant, très éloignés de Lui, les êtres humains sont incapables de recevoir Ses ordres avec l'assiduité nécessaire. Ainsi, ceux qui gouvernent un pays établissent des lois, sans être pour autant versés dans l'art de gouverner. Les hommes doués de conscience discernent ce qui est droit et ce qui ne l'est pas, ils ne commettent ainsi pas d'erreurs. C'est ce qu'on appelle la morale. Comme elle ne donne lieu ni à une récompense ni à une punition, l'homme de bien ne fait qu'écouter sa conscience et s'abstient de faire le mal, alors que l'homme de peu, lui, agit à son gré en dehors de ce qui lui est interdit. L'homme de bien subit constamment les malheurs, l'homme de peu voit toujours son intérêt satisfait. C'est pourquoi la morale ne suffit pas pour gouverner et, en définitive, les lois ne peuvent pas ne pas être établies. Dans ce paragraphe se trouve distinguée cette grande idée d'une distinction entre loi et morale et l'accent est mis sur les lois, comme dans le reste du chapitre. Que le lecteur observe bien cela.

Qu'est-ce qui forme ce qu'on appelle les lois[190] ? Il y a les lois qui relèvent du décret céleste et les lois faites par

mon assemblée générale, telle une personne unique n'exprime par rapport à lui que la volonté d'un seul et non celle de tous. Quand cela concerne des gens dans mon pays, au moment des discussions, cet homme est tel un rival par rapport à l'assemblée générale et comme il ne fait pas partie de celle-ci, il faut donc l'en soustraire et l'on ne peut déjà plus se référer à la volonté du peuple tout entier. Quoi qu'il en soit, un tout auquel il manque une partie n'est plus le tout, c'est un fait. C'est ainsi qu'à partir du moment où il manque quelque chose au tout, on n'a plus affaire au tout, mais à un rival de grande taille et à un autre de petite taille, les forces de chacun étant absolument semblables à celles de deux personnes en procès l'une contre l'autre. Le rival de petite taille ne voit dans le grand interlocuteur que la volonté d'un individu et non celle de tous. Si le jugement rendu est conforme à l'équité et à la rectitude, on ne peut nier que cela tient à un heureux hasard. »

律例、有人爲之律例、天命之律例、意義極幽晦、古今学士相与論難聚訟、而未能有所決、故若論律例、而舎其人爲者、独取其天命者、自今以往論弁百端、吾必知其無所底止也、請特就其人爲者論之、

凡事独関一人若数人之利害、而不汎関衆多、不可以知公志之所存、是理也予前既論之、蓋所謂一人若数人者、非在邦域之中、即在邦域之外、若在邦域之外乎、是其利害初不与我相関、而我之執議、終不可以定夫公与私焉、若在邦域之中乎、是其一人若数人者、不過爲挙国民之一片段矣、既不過爲挙国民之一片段、而且与挙国民対敵執議、而其利害固不相関、則是其一人若数人者、与挙国民、初不得成一体、且也、其一人若数人者、既与挙国民、別自成体、則所謂挙国民、亦非真挙国民、無他其中既少是一人若数人也、夫既非挙国民、則其所議可謂之私志、不可謂之公志、何也、若

les hommes. Les lois qui relèvent du décret céleste sont très obscures dans leur signification et ont été matière à d'âpres discussions et controverses dans les milieux savants, hier comme aujourd'hui, sans que ceux-ci soient parvenus à décider quoi que ce soit. Si, à propos des lois, on abandonne les lois humaines pour ne s'attacher qu'aux seules lois issues du décret céleste, je sais que les discussions partiront dans tous les sens sans qu'il soit possible d'y mettre fin. Je me permettrai donc de m'en tenir aux seules lois humaines[191].

En général, en ce qui concerne les intérêts d'une ou plusieurs personnes, si on ne peut étendre leur implication à un grand nombre de personnes, il n'est pas possible de connaître où se trouve la volonté générale. Je l'ai déjà montré. Seulement, si une ou plusieurs personnes ne se trouvent pas dans mon pays, alors ils sont à l'extérieur et, dans ce dernier cas, les intérêts de l'une ou des autres ne me concernent pas et mes délibérations ne peuvent, à la fin, déterminer ce qui appartient au général et ce qui appartient au particulier. Si ces personnes se trouvent dans mon pays, alors elles ne sont qu'un fragment du peuple rassemblé. Dans les délibérations où elles prendraient pour adversaire le peuple rassemblé, si leurs intérêts ne concernent pas le peuple tout entier, alors au départ, ces individus ne font pas corps avec lui.

De plus, si ce ou ces individus se mettent à part du peuple rassemblé, alors celui-ci n'en est plus vraiment un[192]. S'il vient à manquer une ou plusieurs personnes, il n'y a pas davantage de peuple rassemblé tout entier et la délibération qui en sortirait serait une volonté particulière, non la volonté générale. Pourquoi ? Parce que si on compare une ou plusieurs personnes par rapport au peuple rassemblé, leurs importances respectives peuvent bien être sans commune mesure. Mais

191. Dans *Seiri sôdan* fut traduit en 1882 un fragment *Des Délits et des peines* de Cesare Beccaria, disciple de Rousseau, qui établit le premier droit pénal dégagé de toute référence à la religion et qui plaida pour l'abolition de la peine de mort.

將其一人若数人者与所謂挙国民、比其数、雖洵衆寡懸絶、要之、特不過較衆寡、而其不免爲私党則一也、何公志之有、若不然挙国之民、相共議事、而其利害汎関挙国之民、則其爲議也、即民之自議己之事也、蓋自其決議、而言之、即君、而自其稟令而言之、即臣也、唯其名相異而已、其爲挙国民則終始一致、初無有分党、夫然後其所発之志、与其所決之事、並公而非私、予所謂律例即是物也、

雖然所謂挙国民之議事、而其利害汎関挙国之民者、其爲形如何、曰、律例之所加、視衆民

192. Suite du texte de 1874 : « Au contraire, lorsque le peuple du pays se rassemble et délibère des questions le concernant tout entier, comme il ne considère pas d'autre objet [que lui-même] mais que ce qu'il a discuté comme peuple sujet, il en décide [maintenant] comme peuple souverain. Sujet et Souverain ne sont plus ici deux personnes distinctes et rien ne manque au tout. Sa volonté surgit réellement de tous et comme son objet lui revient réellement en entier, je donne pour nom à ce qui provient d'une telle volonté « loi du pays ». La loi porte sur l'ensemble des personnes, ce qu'elle regarde en premier est l'ensemble des sujets comme un corps unique et elle ne s'intéresse donc pas à un seul individu ou à une affaire particulière. Par l'assemblée générale, elle peut instituer des privilèges mais ne peut les attribuer à telle personne donnée. Elle peut déterminer des classes parmi les citoyens et sur leur demande fixer les conditions permettant d'y appartenir mais ne peut les attribuer à une personne donnée. Le même principe est à l'œuvre dans la fondation d'un régime monarchique et ses règles de succession. La

cela n'est qu'une question de chiffre et on ne peut éviter d'en rester au niveau des factions particulières, c'est la règle qui joue ici. Il n'y a aucune volonté générale en quoi que ce soit. Dans le cas contraire, au sujet d'intérêts concernant ce même peuple tout entier, alors, là, le peuple délibère lui-même au sujet de ses propres affaires. Si l'on exprime cela du point de vue de la délibération et de la prise de décisions, le peuple est le Souverain et si l'on exprime cela du point de vue de la réception des décrets, il est le sujet. Seuls les noms diffèrent, le peuple tout entier rassemblé, lui, reste le même du début à la fin. Il n'y a, dès le départ, aucune division en factions. Dorénavant, la volonté qui en procède et la matière des décisions qui en procèdent sont, l'une comme l'autre, générales et non plus particulières : voilà ce que j'appelle une loi.

Mais quand le peuple rassemblé délibère sur ses intérêts, quelle forme prend-t-il ? Ce qui est ajouté par la loi, c'est que le peuple y est considéré comme un seul corps et que jamais on ne trouve traitées par elle des affaires concernant une ou plusieurs personnes. C'est pourquoi, tous délibèrent ensemble,

loi peut en décider par l'assemblée mais n'a pas pouvoir d'élire un tel pour en faire un roi ou de choisir une famille pour en faire la famille royale. En résumé, il n'est pas dans les attributions du pouvoir législatif de s'impliquer dans des tâches concernant une ou plusieurs individualités. Il s'ensuit que l'établissement des lois de la Cité est du pouvoir exclusif du peuple tout entier et elles doivent être telles que le peuple souhaite qu'elles soient. Les fonctionnaires chargés d'appliquer les lois ne doivent pas avoir d'autre souci que les lois de la Cité car ils forment une partie du peuple citoyen. Les lois de la Cité ne peuvent être injustes, car nul sur Terre ne peut être injuste envers lui-même. Se soumettre aux lois ne revient pas à perdre sa liberté, car elles sont l'enregistrement de ma volonté. Les lois du pays proviennent de la volonté du peuple citoyen tout entier et dans la mesure où sa vision générale des choses lui fait considérer qu'elle s'applique à tous, on ne peut appeler loi d'un pays quelque chose venant de la volonté d'un seul individu, quels que soient ses droits. Par exemple, même si telle est la volonté du peuple tout entier, si sa vision ne porte pas sur la totalité de son objet, on ne peut parler ici de loi mais seulement d'ordre. »

爲一体、決不得有事于一人若数人、是故衆共議、定律例、以置特典、固可、若以是特典、賜之是人、則不可、衆共議、定律例、以設門族、賜之是人、則不可、衆共議、定律例、以擁立王位、若創制世守之統、固可、若以是位、加之是人、以是統、著之是家、則不可、凡事独関一人若数人之利害者、議院之所不与、而君權之所不存也、

凡前所論已明、四問無所復須、四問者何、一曰、爲律例誰司之乎、二曰、王侯將相、得或不循律例乎、三曰、律例或有不正乎、四曰、既被律例所束、仍得自主其身乎、夫律例公志之所発也、非民自司之、誰使司之、夫王侯將相、亦不過均爲民、烏得或不循律例、夫自加害其身者、天下無有之、律例奚由得不正、夫律例不過爲我意思之簿也、我之遵奉律例、何有不得自主身、故曰、四問無所復須也、

夫律例必合衆志之公而成、又不局一人一事、

établissent des lois et il est possible, en principe, d'instituer des privilèges. Mais si ces derniers sont nommément accordés, cela devient impossible. [Le même processus] peut instituer des lignages mais si ces derniers sont nommément accordés, cela devient impossible. La loi peut aussi instituer une royauté et une succession héréditaire mais non installer tel personnage au rang de roi ou telle maison au sein d'une lignée. Tout ce qui se rapporte aux intérêts d'un individu ou d'un groupe d'individus ne concerne ni l'assemblée délibérative ni la souveraineté.

Comme cela apparaît maintenant clairement à la lecture de ce qui vient d'être discuté, quatre questions ne méritent plus d'être posées. Lesquelles ? La première est : qui préside à la confection des lois ? La seconde : rois, princes, grands généraux et ministres peuvent-ils outrepasser les lois ? La troisième : une loi peut-elle ne pas être juste ? La quatrième : peut-on être maître de soi alors qu'on est soumis aux lois ? Voici [les réponses] : les lois sont issues de la volonté générale. Le peuple ne préside pas lui-même mais délègue [cette fonction] à quelqu'un. Les rois, princes, généraux et ministres ne sont qu'une partie intégrante du peuple ; comment obiendraient-ils la faculté de ne pas obéir aux lois ? Il n'existe personne sur terre qui se nuit à soi-même. Comment des lois pourraient-elles être injustes ? Les lois ne sont que le registre de ma volonté. Comment ne pourrais-je pas être maître de mon corps en me conformant aux lois ? Voilà pourquoi je dis qu'il n'y a pas lieu de se poser ces quatre questions.

Les lois se forment nécessairement à partir de la mise en commun des volontés de tous, non à partir d'un individu ou d'une question particulière. C'est pourquoi un ordre émanant

故若以一人之意有所著令、是人爲王侯將相、不得視爲律例、雖即民之所議决之、若局一人一事、而不汎及于衆、是特詔誥耳、未得視爲律例、是特吏士之事耳、未得視爲君之爲、

是故若有一邦、独被律例之所束、而不知其他、余必曰之自治之国、其居尊者、称帝称王、非所問、何者、唯其如此、然後爲民者、自治而不治於人、又凡政之合于理者、皆爲自治之政、若夫所謂政之爲何物、余將更有論之、

（解）余將有論之、謂卷之三第一章論政府

193. Fragment de la traduction de l'*Histoire de la philosophie* d'Alfred Fouillée (*NCZ*, 6, p. 136) : « Comme les lois sont le rassemblement large des volontés et des buts, nul, quel qu'il soit, ne saurait élaborer seul des lois. Par ailleurs, en ce qui concerne les délibérations de l'ensemble du peuple, lorsqu'il s'agit des intérêts d'une personne ou de plusieurs mais non de l'ensemble, alors des lois ne peuvent être établies, seulement des ordonnances. Elles relèvent de l'opinion des fonctionnaires, non du Souverain. […] Les lois sont les conditions de formation d'un pays par le peuple rassemblé. […] Les lois concernent l'ensemble du peuple, celui-ci doit donc délibérer tout entier. […] L'État est le peuple rassemblé, les lois, les conditions de son rassemblement. Les décisions concernant ces conditions reviennent donc à ceux qui participent au rassemblement du peuple. »

194. Le terme utilisé par Chômin, *jichi* 自治 (se gouverner soi-même), est celui qu'il a choisi pour traduire le terme français, comme en témoigne le *Dictionnaire français-japonais* qu'il a écrit avec Nomura Yasuyuki 野村泰亨, *Futsuwa jien* 仏和字彙, Futsugaku kenkyûkai 仏学研究会, 1893, p. 83. Il y donne également pour synonyme *jishu* 自主 (être maître de soi) et *dokuritsu* 独立 (indépendance). Toute la question est bien entendu de savoir quel sens ce mot revêtait au XIXe siècle. Le *Grand Dictionnaire universel* de Pierre Larousse

de la volonté d'un seul, fût-il roi, prince, général ou ministre, ne peut être tenu pour une loi. Ce que le peuple décide par délibération, si cela concerne un individu ou une question et que cela ne peut être étendu à tous, n'est juste qu'un édit et on n'a jamais vu qu'un édit soit tenu pour une loi. C'est juste une affaire pour fonctionnaires, on n'a pas encore vu le Souverain s'occuper de ce genre de choses[193].

Pour cette raison, j'appelle absolument un pays autonome[194] celui qui est gouverné par des lois et rien d'autre qu'elles. Qu'on y révère un empereur ou un roi, là n'est pas la question. Car, dans ce cas, le peuple se gouverne lui-même et n'est gouverné par personne. Ce qui concorde avec le principe du gouvernement est le gouvernement où tous se gouvernent eux-mêmes. Je discuterai encore de ce qu'on appelle un gouvernement[195].

Commentaire

J'aimerais discuter ici du gouvernement, qui fait l'objet du premier chapitre du troisième livre. La « république » en

donne les mêmes significations qu'aujourd'hui : autonomie au sens opposé de centralisation et autonomie de la volonté au sens kantien (*Grand Dictionnaire universel*, Administration du grand Dictionnaire universel, 1866, p. 1001). Les deux principaux dictionnaires qui ont servi de sources à Chômin donnent des sens similaires. L'article « Autonomie » écrit par Maurice Block dans le *Dictionnaire général de la politique* s'attache à distinguer la souveraineté et le *self-government* de l'autonomie, la première étant « l'indépendance absolue que seul l'État peut s'attribuer », la deuxième étant « à l'autonomie ce que l'administration est au pouvoir législatif » (Maurice Block, « Autonomie », Maurice Block (dir.), *Dictionnaire général de la politique*, Lorenz, 1873, p. 147-148). Le Dictionnaire définit, lui, l'autonomie comme « une expression qui appartient à la philosophie de Kant », dans laquelle l'homme est son propre législateur en matière de morale (« Autonomie », dans Adolphe Franck (dir.), *Dictionnaire des sciences philosophiques*, Hachette, 1875, p. 127). Relevons également que Nomura Yasuyuki rassemblera les traductions de *La Démocratie* d'Étienne Vacherot publiées dans *Seiri sôdan* (et étendues) sous le titre *Jichi seiron* 自治政論 (« De l'autonomie politique », Nihon shuppan 日本出版, 1884). Dans son *Histoire de la philosophie*, Alfred Fouillée présente l'autonomie au sens kantien mais s'il en rend le sens par une périphrase, Chômin se garde curieusement d'utiliser *jichi* pour traduire « autonomie » (Alfred Fouillée, *Histoire de la philosophie*, *op .cit.*, p. 409 ; *Rigaku enkakushi*, *op. cit.*, vol. 6, p. 198-199).

○法朗西言列彪弗利、即羅馬列士、彪弗利、二語之相合者、蓋列士言事也、務也、彪弗利言公也、列士彪弗利、即公務之義、猶言衆民之事、一転成邦之義、又成政之義、中世以來更転成民自爲治之義、当今所刊行諸書、往々訳爲共和、然共和字面、本与此語無交涉、故不従也、前于婁騒之時、並至今代、苟言列彪弗利、必指民自主国不別置尊者、即如弥利堅北部、瑞西、及今之法朗西是也、其余或称帝制之国、或称王制之国、以別異之、今婁騒乃云、民自爲律例、他無所受覊束、勿論其有所謂帝者、有所謂王者、与無之、皆曰之自治之国、此言也、遽聞之如甚奇、徐考之、莫明于此、何者、民既自操造爲律例之權焉、則所謂帝者、所謂王者、皆不

195. Suite du texte de 1874 : « Quel que soit le rang, roi ou empereur, qu'on y installe ou la fonction, président, qu'on y institue, il suffit qu'on forme un gouvernement sur la base de lois et que tous les organes de l'État proviennent de la volonté du peuple tout entier pour que je donne à cela le nom de gouvernement républicain car c'est bien ainsi, seulement, que la totalité de son action répond à l'intérêt public. Par conséquent, tout gouvernement digne de ce nom peut être appelé gouvernement républicain, quelle que soit la forme qu'il prend. À bien y penser, le terme « république » des langues

français vient de l'adjonction des mots latins res *et* publica. Res *signifie la chose qu'on fait, ce à quoi on s'emploie.* Publica *désigne ce qui est public et la république signifie donc l'affaire de tous, la chose du peuple. Par extension, ce mot a pris le sens de pays, ou encore de gouvernement. À partir du Moyen Âge, il a acquis le sens de gouvernement du peuple par soi-même. Dans les traductions actuelles, il est souvent rendu par* kyôwa[196].

Mais, par le sens des caractères, ce mot n'a pas de lien avec le sens original, c'est pourquoi je ne l'adopte pas. De l'époque de Rousseau à aujourd'hui, le terme « république » a désigné nécessairement des pays où le peuple est Souverain, sans qu'il y ait quelqu'un au-dessus de lui, c'est-à-dire l'Amérique du Nord, la Suisse ainsi que la France actuelle. Pour le reste, il s'agit d'empires et de royaumes, qui sont différents. Quand Rousseau écrit que le peuple élabore lui-même ses lois et s'il n'est pas entravé ailleurs, qu'il y ait un empereur ou un roi, alors sans discussion, il se gouverne lui-même. Cela peut paraître extrêmement curieux mais si on y réfléchit bien, il n'y a rien de plus clair. Car, lorsque le peuple a pris le pouvoir de contrôler l'élaboration des lois, quand bien même il y ait un empereur ou un roi, ces derniers sont juste semblables

occidentales est traduit par les caractères *kyôwa* [gouvernement républicain]. Il provient de deux termes signifiant les affaires publiques. Autrefois, ce terme désignait seulement le gouvernement, sans tenir compte de ses institutions. Il faut savoir que ce que Rousseau veut dire par « tout gouvernement digne de ce nom est une république » est qu'un gouvernement qui n'est pas issu de la volonté du peuple ne peut absolument pas en être un. »

196. Le mot actuel pour désigner la république au sens de mode de gouvernement est *kyôwasei* 共和制 et le pays qui l'adopte *kyôwakoku* 共和国. Le premier caractère signifie « ensemble », « commun », le second « harmonie ».

過爲一長吏之類、而初無害於我之自爲治也、此事俟卷之三第一章論政府益明白、

由前言推之、律例者不過爲民相共約所爲之条規、而当循律例者、舍民別無有其人、則当建立律例者、亦舍民別無有其人矣、蓋律例不過爲邦之条規、則其相約建邦者、独得立之、余無得与焉、是理之最明白者也、雖然建立律例姑置焉、造爲律例者如之何、夫衆民各有所感発、而其意思突如其來、且咸相目無有少異、乃造爲律例、天下果有若事理乎、若不然、予選一人、俾其述其所見、因而取捨之、以爲草稾、然後議之乎、果然、是人也、不可不予定事条、詳悉無遺、亦不可不予布事条、令民知之、誰与是人、以斯先見之明乎、不然、是人也、毎有需、輒述其所見、民從議之、如此積累、然後大成律

197. Suite du texte de 1874 : « Les lois d'un pays peuvent être appelées règlements de l'association des citoyens. C'est aux gens qui composent cette association que doit revenir le droit d'en fixer les règlements. Comment peuvent-ils fixer les règlements ? Tous les citoyens y penseraient en même temps d'un seul élan et, pour ce faire, attendraient que les avis divergents disparaissent ? En ayant quelqu'un pour représenter leur volonté ? Puisqu'il

à de hauts fonctionnaires et ne constituent pas d'obstacle à l'élaboration par moi-même des lois. Cela est clairement expliqué dans le premier chapitre du troisième livre.

Comme on le déduit de ce qui a été dit précédemment, les lois ne sont que des règles mutuelles que le peuple s'engage à suivre[197]. De même que le devoir d'obéir aux lois revient au peuple et non à un individu particulier, le devoir d'instaurer celles-ci n'appartient qu'au peuple et non à un individu particulier. Si les lois ne sont que les règles d'un pays, seuls ceux qui se lient mutuellement par contrat à fonder un pays peuvent les instituer, moi seul ne peux le faire. C'est un principe parfaitement clair. Mais même si nous mettons de côté l'instauration des lois, comment va-t-on faire pour les créer ? Par quelle raison surgirait sur cette Terre une idée qui illuminerait soudainement la volonté de chacun des membres du peuple qui, ainsi tous assemblés et sans la moindre différence entre eux, créeraient alors les lois ? Ou bien choisirait-on provisoirement une personne à qui on ferait présenter son opinion, le contenu de laquelle on ferait une nourriture à discussion avant de délibérer ? Cet individu

faut établir à l'avance des règles pour tous les sujets à venir, qui donnera [au peuple] cette clairvoyance nécessaire aux grands desseins mûrement établis ? Qui les prononcera parce qu'il aura compris que l'occasion s'imposait ? Par quelle méthode un peuple ignorant qui ne sait pas ce qu'il doit désirer pour lui-même va-t-il réussir cette chose aussi cruciale que l'établissement des lois du pays ? Le peuple peut bien, en principe, vouloir son propre intérêt, il est toujours incapable de l'obtenir. La volonté générale est toujours dans la rectitude mais on ne peut empêcher qu'elle louvoie. Par ses seules forces, tout en explorant le principe des choses, elle ne peut s'empêcher de s'attacher à leurs apparences extérieures ni de résister aux belles paroles de deux ou trois rusés coquins. Elle est incapable de voir sans cesse les choses sous l'angle de temps et de lieux différents et, ainsi, de prévenir des maux profonds en renonçant à courir après des profits temporaires. Le peuple n'a à cœur que la défense obstinée de son propre intérêt et, comme le gouvernement se donne souvent pour tâche de rechercher l'intérêt public, ils sont tous deux obligés de s'en remettre à des individus qui les guident. La vision de ces graves difficultés impose absolument que l'on trouve un législateur et c'est en se confiant à lui qu'il faudra établir les réglements dont nous avons parlé. »

例、天下果有若事理乎、庸衆人貿々無智、往々不知可欲之爲何物、而能自膺造爲律例之大業、天下果有若事理乎、夫民常求利己、而不常知利所在、且彼公志雖常赴正也、其所発之之智、則不能常明無失、且也、時務之難測、或隠而不見、則造律例者、夫得直抛所見即爲之、且彼私志動陥不正、則其或擾公志、尤不可以不慎戒焉、又凡処事有適於是地而不適於彼地、有宜於是時而不宜於彼時、又有利之顕存于今、而害之陰伏於後、又凡民之各顧其私也、目能見公益、或不肯取之、而其協意議事也、心実欲公益、或不能見之、是以目見公益者、不可不俾之因其智之所見而必行之、心欲公益者不可不俾之識其益之所存、夫如是、然後衆智明、而志与行副焉、然後民相輯和、而邦基堅固焉、此数者皆所以不可不須制作者也、

（解）前章文義極糾繆、読者恐苦難解、余始欲循例加解、当時暑熱方熾、既訳正文、

devrait alors fixer d'abord les articles des lois sans négliger le moindre détail, ne pas manquer de les promulguer puis d'en informer le peuple pour leur application. Qui pourra donner à cet individu une telle prévoyance ? S'est-il déjà vu sur Terre qu'un peuple accomplît cette grande tâche que sont les lois, en délibérant sur ce qu'un individu a exprimé à chaque fois qu'on lui demandait ? Les membres du peuple sont souvent ignorants et savent rarement ce qu'ils veulent. S'est-il déjà vu sur Terre des membres du peuple s'attelant à la grande œuvre de l'élaboration des lois ? La volonté générale tend constamment vers ce qui est droit mais la clairvoyance qui la met en œuvre ne peut toujours être d'une lucidité infaillible. On ne peut élaborer des lois en s'appuyant directement sur des opinions quand il est difficile d'évaluer les tâches du moment, ou quand on ne les voit pas. Si leurs volontés particulières perdent leur droiture, il faut prendre garde au plus haut point que la volonté générale n'en devienne troublée. Telle chose s'applique à tel endroit mais non à un autre, convient à tel moment mais non à un autre. Un mal futur peut être embusqué dans ce qui apparaît aujourd'hui avantageux. Chacun parmi le peuple considère son propre intérêt et, même si les yeux lui donnent à voir l'intérêt commun, celui-ci se trouve rejeté. Quand les volontés s'accordent pour délibérer, les cœurs peuvent ne pas voir l'intérêt public alors même qu'ils le désirent. Ainsi, celui qui voit le profit commun est bien obligé de le faire au prisme de sa sagacité avant d'agir. Celui dont le cœur désire le bien public est bien obligé de reconnaître où il doit se loger. Si tel est le cas, le peuple brille par sa clairvoyance qui assiste sa volonté et ses actes ; l'harmonie règne parmi le peuple et les bases du pays sont assurées. C'est la raison pour laquelle la plupart des peuples sont obligés de recourir à des législateurs.

Commentaire

Ce chapitre est dans le sens de ses phrases extrêmement difficile à comprendre et il a sans doute posé des difficultés au lecteur. Je souhaite prendre ici un exemple en guise de

神気疲困、遽投筆引枕一睡、遂致単刷正文行之、玆乃艸一段、以爲前章之解、彼此参照、庶乎其一誦瞭然矣、蓋謂、邦国民之有、非二三在位者之有、故建立律例、民之所任、他人不得有与焉、然律例也者、所以経邦国之務、関繋極大、非智慮逈出衆人之上者、不能爲之、而民之無智、奚以当是任、且也、臨其建立律例、民之相会者、意思偶爾相発、且其所見一々相同、遂以成一代之大典、無有是理、如爲予選一人、俾其屬藁、然後議以成律乎、是人必常明眼者而後可、而民会中常有若是人、亦無有是理、由此考之、欲深究利害之源、詳悉靡遺、以制一国之律例、非得一聡明睿智、抜衆人之表者而托之、不可、是所謂制作者、而如希臘之李煦爾屈、蘇崙、羅馬之紐瑪、即是也、此事詳于下数章、但前章既曰建立律例、又曰造爲律例、建立律例者、民之事、而造爲律例者、制作者之事也、蓋制作者、受民托、

commentaire. À l'époque, les fortes chaleurs étaient fréquentes. Chaque fois, ayant épuisé toute mon énergie à traduire le manuscrit, je rejetais brusquement le pinceau et je tirais l'oreiller pour m'endormir. À la fin, il ne restait plus qu'à imprimer le manuscrit. Je rédigeai un paragraphe qui servait à expliquer le chapitre précédent, à en rendre plus claire la lecture. En consultant des références des citations, je me rapprochai d'une qui disait, à ce qu'il semblait, que la possession d'un pays par un peuple n'était pas le fait de deux ou trois personnes haut placées et que l'établissement des lois était donc une tâche qui revenait au peuple et à nul autre. Les lois sont les bases de l'administration d'un pays, ses implications sont extrêmement nombreuses. À défaut de gens dont la sagacité les place au-dessus des membres du peuple, il n'est pas possible d'en élaborer.

Comment le peuple ignorant pourrait-il en assumer la charge ? Il n'y aucune raison pour que les gens du peuple se rassemblant pour instaurer des lois, eux dont les volontés s'accordent rarement, unifient chacun leur point de vue et parviennent à élaborer un grand document historique ! Souhaiterait-on choisir une personne, lui confier une telle tâche et, ensuite, faire des lois après délibération, qu'il faudrait quelqu'un d'une clairvoyance peu commune. Il n'est pas raisonnable de penser trouver un tel personnage parmi le peuple tout entier rassemblé. À partir de là, si on veut étudier d'où proviennent les intérêts et les préjudices, dans le détail et sans rien négliger, instaurer les lois d'un pays, on aura affaire à un projet impossible à moins de s'en remettre à la clairvoyance et à la sagacité d'un homme se distinguant de la masse du peuple. Les Grecs Lycurgue et Solon, le Romain Numa furent les législateurs dont il est question.

Plusieurs chapitres en traitent par la suite en détail. Le présent chapitre parle de l'instauration et de la création des lois. L'instauration des lois est l'affaire du peuple, leur création, celle du législateur. Ce dernier est mandaté par le

制爲律例、授之民民從著爲邦典、是知、律例雖成制作者之手、而採用之与否、独民之所任、他人不得与、熟復玩味、一論中絶無有矛盾処、但以文義極糾纏、麁心読之、或不免爲有理不相容者、読者請致再思焉

198. Fragments de chapitres postérieurs inclus dans la traduction de l'*Histoire de la philosophie* d'Alfred Fouillée, livre II, chapitre XI (*NCZ*, 6, p. 139) : « Si les personnes recherchent le but des lois, c'est-à-dire le plus grand profit de tous, alors elles verront qu'il se résume à deux grands principes. Quels sont-ils ? Il s'agit de la liberté et de l'égalité. Si une personne, dans un pays, néglige son droit à la liberté, c'est la force d'une personne qui se trouve retirée à tout le pays. Tel est le plus grand profit de la liberté. En outre, sans égalité point de liberté. Tel est le plus grand profit de l'égalité. Ce qu'on appelle *égalité* ne signifie pas que les citoyens aient tout à fait la même puissance et les mêmes richesses, sans aucune différence entre eux. Rien de tel ne saurait être mis en pratique. Il s'agit simplement d'éviter que la puissance ne se charge en violence et ne se tourne contre les lois et les fonctionnaires. Quant à la richesse, l'égalité se borne à ce que les plus fortunés ne puissent l'utiliser pour faire pression sur les autres et que les plus pauvres ne soient obligés de se vendre comme esclaves. Si on veut affermir les bases de l'État, il faut réduire au maximum les écarts de fortune. Un grand danger existe pour la sûreté de la cité dans l'excès de richesse ou de pauvreté. Quel est-il ? Que les riches usurpent les droits politiques en pressurant les pauvres par l'argent. Que les pauvres soient amadoués et deviennent leurs outils. En d'autres termes, que les riches achètent le droit à la liberté des pauvres, que les pauvres soient séduits par l'argent des riches et que les uns deviennent des maîtres et les autres, leurs esclaves. C'est une tendance naturelle que les riches deviennent de plus en plus riches et les pauvres de plus en plus pauvres. C'est pourquoi la limitation de cette tendance par la force des lois permet de maintenir la liberté et l'égalité. »

Livre III, chapitre I : « Qu'est-ce que le gouvernement ? C'est ce qui porte la responsabilité de garantir les contacts entre celui qui détient la souveraineté, c'est-à-dire le peuple citoyen et celui qui se plie à la souveraineté, c'est-à-dire

peuple, les fabrique et les lui transmet. Le peuple en fait ensuite les lois du pays. Mais on comprend que, si les lois naissent des mains du législateur, le peuple et lui seul juge bon de les utiliser ou non. De manière savoureuse, les contradictions cessent à la lecture. Seule une lecture distraite y trouvera des contradictions. Lecteur, réfléchis encore[198] *!*

chaque personne, ainsi que la responsabilité de veiller à l'application des lois et au droit à la liberté de tous. [...] Pour ainsi dire, le peuple citoyen est le maître, les fonctionnaires ses serviteurs. »

Livre III, chapitre XV (*NCZ*, 6, p. 142-143) : « La souveraineté ne peut être concédée à autrui. Une personne ne peut donc s'en saisir pour une autre. La souveraineté réside dans la volonté de tous et la volonté ne peut être représentée. [...] Les lois sont l'expression formelle de la volonté de tous et en ce qui concerne le droit de légiférer, un peuple ne peut se faire représenter. Il peut le faire en ce qui concerne l'application de la loi car il ne s'agit justement que d'une application. [...] Les citoyens anglais disent posséder le droit à la liberté. Ils ont tort. Ils ne le possèdent que le jour des élections. Une fois les élections passées, ils ne sont que des esclaves. »

Livre IV chapitre VIII (*NCZ*, 6, p. 144-145) : « Chaque personne peut pratiquer et observer la religion à laquelle elle croit. Le gouvernement n'a pas à y interférer car il s'occupe des affaires de ce monde et non des affaires celestes. Tant que les citoyens respectent les lois et n'attaquent pas la liberté d'autrui, il n'est pas de son ressort de décider qui peut gagner ou non le Ciel après la mort. [...] Les citoyens doivent délibérer et fixer quelques règles au sujet des religions, que tous devront suivre. Les religions n'en sont pas elles-mêmes le but, il s'agit de renforcer les bonnes relations entre les citoyens. Si on met en place une sorte de religion civile, il faut que le gouvernement la répande dans la Cité et qu'il expulse quiconque ne la suit pas. Non pas parce qu'il s'adonnerait à une vénération aveugle d'une divinité mais parce qu'il dérogerait à sa qualité de citoyen et ne chercherait pas de bonnes relations avec tous. [...] Si quelqu'un professe la religion civile en public mais, en réalité, ne la suit et même s'en détourne, alors il doit être puni de mort sans merci. Car il a commis le plus grave crime contre les citoyens, à savoir les tromper. [...] Toutes les religions ont un dieu très sage et très puissant, connaisseur de l'avenir, récompensant les bons et punissant les mauvais. »

INDEX DES NOMS

INDEX THÉMATIQUE

TABLE DES MATIÈRES

Écrits sur Rousseau et les droits du peuple

Ce volume,
le vingt-huitième de la collection
« Bibliothèque Chinoise »,
publié aux Éditions Les Belles Lettres,
a été achevé d'imprimer en octobre 2018
sur les presses de
la Nouvelle Imprimerie Laballery,
58500 Clamecy

Dépôt légal : novembre 2018
N° d'édition : 9121 - N° d'impression : 810051